应用技术型高等院校物流管理与工程学科统编系列教材

仓储管理与库存控制

主　编　耿富德

副主编　张亚贞　李海波　汪俊枝

中国财富出版社

图书在版编目(CIP)数据

仓储管理与库存控制/耿富德主编.—北京:中国财富出版社,2016.3
(2021.8重印)
(应用技术型高等院校物流管理与工程学科统编系列教材)
ISBN 978-7-5047-6042-5

Ⅰ.①仓… Ⅱ.①耿… Ⅲ.①仓库管理—高等学校—教材 Ⅳ.①F253.4

中国版本图书馆CIP数据核字(2016)第024892号

策划编辑 张 茜　**责任编辑** 颜学静
责任印制 梁 凡 郭紫楠　**责任校对** 杨小静　**责任发行** 敬 东

出版发行 中国财富出版社
社　　址 北京市丰台区南四环西路188号5区20楼　**邮政编码** 100070
电　　话 010-52227588转2098(发行部)　010-52227588转321(总编室)
010-52227588转100(读者服务部)　010-52227588转305(质检部)
网　　址 http://www.cfpress.com.cn
经　　销 新华书店
印　　刷 宝蕾元仁浩(天津)印刷有限公司
书　　号 ISBN 978-7-5047-6042-5/F·2541
开　　本 787mm×1092mm 1/16　**版　　次** 2016年3月第1版
印　　张 20.75　**印　　次** 2021年8月第6次印刷
字　　数 518千字　**定　　价** 46.00元

应用技术型高等院校物流管理与工程学科统编系列教材
编 委 会

序 言

从1978年实施改革开放以来，中华大地发生了翻天覆地的变化，中国进入全球大国行列，成为世界第二大经济体，两个百年的宏伟目标振奋着13亿人民为振兴中华而战。但任何事情都得一分为二看待，都得脚踏实地实施。目前，中国社会、经济发展进入新常态，“三期叠加”，其中首要的是改变经济发展方式，开展供给侧结构性改革。中国的人口红利期已过，要转向发展人才红利与人力资源素质红利，所以，以习近平同志为总书记的党中央提出了“教育兴国”与“人才强国”战略。《国家中长期人才发展规划纲要》（2010—2020年）指出，“人才是指具有一定的专业知识或专门技能，进行创造性劳动并对社会做出贡献的人，是人力资源中能力和素质较高的劳动者。人才是我国经济社会发展的第一资源。”中国著名经济学家程思危认为，“经济只能保证我们的今天，科技可以保证我们的明天，只有教育才能确保我们的后天”。教育的发展与改革提到了战略的高度。为了适应经济社会发展对高等技术应用性人才的迫切需求，教育部提出“引导一批本科高等学校向应用技术类型高等学校转型”，本科高校区分为普通本科与应用本科，这一方向是完全正确的，且已十分迫切。

物流产业作为国民经济基础性、战略性产业，对人才的需求是综合性的，但主要是应用型实战人才。根据教育部的要求和物流业发展的需求，中国财富出版社、河南省物流行业协会及学会、郑州财经学院等高校以及众多物流企业联手，编辑出版“应用技术型高等院校物流管理与工程学科统编系列教材”。这是一个良好的开端，我希望今后所有的物流教材要贯彻启发型、案例型、模块型以及创新性、实用性、系统性原则。本套教材把理论、案例、实习实训三部分教学内容一体化融通，充分体现了应用型教学特色，是应用型教材的积极探索。这要感谢大家的努力！在此希望本套教材在教学实践中进一步完善、提升，为中国高等应用型物流人才培养做出贡献。

丁俊发

2016年1月

前 言

国务院总理李克强2014年6月11日主持召开国务院常务会议，会议通过了《物流业发展中长期规划》，确定了农产品物流、制造业物流与供应链管理等12项重点工程，提出到2020年基本建立现代物流服务体系。

2015年3月5日，国务院总理李克强在作政府工作报告时指出“深化流通体制改革，加强大型农产品批发、仓储和冷链等现代物流设施建设，努力大幅降低流通成本”。大力调整产业结构，着力培育新的增长点，促进服务业加快发展，支持发展移动互联网、集成电路、高端装备制造、新能源汽车等战略性新兴产业，互联网金融异军突起，电子商务、物流快递等新业态快速成长。

实现物流中长期规划目标，人才是关键。抓住机遇，迎接挑战，走人才强国之路，是增强我国综合国力和国际竞争力、实现中华民族伟大复兴的战略选择。但是，我国的物流教育仍比较滞后，现代物流综合应用型人才比较匮乏，现代物流管理理念相对落后，阻碍了经济的发展和经济效益的提高。因此，加速推动现代物流产业的人才培养工程，实施多层次、多样化的物流教育，是21世纪物流产业化发展中保证物流产业形成合理的人才结构、提高我国物流管理水平和经济效益的决定因素。

仓储管理是物流系统的重要环节，在物流系统的优化中起着重要作用，无论是生产企业还是流通企业，都不能忽视仓储管理。因此，仓储在供应链中所扮演的角色显得十分重要，愈加引起人们的特别关注。“物流学”是一门研究在更广泛含义上的货物空间位移和时间变化的学科，其中的仓储主要反映了物流过程中相对静止的状态，它创造时间价值。当我们希望重构物流的时空关系时，仓储是一个不可回避的重要环节。仓储管理是应用技术型本科物流专业教育的一门专业核心课。通过学习本课程，学生能够认识仓储与仓储管理在物流体系中的重要性，掌握系统的仓储管理的知识和技能、库存控制的方法和技术以及仓储经营的方法和技巧，学会规划仓储系统，并且能应用所学知识解决仓储管理中的实际问题。

为此，我们根据教育部关于高等院校教育培养的要求，结合中国财富出版社发行的已取得较大社会效益的部分物流管理教材，组织大批物流专家、教授编写了应用技术型高等院校物流管理与工程学科统编系列教材，以满足各地培养高质量物流人才教学的需求。

本书的知识体系由以下十章构成：第一章为绪论，在给出仓储基本概念以及仓储业发展的基础上，提出了仓储管理研究的对象，介绍了仓储的功能，描绘了仓储在物流管理中的地位和作用。第二章侧重讨论仓库营运设施与设备，包括仓库的分类、自动化立体仓库、装卸搬运设备、储存设备。第三章论述了仓库规划与布局设计，定量与定性地分析了仓库选址方法，介绍了仓库规模设计、仓库布局设计、仓库货位布置以及货物堆垛设计的方法。第四章论述了仓储商务管理，内容包括货源组织、仓储合同管理和仓单管理。第五章论述了仓储作业管理，介绍了与仓储管理相关的几种主要作业方式和要求，如入库作业、储存作业、盘点作业、发货作业、温控仓库作业。第六章论述了库存控制与存货管理，首先介绍了牛鞭效应和库存管理目标，其次阐述了几种较新的仓储管理方法，包括定量订购与定期订购方法、ABC 库存控制法、EOQ 库存控制模型、MRP 库存控制方法、JIT 库存控制方法以及供应链条件下的 VMI 库存管理方法。第七章介绍了现代信息技术在仓储管理中的应用，专门讨论了货物仓储中的条码技术、RFID 技术，EDI 技术，阐述了仓储管理信息系统的设计和模块，并且采用计算机仿真技术来进行仓库与库存管理。第八章论述了仓储安全管理，首先介绍了仓库治安、仓库消防和仓储生产安全管理，对特殊物品包括冷藏品、油品、危险品以及粮食的仓库管理方法作了介绍，以突出这些货物在保管中的特殊要求。第九章是仓储管理经济分析，如货物仓储的成本和收入、仓储经营管理评价指标体系以及提高仓储经营管理经济效益的途径等。第十章专门研究了仓储保税制度，介绍了保税仓库的种类、我国仓储保税制度。

本书由郑州财经学院、郑州大学西亚斯国际学院、黄河交通学院、河南省物流协会、河南省商业储运有限公司共同组成编写组，河南省物流协会名誉会长、高级经济师耿富德任主编，张亚贞、李海波、汪俊枝任副主编，孙宏岭教授任主审，张亚贞老师负责全书框架结构的设计。全书共分十章，具体编写分工如下：第一章、第二章由汪俊枝编写；第三章、第四章由李海波编写；第五章，第七章第一节，第八章第三节、第四节由王红梅编写；第六章，第七章第四节、第五节，第八章第一节、第二节由马志军编写；第七章第二节、第三节、第六节由李颖编写；第九章、第十章由张亚贞编写。谭永铸、胡能、李霞三位高级经济师也参加了资料收集和部分章节的编写工作。

本书包含了编者多年来的研究成果和教学体会。在撰写过程中，编者阅读和参考了大量的有关文献资料，这些资料对于编者完成这本书起到了很大的作用。值得一提的是，在我们的教学过程中，学生们对其中的一些内容也提出了很好的建议和意见。郑州财经学院和中国财富出版社的领导在编写过程中给予了大力支持，在此深表感谢！

在本书的编写过程中，尽管我们追求尽善尽美，但编者仍感到能力有限，再加上时间也比较仓促，因此，在本书的内容和体系上有进一步修改、完善的需要，为此，编者真诚地欢迎读者给予批评和指正。

编　者

2016 年 1 月

目 录

第一章 绪 论

知识目标

1. 掌握仓储的概念和功能。
2. 了解仓储管理的对象和内容。
3. 了解仓储业发展的趋势和方向。
4. 理解仓储在现代物流管理中的地位。

能力目标

1. 掌握仓储在现代物流管理中的地位和作用，并进行仓储管理分析。
2. 熟练利用仓储的相关知识，能够进行仓储管理实践运用。
3. 了解仓储行业发展现状，会分析简单案例。

导入案例

货币的窖藏

古代人们在生活中普遍用到储存物品的方法就是窖藏。窖藏通常是指在地窖中储藏和储存财物，比如货币的窖藏、白酒的窖藏。《资本的冒险》里有个特别形象的例子。

印第安人提供的兽皮是17世纪纽约经济的主要支柱。在交易中，他们不想用金银来做交换，而是用他们认为是真正货币的贝壳串珠。贝壳串珠是用蛤壳做成管状孔珠，通常被串在一起，组成精美图案。1650年，6颗白珠或3颗黑珠价值1荷兰斯托弗（相当于1/20基尔德，1斯托弗实际上等于荷兰的五分镍币）。

遗憾的是，贝壳串珠遇到了通货膨胀，到1659年1斯托弗可以买到16颗白珠。这不仅大大提高了购买兽皮的成本，而且由于当时的移民和印第安人在日常交易中用贝壳串珠作货币，因此给当地的经济造成了巨大的破坏。总督彼得·斯特伊弗桑特尝试了一些如价格控制等政府通用的措施，但效果很一般，因为人们根本不理睬价格控制。

此时，弗雷德里克·菲利普斯由于拥有新婚妻子提供的充足资本，开始大量收购串珠，储藏在木桶里，使之退出流通领域。很快，他便控制了贝壳串珠市场，轻而易举地大幅度提高了串珠价格。到1666年他只用3颗白珠就可换到1斯托弗。

中央银行的概念直到18世纪才出现，但是弗雷德里克·菲利普斯在17世纪中叶实际上扮演了中央银行的角色，控制了货币的供给，毫无疑问，他也从中发了大财。由于能够与远在东印度群岛和马达加斯加岛的人进行贸易，他将继续成为殖民地上最富有的公民（这绝非偶然，因为他后来又与一位富有的寡妇结婚了）。

（资料来源：《资本的冒险：再现资本疯狂竞逐的年代》 作者：［美］戈登）

第一节 仓储及仓储业的发展

仓储随着物品的存放和保存而产生，又随着生产力的发展而不断完善。仓储作为商品流通的重要环节之一，已经成为物流活动的重要组成部分。在社会分工、社会分化以及专业化生产的背景下，保证社会化大生产与再生产过程的顺利进行就需要仓储作为后盾，必须保存一定量的物品，及时满足社会生产和消费的正常需要。

一、仓储的概念

“仓”即仓库（warehouse），为存放、保管、储存物品的建筑物和场地的总称，可以是房屋建筑、洞穴、大型容器或特定的场地等，具有存放和保护物品的功能。“储”即储存（storing）、储备，表示收存以备使用，具有收存、保管、交付使用的意思。根据国家标准《物流术语》（GB/T 18354—2006），仓储是指利用仓库及相关设施设备进行物品的入库、存储、出库的活动。狭义的仓储仅指通过仓库等场所实现对在库物品的储存与保管，是一种静态仓储。可喻之为“蓄水池”。广义的仓储是指除了对物品的储存、保管，还包括物品在库期间的装卸搬运、分拣组合、包装流通加工等各项增值服务功能，是一种动态仓储，可喻为“河流”。

仓储是集中反映企业物质流通和经营状况的综合场所，是连接生产、供给、销售的重要“驿站”，对维持正常生产和提高企业效率起着重要作用。仓储是商品生产、流通过程中因订单前置或市场预期前置而使商品、物品暂时存放。围绕仓储实体活动，清晰的单据账目、报表等准确地核算信息也一并进行着，因此，仓储是物流、信息流、单证流的统一体。

仓储既是供应链系统的节点，又是现代物流的重要环节。仓储设施是最基本的物流基础设施之一。随着我国现代物流业的深入发展，特别是《物流业调整和振兴规划》出台以来，各级政府更加关注各类仓储设施的建设与物流园区的规划，生产制造与商贸流通企业更加关注内部资源的整合与供应链的优化，广大仓储物流企业更加关注仓储经营方式的创新与各类配送中心的发展。

二、仓储业发展历史

人类社会自从有了物品的剩余，为解决消费在时间和空间上的供需矛盾就产生了储存。作为历史上的一句经典名言，“积谷防饥”道出了“储存粮食，防备饥荒”的中国古代粮食储备制度。

（一）仓储业的概念

仓储业是专为他人储藏、保管货物的商业营业活动，是现代化大生产和国际、国内商品货物的流转中一个不可或缺的环节，它在保管货物、储存货物方面有着重要的贡献。到目前为止，仓储业的作用主要有输送、保管、配送、理货，发展的趋势是连接销售，将货主与物流中心两者结合在一起的节点。

仓储业是流通领域的重要行业，是流通产业得以运行的前提条件和物质基础。没有仓储业的存在和发展，流通产业的运行和发展也就无从谈起。加速仓储业的发展，必将实现流通产业的加速发展。

仓储在中国可以追溯到史前文化的“窖穴”，历史学家普遍认为窖穴的功用就是为了储藏，而考古发现的窖穴遗迹也多与储粮有关。中国仰韶文化时期的袋状储粮窖穴，可认为是现代粮食仓库的雏形。西汉时建立的“常平仓”政策是我国历史上最早的由国家经营的仓储制度，主要是运用价值规律来调剂粮食供应，充分发挥稳定粮食的市场价值的作用。随着商品经济和国际贸易的迅速发展，现代意义上的“仓储“已不是简单意义上的“仓库”了，其行业的发展越渐成熟，内涵已发生了深刻的变化。

（二）我国仓储业的发展历史

从仓储活动的发展过程，回顾我国仓储活动的发展历史，可以分为古代仓储业、近代仓储业和现代仓储业三个阶段。

1. 中国古代仓储业

随着社会分工、大宗商品远距离交易，中国古代仓储业逐渐形成和发展。我国货栈的历史悠久，最早“以物易物”的社会里就有它的雏形。唐代甚至还开有“波斯邸店”。“邸店”亦称“邸舍”“邸阁”“邸肆”“邸铺”，是兼营旅店、货栈的场所。随着社会分工和商业贸易的进一步扩大，宋以后寄存商旅货物场所的出现，专门储存商品的“塌房（坊）”应运而生，成为带有企业性质的商业仓库。

2. 中国近代仓储业

近代中国的商业性仓库称之为“堆栈”“堆场”，是指堆存和保管货物的场地。民国前仓储业主要是洋商仓储，大多始于码头仓储。堆栈业与交通运输业、工商业的发展状况，以及与商品交换的深度和广度关系极为密切，堆栈经营者将资金投入堆栈业，并配备一定的设备，专事于存放他人的货物，收取栈租。20 世纪初期，最具代表性的洋商仓储是上海英商蓝烟囱码头仓库。由蓝烟囱轮船公司投资共兴建仓库 11 座，其中四层楼仓库 2 座，由钢筋混凝土建成，内设两台升降机，仓库四周安装防火设施，为当时设施最先进的仓库。在我国工商业较为发达的内地堆栈业也较发达，于民国初年兴起的汉口堆栈业，其发展经历了“兼业”“专业”“并业”三个发展时期，特别是在 1927 年以后，堆栈业与银行业的合作给解决客商资金周转提供了便利，也为现代金融仓储业务的开展提供了参考。

3. 中国现代仓储业

1949 年新中国成立后，上海各国营专业公司先后接管和租赁了一部分仓库，约 104 家。这些仓库均为私营厂号、行栈仓库或转运堆栈。其特点是零星分散、面积大小不等、建筑设备各异，大多以砖瓦木石结构为主，单位面积 5 万平方英尺以上的占少数，半数以上不到 1 万平方英尺，且设备简陋。1952 年国家开始兴建新的仓库。1953 年 3 月成立上海市国营商业仓储公司，专门从事仓储业务，为我国现代仓储业发展奠定了基础。

从 20 世纪 70 年代开始，我国建造自动化仓库，并采用电子计算机辅助仓库管理，使中国仓储业进入了（半）自动化的新时期。现代仓储的发展与计算机网络和信息技术的发展密切相关，在经济发达的地区，现代化的仓储物流设施开始发展起来，包括先进的库房设施、高密度存储的货架系统、（超）高层货架系统、自动货架、自动分拣系统等，也包括仓库管理系统（Warehouse Management System，WMS）及条码（Barcode）、射频识别（Radio Frequency Identification，RFID）、云计算、移动互联网等技术的应用，仓储物流将跨入物联网时代。

小知识

郑州货栈街的来历

货站街位于管城区东南部，东起中州大道，西至城东路，长约 3000m，宽约 30m，是一条与铁路运输有关的老街道。货栈街位于承担货运的郑州火车东站北侧，与陇海铁路平行的郑州东货运站，原来处在一个东西长 1500m、南北宽 600m、高出地面 10m 左右的大沙岗上，由于它距离城区只有二里之遥，所以人们称它为“二里岗”。二里岗历史上位于城东南老沙区，是个荒丘沙岗，无人烟、没有村庄、满岗坟头、杂草丛生、一片凄凉的地方。当地流传着“二里岗，真荒凉，乱坟堆，黄沙扬，只生野草不长粮，夜来野狗逞凶狂”的打油诗，这是对二里岗的真实写照。1953 年 8 月 1 日，铁路建设大军来到二里岗，用铁镐一下下铲除荆棘杂草，平整沙岗，移走坟头，铺钢轨，建货棚，垒站台，郑州东货运站诞生了。为便利货物运输，又在人迹罕至的二里岗上郑州东站北边，规划兴建了一条马路，1955 年郑州市建委上报国家建委，1956 年批准将这条马路定名为“货站街”。街上的路面刚刚铺就，街道南北两侧的仓库、货栈、铁路专用线、托运部、食堂饭铺、工厂、学校等雨后春笋般破土兴建，这一带一天天变得热闹起来。随着经济大潮的涌动，货物南来北往，各种运送货物的车辆络绎不绝，1957 年货运东站进行了扩建原来修建的马路已适应不了运输繁忙的需要，2003 年货栈街进行了彻底整治，拓宽硬化了路面，绿化、美化了街景街貌。由于货栈街上的铁路运输繁忙，几年工夫，冒出的大小货栈、信托部就有 100 多家，不知道从什么时候起，“货站街”被叫成了货栈街。

（资料来源：《大河报》；《郑州地名考》）

数字仓储

信息化技术的广泛应用在现代仓储企业中起到了事半功倍的效果，大大提高了仓储物流的效率。作为现代物流的发源地，也是世界上现代物流最发达的国家之一的美国，正是借助不断升级的信息化管理系统构筑了当今最强的物流体系。以美国四季产品仓储公司为例，其在选购仓库管理系统软硬件时，就强调通过软硬件的优化和系统的升级，必须达到实时运营、包装箱和托盘存货数据精确、语音自动识别、全自动化包装箱分拣、优化仓库存货的功能，把产品分拣误差和因为仓储错误而导致的销售损失降低到最低限度，最大化提高货物储存精确率。

信息技术的不断升级尤其是数字仓储管理系统的出现，使得这一愿景得以实现。在数字化仓储管理系统中通过引入条码技术，对仓库的到货检验、入库、出库、调拨、移库移位、库存盘点等各个作业环节的数据进行自动化的数据采集，保证仓库管理各个作业环节数据输入的效率和准确性，确保企业及时准确地掌握库存的真实数据，合理保持和控制企业库存。通过科学的编码，还可方便地进行物品的批次、保质期等的管理。数字化仓储管理系统与企业资源管理系统进行数据对接，使得企业各个环节对于仓储管理的数据检索的需求成为可能。

数字化仓储管理系统应用自动化识别技术，真正实现了数据的自动化采集，减少手工书写单据和送到机房输入的环节，能大大提高工作效率；解决库房信息陈旧滞后的弊病，数字化无线仓储系统与企业资源管理系统进行衔接使得数据实时查询、实时盘点成为可能；通过数字化无线仓储管理，大大提高了企业生产率，达到明显改善服务质量、消除事务处理中的人工操作、减少无效劳动力投入、消除因信息不准引起的附加库房存量、提高资金利用率和降低仓储成本等目的。

（资料来源：电脑商情在线）

三、我国仓储业发展现状

随着宏观经济增速下滑，生产性仓储物流下滑明显。但是在消费升级驱动下，消费品仓储和冷链仓储的发展处于快速发展期。另外，由于环境约束要求而提升供应链服务水平的危险品仓储也处于快速发展期。

自商务部2012年12月印发《关于促进仓储业转型升级的指导意见》（以下简称《指导意见》）以来，各地商务部门不同程度地加强了仓储业管理与指导，仓储业的产业规模继续扩大，行业运行平稳。到2013年年底，全国仓储企业达到2.44万家，比同期增加7%；从业人员71万人，同比增长8.4%；行业资产总额1.7万亿元，同比增长11.8%。全国营业性通用仓库面积8.6亿平方米，比上年增长23%，其中，立体仓库2亿平方米左右，约占23.2%；全国冷库总容积为8345万立方米（静态储存能力约2113.89万吨），同比增长9.68%。2013年，仓储业的固定资产投资额为4200.7亿元，同比增长34.6%，主营业务收入约4804.8亿元，同比增长9.1%；纳税总额约312.6亿元，同比增长7.6%，净资产收益率为4.5%，较上年提高0.65个百分点。

1. 仓储业发展的特点

（1）仓储业转型升级取得初步成果。仓储企业围绕提高单位仓库面积收入、完善服务功能、转变经营方式，努力向各种类型配送中心发展；仓储企业通过资源重组、优势互补，延伸服务链条，努力向网络化与一体化服务发展；为贯彻落实商务部《指导意见》精神，树立标杆企业并发挥其引导与示范作用，中国仓储协会组织评定出13家转型升级示范企业、13 家仓储设备技术应用优秀推进企业。

(2) 各类专业仓储业继续快速、创新发展。在低温仓储方面，农产品批发市场配套的冷库建设与低温配送中心、商超的低温配送中心保持快速发展态势，“电商＋低温宅配”的冷链模式以及一些大型连锁餐饮企业陆续建设的低温配送中心成为新热点；在电子商务仓储方面，电商企业一方面加快“自建”物流设施，一方面宣布“对外开放”仓储资源，网仓等新兴仓储企业凭借其技术和理念近年来保持每年数倍的增长，顺丰、韵达等快递企业纷纷跨界经营仓储，传统物流企业也在尝试介入和开拓电商仓储服务；在医药仓储方面，新版《药品经营质量管理规范》发布，对医药仓储物流提出更高要求，据不完全统计，2013 年全国投资建设的各种规模的医药物流中心超过 100 座，与此同时，中药材仓储中的突出问题受到政府部门重视，商务部市场秩序司委托中国仓储协会与中国医药协会共同完成《中药材现代物流体系建设研究报告》，并编制了《中药材仓库技术要求》与《中药材仓储管理规范》2 项行业标准。

(3) 新兴仓储经营业态呈现不同发展态势。仓库租赁业（仓储地产）继续保持高速增长，各类物流园区与仓储地产企业是仓库租赁业的主体。全国 9 家大中型仓储地产企业到 2013 年年末运营仓库面积合计 1536 万平方米，同比增长 18.7%，约占全国营业性仓库总面积的 1.7%，约占立体仓库总量的 7.6%，其中，普洛斯的运营仓达到 950 万平方米。担保存货管理（金融仓储）发展速度放缓，规范化发展成为业界关注焦点，受“上海钢贸案”和“青岛有色案”的负面影响，相关金融机构与各类仓储企业不同程度地调整了发展策略，相关政府部门与行业组织也正在陆续研究出台相关对策。自助仓储逐步在一线城市得到发展，据不完全统计，全国目前已有近 20 家自助仓储企业。

(4) 仓储业标准化工作取得新进展。到目前为止，我国仓储业有各类标准 51 项。中国仓储协会组织起草的行标《仓储作业规范》《网络零售仓储作业规范》、国标《仓单要素与格式规范》《仓储绩效指标体系》已于 2013 年颁布实施。中国仓储协会组织起草的 2 项行标《中药材仓库技术规范》《中药材仓储管理规范》、国标《担保存货第三方管理规范》已报批。经中国仓储协会评定的 3 星级以上仓库达到 260 多家、仓储服务金牌企业达到近百家，通过认证的仓储经理与仓储管理员达到近万人。

(5) 仓储机械化与信息化水平有所提高。以货架、托盘、叉车为代表的仓储装备和仓储管理信息系统在大中型仓储企业的应用状况良好，据测算，全国仓储业机械化作业率达到 37%以上，仓储管理信息化达到 50%以上。同时，条码、智能标签、无线射频识别等自动识别、标识技术、可视化及货物跟踪系统、自动或快速分拣技术，在一些大型企业与医药、烟草、电子、电商等专业仓储企业应用比例有所提高。

2. 仓储业的发展所面临的市场环境

(1) 随着国务院《物流业中长期发展规划》的发布，将从整体上改善我国仓储业发展的政策环境，国家有关部门在未来 3 年内将围绕仓储业法规建设、仓储建设用地、绿色仓储、减轻企业税负、加强仓储标准化与行业监管等方面陆续研究出台相关具体政策。

(2) 我国经济发展方式的转变为仓储业创新发展提供机遇，生产制造企业供应链整合与延伸，生产制造服务化的趋势，连锁商业与电子商务的快速发展，线上线下交易的物流整合，需要并激发仓储企业更新经营理念、转变经营方式、调整商品库存管理模式、不断重新优化业务管理流程。

(3) 激烈的市场竞争环境也必将成为仓储业创新发展的动力，越来越多新的投资人的进入，既说明了我国仓储业发展的机会，也反衬出现有仓储企业的差距与不足，激烈的市场竞争局面有利于仓储业的整体发展，也将促使传统仓储企业充分发挥自身优势、转型升级与创新发展。

小知识

政府对仓储业的政策

——商务部关于促进仓储业转型升级的指导意见

促进仓储业健康发展，加快推进传统仓储向现代物流转型升级，对于建立健全我国现代流通体系、降低流通成本、提高流通效率具有重要的战略意义和现实意义。根据《国务院关于深化流通体制改革加快流通产业发展的意见》和《商贸物流发展专项规划》的要求，现就促进仓储业转型升级工作提出如下意见。

一、促进仓储业转型升级的重要意义

仓储是以满足供应链上下游的需求为目的，依托仓库设施、利用信息技术对货物存储、加工包装、分拣配送等进行有效计划、管理和执行的物流活动，是物流一体化运作和商品流通的重要环节。改革开放以来，我国仓储业快速发展，仓储设施明显改善，产业规模持续扩大，社会化进程逐步加快，服务水平与作业效率有所提高，出现了地产类仓储、金融类仓储、自助式仓储等新的经营业态，一批功能完善、融入供应链一体化服务的现代仓储企业脱颖而出。

但从总体上看，我国仓储业的传统经营方式还没有根本性改变，仓储自动化、标准化与信息化管理仍处于较低水平，造成我国流通企业商品库存时间过长、占压资金过多。2007—2011 年，我国物流总费用占国内生产总值的比重由 18.2%下降到 17.8%，而保管费用占国内生产总值的比重却由 5.8%上升到 6.1%。

加快仓储业转型升级，推动传统仓储企业由功能单一的仓储中心向功能完善的各类物流配送中心转变，由商品保管型的传统仓储向库存控制型的现代仓储转变，是建立健全物流配送体系的重要内容，是降低社会库存、提高流通效率的重要途径。

二、指导思想、基本原则和发展目标

(一) 指导思想

深入贯彻落实科学发展观，以提高流通效率为宗旨，以基础设施为依托，以延伸服务链条为主线，以自动化、信息化、标准化为方向，进一步加强规划和政策引导，完善相关法律法规和行业标准，促进各类仓储企业健康发展，加快仓储业转型升级。

(二) 基本原则

坚持市场调节和政策引导相结合，充分发挥市场机制的作用，加强规划和政策引导，营造公平竞争的市场环境，实现企业优胜劣汰；坚持促进发展与加强规范相结合，加大对仓储设施升级改造的支持力度，强化标准规范，提升行业发展质量；坚持服务流通产业与加快行业发展相结合，要适应流通方式转变和流通产业升级的要求，拓展仓储服务链条，加快行业发展；坚持创新经营模式与利用仓储资源相结合，引导企业充分利用仓储资源，转变经营模式，主动开拓市场，实现转型升级。

（三）发展目标

引导仓储企业由传统仓储中心向多功能、一体化的综合物流服务商转变。在服务方面由仓库出租向仓储管理、库存控制、加工包装、分拣配送、质押监管等多功能增值服务发展；在技术方面由平面堆放、人工操作向立体化存储、单元化作业、机械化与自动化操作发展；在管理方面由分散、粗放式经营向精益化、标准化与信息化发展。用5年左右时间，实现加工配送率达到40%，仓储服务达标率提高到40%，立体仓库的总面积占仓库总面积的40%；仓储企业机械化、自动化、标准化、信息化水平显著提高；商品库存周转速度明显加快，流通环节仓储费用占商品流通费用的比率显著下降。

三、主要任务

(1) 支持仓储企业创新经营模式。鼓励仓储企业适应连锁经营、电子商务等现代流通方式发展要求，开展供应链库存管理、加工包装、分拣配送等供应链一体化服务。鼓励仓储企业通过联盟、重组、托管经营等方式，发展网络化仓储配送。支持有条件的仓储企业规范开展质押监管等供应链融资监管服务。

(2) 引导仓储企业推广应用新技术。大力推广集装技术和单元化装载技术，提高仓储作业效率。推广应用条码、智能标签、无线射频识别等自动识别、标识技术和货物快速分拣技术。加强仓储技术装备的研发与推广，鼓励企业采用仓储配送、装卸搬运、分拣包装、条码印刷等专用技术设备。

(3) 加强仓储企业信息化建设。支持仓储企业购置或自主开发仓储管理信息系统，有条件的仓储企业要积极应用物联网技术。支持仓储企业与连锁企业、电子商务企业、生产企业等建设信息对接系统，实现数据共用、资源共享，提高仓储企业的供应链服务水平。

(4) 提高仓储企业标准化应用水平。指导仓储企业在仓库建设、仓库设计、仓储服务、仓储作业绩效考核等方面采用国家标准和行业标准，加大标准推广力度。支持仓储企业进行技术设施、设备的更新改造。鼓励仓储企业使用标准化托盘，积极参与托盘共用系统建设。

(5) 鼓励仓储资源利用社会化。鼓励仓储企业通过兼并重组、仓储联盟、共同配送、管理外包、建设仓储资源交易平台等方式，有效提高仓储设施利用率。鼓励企业内部仓储设施对外开放和经营，整合仓储资源，促进仓储资源社会化。

(6) 加大冷库改造和建设力度。适应冷链物流快速发展的要求，指导企业对现有冷库进行技术改造，并利用先进技术建设现代化冷库，促进我国冷库由原来大批量、小品种、存期长向小批量、多品种、多流通形式转化。加强冷库系统管理，提高运作效率，鼓励节能减排。

四、保障措施

(1) 完善法律法规和政策体系。加快出台行业管理部门规章，规范仓储业经营秩序和企业经营行为。进一步加强行业指导，提升行业发展水平。加强与有关部门沟通协调，研究出台仓储设施改造、信息平台建设等方面的财税政策，引导仓储行业健康有序发展。

(2) 完善行业监测与标准体系。建立健全仓储市场监测指标体系，通过仓库租金、仓库利用率、行业发展指数等信息发布，引导仓储市场的有序竞争与协调发展。完善仓储作业规范、服务规范、安全规范、质押监管业务规范等标准体系。统一仓储、运输、配送等环节的计量标准、技术标准和数据传送标准等。

(3) 加强人才队伍建设。开展仓储从业人员的资质培训与认证工作，逐步实行持证上岗制度。充分利用高校教育资源和发挥教育培训机构的作用，研究将各类专业仓储从业人员的培养纳入教育体系。

(4) 加强行业组织建设。充分发挥行业协会在行业统计、标准拟定与宣传贯彻、课题研究、咨询服务、资质认证、人才培训等方面的积极作用，引导行业健康发展。增强行业协会在诚信体系建设、行业自律，服务企业等方面的功能。

各地商务主管部门要提高认识，转变观念，加强组织领导，健全仓储行业管理机构，明确工作职责，加强行业指导、管理和服务，将促进仓储业转型升级作为推动物流工作的重要抓手，确保取得成效。

（资料来源：商务部流通业发展司）

第二节　仓储的功能

仓储有效衔接上游生产和终端消费，在物流系统中起“蓄水池”“调节阀”的作用。仓储作为物流过程中重要的服务节点，在流通作业中发挥着无可替代的作用。

一、仓储的基本功能

仓储的基本活动包括物品的进出、库存、分拣、包装、配送及信息处理等方面，具体的功能实现包括以下几方面。

1. 储存功能

现代社会化大生产既有专业化和规模化生产，也有多品种小批量生产的特征。对于劳动生产率极高、产量巨大的产品来不及消费，必须经过仓储手段进行储存，这样才能保障生产的连续性。储存作为仓储的基本功能，对于生产过程来说，适当的原材料、半成品的储存，可以防止因缺货造成的生产停顿。对于销售环节来说，季节性储存可以为企业创造新的市场营销机会。

2. 养护功能

在仓储过程中需要对商品进行有效的养护和管理，防止损失而折价。如粮食容易受潮发霉，从而降低其使用价值，因此在粮食仓储过程中，要选择适宜的储存场所和养护措施(比如特定温度与湿度)。

3. 流通加工功能

商品在储存期间，根据存货人或客户的要求，对在储存的商品进行适当分装、除杂等加工，比如大米等粮食，把大包装换成适合现代家庭需求的小包装。

4. 整合功能

整合是仓储经营活动的重要经济功能之一。例如通过零配件的整合，仓库可以将来自多个制造业的产品或零配件整合成集装单元，方便多式联运，既有可能降低运输成本，也可以减少由多个供应商向同一客户供货带来的烦琐程序。

5. 分类和转运功能

分类，就是将来自供应商的组合订货分类或分割成个别订货，然后安排适当的运力运送到制造商指定的个别客户。转运，就是仓库从多个制造商处运来整车的货物，在收到货物后，按照客户要求进行分类配载，然后运往指定的地点。

6. 支持企业市场形象的功能

从满足市场需求的角度看，从一个距离较近的仓库供货远比从生产厂商处供货方便得多，同时，仓库也能提供更为快捷的快递服务。例如牛奶企业在多个区域建立冷储保鲜基地，这样会减少因长距离运输导致牛奶保质期缩短所造成的损失，并能对市场需求做出快速反应，为企业树立良好的市场服务形象。

7. 市场信息的传感器

社会仓储的变化是了解市场需求的重要途径之一。现代制造业特别强调仓储环节的信息作用：储量减少，周转量加大，表明社会总需求旺盛；反之，表现为社会总需求不足。商家存货增加，表明其产品需求减少，可能其市场竞争力下降或生产规模不适应市场经济发展要求。虽然仓储环节所获得的市场信息比较滞后，但更为准确和集中，且信息成本较低。

8. 提供信用的保证

市场经济条件下，购买方需要检验货物、确定货物的存在和货物的品质，方可成交。同样，购买方可以到仓库查验货物，货物仓单作为实物交易的凭证，可以作为对购买方提供的保证。因此，仓单作为现代融资工具之一并进行质押。

9. 现货交易的场所

卖方要转让其在某仓库存放的商品时，买方可以直接到该仓库查验商品并取样化验，双方可以进行仓库交割。在国内众多的批发交易市场，既有商品存储功能，又有商品交易功能。当面期货交割仓库是指期货交易所为进入交割期的合约实现实物交割而在商品主产区或主消费区特意设立的商品存储区域。

二、动态仓储技术的特点与重要性

1. 动态仓储技术

动态仓储技术是指利用仓储商品自身的重力或一定的设备实现在库位置变化、自动补货等功能的相对动态的仓储形式。动态仓储技术使商品快速、高效地流动起来，商品由静态管理变为动态管理，从而满足客户多样化需求。

2. 动态仓储技术的特点

动态仓储系统是集绿色、环保、节能于一体的集约型存储方式，相对粗放型的存储方式而言，可以提高 60%～100%的仓库空间使用率。动态仓储系统的设计遵循先进先出原则，确保仓储物品保质保鲜。动态仓储系统的集约型存储方式符合短距离的搬运和输送要求，提高工作效率近30%，并且能够减少仓储作业人员的体力劳动量。在劳动力日趋紧张的今天，可以选择动态仓储作为仓库设计规划的参考。一端存放，另一端取货，动态仓储把存取通道有效分开，使仓库管理井然有序，既避免视觉上的死角，又保障了作业人员的安全。

3. 实现动态仓储的重要性

动态仓储对于制造业与商品流通企业来说，在仓库设计之初多了更多选择方案。对于少品种大批量生产的企业而言，动态仓储的集约型存储方式是最好的选择，尤其适用于快速消费品、化工、烟草以及饮料等行业。

信息化和电子商务推动现代物流仓储业发展，企业原有的仓容已经不能满足实际需要。这时很多企业首先想到以买代租，甚至重金拿地自建仓库，无形中造成了巨大的浪费，使企业的生产成本居高不下。因此，企业可以利用80/20法则或ABC分类法，进行商品仓储归类储存，有效利用仓容。

动态仓储的自动补货功能，是现代制造业采用看板管理的最佳选择。在生产流水线的周边配置动态仓储设备，可以使作业区域便于管理、拣选和查找货物，从而提升作业效率，大大节省作业人员的人力成本。

第三节 仓储管理的对象和内容

仓储管理是一门介于经济管理科学和工程与应用技术科学的现代学科，属于边缘性的交叉学科。仓储管理的对象和内容随着生产力的不断提高和其在经济社会领域中的作用不断扩大而不断演变。

一、仓储管理的概念

1. 仓储管理

根据国家标准《物流术语》（GB/T 18354—2006），仓储管理是指对仓储设施布局和设计以及仓储作业所进行的计划、组织、协调与控制。“仓储管理”的概念指明了所管理的对象是“一切库存商品”，手段具有经济管理和工程技术应用两个层面。

仓储是物流系统中一个重要的环节，既有调节生产与供求的作用，也有增值增效的功能。传统上企业仓储管理从作业上有商品的装卸、分拣、整理、包装、流通加工等功能，从作业流程上有入库、保管和出库等内容，而现代流通企业的仓库逐渐发展成为物流中心，在现代物流中更加强调仓储的实时性与动态性。

2. 仓储管理的对象

仓储管理研究的是商品流通过程中对商品储存环节的经营与管理。仓储管理是从商品流通过程的购买、运输、储存以及销售环节，研究商品的收发、管理和与之相关的流通加工等经营活动，并围绕商品储存业务而进行的人、财、物等资源的综合管理和优化配置。

二、企业仓储管理的功能

企业的仓储活动伴随生产的不断发展而不断完善，从现代物流系统观点来看，企业仓储管理具有以下功能。

1. 供需调节功能

生产和消费不可能完全同步。酒类、饮料类产品的生产与销售具有明显的季节性和波动性，其消费倾向具有很强的波动性；像粮食等农产品的生产节奏具有季节间隔性，其消费则具有连续性。上述情况都产生了供需不平衡，这就决定了市场需要用仓储作为“蓄水池”加以调控，把生产和消费协调起来。

2. 价格调节功能

由于仓储对供需的调节功能，商品才能从中取得自身的最大价值，取得理想的经济效益。以粮食为例，如果不经过仓储环节，直接把集中产出的粮食全部投放市场，势必造成供大于求，引发粮食价格暴跌。因此，有必要把集中产出的粮食经过储存环节，调节供需之间的平衡，最终达到平稳物价的作用。在这一过程中，仓储发挥了价格调节功能。

3. 调节货物运输能力的功能

不同运输工具的运量相差很大，海运船的运量一般是万吨以上，内河船的运量也以千吨计，火车的运量较小，汽车的运量最小，一般每车的载运量仅几吨到几十吨。不同运输工具之间进行转运时，运输能力难以匹配，这种由运量而产生的差异必须通过仓储来进行缓冲调节和有效衔接。

4. 配送和流通加工的功能

现代仓储业务不断向流通、销售、零配件供应等方向拓展，用来储存商品的仓库不仅具有储存和养护货物的设施，而且强化了分拣、配送、捆包、流通加工和信息处理等作业环节，这样既扩大了仓储经营业务，提高了货物综合利用率，又促进了物流合理化，方便了顾客的消费，丰富了服务内涵。

三、企业仓储管理的内容和主要任务

1. 企业仓储管理的内容

企业仓储管理的主要内容是对仓库和仓库中储存的物品进行有效的管理。它是随着储存物品的品种多样化、仓库功能结构的优化、技术设备不断升级而发展变化的，具体内容包括以下几方面。

（1）仓库营运设施与设备。包括如何根据仓库作业特点和储存商品的种类及特性选择适宜的机械装备及数量，并对这些机械进行管理等。恰当地选用不同作业类型的仓库设施和设备将有效降低仓库作业中的人工劳动强度，并提高商品流通质量和效率。

（2）仓库规划与布局设计。包括仓库的选址、仓库建筑面积与布局的确定等问题。涉及公司长期战略与市场环境不断适应性的研究，并对仓库经营管理过程中的服务水平和综合成本产生非常大的影响。

（3）仓储经营管理。是仓储经营人对仓储商务所进行的计划、组织、协调和控制的过程，属于企业商务管理的一个方面，包括仓储经营管理、货源组织等内容。仓储企业要在广泛开展市场调查和研究的基础上，向社会提供高质量的仓储服务，满足客户需求，做到诚实守信、依法办事，不断为良好的仓储市场环境创造条件。

(4) 仓储作业管理。仓储作业管理是仓储管理日常所面对的最基本的管理内容，只有不断完善和优化仓储作业过程中的每一个工作环节，才能保证仓储整体作业的良好运转。

(5) 库存控制与存货管理。库存控制主要包括 EOQ 库存控制模型、MRP 库存控制方法、JIT 库存控制方法等的理念、方法及应用，对制造业或服务业生产、经营全过程的各种物品、产成品以及其他资源进行管理和控制，使其存量保持在经济合理的水平上。库存控制是仓储管理的重要环节，是在满足顾客服务要求的前提下，通过对企业的库存水平进行控制，力求降低库存成本、提高物流作业效率，以提高企业的综合竞争力。

(6) 现代信息技术在仓储管理中的应用。现代仓储管理的重要体现是信息技术的广泛应用，因此，重点是将信息技术本身与其在仓储管理中的应用结合起来，真正掌握信息技术对仓储管理所带来的根本性的变化。

(7) 仓储安全管理。包括仓库综合治安及消防，主要介绍治安保障能力、消防器材布置及使用、仓储生产安全及风险防范，以及特殊物品的管理与控制。现代仓储管理强调了综合运用现代科学管理和技术防范的理论和方法，不断为仓储安全提供人防和技防保障。

(8) 仓储管理经济分析。包括仓储成本、仓储收入构成与评价指标体系，以会计核算资料为基础，对仓储成本构成成因进行综合分析。仓储成本控制选择适用的成本控制方法和手段，既要协调各环节的相互关系，又要考虑物流环节的背反效应，以平衡不同利益主体间的利益。

(9) 仓储保税制度。随着服务、贸易等领域的不断开发，对国际贸易货物仓储管理提出了新的要求，为有利于促进贸易发展，海关保税制度应运而生。主要包括货物保税制度出现的背景、保税制度功能和发展历史，保税仓库的类型、储运货物保税制度的实施以及我国的进出口货物保税政策等内容。

2. 企业仓储管理的主要任务

(1) 仓储设施规划和利用。合理规划并有效利用各种仓储设施，不断扩大仓储储存能力，提高仓储作业效率。

(2) 养护仓储物资。做好仓储物资的验收、发运以及养护工作，保证企业生产及时准确地获得适合、完好的物资供应。

(3) 合理储备材料。过多的材料储备会占用大量的流动资金，而且增加了仓储费用，所以仓储管理必须对各项物资的储备量予以正确的规划，以保证其合理的储存数量。

(4) 降低物料成本。降低物料成本对于企业提高经济效益有重要意义，仓储管理必须不断完善管理手段与方法，在采购、运输、验收、保管、发放等各个环节上不断采用先进、科学的方法。

(5) 重视员工培训，提高员工业务水平。企业仓储管理本身是对物的管理，但这种管理是通过协调人的活动来实现的。只有较高素质的劳动者与现代化设备的结合，才能充分发挥仓储设备的作用。

(6) 确保仓储物资的安全。仓储管理的重要任务在于防止火灾和防止盗窃，以保证仓库物资和仓库不受意外损失。它的核心在于怎样进行合理存储，即在保证客户需求的前提下，追求总的仓储成本最小化。

第四节　仓储与现代物流

现代“仓储”是在经济全球化与供应链一体化背景下的产物，仓储是现代物流系统中的重要环节，是以满足供应链上下游的需求为目的，在特定的有形或无形的场所运用现代技术对商品的入库、库存、出库、分拣、包装、配送及其信息进行有效地计划、执行和控制的物流活动。如何在生产与消费的时空分离中妥善地保持商品完好无损，是仓储活动所要面对的问题。

一、仓储在流通管理中的作用

1. 仓储是现代物流过程中的重要环节

运输和仓储是物流过程中的两种主要环节，运输和仓储正好是“一动一静”实现供需的有效衔接。运输是靠商品的空间移动来实现其增值功能，而现代仓储则是靠改变时空来实现其增值的目的。

2. 仓储可保证社会再生产过程顺利进行

货物的仓储过程不仅是商品流通的必要保证，也是社会再生产过程得以进行的必要条件。商品顺利生产需要原材料、零件、配件的有效供应，如果缺少了仓储环节，商品的再生产过程也就很难进行下去。

3. 仓储可优化商品流通，节约流通费用

物流过程中的仓储环节是商品流通系统中的重要节点，通过储存、分拣等过程，可以实现货畅其流，有效降低商品流通成本。

4. 仓储可保证商品在流通过程中的质量

通过仓储环节强化对商品流通的检查检验，可以最大限度地防止不合格商品流入市场。因此，做好商品进出库的验收工作，并保管好在库商品质量是仓储管理的重要任务之一。

5. 为商品进入市场做好准备

在仓储环节，可以进行商品的质检、整理、包装、分拣、贴标签等作业。在运营成本越来越高的情况下，尽可能地利用仓库集中作业，可以为下一个流通环节提供方便利，实现商品的增值增效。

6. 为逆向物流提供场所

现代物流更强调速度、成本、服务以及效率向着可持续发展方向发展。因此，商品的包装物及其使用后的回收越来越受到人们的重视。商品流通对逆向物流提出了新的要求，仓库也是逆向物流必不可少的通道和场所。

二、仓储在现代流通中的逆作用

1. 固定费用和可变费用支出

仓储要求企业在仓库建设、仓库管理、仓库工作人员工资、福利等方面支出大量的成本费用，开支增高。

2. 机会损失

储存物资占用资金以及资金利息，失去投资机会，如果用于另外的项目可能会有更好的收益。

3. 陈旧损失与跌价损失

随着储存时间的增加，存货时刻都在发生陈旧变质，严重的更会完全丧失价值及使用价值。同时，一旦错过有利的销售期，必须低价贱卖，不可避免地出现跌价损失。

4. 保险费支出

为了分担风险，很多企业对仓储商品投保财产险，保险费支出在仓储物资总值中占了相当大的比例。随着社会保障体系和安全体系日益完善，保险费用的支出比例还会呈上升的趋势。

由此可见，仓储既有积极的一面也有消极的一面。只有考虑到仓储作用的两面性，尽量使仓储合理化，才能有利于物流活动的顺利开展。

三、仓储在现代物流运行中的作用

1. 运输整合和配载

基于运输的费用率具有随着运量的增大而减少的规模经济规律，因而尽可能大批量地运输是节省运费的有效手段。而将连续不断产出的产品集中成大批量再提交运输，或者将众多供货商所提供的产品整合成单一的一票运输等运输整合就需要通过仓储来进行。整合不仅可实现大批量运输，还可以应用比重整合、轻重搭配，实现运输工具空间的充分利用。整合服务还可以由多个厂商共同享有，以减少仓储和运输成本。在运输整合中还可以对商品进行成组、托盘化等作业，使运输作业效率提高。

运输服务商也可在仓储中整合众多小批量的托运货物，进行合并运输、运输配载，以达到充分利用运输工具、降低物流成本的目的。

2. 分拣和产品组合

对于通过整合运达消费地的产品，需要在仓库里根据流出去向、流出时间的不同进行分拣，分别配载到不同的运输工具上，配送到不同的目的地或消费者。

仓储的整合作用还适用于在不同产地生产的系列产品，在仓库整合成系列体系，向销售商供货。生产商要求分散的供应商将众多的零配件送到指定的仓库，由仓库进行虚拟配装组合，再送到生产线上进行装配，这还包括将众多小批量的货物组合成大的运输单元，以降低运输成本。

3. 流通加工

由于仓储中物资处于停滞状态，适合在仓储中进行流通加工，既不影响商品的流通速度，同时又能使产品及时满足市场消费变化的需要和不同的客户需要，流通加工包括产品包装、装潢包装、贴标签、计量、组装等。

流通加工既可设在产地，又可设在销地，既便于流通，降低物流成本，提供物流效率，又能满足客户需求，起到开拓市场的作用。

4. 平衡生产和保证供货

众多的产品具有季节性销售的特性，在销售高峰前才组织大批生产显然不仅不经济而且不可能。只有通过一定时间的持续经济生产，将产品通过仓储的方式储存，才能在销售旺季集中向市场供货，并通过仓储点的妥善分布实现及时向所有市场供货，同时也有部分集中生产而常年销售的产品，需要通过仓储的方式稳定持续地向市场供货。仓储可以说是物流的时间控制开关，通过仓储的时间调整，使物品按市场需求的节奏进行流动，满足生产与销售的平衡需要。

对于一般商品、生产原材料适量进行安全储备，是保证生产稳定进行和促进销售的重要手段，也是应对突发事件如天气灾害、战争及意外事故等对流通产生破坏的应急手段。

5. 存货控制

除了大型的在现场装配的设备、建筑外，绝大多数普通产品的现代生产很难做到完全无存货，但存货就意味着资金运转停滞，资金成本、储存费用增加，并会产生耗损、浪费等风险，对于存货的控制是物流管理的重要内容之一。存货控制就是对仓储中的商品存量进行控制的工作，并且是整个供应链的仓储存量控制，仓储存货控制包括存量控制、质量控制及仓储点的分布等。

四、仓储在物流效益中的作用

1. 仓储在物流成本管理中的作用

仓储环节不仅是物流成本的组成部分，也是整体上对物流成本实施管理的控制环节。控制和降低仓储成本可直接实现物流成本的降低。商品在仓储中的组合、配载、分装、组装等流通加工就是为了提高装卸效率，充分利用运输工具，降低运输成本。合理和科学的仓储会减少商品的作业次数，采取机械化和自动化的仓储作业，更有利于降低作业成本。科学的仓储管理对商品实施有效的养护、精益的数量及质量控制，会大大减少风险成本。

2. 仓储是物流增值服务功能的实现环节

合理的仓储管理不仅要做到满足商品销售、降低商品成本，更应该进行增值服务，提高商品销售的收益。商品销售的增值主要来源于商品质量的提高、功能的扩展、及时性的时间价值、削峰平谷的市场价值、个性化服务的增值等。

众多的仓储增值服务在仓储环节进行，特别是流通加工可在仓储环节进行，通过加工提高产品的质量、改变功能、实现产品个性化，仓储的时间控制可使生产节奏和消费节奏同步，实现物流管理时间效用的价值；通过仓储的商品整合，开展消费个性化的服务等。

五、我国仓储业的发展趋势

1. 服务功能不断完善，向仓储配送一体化发展

仓储企业通过与工商企业、零售企业与连锁商超企业、电子商务企业、农产品批发市场、生产资料批发市场等不同需求方供应链的有机融合，向仓库、配送一体化的配送中心

发展。

2. 资源整合速度加快，向仓储经营网络化发展

面对工商企业供应链的一体化物流需求，仓储企业与货运、快递、货代企业之间以及各类仓储企业之间将会加快推进资源整合、兼并重组、连锁经营与经营联盟。有条件的仓储企业将会依托自身优势，以城市共同配送为基础，通过转变经营方式与资源整合，发展区域配送网络甚至全国范围内的仓储配送网络。

3. 市场进一步细分，向仓储专业化发展

面对工商企业供应链的不断优化与创新，有条件的仓储企业必将改变同质化经营策略，转向各类专业仓储。温控仓储、化学危险品仓储、物资储备、医药仓储的管理与服务将更加集约化、精细化。

4. 行业标准广泛实施，向仓储管理规范化发展

随着国家有关部门加强物流标准化工作力度，特别是市场竞争的加剧，标准化必将成为引领仓储业转型升级和现代化建设的主要力量，仓储企业经营管理必将向规范化发展。

5. 技术改造加快推进，绿色环保成为新趋势

机械化、自动化与信息化成为仓储业转型升级的重要内容。在国家政策推动与企业自身降低成本的内在驱动下，绿色环保的仓库建筑材料、节能减排的仓储设备、仓库屋顶光伏发电、冷库节能技术等将会逐步在仓储行业得到应用。

第五节 案例分析及实习实训指导

案例分析

"双 11"快递爆仓难题怎么解

"双 11"网购狂欢之后，全国各地快递业迎来配送高峰，各大快递公司爆仓的图片充斥网络。据国家邮政局预估，从 11 月 10 日到 11 月 17 日，全国快件总量将突破 5 亿件，比去年同期增长近 5 成，快递最高日处理量可能会突破 9000 万件，比去年增加近 4 成。业内人士告诉记者，业务量激增是导致快递公司爆仓的直接原因。但是，货物配送中间环节过多、"最后 1 公里"不畅通让大量货物滞留在仓库，也加剧了爆仓的状况。

作为"双 11"电商活动的首创者，阿里巴巴连年受到爆仓的困扰。阿里巴巴集团创始人、董事局执行主席马云就曾直言："我不关心卖了多少亿，只关心包裹送不送得到。"

2015 年"双 11"之前，阿里巴巴和"三通一达"、百世集团等合作伙伴进行了多次沟通，讨论的重点是怎样通过预测系统、自动补货系统，让物流公司更好地了解哪些货物配送线路比较繁忙，哪些线路需要车辆支援等。"在三四个月以前，阿里就开始对这些情况进行分析和预测。他们积累了大量的数据，对商家情况非常熟悉。一个星期前，阿里对订

单及货运情况的预测已经非常准确。这些数据对我们组织后续的货物配送和快运快递帮助非常大。”百世集团总裁周韶宁说。

面对激增的业务量，快递公司首先增加“硬”件配置。国家邮政局副局长刘君介绍，为应对“双 11”，今年快递企业新招录 20 万左右快递员，扩建了转移中心 100 余处，增加作业场地近 190 万平方米，新增干线车辆 1.2 万台以上。此外，还增加了快递专用货机线路 40 余条，合作航线 200 余条，开设高铁班列 3 对 6 列次。

周韶宁认为，提升“硬”件配置是非常必要的，但更重要的是用信息技术手段把传统物流业改造成为现代物流业。据周韶宁介绍，百世集团依托覆盖全国的服务网络和自主研发的物流综合运营平台 Geni－max，为企业提供供应链解决方案，协助企业快速优化和提升采购、分销及电子商务物流效率，减少供应链多余环节，快速响应市场变化。同时，百世物流还应用物流数据分析和网络化分仓，管理运输、快递资源，为品牌企业提供仓配一体化的物流外包服务。为了应对“双 11”，百世物流对整个系统进行了升级，压力测试结果显示，每小时最多可处理 80 万单。

“根据系统分析的结果，‘双 11’前我们在全国各地的仓库储备了一部分热卖品，‘双 11’当天一部分订单就可以从各地仓库直接配送。同时，我们还和阿里进行了电子面单合作，把货品的途经路线打到电子面单上，这种前置化工作能够大大减少分拨中心操作的时间。”周韶宁说。

业内人士告诉记者，“最后 1 公里”物流是配送的最后一个环节，也是“双 11”电商物流压力最大的一个环节，除了奖励优秀站点、优秀派送员，目前还没有很好的解决方法。“国外发展电子商务时，线下网点已经非常完备，电子商务可以依托这些完备的线下网点及时送达。我国的电商横空出世，并没有完备的线下销售配送网点作支撑。我国要把现实的仓储配送同电商的需求匹配起来，还需要相当长的时间。”

（资料来源：《科技日报》）

案例思考题：

结合所学知识，谈谈缓解“双 11”包裹“爆仓”现象的对策？

小知识

做一个合格、优秀、卓越的仓管员

一、仓管员的七条主要职责

①建立仓库管理制度和作业规范；

②物品的进出库管理；

③根据物料流动速度，拟订合理库存标准；

④物料防护及仓库安全措施；

⑤定期搞好物料的盘点工作；

⑥管理搬运装卸工用具和设备；

⑦物料的有效期管理。

二、仓管员应具备的五点素质和技能

①熟悉仓储管理业务，具有较强的业务知识水平；

②熟悉商品知识，具有正确维护和保养商品的能力；

③熟悉仓储设备知识，具有正确操作与保养设备的能力；

④具备计算机操作能力；

⑤具有仓储统计、账务处理能力。

三、对仓管员的心态要求

①认真细心；

②反应迅速；

③严格把关；

④积极主动。

实习实训

仓储业发展现状调查

物流业已经成为21世纪我国经济发展的重要产业。仓储在物流系统中起着举足轻重的作用，现代仓储业的健康快速发展，对于优化物流与供应链管理系统、提高国民经济的运行质量有重大的意义。随着物流的迅速发展和社会需求的变化，我国仓储业务量不断增大，货物吞吐量、平均库存量、货物周转次数等指标都有明显的提高。结合所学知识，分组实地调研所在城市的仓储业发展现状，完成一项调研报告，并用PPT的形式进行课堂展示与讨论。

1. 实训目的

本次调查目的为零距离接触企业，认识未来工作岗位。实习要求学生分组赴仓储企业进行实地调研，调研的内容丰富多样，调研的企业数量也较多，因此，为学生零距离接触企业提供了有利契机，同时为其近距离接触自己未来的工作岗位也提供了感受、观摩、学习的机会，可以更加明确自己未来努力的方向。

2. 基本要求

(1) 设计调研问卷。学生7～8人一组对仓储企业进行调研问卷的设计，设计的问题以20个为佳，目的是对所在城市物流市场（仓储业）进行调研，为未来创立物流公司做前期铺垫。

(2) 企业实地调研。为了使不同小组调研的问卷有所差异，各小组可以实行差异化的调研活动，如分行政区进行调研。

(3) 完成一项调研报告，并用PPT的形式进行课堂展示与讨论。

练习题

一、单选题

1. 狭义的仓储仅指通过仓库等场所实现对在库物品的储存与保管，是一种静态仓储。可喻之为“（　　）”。

A. 河流　　B. 蓄水池　　C. 邸店或塌房　　D. 都不是

2. 广义的仓储是指除了对物品的储存、保管，还包括物品在库期间的装卸搬运、分拣组合、包装流通加工等各项增值服务功能，是一种动态仓储，可喻为“（　　）”。

A. 河流　　B. 蓄水池　　C. 邸店或塌房　　D. 都不是

3. 像粮食等农产品的生产节奏具有季节间隔性，其消费则具有连续性。通过仓储可以把生产和消费协调平衡起来，这体现了仓储管理的（　　）功能。

A. 供需调节　　B. 价格调节

C. 货物运输能力调节　　D. 配送与流通加工

4. 通过对储存物的保管保养，可以克服产品的生产与消费在时间上的差异，创造物资的（　　）。

A. 时间效用　　B. 增值效用　　C. 空间效用　　D. 附加效用

二、多选题

1. 仓储的功能包括（　　）。

A. 储存功能　　B. 保管功能　　C. 整合功能　　D. 加工功能

2. 纵观中国仓储活动的发展历史，大致经过了（　　）阶段。

A. 中国古代仓储业　　B. 中国近代仓储业

C. 社会主义仓储业　　D. 仓储业现代化发展阶段

三、名词解释

1. 仓储　2. 仓储管理　3. 动态仓储

四、简答题

1. 简述仓储的基本功能。

2. 简述企业仓储管理的主要任务。

3. 简述仓储业的发展趋势。

4. 简述仓储在流通管理中的作用。

第二章　仓库营运设施与设备

知识目标

1. 了解仓库的基本概念，掌握仓库与保管的功能。
2. 了解仓库的基本分类方法和特点。
3. 理解仓库装卸搬运设备、起重设备、仓储设备的特点和功能。
4. 掌握手动液压叉车的结构特点和操作规范。

能力目标

1. 能够分析不同仓库的基本功能。
2. 能够对自动化立体仓库优缺点进行分析。
3. 能够规范操作手动液压叉车。

导入案例

中国仓储业吸引全球投资者目光

阿里巴巴集团在纽约大规模招股上市的计划凸显了中国电子商务的巨大潜力，以及物流业亟须解决的薄弱环节——让预言的爆炸性增长得到实现。

为世界第二大经济体各地客户供应货物的老化仓库，已经在不堪重压吱吱作响，它们缺乏曾经帮助亚马逊公司在美国和欧洲崛起的自动化设备及行业最先进的技术。咨询企业毕马威在最近的一份报告中称，到 2020 年，中国电子商务行业的规模将超过美国、英国、日本、德国和法国的总和。

一家营建商称，为应对中国的这股浪潮，在今后 15 年中，单是购买土地和兴建仓库就可能需要多达 2.5 万亿美元的投资。这正在吸引黑石集团和凯雷集团等全球私募股权投资公司的注意，它们寻求从预期到来的投资热潮中大捞一笔。

中国最大的外资物流设施营建商普洛斯集团的联合创始人杰夫·施瓦茨说：“在今后 15～20 年内，建造仓库的实际成本将高得令人吃惊。”

由于每一个新建仓库的面积都相当于几个大型体育场，这些投资将相当于新建 24 亿平方米的仓库。普洛斯集团估计，按人均拥有量计算，今后 15 年所需的 2.5 万亿美元投资，也只能使中国的全自动现代化仓库的数目达到美国的1/3。

阿里巴巴控制了中国在线零售总额的80%，其物流合作伙伴2014年投递了50亿个网上交易的包裹。尽管到目前为止中国的运输基础设施跟上了阿里巴巴崛起的步伐，但对整个电子商务行业的供应链而言，仓储能力被物流专家们认为是亟待提高的关键一环。房地产咨询企业仲量联行中国工业部总监司徒艺说，单是美国波士顿的现代化仓储设施的数目就多于中国全国的总和。

据普洛斯集团及其他仓储设施营建商称，中国只有不到20%的仓库可以被归入现代化之列，即拥有全电脑化的跟踪系统和最新的零售技术。许多为阿里巴巴及其同行们服务的仓库位于卡车很难进出的地方，它们通常没有可以让包裹直接从传送带滚入货车拖斗中的装车高台，而是采用人工方式装卸货。这是一个可能削弱电子商务企业盈利能力的问题。普洛斯集团称，尽管中国的工资水平远远低于美国，但是中国的货物运输成本可能比美国高出一倍以上。

阿里巴巴和其他电子商务企业正在投入巨资，而且迄今为止一直能应付物流峰值需求，在许多大城市提供次日甚至当日投递服务。阿里巴巴提升中国物流业的努力并没有被外界忽视，美国电子商务企业、亚马逊公司的竞争对手小绿人快递公司（Shop Runner）在2015年启动中国业务时，将利用阿里巴巴的国内物流网。

在期望构建消费驱动型经济的同时，北京也把建立现代供应链作为首先应进行的工作。仓储设施建设热潮吸引的不只是凯雷集团、中国的厚朴投资及RRJ资本等金融收购企业，像普洛斯集团、嘉民集团和安博公司等专业化国际企业早已把大量资金投向中国的大型仓储设施。

（资料来源：新华国际）

第一节　仓库分类

仓库由储存物品的库房、输送设施设备（起重机、叉车等）、出入库房的装卸搬运系统以及消防设施、管理用房等组成。

一、仓库的概念

仓库是保管、储存物品的建筑物和场所的总称。仓库的概念可以理解为用来存放货物，包括生产资料、工具或其他财产，以及对其数量和价值进行保管的场所和建筑物等设施，还包括用于防止减少或损伤货物而进行作业的土地或水面。从社会经济活动看，无论生产领域还是流通领域都离不开仓库。

物流中的仓库功能已经从单纯的物资存储保管发展到具有担负物资的接收、分类、计量、包装、分拣、配送、存盘等多种功能。

二、仓库的功能

仓库最基本的功能是储存货物，并对储存的货物实施保管和控制。随着社会经济发展的需要，仓库承担着货物的处理、流通加工和信息服务等功能，其意义远远超出了单一的储存和保管功能。

1. 仓储和养护的功能

仓储和养护是仓库最基本的传统功能，仓库具有一定的空间用于储存货物，并根据货物的特性，仓库内还配有相应的设备，以保持储存货物的完好性。例如，储存精密仪器的仓库需要防潮、防尘、恒温等，应设置空调、恒温等控制设备。在仓库作业时，要防止搬运和堆放时碰坏、压坏货物，要求搬运机具和操作方法不断改进和完善，使仓库真正起到仓储和养护的作用。

2. 配送和流通加工的功能

现代仓库的功能已由保管型向流通型转变，即仓库由原来的仓储、保管货物的中心向流通、配送的中心转变。现代仓库不仅具有仓储、保管货物的设备，而且还增加了切分、洗净、分装等加工环节。这样既扩大了仓库的经营范围，提高了原料利用率和加工效率，又方便了消费者，提高了服务质量。

3. 中转功能

中转功能细分为集货转运功能、中转分拨功能和分拣配送功能。

(1) 集货转运功能是同一企业把分布在不同地区的生产厂的产品或不同企业（特别是中小企业）的产品集中到仓库内，然后再由较大型运输工具运送到同一顾客，这样批量运输可以降低运输成本。这种情况下，仓库一般设有供应地，而且距需求地较远。

(2) 中转分拨功能是从供应商那里整车（船或飞机）运送到仓库的物品，根据不同的顾客进行分拨运送。这种情况下，一般仓库设在销售地（或消费地），距供应商较远。

(3) 分拣配送功能是将来自不同供应商的商品按客户订单进行分拣，并按客户规定的时间、数量、质量和地点等要求进行送货。这种情况下可以缩短前置期，提高库存周转率，减少库存，从而节约费用降低成本。

4. 信息传递功能

信息传递功能总是伴随以上三个功能而发生的。在处理有关仓库管理的各项事务时，需要及时且准确的仓库信息，例如，仓库利用水平、进出货频率、仓库的地理位置、仓库的运输情况、顾客需求状况以及仓库人员的配置等，这对一个仓库管理能否取得成功至关重要。

目前，在仓库的信息传递方面，越来越多地依赖计算机和互联网络，通过使用电子数据交换系统（EDI）、条码技术和无线射频技术（RFID）来提高仓库货物信息传递速度的准确性，通过互联网来及时地了解仓库的使用情况和货物的储存情况。

三、仓库的分类

仓库是物流系统的基础设施，按其营运形态、储存形态、建筑形态和功能等可划分为不同的类型。

1. 根据营运形态分类

(1) 营业仓库。营业仓库是仓库业主专门为了经营储运业务而修建，根据相关法律法规取得营业资格的仓库，这类仓库面向社会服务，或者以一个部门的物流业务为主，并且兼营其他部门的物流业务，例如商业、外贸等系统的储运公司的仓库等。营业仓库由仓库所有人独立经营或者由分工的仓库管理部门独立核算经营。

（2）自营仓库。自营仓库是各生产或流通企业，为了本企业物流业务的需要而修建的附属仓库。这类仓库只储存本企业的原材料、燃料、产品或货物，一般工厂企业、商店的仓库以及部队的后勤仓库，多属于这一类。

（3）公用仓库又称公共仓库。公用仓库属于公用服务的配套设施，为社会物流服务的公共仓库，例如铁路车站的货场仓库、港口的码头仓库、公路货场的货栈仓库等。

2. 根据库存形态分类

（1）普通仓库。普通仓库是指常温下的一般仓库，用于存放一般性货物，对于仓库没有特殊的要求，只要求具有一般通用的库房和堆场，用于存放普通货物，如一般的金属材料仓库、机电产品仓库等。仓库设施较为简单，但储藏的货物种类繁杂，作业过程和保管方法、要求均不同。

（2）恒温仓库。恒温仓库是指能够调节温度、湿度的仓库，用于储存对湿度、温度等有特殊要求的货物，包括恒温库、恒湿库和冷藏库（一般在10℃以下）等，例如对粮食、水果、肉类等货物储存的仓库。这类仓库在建筑上要有隔热、防寒和密封等功能，并配备专门的设备，例如空调、制冷机等。

（3）特种仓库。特种仓库是用来储存危险品、高压气体的仓库，例如油罐仓库、化学危险品仓库等，以及专门用于储藏粮食的粮仓等。特种仓库的储藏物单一、保管方法一致，但需要特殊的保管条件。

（4）水面仓库。水面仓库是指漂浮在水面的储存货物的趸船、囤船、浮驳或者其他水上建筑，或者在划定水面保管木材的特定水域，沉浸在水下保管货物的水域。近年来，由于国际运输油轮的超大型化，许多港口因水深限制，大型船舶都不能直接进港卸油，往往在深水区设立大型水面油库作为仓库转驳运油。

（5）露天仓库。露天仓库采用露天堆放的方式储存货物，用于存放体积比较大、价格比较低的货物。露天仓库保存不易变质的货物，比如煤炭、钢材等。

3. 根据建筑形态分类

（1）按建筑构造不同可分为平房仓库、楼房仓库、立体仓库、地下仓库、半圆仓、立筒仓等。

（2）按建筑结构不同可分为钢筋混凝土结构仓库、砖混结构仓库、钢结构仓库等。

4. 根据功能分类

（1）储存仓库。储存仓库主要对货物进行库存，以解决生产和消费的时空不均衡。例如大米等农产品到第二年再卖是通过储存来解决的。

（2）流通仓库。流通仓库除具有储存功能外，还具有装配、流通加工、包装、理货以及配送功能，具有周转快、附加值高等特点，可减少在连接生产和消费的流通过程中因货物停滞而产生的费用。

（3）配送仓库（配送中心）。配送仓库直接向消费者或市场配送货物。通常要进行货物包装拆除、配货组合等作业，具有存货种类众多、存货量较少的现象。

（4）保税仓库（保税货场）。保税仓库是经海关批准，在海关的监管下，专供存放未办理关税手续而入境或过境货物的场所。也就是说，保税仓库是获得海关许可的，能长期储存外国货物的本国国土上的仓库；同样，保税货场是获得海关许可的能装卸或搬运外国货物并暂时存放的场所。

(5) 出口监管仓库。出口监管仓库（Export Supervised Warehouse），是指经海关批准设立，对已办结海关出口手续的货物进行存储、保税物流配送、提供流通性增值服务的海关专用监管仓库。

(6) 自动化仓库。自动化仓库是由电子计算机进行管理和控制，不需人工搬运作业而实现收发作业的仓库。

(7) 虚拟仓库。虚拟仓库（Virtual Warehouse）是建立在计算机和网络通信技术基础上，将地理上分散的、属于不同所有者物品储存、保管和远程控制的物流设施进行整合，形成具有统一目标、统一任务、统一流程的暂时性物资存储与控制组织，能够进行货物仓储保管和远程控制的物流设施，可实现不同状态、空间、时间、货主的有效调度和统一管理。

小知识

“通用仓库等级评定”简介

由中国仓储协会组织起草的《通用仓库等级》国家标准（GB/T 21072—2007），已由国家标准委批准公布，并于2008年3月1日起实施。

《通用仓库等级》国家标准从仓库设施条件、从业人员素质、服务功能、管理水平四个方面对不同等级的仓库提出划分条件，将通用仓库划分为一星至五星5个等级。

《通用仓库等级》国家标准的实施，一方面，为货主企业选择不同等级的仓库提供依据，节省考察与交易成本；另一方面，为仓储（物流）企业提高仓库的技术条件与管理水平提供了目标，有利于仓储服务的优质优价，对于提高我国仓储业发展的整体水平具有重大意义。

为贯彻实施《通用仓库等级》国家标准，中国仓储协会根据《通用仓库等级》国家标准的规定和要求，联合业内相关组织和专家，依托地方行业协会共同开展“通用仓库等级评定”，成立了由相关组织负责人与专家组成的“中国通用仓库等级评定委员会”，统一负责“通用仓库等级评定”的组织领导工作；制定了《中国通用仓库等级评定办法》等相关办法，提出了“通用仓库等级评定”的范围、对象、程序和具体内容。

根据《通用仓库等级》国家标准，“通用仓库等级评定”的范围与对象以相对独立运营的库区为单位进行评定，同一企业的不同库区分别评定等级；凡在中华人民共和国境内注册、连续运营2年以上且正在运营的仓储、物流企业（单位）及其库区（含具有营业资质的生产、流通企业库区），均可自愿申请通用仓库等级的评定。

“通用仓库等级评定”工作严格执行《通用仓库等级》国家标准，按照自愿参与、公开、公正、公平的原则进行，在中国仓储协会网站设立通用仓库等级评定专栏，公布有关评定办法、授权地区性评定机构、评定结果；设立投诉电话和投诉信箱，接受参评企业及社会各界的监督、投诉、咨询及质疑。

（资料来源：中国仓储协会 http：//www.caws.org.cn/ckpjsm.asp）

第二节　自动化立体仓库

一、自动化立体仓库概述

（一）自动化立体仓库的概念

（1）立体仓库（Stereoscopic Warehouse）是指采用高层货架配以货箱或托盘储存货物，用巷道堆垛起重机及其他机械进行作业的仓库。自动化立体仓库是自动化仓库与立体仓库的有机结合，实现仓储过程自动化的自动仓储系统。

（2）自动化仓库（Automatic Warehouse）是由电子计算机进行管理和控制的，不需要人工搬运作业而实现收发作业的仓库。

（3）自动化立体仓库（Automatic Storage and Retrieval System，AS/RS）是由高层货架、巷道堆垛起重机（有轨堆垛机）、入出库输送机系统、自动化控制系统、计算机仓库管理系统及其周边设备组成，可对集装单元物品实现机械化自动存取和控制作业的仓库。

（二）自动化立体仓库的分类

1. 按高层货架与建筑物之间的关系分类

（1）整体式。货架除了储存货物以外，还作为库房建筑物的支撑结构，是库房建筑的一个组成部分，即货架与建筑物形成一个整体。这种形式的仓库建筑费用低，抗震，尤其适用于15m以上的大型自动仓库。

（2）分离式。货架与建筑物相互独立。适用于车间仓库、旧库技术改造和中小型自动仓库。

2. 按货架的结构形式分类

（1）单元货格式自动化立体仓库。类似单元货架式，巷道占去了1/3左右的面积。

（2）贯通式自动化立体仓库。贯通式是为了提高仓库利用率，可以取消位于各排货架之间的巷道，将个体货架合并在一起，使每一层、同一列的货物互相贯通，形成能一次存放多货物单元的通道，而在另一端由出库起重机取货，成为贯通式仓库。根据货物单元在通道内的移动方式，贯通式仓库又可分为重力式货架仓库和穿梭小车式货架仓库。重力式货架仓库每个存货通道只能存放同一种货物，所以它适用于货物品种不太多而数量又相对较大的仓库。梭式小车可以由起重机从一个存货通道搬运到另一个通道。

（3）自动化货柜或立体仓库。它是小型可移动的封闭式立体仓库，由货柜外壳、控制装置、操作盘及传动机构组成，其主要特点是小型化、轻量化、智能化，特别是有较好的封闭性，故有很强的保密性。适合于贵重的电子元件、贵金属、首饰、资料文献、档案材料、证券票据等的储存。

（4）旋转式自动化立体仓库。旋转式自动化立体仓库包括水平旋转货架式仓库和垂直旋转货架式仓库两种。

水平旋转货架式仓库：这类仓库本身可以在水平面内沿环形路线来回运行。每组货架由若干独立的货柜组成，用一台链式传送机将这些货柜串联起来。每个货柜下方有支撑滚轮，上部有导向滚轮。传送机运转时，货柜便相应运动。需要提取某种货物时，只需在操作台上给予出库指令。当装有所需货物的货柜转到出货口时，货架停止运转。这种货架对于小件物品的拣选作业十分合适。它简便实用，充分利用空间，适用于作业频率要求不太高的场合。

垂直旋转货架式仓库：与水平旋转货架式仓库相似，只是把水平面内的旋转改为垂直面内的旋转。这种货架特别适用于存放长卷状货物，如地毯、地板革、胶片卷、电缆卷等。

3. 按仓库所提供储存条件分类

（1）常温自动化立体仓库。一般控制在5～40℃，相对湿度控制在90%以下。

（2）低温自动化立体仓库。低温自动化立体仓库又包括恒温、冷藏、冷冻及速冻自动化立体仓库等。恒温仓库：根据物品特性，自动调节储存温度和湿度。冷藏仓库：温度一般控制在0～5℃，主要用于蔬菜和水果的储存，要求有较高的湿度。冷冻仓库：温度一般控制在－5～－18℃，速冻仓库温度在－32℃。

（3）防爆型自动化立体仓库。主要以存放易燃易爆等危险货物为主，系统设计时应严格按照防爆的要求进行。

（三）自动化立体仓库基本设施

自动化立体仓库基本设施主要包括：土建及公用工程设施、机械设施和电气设施。

（1）土建及公用工程设施。我国的《建筑设计防火规范》是消防系统设计的主要依据，再根据所存物品的性质确定具体消防方案和措施。

（2）机械设施。自动化立库的机械设备一般包括高层货架、巷道堆垛起重机和出入库运送搬运机械等。立体仓库的建筑高度一般在5m以上，最高的立体仓库可达40m，常用立体仓库高度在7～25m。

（3）运行机构。包括电动机、减速器和制动器等运行驱动机构和在地轨上运行的车轮。

（4）自动化仓库的电气与电子设施主要包括检测装置、信息识别装置、控制装置、通信设备、计算机管理设备、大屏幕显示、图像监视等设备。

（5）信息识别设备主要完成对货物品名、类别、货号、数量、等级、目的地、生产厂家，甚至货位地址的识别。

（6）巷道式堆垛机的控制要求包括位置控制、速度控制、货叉控制以及方向控制等。

（7）信息传递的媒介有电缆、远经外光、光纤和电磁波等。

二、国内外自动化立体仓库的发展状况

1. 国外发展情况

美国于1959年开发了世界上第一座自动化立体仓库，并在1963年率先使用计算机进行自动化立体仓库的控制管理。此后，自动化仓库在欧美一些发达国家和日本迅速发展起来。20世纪70年代以来，发达国家大力推广物流自动化、高速化、信息化，在各大城市纷纷建立了大型自动化立体仓库。进入80年代，自动化立体仓库在世界各国发展迅速，使用范围涉及几乎所有行业。随着科技的不断发展，先进的技术手段在自动化仓库中及时得以应用：实现了信息自动采集、物品自动分拣、自动输送、自动存取，库存控制实现了智能化，自动导引车得到广泛应用，大大提高了仓储作业效率，一座大型自动化立体仓库每小时可完成500～800次出入库作业。

2. 我国自动化立体仓库的发展概况

相对国外发达国家而言，我国自动化仓库的发展起步较晚，自1974年在郑州纺织机械厂建成我国第一座自动化立体仓库以来，我国自动化仓库领域的发展速度比较缓慢。至1980年我国已经建成和正在施工建设的自动化立体仓库达到21座。到2003年为止，我国自动化立体仓库数量已超过200座。截至2013年年初，全国自动化立体库保有量超过1200座。

近年来，自动化立体仓库在我国得到了迅速发展，已在烟草、医药、机器制造、电器制造、航空港、轻工、商业、军需等众多行业领域得到普遍应用，作为现代物流系统最重要的组成部分，有着广阔的市场前景。有业内人士表示，在自动化技术快速发展的今天，打造高效的自动化物流仓库就是我们最为重要的选择。

由于自动化立体仓库的作业效率及自动化的技术水平可以使得企业物流效率大幅提升，立体库的基本技术也日益成熟，因此越来越多的企业开始采用自动化立体仓库。很多企业不仅建设中大型的立体库，也根据需要建设了很多中小型自动化立体库。根据中国物流技术协会信息中心调研情况，未来几年的自动化仓储市场需求将每年有17%的增长，预计到2015年，自动化立体仓库的市场规模将超过320亿元。

三、自动仓库的发展过程

按自动化的程度分为五个阶段：人工仓储技术阶段、机械化仓储技术阶段、自动化仓储技术阶段、集成自动化仓储技术阶段和智能自动化仓储技术阶段。

1. 人工仓储技术阶段

在这一阶段，仓储过程各环节的作业（包括物品的输送、存储、管理和控制等）主要靠人工来完成。这一阶段的优点是可以面对面地接触仓储全过程，初期的设施设备投资少。

2. 机械化仓储技术阶段

这一阶段的作业特点是作业人员通过操纵机械设备来实现物品的装卸搬运和储存等作业活动。如通过传送带、工业搬运车辆、堆垛机等来移动和搬运物料，采用各种货架、托盘等来存储物料。机械化程度的提高大大提高了劳动生产率，提高了装卸搬运的工作质

量，改善了作业人员的劳动条件，且由于采用了货架来储存货物，避免了货品之间的相互挤压，改善了货品的储存保管条件，另外，使储存空间向立体方向发展，大大提高了存储空间的利用率。然而这一阶段仓储机械设备需要投入大量的资金，且还必须投入一定的费用来科学地管理和维护这些机械设备，以保证设备的合理使用。

3. 自动化仓储技术阶段

这一阶段在仓储系统中采用了自动输送机械、自动导引小车（AGV）、货品自动识别系统、自动分拣系统、巷道式堆垛机等。

随着计算机技术的发展，信息自动化技术逐渐成为自动仓储系统的核心技术，在计算机之间、数据采集点之间、机械设备的控制器之间，以及它们与主计算机之间的通信可以及时地进行信息汇总，仓库计算机可以及时地记录订货和到货时间，可随时显示库存量，计划人员可以方便地作出供货计划，管理人员可随时掌握货源及需求情况，在这一阶段，信息技术的应用已成为仓储技术的重要内容。

4. 集成自动化仓储技术阶段

将仓储过程各环节的作业系统集成为一个有机结合的综合系统，称为仓储管理系统，在仓储管理系统的统一控制指挥下，各子系统密切配合，有机协作，使整个仓储系统的总体效益大大超过了各子系统独立工作的效益总和。在这一阶段，货品的仓储过程几乎可以不需要人的参与，完全实现仓储的自动化。

5. 智能自动化仓储技术阶段

人工智能技术的发展推动了自动化仓储技术向智能化方向发展。在这一阶段，系统可以完全自动地运行，并根据实际运行情况，自动地向人们提供许多有价值的参考信息，如对市场前景作出科学的预测；根据货品的需求情况对仓储资源的有效利用提出合理化的建议；对系统运行的效果提供科学的评价；根据多个客户的地理位置，提供最优化的运输路线等。现在智能化仓储技术阶段还处于初级发展阶段，在这一技术领域还有大量的工作需要人们去做，具有广阔的发展空间。

四、自动化立体仓库的优越性

随着计算机集成制造系统（Computer Integrated Manufacturing System，CIMS）和无线射频识别（Radio Frequency Identification，RFID）技术在现代制造系统中的开发应用，不仅可以提高立体仓库系统的效率，还可以提高对物资的管理水平，减少错误率。

（1）多层货架存储。使用多层货架存储货物，能充分利用仓库的地面和空间，从而在设计环节减少了仓库的占地面积，在使用环节又可以大大减少货物的储存面积，同时堆垛机的作业宽度减小，提高了仓库的面积和空间的使用效率。

（2）货物保管质量高。由于采用立体货架，不同的货物在不同的货架空间内彼此之间不互相挤压，存取时互不干扰。而且由于采用机械化作业，货物在运输过程中的完好性比较好，不容易发生破坏。

（3）采用机械化自动存取。自动化立体仓库采用机械化存取方式，大大提高了劳动生产率，减轻了仓库管理人员的工作强度和工作环境，确保安全、文明生产。同时，机械化使立体仓库的存取过程完全融入到企业的物流系统当中，使物流系统的运行更加流畅和有效。

(4) 整个仓库的运行完全由计算机控制。计算机能准确地对仓库中的各种信息进行存储和管理，调控仓库中的堆垛机和智能运货车合理、高效率地运行，使仓库的运行更加流畅。同时，通过计算机管理还能对仓库的仓储能力和库存信息进行有效的评估，便于在以后的运行中进行合理的改进，合理减少库存，加快资金周转，提高仓库的管理水平。

(5) 构成制造信息网络。自动化立体仓库是现代制造系统的重要组成部分，它可以和企业的资源规划系统（ERP）等上位系统相连接，可实现企业信息管理的自动化，使物流系统与生产制造、销售、财务等系统有机联系起来，提高企业管理水平和经济效益。

小知识

铁路专用线共用的重要性

铁路专用线是指由企业或者其他单位管理的与国家铁路或者其他铁路线路接轨的岔线。铁路专用线与专用铁路都是企业或者其他单位修建的主要为本企业内部运输服务的，两者所不同的是，专用铁路一般都自备动力和运输工具，在内部形成运输生产的一套系统的运输组织，而铁路专用线则仅仅是一条线，其长度一般不超过30km，运输动力使用的是与其相接轨的铁路的动力。

铁路专用线的共用是对我国铁路运输能力的挖掘，为我国的铁路运输提供了新的动力。根据我国铁路专用线共用的发展，我们可以发现，铁路专用线共用无论是对于我国的经济还是铁路运输都有具有重要意义。

第一，铁路专用线的共用对铁路运输压力进行缓解，能够保证货物准时运到。实施铁路专用线共用的原因是各地的装卸车站缺乏装卸能力，经常出现货物误时的现象。但是在实施铁路专用线共用后，这种情况在大多数地区已经得到了改进，能够保证货物装卸的顺利进行。

第二，铁路专用线的共用是对专用线的运输能力进行充分利用，节约了铁路建设资源。铁路专用线是企业为满足自身运输业务而独自建设的铁路，这就难免与其他的铁路有所交叉，所以为了节约另外建设铁路的资源，很多企业都实施了铁路专用线的共用。而且这种共用也对铁路货场的能力不足进行了弥补，不仅提高了企业的经济效益，还提高了整个社会的经济效益。现在在全国很多货场及车站都可以看到有货物运输专用线，而且它们的运输能力也大大有所提高，货物的准时运进运出减轻了货场存货能力不足的问题。同时还具备了专业分类存储的能力。

第三，铁路专用线的共用为货主与专用线的所有企业带来便利。就地选择运输线路原则使货主节省了大量的运输时间，并节约了自己修建铁路专用线的费用，这种运输承包方式普遍受到很多货主的欢迎。

第四，铁路专用线的共用使得铁路运输在激烈的市场竞争中立于不败之地。随着经济的发展，我国的运输也取得了进步，而且许多新型运输方式逐渐取代了铁路运输，但是，铁路专用线共用的实施使得铁路运输在全国的货物运输量中所占比例下降的趋势得到了缓解，并促进了铁路运输的不断改革及发展。

第五，铁路专用线的共用促进了不同货物运输不断改善服务质量。铁路专用线的共用为其他的货物运输方式带来了压力，为了能够在激烈的竞争中取胜，这些货物运输部门就要不断提高服务质量，以吸引更多的客户选择该运输方式以增加利润。同时，铁路专用线的共用也促进了专用线及货物场地等设施的不断修建和完善，以期待为客户带来更优质的服务。

第六，铁路专用线的共用为专用线的所有企业和铁路部门带来了利益。使用铁路专用线获得的利润不单单是产权单位独自获得，要将一部分分配给铁路部门，这种政策增加了铁路部门的利益。此外，铁路专用线的共用，货主主要为专用线的所有企业支付一定的铁路使用费用，实现互利。

第三节　装卸搬运设备

装卸搬运设备是用于商品的出入库、库内堆码以及翻垛作业。这类设备对改进仓储管理、减轻劳动强度、提高收发货效率具有重要作用。当前中国仓库中所使用的装卸搬运设备通常可以分成三类：装卸堆垛设备，包括桥式起重机、轮胎式起重机、门式起重机、叉车、堆垛机、滑车、跳板以及滑板等；搬运传送设备，包括电平搬运车、皮带输送机、电梯以及手推车等；成组搬运工具，包括托盘、网络等。

一、装卸搬运设备概述

装卸搬运设备是用来搬移、升降、装卸和短距离输送货物或物料的机械。装卸搬运机械为了顺利完成装卸搬运任务，必须适应装卸搬运作业要求。装卸搬运作业要求装卸搬运机械结构简单牢固、作业稳定、造价低廉、易于维修保养、操作灵活方便、生存率高、安全可靠，能最大限度地发挥其工作能力。

装卸搬运机械性能和作业效率对整个物流的作业效率影响很大，其主要工作特点如下：第一，适应性强。由于装卸搬运作业受货物品类、作业时间、作业环境等影响较大，装卸搬运活动各具特点，因而要求装卸搬运机械具有较强适应性，能在各种环境下正常进行工作。第二，工作能力强。装卸搬运机械起重能力大，起重量范围大，生产作业效率高，具有很强的装卸搬运作业能力。第三，机动性较差，大部分装卸搬运机械都在设施内完成装卸搬运任务，只有个别装卸搬运机械可在设施外作业。

装卸搬运机械是实现装卸搬运机械化、自动化的物质技术基础，是实现装卸搬运合理化、效率化、省力化的重要手段。主要作用体现在以下几方面。

（1）提高装卸搬运效率，节约劳动力，减轻劳动强度，改善劳动条件；

（2）缩短作业时间，加速车辆周转，加快货物的送达和发出；

（3）提高装卸质量，保证货物的完整和运输安全；

（4）降低装卸搬运成本；

（5）充分利用货位，加速货位周转，减少堆码的场地面积。

二、起重设备

（一）起重机械及其构成

1. 起重机械的定义

按照国家标准《物流术语》（GB/T 18354—2006），起重机械是一种以间歇作业方式对物品进行起升、下降和水平移动的搬运机械。

2. 起重机械的构成

工作机构包括：起升机构、运行机构、变幅机构和旋转机构，被称为起重机的四大机构。

（1）起升机构，是用来实现物料的垂直升降的机构，是任何起重机门工起重机械不可缺少的部分，因而是起重机最主要、最基本的机构。

（2）运行机构，是通过起重机或起重小车运行来实现水平搬运物料的机构，有无轨运行和有轨运行之分，按其驱动方式不同分为自行式和牵引式两种。

（3）变幅机构，是臂架起重机特有的工作机构。变幅机构通过改变臂架的长度和仰角来改变作业幅度。

（4）旋转机构，是使臂架绕着起重机的垂直轴线作回转运动，在环形空间运送移动物料。起重机通过某一机构的单独运动或多机构的组合运动来达到搬运物料的目的。

（二）起重机械的分类

按其构成和性能分为轻型起重机械、桥式起重机、臂架式起重机、升降机。

1. 轻型起重机械

轻型起重机械的特点是轻便、结构紧凑、动作简单，作业范围投影以点、线为主。轻、小型起重设备一般只有一个升降机构，只能使重物作单一的升降运动。属于这一类的有千斤顶、滑车、手（气、电）动葫芦、绞车等。电动葫芦常配有运行小车与金属构架以扩大作业范围。

2. 桥式起重机

桥式起重机是指桥架两端通过运行装置直接支承在高架轨道上，取物装置悬挂在可沿桥架运行的起重小车或运行式葫芦上，从而可在长方形场地及其上空作业的起重机。桥式起重机的特点是可以使挂在吊钩或其他取物装置上的重物在空间实现垂直升降或水平运移。桥式起重机包括起升机构，大、小车运行机构。依靠这些机构的配合动作，可使重物在一定的立方形空间内起升和搬运。桥式起重机、龙门起重机、装卸桥、冶金桥式起重机、缆索起重机等都属此类。

3. 臂架式起重机

臂架式起重机是指取物装置悬挂在臂架顶端，或挂在可沿臂架运行的起重小车上的起重机。臂架式起重机包括起升机构、变幅机构、旋转机构。依靠这些机构的配合动作，可使重物在一定的圆柱形空间内起重和搬运。臂架式起重机多装设在车辆上或其他形式的运输（移动）工具上，这样就构成了运行臂架式旋转起重机。如汽车式起重机、轮胎式起重机、塔式起重机、门座式起重机、浮式起重机、铁路起重机等。

4. 升降机

升降机的特点是重物或取物装置只能沿导轨升降。升降机虽只有一个升降机构，但在升降机中，还有许多其他附属装置，所以单独构成一类，包括电梯、货梯、升船机等。除此以外，起重机还有多种分类方法。例如，按取物装置和用途分类，有吊钩起重机、抓斗起重机、电磁起重机、冶金起重机、堆垛起重机、集装箱起重机和援救起重机等；按运移方式分类，有固定式起重机、运行式起重机、自行式起重机、拖引式起重机、爬升式起重机、便携式起重机、随车起重机等；按驱动方式分类，有支承起重机、悬挂起重机等；按使用场合分类，有车间起重机、机器房起重机、仓库起重机、储料场起重机、建筑起重机、工程起重机、港口起重机、船厂起重机、坝顶起重机、船上起重机等。

（三）巷道堆垛起重机

堆垛机是用货叉或串杆攫取、搬运和堆垛或从高层货架上存取单元货物的一种仓储设备。堆垛机是整个自动化立体仓库的核心设备，通过在立体仓库中做 X、Y、Z 方向的三维运动以实现取送货物的功能，通过手动操作、半自动操作或全自动操作实现把货物从一处搬运到另一处。采用巷道堆垛机将进到搬运器的车辆水平且垂直移动到存车位，并由存取装置实现车辆的有序存取，巷道堆垛类自动化停车设备具有节省空间、设计灵活、操作控制方便等特点。桥式堆垛机和巷道式堆垛机的比较如下表所示。

巷道式堆垛机与桥式堆垛机比较表

比较内容	巷道式堆垛机	桥式堆垛机
外观		
简介	巷道式堆垛机是由叉车、桥式堆垛机演变而来的；桥式堆垛机由于桥架笨重因而运行速度受到很大的限制，仅适用于出入库频率不高或存放长形原材料和笨重货物的仓库	桥式堆垛机具有起重机和叉车的双重结构特点，像起重机一样，具有桥架和回转小车；桥架在仓库上方运行，回转小车在桥架上运行；同时，桥式堆垛机具有固定式或可伸缩式的立柱，立柱上装有货叉或者其他取物装置；立柱可以回转，保证工作的灵活性
用途	在高层货架的巷道内来回穿梭运行，将位于巷道口的货物存入货格；或者取出货格内的货物运送到巷道口	主要适用于 12m 以下中等跨度的仓库，巷道的宽度较大，适于笨重和长大件物料的搬运和堆垛

续 表

比较内容	巷道式堆垛机	桥式堆垛机
结构组成	由起升结构、行走结构、检测装置、控制系统、机架、卸货台及货叉等组成	由起重机、悬臂机构、桥架、回转小车、叉车以及立柱等组成
分类	单/双立柱型巷道堆垛机； 地面支承型巷道堆垛机； 悬挂型巷道堆垛机； 货架支承型巷道堆垛机； 单元型巷道堆垛机； 拣选型巷道堆垛机	带固定立柱的支撑式桥式堆垛机； 带伸缩立柱的支撑式桥式堆垛机； 带固定立柱的悬挂式桥式堆垛机； 带伸缩立柱的悬挂式桥式堆垛机
特点	可任意选择一种电气控制方式； 具有调速性能好，停车准确度高的特点； 供电可靠； 堆垛机机架重量轻，抗弯、抗扭刚度高； 起升导轨精度高，耐磨性好，可精确调位	结构简单，使用方便； 可以越过障碍物进行装卸和堆垛； 起重机的轨道固定在屋顶的杵架上； 质量较轻，轨道固定在屋顶杵架上
作业效率	相对较高	相对较低

三、叉车

（一）叉车概述

根据国家标准《物流术语》（GB/T 18354—2006），叉车是指具有各种叉具，能够对物品进行升降和移动以及装卸作业的搬运车辆。国际标准化组织 ISO/TC110 称为工业车辆，常用于仓储大型物件的运输，通常使用燃油机或者电池驱动。利用叉车可以实现装卸、搬运作业机械化，减轻劳动强度，节约大量劳动力，提高工作效率，缩短了装卸、搬运、堆码的作业时间，加速了物资、车辆周转，很大程度上提高了仓库的利用率，促进库房向多层货架和高层仓库发展，同时减少货物破损，提高了作业的安全程度。目前叉车探伤仪已广泛用于工厂、仓库、车站、港口等处，进行成件或包装件货物的装卸、搬运、堆码和拆垛、短距离运输等工作。

（二）叉车的类型

1. 按动力装置的不同分类

（1）内燃式叉车是以内燃机为动力，根据所用燃料的不同可分为汽油机、柴油机和液化石油气叉车。特点是动力性和机动性好，适用范围非常广泛。

（2）电动式叉车是以蓄电池为动力，用直流电机驱动。特点是结构简单，机动灵活，环保性好。不足是动力持久性差，需要专用的充电设备，行驶速度不高，对路面要求高。主要适用于室内作业的场合。

(3) 双动力叉车是指同时具有内燃/电动两种动力的叉车。

(4) 手动液压叉车也被称为手动堆高车，是一种高起升装卸和短距离运输两用车，由于不产生火花和电磁场，特别适用于汽车装卸及车间、仓库、码头、车站、货场等地的易燃、易爆和禁火物品的装卸运输。该产品具有升降平衡、转动灵活、操作方便等特点。

2. 按叉车的结构特点分类

(1) 平衡重式叉车，是叉车的一种最普遍的结构型式。由于货叉伸出在前轮中心线以外，为了平衡货物质量产生的倾翻力矩、保持叉车的纵向稳定性，在车体后部装有平衡重块。该型叉车由于适应性强，已成为叉车中应用最广的一种，占叉车总数的80%以上。以内燃机为动力的平衡重式叉车，在内燃机与驱动桥之间装有变速传动装置，而电瓶叉车则有两套独立的电动机，一套用于行驶，另一套用于驱动油泵，以便为液压系统提供动力。

(2) 插腿式叉车的结构特点是有两条臂状插腿伸出在车体前方。插腿前端装有小直径的车轮，高度很小。作业时，将货叉连同插腿一起插入货物底部，然后使货叉起升。被举升的货物由于质心位于两条插腿所包围的底面积之内，因此叉车的稳定性好，特别适于在通道窄小的场地或仓库内部进行装卸、搬运和堆码作业。

(3) 前移式叉车，按货叉移动的方式不同，有门架前移式和货叉前移式两种。它是插腿式叉车的一种变型。在叉车的前方也有呈臂状伸出的两条插腿，插腿前端装有支重轮。门架前移式叉车，货叉和门架一起移动。货叉前移式叉车的货叉借助于伸缩机构单独前伸，而门架不动。货叉可以在叉车纵向前后移动，叉货或卸货时，货叉伸出；卸货后或带货移动时，货叉收回到接近车体的中间位置。因此，叉车的行驶稳定性好，但行驶速度较低，主要用于室内作业。

(4) 侧叉式叉车的门架和货叉均设在叉车的侧面，置于车体中部的“U”形凹陷处，其货叉不但可以上下移动，而且可以做伸缩移动。为平衡叉车在起重货物时的倾翻力矩，在叉车的侧面还装有两个千斤顶。由于货物是沿叉车纵向放置，货物质心又位于车轮支承底面之内，因此叉车的行驶稳定性好，车速可达25km/h以上，且驾驶员的视野比平衡重式叉车好。

四、集装单元设备

(一) 托盘

1. 托盘的定义和作用

根据国家标准《物流术语》(GB/T 18354—2006) 托盘是指在运输、搬运和存储过程中，将物品规整为货物单元时，作为承载面并包括承载面上辅助结构件的装置。托盘是在物流领域中适应装卸机械化而发展起来的一种集装器具，叉车和托盘的共同使用，形成的有效装卸系统大大地促进了装卸活动的发展，随着装卸机械水平大幅度提高，使长期以来在运输过程中的装卸瓶颈得以解决或改善，托盘的出现也有效地促进了全物流过程水平的提高。

托盘的出现也促进了集装箱和其他集装方式的形成和发展，现在托盘尤其以简单、方便的优点在集装领域中受青睐，托盘已成为和集装箱一样重要的集装方式，两者形成了集装系统的两大支柱。

2. 托盘的特点

托盘和集装箱在许多方面是优点、缺点互补，因而往往难以利用集装箱的地方可利用托盘，难以完成的工作由集装箱完成。托盘主要有以下几个特点。

(1) 自重量小。因而用于装卸、运输托盘本身所消耗的劳动较小，无效运输及装卸相比集装箱要小。

(2) 返空容易。返空时占用运力很少：由于托盘造价不高，又很容易互相代用，互以对方托盘抵补，所以无须像集装箱那样必须有固定归属者，返空比集装箱容易。

(3) 装盘容易。不需像集装箱那样深入到箱体内部，装盘后可采用捆扎、紧包等技术处理，使用时简便。

(4) 装载量有限。装载量虽较集装箱小，但也能集中一定数量，比一般包装的组合量大得多。

(5) 保护性差。保护性比集装箱差，露天存放困难，需要有仓库等配套设施。

托盘包装在国际贸易中已经使用了很多年，被认为是经济效益较高的运输包装方法之一，不仅可以简化包装，降低成本，使包装可靠，减少损失，而且易机械化，节省人力，实现高层码垛，充分利用空间。

(二) 集装箱

1. 集装箱的定义

根据国家标准《物流术语》(GB/T 18354—2006)，集装箱是一种运输设备，应满足下列要求：

(1) 具有足够的强度和刚度，可长期反复使用；

(2) 适于一种或多种运输方式运送，途中转运时，箱内货物不需换装；

(3) 具有快速装卸和搬运的装置，特别便于从一种运输方式转移到另一种运输方式；

(4) 便于货物装满和卸空；

(5) 具有 $1m^3$ 及以上的容积。

2. 集装箱的分类

(1) 干货集装箱，箱体由钢质框架构成。共六组门，两侧部各有两组双开门，两端部各设有一单开门。顶板中间凸起自流水式钢质波纹板结构。钢制门扇通过铰链与门框相连，箱体四角的角件符合 ISO 要求，便于起吊和运输固定。

为使器材箱在运输中不产生摇晃和滑动，货架中设置了拉环和捆绑锁紧装置，货架的立柱与地板之间通过螺栓固定连接。

(2) 散货集装箱，用于装运粉状或粒状货物，如大豆、大米、各种饲料等。在箱顶部设有 2～3 个装货口，在箱门的下部设有卸货口。使用集装箱装运散货，一方面提高了装卸效率，另一方面提高了货运质量，减轻了粉尘对人体和环境的侵害。

(3) 冷藏集装箱也称冷藏柜，是以运输冷冻食品为主，能保持所定低温的保温集装箱。它是专为运输鱼虾、肉类、新鲜水果、蔬菜等食品而特殊设计的。

冷藏箱注意事项：柜子的设置要求，是否需要预冷、是否需要做适载检验 (CWI)、通风口开口度数、温度多少、提柜时间、免费箱体使用期、码头免费堆存期。

（4）开顶集装箱，这种集装箱的特点是箱顶可以方便地取下和装上。箱顶又有硬顶和软顶两种。硬顶用薄钢板制成，利用起重机械进行装卸作业。软顶一般用帆布、塑料布或涂塑布制成，开顶时只要向一端卷起就可以了。这种集装箱适用于装载大型货物和重货，如钢铁、木材，机械，特别是像玻璃板等易碎的重货。利用吊机从顶部将货物吊入箱内不易损坏货物，而且也便于在箱内固定。

开顶箱注意事项：事先确认货物的重量、尺寸、装卸要求、货主对箱体的要求。

（5）罐式集装箱，这种集装箱是专为装运液体货物，如酒类、汽油、化学品而设计的。它由罐体和框架两部分组成，罐体用于装载液体，框架用来支承和固定罐体。罐体的外壁采用保温材料以使罐体隔热，内壁一般要研磨抛光以避免液体残留在壁面。

为了降低液体的黏度，罐体下部还设有加热器，对罐体内部温度可以通过安装在其上部的温度计观察到。为了装卸方便，罐顶设有装货口，罐底设有排出阀。装货时液体由罐顶部装货口进入，卸货时由排货孔流出，也可用吸管从顶部装货口吸出。

（6）汽车集装箱，这种集装箱是专门装运小型汽车用的。其结构特点是没有侧壁，仅有框架和箱底。为了防止汽车在箱内滑动，箱底专门设有绑扎设备和防滑钢板。大部分汽车集装箱设计成上下两层，可以装载多辆小汽车。

3. 集装箱装卸方法

（1）垂直装卸法（吊装方式），是指在专用集装箱码头前沿配备岸边集装箱起重机械，进行船舶的集装箱装卸作业，以集装箱跨运车应用最为广泛。在车站以轨行式龙门起重机方式为主，配以叉车较为经济合理，轮胎龙门起重机、跨运车方式、动臂起重机方式、侧面装卸机方式也较多采用。

（2）水平装卸法（滚装方式），是将集装箱放置在底盘车（挂车）上，由牵引车拖带挂车通过与船艏门、艉门或舷门铰接的跳板，进入船舱，牵引车与挂车脱钩卸货实现装船。或者将集装箱直接码放在船舱内，船舶到港后，采用叉车和牵引列车驶入船舱，用叉车把集装箱放在挂车上，牵引列车拖带到码头货场，或者仅用叉车通过跳板装卸集装箱。水平装卸法在港口以挂车和叉车为主要装卸设备；在车站主要采用叉车或平移装卸机的方式，在车辆与挂车间或车辆与平移装卸机间进行换装。

（3）集装箱装卸作业的配套设施有：维修、清洗、动力、照明、监控、计量、信息和管理设施等。

（三）其他集装单元设备

（1）周转箱也称为物流箱，是指用于工厂物流中的储存、流通加工、运输、配送等环节的具有足够强度和刚度并可重复、周转使用的器具。周转箱广泛用于机械、汽车、家电、轻工、电子等行业，能耐酸耐碱、耐油污，无毒无味，可用于盛放食品等，清洁方便，零件周转便捷、堆放整齐，便于管理。其合理的设计、优良的品质适用于工厂物流中的运输、配送、储存、流通加工等环节。周转箱可与多种物流容器和工位器具配合，用于各类仓库、生产现场等多种场合，在物流管理越来越被广大企业重视的今天，周转箱帮助完成物流容器的通用化、一体化管理，是生产及流通企业进行现代化物流管理的必备品。

(2) 集装袋是指以柔性材料制成可折叠的袋式集装单元器具，又称柔性集装箱，适用于装运大宗散状粉粒状物料。

第四节　仓储设备

仓储设备是构成仓储系统的重要组成因素，担负着仓储作业的各项任务，影响着仓储活动的每一个环节，在仓储活动中处于十分重要的地位。

(1) 仓储设备是提高仓储系统效率的主要手段。一个完善的仓储系统离不开现代仓储设备的应用。许多新的仓储设备的研制开发，为现代仓储的发展做出了积极的贡献。实践证明，先进的仓储设备和先进的仓储管理是提高仓储能力、推动现代仓储迅速发展的两个车轮，二者缺一不可。

(2) 仓储设备是反映仓储系统水平的主要标志。仓储设备与仓储活动密切相关，在整个仓储活动的过程中伴随着存储保管、存期控制、数量管理、质量养护等功能作业环节及其他辅助作业，这些作业的高效完成需要不同的仓储设备。因此其水平的高低直接关系到仓储活动各项功能的完善和有效实现，决定着物流系统的技术含量。

(3) 仓储设备是构筑仓储系统的主要成本因素。现代仓储设备是资金密集型的社会财富，其设备购置投资相当可观。同时，为了维持系统的正常运转、发挥设备效能，还需要继续不断地投入大量的资金。仓储设备的费用对系统的投入产出分析有着重要的影响。

一、苫垫用品

货物在堆码时一般都需要苫垫，即把垛底垫高及苫盖，对保障储存货物的质量具有积极的作用。苫垫用品起遮挡雨水和隔潮、通风等作用。包括苫布（油布、塑料布等）、苫席、枕木、石条等。苫布、苫席用在露天堆场。

(一) 垫垛

垫垛是指在货物堆码时，根据货垛的形状、底面积大小、货物保管养护的需要以及地面负重的要求，在预定的货位地面位置上使用衬垫材料进行铺垫的作业。

1. 垫垛的目的

垫垛是为了使堆垛的货物免受地面潮气的侵蚀，使垛底通风透气，维护储存货物的质量。

2. 垫垛的要求

垫垛要符合以下要求：使用的衬垫物具有足够的抗压强度，且与要堆垛的货物不会发生不良影响；地面要平整坚实，衬垫物要摆平放正，并保持同一方向，最好与走、支道成直线；注意垫底材料的排列方向，第一层垫木或石块的空隙要对准走道或门窗，以利于垛底通风散湿；衬垫间距适当，直接接触货物的衬垫物面积与货垛垛底的面积相同，衬垫物不能伸出货垛外；垫垛要有足够的高度，露天堆场要达到 0.3～0.5m，库房内 0.2m 即可。

3. 垫垛的材料

垛垫通常采用枕木、石墩、水泥块、木板、防潮纸等。在实践中，根据不同的储存条件和货物的不同要求，选择适当的垫垛材料。

4. 垫垛的方法

常用的垫垛方法主要有码架法、垫木法、防潮纸法三种。码架法即采用若干个码架，拼成所需货垛垛底面积的大小和形状，以备堆垛。码架是用垫木为脚，上面钉有木条或木板的构架，专门用于垫垛。垫木法即采用规格相同的若干枕木或垫石，按货位的大小、形状排列，作为垛垫。枕木和垫石一般都是长方体，其宽和高相等，约为 0.2m，枕木较长些，一般为 2m 左右，而垫石较短，一般为 0.3m 左右。防潮纸法即在垛底铺上一层防潮纸作为垛垫，常用芦席、油毡、塑料薄膜、帆布等作为防潮纸。

（二）苫盖

苫盖一般是指对堆放在露天货场的货物，为了减少自然环境中的阳光、雨雪、风尘等对货物的侵蚀、损害，并使货物由于自身理化性质所造成的自然损耗尽可能减少，而采取的保护措施。对于某些不怕风吹、雨淋、日晒的货物，如果货场排水性较好，也可以不进行苫盖，如生铁、石块等。而库房、货棚中的有些货物需要防尘也可进行简单的苫盖。

1. 苫盖的要求

苫盖要符合以下要求：苫盖材料合适，具有防火、无害、低廉、可重复利用的特点，且不会与货物发生不良反应；顶面要倾斜，苫盖接口要紧密、有一定深度的相互叠盖，不能迎风叠口和有折叠、凹陷，以避免下雨、下雪后积水渗入货垛；苫盖物不能腾空或拖地，苫盖底部应与垫垛平齐，苫盖物必须拴扎牢固，防止被风刮落。

2. 苫盖的材料

苫盖通常采用帆布、芦席、竹席、塑料膜、铁皮铁瓦、玻璃钢瓦、塑料瓦等。

3. 苫盖的方法

苫盖的方法主要有就垛苫盖法、鱼鳞式苫盖法、活动棚苫盖法三种。就垛苫盖法即直接将大面积苫盖材料理盖在货垛上遮盖，适用于脊垛或大件包装货物，一般采用大面积的帆布、油布、塑料膜等。就垛苫盖法操作便利，但基本不具有通风条件。鱼鳞式苫盖法即将苫盖材料从货垛的底部开始，自下而上呈鱼鳞式逐层交叠围盖。该法一般采用面积较小的席、瓦等材料苫盖。鱼鳞式苫盖法具有较好的通风条件，但每件苫盖材料都需要固定，操作比较烦琐复杂。活动棚苫盖法即将苫盖物料制作成一定形状的棚架，在货物堆垛完毕后，将棚架移动到货垛上方，或者采用即时安装活动棚架的方式苫盖。活动棚苫盖法较为快捷，具用良好的通风条件，但活动棚本身需要占用仓库位置，也需要较高的购置成本。

二、货架

（一）货架的作用及功能

1. 货架

在仓库设备中，根据国家标准《物流术语》（GB/T 18354—2006），货架是指用立柱、隔板或横梁等组成的立体储存物品的设施。

2. 货架的功能

(1) 货架是一种架式结构物，可充分利用仓库空间，提高库容利用率，扩大仓库储存能力。

(2) 存入货架中的货物，互不挤压，物资损耗小，可完整保证物资本身的功能，减少货物损失。

(3) 货架中的货物，存取方便，便于清点及计量，可做到先进先出。

(4) 保证存储货物的质量，可以采取防潮、防尘、防盗、防破坏等措施，以提高物资存储质量。

(5) 很多新型货架的结构及功能有利于实现仓库的机械化及自动化管理。

(二) 货架的分类

1. 按货架的发展分类

(1) 传统式货架。包括层架、层格式货架、抽屉式货架、橱柜式货架、U 形架、悬臂架、栅架、鞍架、气罐钢筒架、轮胎专用货架等。

(2) 新型货架。包括旋转式货架、移动式货架、装配式货架、调节式货架、托盘货架、进车式货架、高层货架、阁楼式货架、重力式货架、屏挂式货架等。

2. 按货架的适用性分类

通用货架；专用货架。

3. 按货架的制造材料分类

钢货架；钢筋混凝土货架；钢与钢筋混凝土混合式货架；木制货架；钢木合制货架等。

4. 按货架的封闭程度分类

敞开式货架；半封闭式货架；封闭式货架等。

5. 按结构特点分类

(1) 层架由主柱、横梁、层板构成，架子本身分为数层，层间用于存放货物。

(2) 单元格式货架与层架类似，其区别在于某些层甚至整体每层中用间隔板分成若干个格。每格原则上只能放一种物品，物品不易混淆，但存放数量不大，层间光线暗。主要用于规格复杂多样、必须互相间隔开的物品。

(3) 悬臂式货架，是边开式货架的一种，在架子两边存放货物，存取货物作业强度大，适于长条形材料存放，塔形悬臂和纵梁相连而成，分单面和双面两种。

(4) 托盘式货架一般是存放装有货物托盘的货架。托盘式货架的特点及用途有以下几方面。

①托盘式货架跨度大，承载高。托盘式货架的跨度（长度）主要由托盘大小决定，一般一层货架可放置常规托盘 2 个。如果单托盘承载特别大（3t 以上），则每层只能放置单托盘。

②托盘式货架结构稳定。由于托盘式货架的承载要求高，所以对托盘式货架的稳定性也有特别的要求。托盘式货架底脚必须安装地膨胀螺丝，以保证托盘式货架的稳定性。

③托盘式货架无须层板。一般来说，托盘式货架无须层板，只需横梁上安装跨梁即可，每托盘位一般安装 2 根跨梁，这样可以最大程度地节约成本。

④托盘式货架层数可自定。托盘式货架的层数可根据仓库的房高、每托盘货位的高度等条件来确定。底层可不用横梁，托盘直接放置于地面。

⑤托盘式货架利用率高，存取灵活方便，辅以计算机管理或控制，托盘式货架基本能达到现代化物流系统的要求。

（5）移动式货架是一种带轮且可移动的货架。根据驱动方式不同，分为人力摇动式和电力驱动式两种。特点及用途：使仓库空间利用率成倍提高。货物存取方便，易于控制，安全性好。主要用于小件、轻体货物的存取，尤其适用于环境条件要求高、投资大的仓库，如冷冻、气调等仓库，可相应减少环境条件的投资。

（6）旋转式货架又称回转式货架。可以水平、垂直、立体回转。存储密度大，拣货路线简捷、拣货效率高，拣选差错少。适合频繁、大量的拣选工作。

（7）驶入式货架，又称贯通式货架。特点及用途：采用托盘存取模式，适用于品种少、批量大类型的货物储存，不保证货物先进先出。高密度存放货架，叉车直接驶入货架进行作业，库容利用率可达 90%以上。

三、包装

（一）包装设备

包装设备是指能完成全部或部分产品和商品包装过程的设备。包装过程包括充填、裹包、封口等主要工序，以及与其相关的前后工序，如清洗、堆码和拆卸等。此外，包装还包括计量或在包装件上盖印等工序。使用机械包装产品可提高生产率，减轻劳动强度，适应大规模生产的需要，并满足清洁卫生的要求。

（二）包装设备的作用

包装是产品进入流通领域的必要条件，实现包装的主要手段是使用包装机械。随着时代的发展和技术的进步，包装设备在包装领域中正起着越来越大的作用，其主要作用有以下几点。

1. 可大大提高劳动生产率

机械包装比手工包装快得多，如糖果包装，手工包糖每分钟只能包十几块，而糖果包装机每分钟可达数百块甚至上千块，提高效率数十倍。

2. 能有效地保证包装质量

机械包装可根据包装物品的要求，按照需要的形态、大小，得到规格一致的包装物，而手工包装是无法保证的。这对出口商品尤为重要，只有机械包装才能达到包装规格化、标准化，符合集合包装的要求。

3. 能实现手工包装无法实现的操作

有些包装操作，如真空包装、充气包装、贴体包装、等压灌装等，都是手工包装无法实现的，只能用机械包装实现。

4. 可降低劳动强度，改善劳动条件

手工包装的劳动强度很大，如用手工包装体积大、重量重的产品，既耗体力，又不安全；而对轻小产品，由于频率较高，动作单调，易使劳动者患上职业病。

5. 有利于工人的劳动保护

对于某些严重影响身体健康的产品，如粉尘严重、有毒的产品，有刺激性、放射性的产品，用手工包装难免危害健康，而机械包装则可避免且能有效地保护环境不被污染。

6. 可降低包装成本，节省储运费用

对松散产品，如棉花、烟叶、丝、麻等，采用压缩包装机压缩打包，可大大缩小体积，从而降低包装成本。同时由于体积大为缩小，节省仓容，减少保管费用，有利于运输。

7. 保障产品卫生质量

对于特色产品，如食品、药品在包装过程中应避免污染，《食品卫生法》规定是不允许用手工包装的，机械包装避免了人手直接接触食品、药品，保证了卫生质量。

8. 有利于关联行业的发展

包装机械是一门综合性科学，涉及材料、工艺、设备、电子、电器、自动控制等多种学科，要求各相关学科同步、协调地发展，任何学科的问题都将影响包装机械的整体性能。因此，包装机械的发展将有力地促进相关学科的进步。

（三）包装设备的分类

包装机械的分类方法很多，各种分类方法各有特点及适用范围，但均有局限性。从国际上包装机械总的情况来看，比较科学的分类方法是按主要功能进行分类，能抓住事物的本质，基本分类如下。

（1）充填机是将精确数量的包装品装入到各种容器内的包装机，主要种类有三种。

①容积式充填机。包括量杯式、插管式、柱塞式、料位式、螺杆式、定时式充填机。

②称重式充填机。包括间歇称重式、连续称重式、称重—离心等分式等充填机。

③计数式充填机。包括单件计数式、多件计数式充填机。

（2）封口机是将充填有包装物的容器进行封口的机械，主要种类有三种。

①无封口材料封口机。包括热压式、冷压式、熔焊式、插合式、折叠式等封口机。

②有封口材料封口机。包括旋合式、滚纹式、卷边式、压合式等封口机。

③有辅助封口材料封口机。包括胶带式、黏结式、钉合式、结扎式、缝合式等封口机。

（3）缠绕机是用柔性的包装材料，全部或部分地将包装物裹包起来的包装机，主要种类有两种。

①全裹式缠绕机。包括扭结式、覆盖式、贴体式、接缝式等裹机。

②半裹式缠绕机。包括折叠式、收缩式、拉伸式、缠绕式等裹机。

（4）多功能包装机，这类包装机具有两种或两种以上的功能，主要种类有三种。

①充填封口机。具有充填、封口两种功能。

②成型充填封口机。具有成型、充填、封口三种功能。成型的种类有袋成型、瓶成

型、箱盒成型、泡罩成型、熔融成型等。

③定型充填封口机。具有定型、充填、封口功能。

（5）封箱机，主要适用于纸箱的封箱包装，既可单机作业，也可与流水线配套使用；可单箱作业，也可与纸箱成型开箱机、装箱机、贴标机、捆包机、栈板堆叠机、输送机等设备配套成包装流水线使用，为包装流水线作业必需的设备。

①按胶带所封位置和条数分类。

a. I 形封箱机。在箱子的上盖和下底的外折页接缝处用一条胶带封合。这种封合操作简单，但密封性较差。

b. H 形封箱机。在 I 形封箱的基础上，即在 I 形封合胶带的两端加封两条胶带，形如 H，故称 H 形。它能增加箱子强度和密封性能，但成本较高。

②按专用化程度分类。

a. 通用封箱机。能调节某些机构以变换封箱机的有关尺寸，来适应多种尺寸规格箱子的封箱。适应范围较广，是一种普遍使用的封箱机。

b. 专用封箱机。只能封合某一种规格尺寸的箱子，封箱速度快，适用大批量封箱作业。

c. 随机型封箱机。在规定的尺寸范围内，各有关机构能自动地变换，以适应不同尺寸箱子的封箱需要，是一种自动化程度很高的封箱机。

d. 双面封箱机。能同时封上盖和下底两个面。封箱时，箱子可侧放或立放。

四、分拣设备

（一）分拣

分拣是指将一批相同或不同的货物，按照不同的要求（如品种、发运的目的地、要货客户等），分别拣开，进行配送或发运。如邮局将信件和邮包按送达目的地进行分拣作业。根据国家标准《物流术语》（GB/T 18354—2006），分拣输送系统是指采用机械设备与自动控制技术实现物品分类、输送和存取的系统。

（二）自动化分拣优点

1. 提升分拣效率

采用托盘化操作后，快件可以提前进行分拣，然后按目的地不同将快件存放在不同的托盘，这样托盘运输车一到就可以马上进行装卸，然后再配送到其他地区，从而大大地提高车辆的使用率，也降低了车辆的使用成本。另外，通过托盘化运输，可以大大地提高快件的装卸效率，从而提升整个物流流程的效率。

2. 减轻快件分拣成本

采用托盘化操作，一方面，由于提高了车辆的使用率，从而平摊了车辆的使用成本；另一方面，由于托盘化操作可以大大减少人工作业，从而减少了人工成本。

3. 提高分拣准确率

在二级集散点，快件就已经根据目的地不同而分拣到不同的托盘箱里面，到了一级集散点时无须再进行分拣，这样便可以大大地减少由于人工操作失误而造成的分拣失误，从而影响快件的配送时间，有时甚至出现货物丢失的情况，以及暴力分拣现象，对企业产生负面的影响。

4. 提高快件的中转效率

采用托盘化运输，从一级集散点配送到二级集散点的配送可以通过托盘实现快速中转，无须再经过分拣线分拣，从而可以大大缩短快件在二级集散点的逗留时间，从而提高了快件的中转效率。

5. 减少运输成本

采用干线托盘化运输，例如将原来需要由 3 台 7.2T 和 2 台 11.2T 的厢车整合为 2 台 14.6m 长的厢车，其运输设备的折旧成本、油耗、维护成本、人工成本等都将大大减少，经前期的测算，其运输成本可下调 20％以上。

6. 提高企业形象

采用该方案所设计的厢式车，外表平滑美观，可以刊登快递企业的广告，另外搭配企业的现代化、自动化建设，在很大程度上避免暴力分拣给用户留下的恶劣现象，也就大大地提高了企业的整体形象，利于企业的长远发展。

第五节　案例分析及实习实训指导

案例分析

电子商务市场增长迅猛　现代物流仓库发展前景乐观

电子商务市场增长迅猛，过去五年，中国的网上购物销售额以每年 99％的幅度增长，远远超过美国每年 9％的增长率。单看 11 月 11 日“光棍节”一天的销售数字，淘宝网及其在线的企业对个人（B2C）购物平台“天猫”，在当天取得超过人民币 192 亿元的销售额，是香港日均零售总额的 21 倍。

戴德梁行大中华区研究部主管纪言迅指出：“中国电子商务消费显示迅猛增长，但目前中国的互联网渗透率为 37％，远低于发达国家水平。因此，中国网上消费仍有巨大增长潜力。2015 年估计每年中国将有 3000 万人会首次在互联网上购物。”如此迅猛的增长势头将给地产发展带来新空间。

看好现代物流仓库发展前景，近年网购越来越多为 B2C 模式，2015 年占比达到 40％，这亦会令物流业在电子商贸中的角色更为突出。不过，现代物流仓库设施的供应缺乏，该类物业目前只占全中国仓库面积总数的 2％，即大部分均属中端或低端的物流物业，部分由工厂改建而成，建筑质量粗糙，多有层高不够、缺乏装卸货物的设备、运货车辆往来不便等缺点。在一线城市，物流仓库的短缺推高了该类物业的租金增长，过去一年上海部分区域的物流园租金就上升了85%，部分企业遂选择把其仓库设于租金较便宜的邻近地区。

因此，挖掘中国中西部市场需求，开发一些适应每个市场的小型仓库等都是不错的时机选择，因为每个城市都会需要更多的现代物流仓库，这种物业在日后具有较好的发展前景。

（资料来源：中国企业报道）

案例思考题：

试根据电子商务物流发展的现状，分析电子商务仓储发展的经济背景和未来发展趋势。

实习实训

仓储设施的认知和仓储管理的软件技能操作

1. 实训方式及步骤

（1）以分组形式带领学生认知并操作仓储设备及相关软件。要求学生5～6人为一组，并选出小组组长。由指导教师通过软件操作进行物品的入库、存储、出库作业演示，并带领学生进行托盘式货架、手持终端设备的操作与应用，使学生初步了解和熟悉仓储设备的功能、使用方法，让学生熟悉自动化立体仓库的构造和物品的出入库作业流程。

（2）以小组的方式进行角色扮演。对小组成员进行角色分工，要求每位学生利用计算机自己完成不同角色的入库、出库及库内作业的操作。使学生掌握每个角色的职责、任务以及业务操作规范。要求各组长积极配合老师，并组织学生进行实操练习，确保现场纪律。

2. 基本要求

（1）做好实训动员工作，使学生端正实训态度，严肃、认真地投入到实训中。

（2）指导实训组长要组织学生做好人员分工，明确工作责任，保证作业操作程序井然有序。

（3）认真、及时地处理在实训过程中遇到的疑难问题，根据基本原理及实务操作流程，作出详尽、准确的解答，并保证实训内容的系统性和连贯性。

（4）实训期间应对每位学生严格考勤管理，认真做好实训纪录，并结合其业务操作的熟练程度和小组成员的协作情况进行考核，于实训结束后作出综合评定。

（5）实训结束，要求每小组写出实训报告一份。

练习题

一、名词解释

1. 仓库　2. 自动化立体仓库　3. 托盘　4. 货架　5. 集装箱

二、选择题

1. 适用于存放长条形材料存放的货架是（　　）。

A. 悬臂式货架　B. 托盘货架　C. 重力式货架　D. 层架

2. AGV 代表（ ）。

A. 叉车　B. 输送机　C. 起重机　D. 自动导引小车

3. 不保证货物先入先出的货架是（ ）。

A. 重力式货架　B. 移动式货架　C. 托盘货架　D. 驶入式货架

4. 主要用于水果的储存，要求有较高的湿度属于（ ）自动化立体仓库。

A. 恒温库　B. 冷藏　C. 冷冻　D. 速冻

5. （ ）用于存放放体积比较大，价格比较低的货物。

A. 露天仓库　B. 普通仓库　C. 恒温仓库　D. 特种仓库

6. 苫盖的方法主要有（ ）、鱼鳞式苫盖法和活动棚苫盖法。

A. 整体苫盖法　B. 就垛苫盖法　C. 局部苫盖法　D. 选择苫盖法

三、填空题

1. 常用的垫垛方法主要有（ ）、（ ）、（ ）三种。
2. 苫盖的方法主要有（ ）、（ ）、（ ）三种。
3. 成型充填封口机具有（ ）、（ ）、（ ）三种功能。
4. 包装过程包括（ ）、（ ）、（ ）等主要工序，以及与其相关的前后工序。
5. 按货架的适用性分为（ ）和（ ）货架。
6. 集装箱装卸方法主要有（ ）和（ ）两种。

四、简答题

1. 简述仓库的功能。
2. 简述仓库的分类。
3. 简述自动仓库的发展过程。
4. 简述包装设备的作用。
5. 简述托盘式货架的特点及用途。
6. 简述自动化分拣优点。

第三章　仓库规划与布局设计

知识目标

1. 仓库选址。
2. 仓库规模设计。
3. 仓库布局设计。
4. 仓库货位布置。
5. 货物堆垛设计。

能力目标

1. 掌握计算仓库选址能力。
2. 具备仓库布局设计能力。
3. 掌握货位布置方法。
4. 了解货物堆垛设计。

导入案例

物流项目的规划设计

规划设计要有前瞻性，如何做好物流项目的规划设计？首先要清楚物流项目的规划设计前提。每个方案都有具体的需求，通过分析、认证这些需求数据，找到对自身有用的数据。但是规划设计的前提要求规划设计人员更应具有前瞻性，能够预测商业模式的发展趋势。

如果规划设计人员预测不到这些变化，那么就是死路一条，虽然设备非常现代，但是它的现代只是针对你设定的场景而已，绝不会根据业务的变化而变化，而且一旦流程固化以后，想改变是很难的。

在做物流项目规划过程中笔者总结了一个顺口溜：需求决定工艺，工艺决定设备，设备决定质量。

其次要了解订单的结构。最后才是物流技术的应用。

在规划的过程中鼓励多出去走一走，看一看，去学习。有时看了国外的实际应用后才会茅塞顿开。

货物的存储

我们在追求一个物流中心的效率时，有两个维度：第一能存多少货；第二能发多少货。从表面上看这两点没有多少联系，如果一个物流中心连货都存不进去，怎么可能发得出来呢？存货和发货之间的关系实际上就是库存的周转率问题。

（一）提高库存周转率降低库存

第三方平台更多是追求库存周转率，实际上是资金周转率。像服装企业的最主要问题是供应链的反应速度问题。为什么会反应比较慢？是因为库存和效率没有计算过。如何在店铺、仓库之间建立一个高效的反应机制？这是一个库存联动的问题。其实对于信息系统来讲这是三个库：第一个库是物流中心；第二个库是店面；第三个库是正在转运过程当中的车辆，车辆运输的周转箱，在空间狭义定义为一个库。这三个库在不同的地点快速地进行库存联动，其实这就是相互沟通的数量标准。已经卖掉的货是不是要补货，补货的数量够不够补货频次，如果补货频次太高的话，成本比较高，那么补货数量之间的关系是什么？其实如果把这个库存联动做好了，库存周转率的问题也就解决了。

做不到是因为没有相匹配的信息系统来支持，但也不能单靠成熟的软件，实际上很多内容是需要设计人员为企业量身定做信息系统的。

实际上对于一个企业来讲就是管四面墙以内的物流。OMS是订单管理，那么在订单处理过程当中应该把多次处理一起做好，再分发给仓库管理系统（WMS）完成包装以后分拨给不同的库房，库房之间的调拨应该是运输管理系统（TMS）。但是通常是这样的，因为业务不断地在发展，很难有一家或者是有一个单位能对这相互之间的系统进行关联。

（二）随机存储的方法

说到随机存储，大家都觉得挺神秘，为什么亚马逊的东西可以随便乱放，它怎么管理呢？实际上非常简单，它把一个货位当成仓库，这样放其实也是有规则的，即不允许遮盖。亚马逊的货位都是竖着放，可以看到货架上的商品，取、放时方便不影响效率。多货多位是想把整个货位的满足率达到最高。

（三）库房概念升级为工厂

库房概念转变，由库房升级成生产工厂。原来的库房只作存放用途，现在的库房人员密集很大，一般有300～500人，甚至上千人。库房的性质悄然发生了变化，变成一个生产工厂的概念。因此做消防申报时，疏散距离如小于60m，就属于违章。规划人员在设计的过程中也要考虑这方面因素。

（四）仓网体系互联互通

现在有一个很热的话题——仓网。其实现在很多厂商、电商都在做仓网体系。什么叫仓网体系？真正的仓网体系应该是互联互通，即某一个地方缺货的时候，知道从哪里补充，应把供应商的库存也纳入管理体系。例如，企业现在店面缺货了，物流中心也没货了，两天以后可以再补货，应对最上端供应商的库房进行管理，如果它的库房里也没有货，那应该启动生产程序，就形成了像ZARA这样快速的生产体系，这实际上是对供应链体系的追溯。

目前，由于系统的问题，造成了信息的孤岛，很多地方没办法驱动，供应商是不联通的，第三方要跟随生产商的步伐进行，所以就造成了现在整个社会的库存冗余。现在面临的问题是能不能在仓网体系里实现全面管理。

要想达到互联互通，就要实现对单品编码的统一管理，这样库存才可以降到最低，像ZARA、小米都是这个套路，只是他们直接互联互通了，用自己的管理体系、信息系统把整个供应链的管理体系全部打通，这是今后最大的趋势。

随着电子商务在中国的深入，我们感受到中国的物流越来越受到重视，这是物流在企业活动当中所起的作用越来越大了，不久的将来物流部门会成为企业的核心竞争力，这也是物流从业人员所共同期待的。

（资料来源：物流沙龙　http：//www. wtoutiao. com/a/673800. html）

第一节　仓库选址

仓库选址是指运用科学的方法决定仓库的地理位置，使之与企业的整体经营运作系统有机结合，以便有效、经济地达到企业的经营目的。

仓库选址包括两个层次的问题：第一个层次是选位，即选择什么地区（区域）设置设施，沿海还是内地，南方还是北方等；第二个层次是定址。地区选定以后，需要确定具体在该地区的什么位置设置仓库，也就是说，在已选定的地区内选定一片土地作为设施的具体位置。设施选址还包括这样两类问题：一是选择一个单一的仓库位置；二是选择多个仓库的位置。

对企业来说仓库选址的重要性显而易见，仓库选址对企业的采购成本、服务成本、服务质量都有极大的影响。一旦选择不当，它所带来的问题是无法通过对已建成的仓库采取补救措施所能弥补的。因此，在进行仓库选址时，必须充分考虑到多方面因素的影响，慎重决策。

一、仓库选址的目标及原则

仓库的最优选址与该仓库所属企业的类型有着密切的关系。附属于工业企业的仓库其选址主要是为了追求成本最小化；而附属于物流企业的仓库一般都追求利益最大化或服务水平的最优化。大量的成功案例表明，在选址问题上，定性分析与定量分析相结合是有效的方法。其中，定性分析是定量分析的前提和归宿。

在仓库选址的定性分析中，主要以一系列选址的原则为基础。

（一）费用原则

经济利益对任何类型的仓库都是重要的。建设初期的固定费用和投入运行后的变动费用，都与选址有关。因此，仓库选址的原则之一是费用最小化、综合物流成本最低化。

（二）地理分布原则

以配货为主的仓库，应选在供应商相对集中的地方；以分拨配送为主的仓库，应选在用户较为集中的地方；以中转为主的仓库，应选在车站、码头及机场等运输枢纽地。以上原则有利于提高物流服务质量，降低综合物流成本，提高仓库运行效率。

（三）长远发展原则

仓库选址是一项带有战略性的经营管理活动，因此要有战略意识。选址工作要考虑到企业服务对象的分布状况及未来发展，要考虑未来市场的开拓，特别是区域经济发展趋势。

二、仓库选址应考虑的主要因素

（一）基础设施要素

不论是何种类型的仓库，在选址时都要考虑下列基本要素。

1. 防火防污，保证环境安全

仓库与周围其他建筑物之间必须有安全隔离，以防止火患蔓延。在仓库选址时，还应注意将油库、化工危险品以及危险性大的库区设在郊外旷野；仓库布置时应尽可能少占用良田，少拆迁民宅，并且不宜长期预留仓库发展用地。食品类仓库应避开传染病医院和其他易污染设施。

2. 交通便利，有利于商品运输

要从方便商品的购销、加速商品流通、降低流通费用出发，对于货物进出量大、进出频繁的通用、专用和特种仓库，要考虑铺设铁路专用线或建设专用码头。仓库选址要邻主干道。

3. 地质良好，有利于仓库建筑

仓库应选择在地质坚实、地势较高且平坦、环境干燥或易建地下仓库的地点，以降低建筑费用。

4. 给排水顺畅，无水淹危害

仓库选址既要用水方便，同时又要求库区排水系统良好，故在建库选址时要注意当地的水文情况。

5. 靠近电源，便于仓库作业

现代仓储管理自动化程度不断提高，这就要求当地具有较高的供电能力。因此，仓库应选择在电网的附近。

（二）成本因素

仓库建设的成本是仓库选址的一个重要因素。从运费上考虑，在几个生产地和消费地之间建立仓库，可以采用线性规划模型使运费达到最小。从场地的可获得性和地价看，在城市中心建设大型仓库是不可行的。此外，在什么地方建设仓库，应考虑当地建筑材料的可获得性和价格。

（三）时间因素

建立仓库，既要考虑能使为之服务的供应链的成本最小，又要对顾客的需求做出有效的反应。因此，需要考虑货物运送到顾客手中的时间限制。

三、仓库选址的程序

综合而言，仓库选址的程序可按照如图 3－1 所示的方法进行。

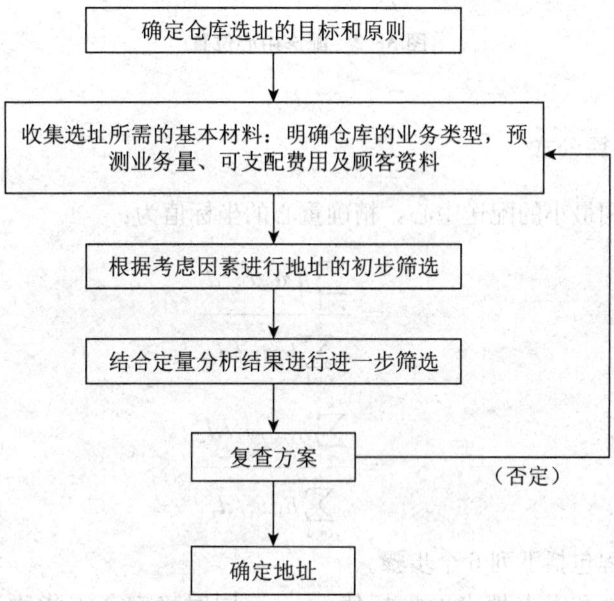

图 3－1　仓库选址流程

四、单仓库选址方法——重心法

（一）重心法原理

重心法也叫坐标分析法，可先将各用户位置置于坐标图上，如图 3－2 所示，各用户坐标分别为（x_1，y_1）（x_2，y_2）（x_3，y_3）…（x_n，y_n），各用户的需要量为 w_1、w_2、w_3…w_n。最优的仓库位置为（x_0，y_0），应当是（x_1，y_1）（x_2，y_2）（x_3，y_3）…（x_n，y_n）各用户与（x_0，y_0）直线距离乘以相应用户需要量 w_1、w_2、w_3…w_n，再乘以运输费用率的合计值为最小的地点，则为最优地点。在实际应用中因为道路问题不可能是直线距离，考虑土地性质问题、最优地点不一定能建仓库，所以重心法仅供参考，可以作为仓库选址的分析因素之一。

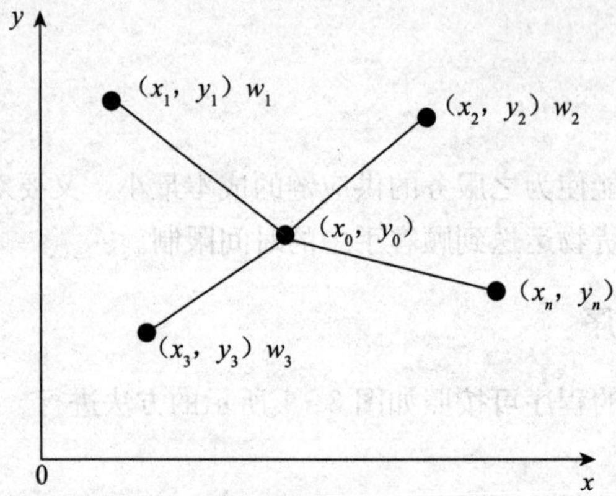

图 3-2 配送中心位置

(二) 重心法计算公式

为求得运输费用最小的配送中心，精确重心的坐标值为：

$$x^* = \frac{\sum_{i=1}^{n} h_i w_i x_i / d_i}{\sum_{i=1}^{n} h_i w_i / d_i} \tag{3-1}$$

$$y^* = \frac{\sum_{i=1}^{n} h_i w_i y_i / d_i}{\sum_{i=1}^{n} h_i w_i / d_i} \tag{3-2}$$

重心法解的过程包括下列 6 个步骤。

(1) 确定各产地和需求地点的坐标值 x、y，同时确定各点货物运输量和直线运输费率。

(2) 不考虑距离因素 d_i，用重心法公式估算初始选址点。

$$x^*(k) = \frac{\sum_{i=1}^{n} h_i w_i x_i}{\sum_{i=1}^{n} h_i w_i} \tag{3-3}$$

$$y^*(k) = \frac{\sum_{i=1}^{n} h_i w_i y_i}{\sum_{i=1}^{n} h_i w_i} \tag{3-4}$$

(3) 根据式 $d_{i(k-1)} = \sqrt{(x^*_{(k-1)} - x_i)^2 + (y^*_{(k-1)} - y_i)^2}$，用步骤 (2) 得到的 x，y 计算 d_i。

(4) 将 d_i 代入式 (3-1) 和式 (3-2)，解出修正的 x，y 的坐标值。

(5) 根据修正的 x，y 坐标值，再重新计算 d_i。

(6) 重复步骤 (4) 和步骤 (5) 直至 x，y 的坐标值在连续迭代过程中都不再变化，或变化很小继续计算没有意义为止。

五、多仓库选址方法

(一) 多重心法

多重心法是建立在精确重心法的基础上推衍的概念，在多点布局的时候，我们可以先集合布局，然后对每一布局实施精确重心法。我们知道精确重心法是一种以微积分为基础的模型，用来找出起讫点之间使运输成本最小的中间设施的位置。如果要确定的点不止一个，就有必要将起讫点预先分配给位置待定的仓库。这就形成了个数等于待选址仓库数量的许多起讫点群落。随后，找出每个起讫点群落的精确重心位置。

针对仓库进行起讫点分配的方法很多，尤其是在考虑多个仓库及问题涉及众多起讫点时，方法之一是把相互间距离最近的点组合起来形成群落，找出各群落的重心位置，然后将各点分配到这些位置已知的仓库，找出修正后的各群落新的重心位置，继续上述过程直到不再有新的变化。这样就完成了特定数量仓库选址的计算。该方法也可以针对不同数量的仓库重复计算过程。

随着仓库数量的增加，运输成本通常会下降。与运输成本下降相平衡的是物流系统中总固定成本和库存持有成本的上升。由于二律背反原理的影响，最优解便是使所有这些成本和最小的解。

如果能够评估所有分配起讫点群落的方式，那么该方法是最优的。尽管如此，就实际问题的规模而言，在计算上却是不现实的。即便预先将大量顾客分配给很少的几个仓库，也是一项极其庞杂的工作。因此还需要使用其他方法。

(二) 混合—整数线性规划法

为寻求解决选址问题的有效方法，数学家们已经付出了多年努力。他们希望求解方法对问题的描述足够宽泛，使其在解决物流网络设计中常见的大型、复杂的选址问题时具有实际意义，同时可以得到数学上的最优解。数学家们尝试使用了先进的管理科学技术来丰富分析方法，或者提供寻求最优解的改进方法。这些方法包括目标规划法、树形搜索法、动态规划法及其他方法。其中最有前景的当属混合—整数线性规划法，它是商业选址模型中最受欢迎的方法。

混合—整数线性规划法的主要优点是，它能够把固定成本以最优的方式考虑进去。线性规划在整个物流需求分配过程中的优势是众所周知的，这也是该方法的核心所在。虽然优化法很吸引人，但其代价也相当可观。除非利用个别问题的特殊属性，否则计算机的运行时间将很长，需要的内存空间也非常大。

仓库选址有多种不同形式。使用混合—整数规划法的研究者们对其仓库选址问题的描述如下：某几家工厂生产数种产品，其中这些工厂的生产能力已知，每个消费区对每种产品的需求量已知，产品经由仓库运往消费区，满足需求，而每个消费区有某一指定仓库独家供货。

各个仓库能承受的总的年吞吐量有上限和下限的要求。仓库可能的位置是给定的，但最终使用哪个地点需要做出选择，以达到总分拨成本最低的目标。仓库成本表现为固定成本（实际用地所承担的费用）加上线性可变成本。运输成本被看作是线性的。

这样问题就转化为应决定使用哪个仓库位置；在每个选定位置，仓库的规模有多大；各个仓库该服务哪些消费区；各种产品的运输流模式是怎样的。所有这些都要在工厂生产能力和分拨系统仓库布局的约束条件下，实现以最小的分拨成本满足需求的目标要求。

用描述性的语言可以将上述问题表述如下：找出物流网络中的仓库数量、规模和位置，目标是使得通过该网络运送所有产品的固定成本和线性可变成本在下列条件约束下降至最低。

（1）不能超过每个工厂的供货能力；

（2）所有产品的需求必须得到满足；

（3）各仓库的吞吐量不能超过其吞吐能力；

（4）必须达到最低吞吐量仓库才可以开始运营；

（5）同一消费者需要的所有产品必须由同一仓库供给。

对这类问题可以用一般整数线性规划的计算机软件包来求解。

（三）模拟法

虽然提供数学最优解的选址模型看起来很好，但这种最优解可能并不比模型对问题实际情况的描述更好。况且这样的优化模型通常很难理解，需要很多管理人员掌握他们并不具备的技能。因此，一些人认为应该首先要求对问题进行准确描述，这些倡导者常常使用模拟方法进行规划。他们强调对问题的准确描述，宁愿冒险接受改良的次优解，也不要对问题笼统描述的最优解。

模拟设施选址模型指以代数和逻辑语言做出的对物流系统的数学表述，在计算机的帮助下人们可以对模型进行处理。算术模型寻求的是最佳的仓库数量、仓库位置、仓库规模，而模拟模型则试图在给定多个仓库、多个分配方案的条件下反复适用模型找出最优的网络设计方法。分析结果的质量和效率取决于使用者选择分析地点时的技巧和洞察力。

下面以一个为亨氏公司开发的仓库选址模型为例说明模拟算法的原理。这一模型适用的范围很广，亨氏公司模拟模型中的主要成本因素包括以下几方面。

1. 客户

影响成本的因素如下：

（1）客户的位置；

（2）年需求量；

（3）购买的产品类型。不同的产品属于不同的货物等级，从而会有不同的运价要求。当产品组合存在地区差异时，就不能对所有产品按照平均运价进行计算；

（4）订单大小的分布。运输批量规模不同，也会导致适用不同的费率。

2. 仓库

影响成本的因素如下：

（1）公司对自有仓库的固定投资。如果选择公共仓库，固定投资就相对较小；

（2）年固定运营和管理成本；

(3) 存储、搬运、库存周转和数据处理方面的可变成本。

3. 工厂

工厂的选址和各工厂的产品供应能力是影响分拨成本的最大因素。工厂内的某些仓储和搬运费用对分拨成本也可能有一定的影响，但这些成本大部分与仓库位置分布无关，可以不做分析。

4. 运输成本

产品从工厂运到仓库产生的运费成本被称为运输成本，取决于涉及的工厂、仓库的位置，运输批量的大小，产品的货物等级。

5. 配送成本

配送是指在合理的经济区域范围内，根据客户要求对物品进行拣选、加工、包装、分割、组配等作业，并按时送达指定地点的物流活动。所有和物流活动相关的成本取决于运输批量的大小、仓库和客户的位置、产品的货物等级。

亨氏公司在应用模拟模型时，输入数据的处理过程分为两部分。首先，预处理程序把通过仓库就能履行的客户订单和那些货量足够大、由工厂履行更经济的订单区分开来。其次，测试程序（或主要程序）计算出经纬度坐标系从客户到仓库和工厂到仓库的距离。

选择向客户供货的指定仓库时要先检验最近的五家仓库，然后选择从仓库到客户的配送成本、仓库的搬运和储存成本、工厂到仓库的运输成本最低的仓库。接着，在仓库系统产品流向已知、测试程序读入地理信息的条件下，用计算机运行必要的计算来评估特定的仓库布局方案，还要利用线性规划法求解工厂生产能力的限制。

需要评估多少个仓库布局方案，就需要重复多少次测试。

目前，模拟模型在仓库选址中依然起着重要作用。这种模型的潜在优势是他们既能够考虑库存的时间问题，也能考虑库存的地理分布问题。

适用该方法面临的问题是需要大量的数据信息和较长的计算机运算时间。虽然如此，对现实情况的精确描述仍然是模型吸引人的首要原因。此外，使用者可能无法确定所选择的仓库布局与最优值究竟差多少。

（四）多设施选址方法评价

大规模、多设施选址模型给管理人员制定决策带来的帮助是很大的。从包含上百个仓库、几十类产品、几十家工厂、上百个消费需求区的大型供应—配送网络到由上百家供应商供应一家主仓库，然后再供应客户的供应网络都广泛适用该方法。在国防、零售、消费品和工业品等各个行业，许多企业（不论是在国内经营，还是在国际环境中经营的）都已经应用了这种规模的模型。这些模型之所以如此受欢迎，主要原因是它们提供了解决企业管理中重大问题的决策依据；它们强大有效，可以多次重复用于各种形式的物流网络设计，且能提供规划所需的细节；适用模型的成本不高，因而使用带来的收益远远超过其应用成本；模型要求的数据信息在大多数企业很容易获得。

然而，这些模型依然有局限性。

(1) 库存政策、运输费率结构、生产和采购规模经济中会出现非线性、不连续的成本关系。如何准确、高效地处理这些关系仍然是数学上的难题。

（2）设施选址模型应该得到进一步的发展，应该更好地解决库存和运输同步决策的问题，即这些模型应该是真正一体化的网络规划模型，而不应该分别以近似的方法解决各个问题。

（3）网络设计过程中应该更多地关注收入效应，因为一般来讲，模型建议的仓库数量多于将客户服务作为约束条件、成本最小化时决定的仓库数量。

（4）建立的模型应该便于管理人员和规划者使用，这样模型才能经常被用于策略性规划、预算，而不仅仅用于偶尔为之的战略规划。这就要求模型与企业的管理信息系统取得更紧密的联系，以便迅速得到模型运算所需的数据。

六、仓库选址决策分析方法

在定量确定仓库选址难以奏效时，定性方式是被人们广泛采用的方法。但定性方式往往提供多个可供选择的选址方案，这里我们又可以借助定量的方法对此进行决策。可用于仓库选址决策分析的定量方法有很多种，本书仅介绍其中的两种方法。

（一）加权评分方法

加权平均方法是一种对具有多个目标的决策方案进行综合评判的定性与定量相结合的方法，就是通过把多个目标化为一个综合的单目标，据此评价、比较和选择决策方案。其中，目标权重一般由专家给出，如果有专家 N 个人对 W_j 发表意见，其中第 n 人对 W 估值为 W_{nj}，则按下式可得到平均估值：

$$W_j = \frac{1}{N}\sum_{n=1}^{n} W_{nj}$$

算出的值交由这 N 个人评议，修正后得到 W_j。

对方案目标值的给分可以分为几个档次，如规定完全符合预定要求的给 100 分，达到 90％以上为“优”，给 90 分；达到 80％～90％为“良”，给 80～90 分；达到 70％～80％为“中”，给 70～80 分；达到 60％～70％为“及格”，给 60～70 分；在 60％以下为“不及格”，给 0～60 分。

例：某仓库企业需要确定新建仓库的具体位置，经初步比较，共有以下三种方案选择。

方案 1：选择 A 地（a_1）；

方案 2：选择 B 地（a_2）；

方案 3：选择 C 地（a_3）。

确定评价方案的目标值有以下三项：

（1）投资；

（2）交通便利性；

（3）能源供给。

对三种方案在这三项目标值方面的优劣特性给出评分如下。

方案 1：

（1）投资（u_{11}）：90％；

（2）交通便利性（u_{12}）：60％；

（3）能源供给（u_{13}）：50％。

方案 2：

(1) 投资（u_{21}）：80%；

(2) 交通便利性（u_{22}）：70%；

(3) 能源供给（u_{23}）：60%。

方案 3：

(1) 投资（u_{31}）：50%；

(2) 交通便利性（u_{32}）：90%；

(3) 能源供给（u_{33}）：90%。

由专家对各目标值的重要性确定加权系数（专家人数 $N=4$，加权系数 $W_{nj}=0\sim9$），由专家确定的加权系数 W_{nj} 见表 3-1。

表 3-1　　目标加权系数

目标值	专家 1	专家 2	专家 3	专家 4
投资	5	8	2	7
交通便利性	6	6	9	7
能源供给	9	7	5	6

由此得：

投资目标值权重 $w=1/4\ (5+8+2+7)=5.5$

交通便利性目标值权重 $w=1/4\ (6+6+9+7)=7$

能源供给目标值权重 $w=1/4\ (9+7+5+6)=6.75$

进而得出目标评价分为：

方案 1：$u_{(1)}=5.5\times0.9+7\times0.6+6.75\times0.5=12.525$

方案 2：$u_{(2)}=5.5\times0.8+7\times0.7+6.75\times0.6=13.35$

方案 3：$u_{(3)}=5.5\times0.5+7\times0.9+6.75\times0.9=15.125$

由于 $u_{(3)}$ 最大，故方案 3 是最优的，即仓库建设的选址应该在 C 地最好。

(二) 层次分析法（AHP 法）

层次分析法（AHP 法）是美国运筹学家 Saaty 在 1970 年提出的，这是一种定量与定性相结合的系统分析方法。其理论核心是复杂系统可以简化为有序的递阶层次结构，决策问题通常表现为一组方案优先排序的问题，而这种排序可以通过简单的两两比较的形式导出。

由于仓库选址决策是个多目标的决策问题，采用 AHP 法能较好地解决这类问题。

应用 AHP 法进行系统评价的主要步骤如下。

1. 明确问题，建立层次结构模型

一般地，简单的决策问题可以分解成三个层次，即目标层、准则层和方案层。

(1) 目标层：只包含一个元素，表示决策分析的总目标，因此也称为总目标层。

（2）准则层：包含若干层元素，表示实现总目标所涉及的各子目标，包含各种准则、约束、策略等。

（3）方案层：表示实现各决策目标的可行方案、措施等。三层关系如图 3－3 所示。

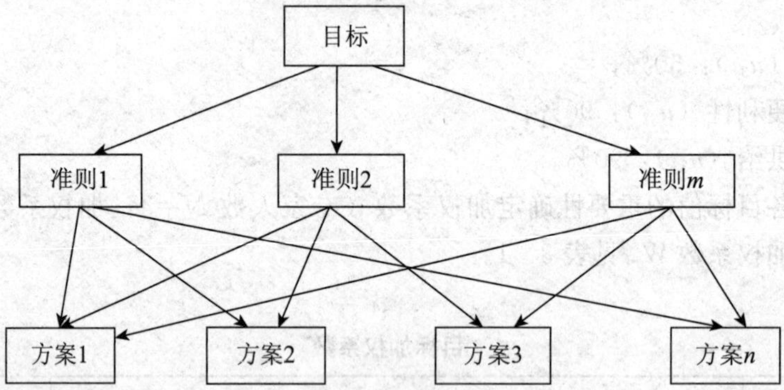

图 3－3　AHP 法三层结构

一个好的递阶层次结构对解决问题极为重要，因此在建立递阶层次结构时，应注意到以下几点。

（1）从上到下顺序地存在支配关系，用直线段（作用线）表示上一层次因素与下一层次因素之间的关系，同一层次及不相邻元素之间不存在支配关系。

（2）整个结构不受层次限制。

（3）最高层只有一个因素，每个因素所支配元素一般不超过 9 个，元素过多可进一步分层。

（4）对某些具有子层次结构可引入虚元素，使之成为典型的递阶层次结构。

2. 构建两两比较判断矩阵

在建立递阶层次结构后，可以逐层对各层要素进行两两比较，利用评分方法将比较判断的结果定量化。

（1）建立两两判断矩阵。判断矩阵是以上一级的某一要素 Hs 作为评价标准，对本级的要素进行两两比较来确定矩阵因素的（见图 3－4）。

Hs	A_1	A_2	…	A_j	…	A_n
A_1	A_{11}	A_{12}	…	A_{1j}	…	A_{1n}
A_2	A_{21}	A_{22}	…	A_{2j}	…	A_{2n}
…	…	…	…	…	…	…
A_i	A_{i1}	A_{i2}	…	A_{ij}	…	A_{in}
…	…	…	…	…	…	…
A_n	A_{n1}	A_{n2}	…	A_{nj}	…	A_{nn}

图 3－4　两两判断矩阵

目标重要性判断矩阵 A 中元素的取值如表 3－2 所示。

表 3－2　　目标重要性判断矩阵 A 中元素的取值

相对重要性	定义	说明
1	同等重要	两个目标同样重要
3	略微重要	由经验或判断，认为一个目标比另一个略微重要
5	相当重要	由经验或判断，认为一个目标比另一个重要
7	明显重要	深感一个目标比另一个重要，且这种重要性已有实践证明
9	绝对重要	强烈地感到一个目标比另一个重要得多
2、4、6、8	两个相邻判断的中间值	需要折中时采用

例如，以 Hs 为评价标准的几个要素的判断矩阵，其形式为：判断矩阵 **A** 中的元素 $A_{ij}=W_i/W_j$ 表示从评价准则 Hs 而言的要素 A_i 对 A_j 的相对重要性。判断矩阵 **A** 又可写成：

$$
\mathbf{A}=\begin{array}{|c|c|c|c|c|c|}
\hline
W_1/W_1 & W_1/W_2 & \cdots & W_1/W_j & \cdots & W_1/W_n \\
\hline
W_2/W_1 & W_2/W_2 & \cdots & W_2/W_j & \cdots & W_2/W_n \\
\hline
\cdots & \cdots & \cdots & \cdots & \cdots & \cdots \\
\hline
W_i/W_1 & W_i/W_2 & \cdots & W_i/W_j & \cdots & W_i/W_n \\
\hline
\cdots & \cdots & \cdots & \cdots & \cdots & \cdots \\
\hline
W_n/W_1 & W_n/W_2 & \cdots & W_n/W_j & \cdots & W_n/W_n \\
\hline
\end{array}
$$

（2）判断尺度：表示要素 A_i 对 A_j 的相对重要性的数量尺度，称判断尺度。判断尺度的量化含义如下。

1：对 Hs 而言，A_i 对 A_j 同样重要；

3：对 Hs 而言，A_i 对 A_j 略微重要；

5：对 Hs 而言，A_i 对 A_j 重要；

7：对 Hs 而言，A_i 对 A_j 重要得多；

9：对 Hs 而言，A_i 对 A_j 绝对重要；

而对 2、4、6、8 则介于上述两个相邻判断尺度之间。

3. 相对重要度计算

相对重要度指 A_i 关于 Hs 的权重。为此可以求出判断矩阵的特征向量 $\boldsymbol{W}$，然后经归一化处理，可得 A_i 关于 Hs 的相对重要度。然后对 $\boldsymbol{W}=(W_1, W_2, W_3, \cdots, W_n)$ 进行归一化处理。为了避免估计误差，必须引入相容性指标 CI。一般情况下，若 $CI\leqslant 0.1$，就认为判断矩阵有相容性。

4. 综合重要度计算

在计算了各级要素对上一级Hs的相对重要度后，即可从最上级开始，自上而下地求出各级中各要素关于系统总体的综合重要度，其计算公式为：

$$CI=\frac{\lambda_{\max}-n}{n-1},\ \frac{CI}{RI}<0.1$$

综合重要度计算公式表明，要计算某一级的综合重要度，必须先知道其上一级。

第二节　仓库规模设计

一、仓库平面布置

仓库平面布置应按照“布局整齐、紧凑适用、节约用地、方便生产、便于管理”的原则进行。

库房的布置要按储存商品的类别和安全性质分组布置，每组间要考虑仓储经营的特点、吞吐量大小以及作业的合理流程。在库区中央出入方便的地方，可布置吞吐量大、无危险性的货物存储库房，其他库房可布置在两翼或后部；有火灾危险的或有污染性的货物的仓库应布置在下风侧面。库房间距应符合《建筑设计防火规范》的有关规定。

二、仓库平面面积的计算及库存周转率

仓库平面面积主要由储存货物数量确定，但还受到其他因素制约，例如地面结构的承重能力的大小影响单位面积存储量；货物的包装强度影响着堆存高度；库房内装卸搬运货物的机械化程度对库房面积的确定也产生影响。

仓库平面面积分为实用面积和有效面积。

（一）实用面积

实用面积指仓库中货垛或货架占用的面积，主要有三种计算方法。

1. 计重物品就地堆码

实用面积按仓容定额计算，公式为：

$$S_{实}=Q/N_{定}$$

式中：$S_{实}$——实用面积（m^2）；

Q——该种物品的最高储备量（t）；

$N_{定}$——该种物品的仓容定额①（t/m^2）。

2. 计件物品就地堆码

实用面积按可堆层数计算。

① 仓容定额：是某仓库中某种物品单位面积上的最高储存量，单位是吨/平方米（t/m^2）。

3. 上架存放物品

上架存放物品要计算货架占用面积，公式为：

$$S_{实}=Q\times(l\times b)/(l\times b\times h)\times k\times r$$

式中：$S_{实}$——货架占用面积（m^2）；

Q——上架存放物品的最高储备量（t）；

l，b，h——货架的长、宽、高（m）；

k——货架的容积充满系数；

r——上架存放物品的容重（t/m^3）。

（二）有效面积

有效面积是指仓储作业占用面积，包括实用面积、通道、检验作业场地面积之和。计算方法主要有以下几种。

1. 比较类推法

比较类推法以现已建成的同级、同类、同种仓库面积为基准，根据储量增减比例关系，加以适当调整来推算新建库的有效面积。公式为：

$$S=S_0\times\frac{Q}{Q_0}\times k$$

式中：S——拟新建仓库的有效面积（m^2）；

S_0——参照仓库的有效面积（m^2）；

Q——拟新建仓库的最高储备量（t）；

Q_0——参照仓库的最高储备量（t）；

k——调整系数（当参照仓库的有效面积不足时，$k>1$；当参照仓库的有效面积有余时，$k<1$）。

2. 系数法

系数法是根据实用面积及仓库有效面积利用系数计算拟新建仓库的有效面积。公式为：

$$S=\frac{S_{实}}{\alpha}$$

式中：S——拟新建仓库的有效面积（m^2）；

$S_{实}$——实用面积（m^2）；

α——仓库有效面积利用系数，即仓库实用面积占有效面积的比重。

3. 直接计算法

先计算出货垛、货架、通道、收发作业区、垛距、墙距所占用的面积，然后将它们相加求和。

（三）库存周转率

库存周转率（Inventory Turn Over，ITO），一种衡量材料在工厂里或是整条价值流中流动快慢的标准。最常见的计算库存周转的方法，就是把年度销售产品的成本（不计销售的开支以及管理成本）作为分子，除以年度平均库存价值。因此，库存周转率＝年度销售产品成本/当年平均库存价值。比如某制造公司在 2003 年一季度的销售物料成本为 200 万元，季度初的库存价值为 30 万元，该季度底的库存价值为 50 万元，那么其库存周转率为 200/［(30＋50）/2］＝5（次）。相当于该企业用平均 40 万元的现金在一个季度里面周转了 5 次，赚了 5 次利润。如果每季度平均销售物料成本不变，每季度底的库存平均值也不变，那么该企业的年库存周转率就变为 200×4/40＝20（次）。就相当于该企业一年用 40 万元的现金转了 20 次利润。

库存周转率对于企业的库存管理来说具有非常重要的意义。例如制造商，它的利益是由资金→原材料→产品→销售→资金的循环活动中产生的，如果这种循环很快，也就是周转很快，在同额资金下的利益率也就高。因此，周转的速度代表了企业利益的测定值。

第三节　仓库布局设计

仓库布局设计是指一个仓库的各个组成部分，如库房、货棚、货场、辅助建筑物、铁路专用线、库内道路、附属固定设备等的位置安排。在仓库布局设计中，我们可以借助一些方法获得更合理的布置，也可以遵循一些规则，使设计满足仓库使用的技术要求和管理需要。

一、仓库布局设计方法论

（一）关联性分析

仓库不同活动区域之间在作业程序、组织结构、业务管理、环境影响等方面存在一定的依存关系，对此进行关联性分析有助于仓库的布局设计。关联性分析主要包括定性关联图和定量从至图两种方法。

1. 定性关联图

定性关联图方法主要是对仓库内部的各种活动之间的相互关系进行定性分析，确定两两活动区域间的关联程度，以此为仓库的空间布置提供设计上的依据。例如，设某仓库有 7 个活动区域，其一般性的定性关联图如图 3－5 所示。

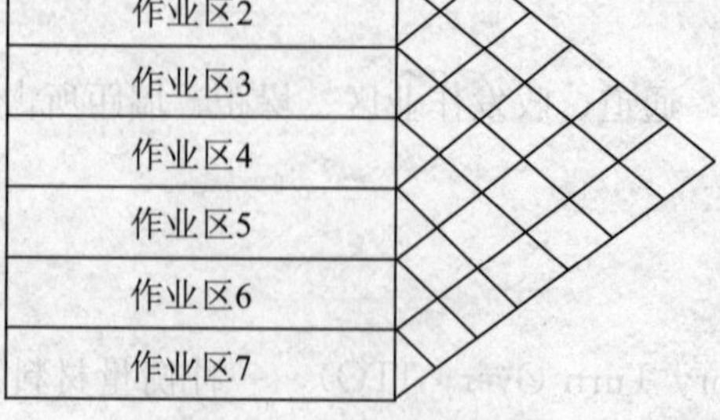

图 3－5　定性关联图

定性关联图左边的各个活动区域由实体模块组中的功能模块活动区域，以及支持实体作业的需求区域如办公事务区域、电脑作业区域、劳务性质活动区域、厂区相关活动区域等共同组成。某些实体功能模块在活动区域上可以进行空间上的整合以提高设施的利用率，如退货作业区域与进货作业区域合并，输配送作业区域与出货作业区域合并。在定性关联图中，任何两个区域之间都有将两个区域联系在一起的一对三角形，其中上三角记录两个区域关联程度等级的评估值，下三角记录关联程度等级的理由编号。关联程度等级设计如表 3－3 所示，关联程度等级理由如表 3－4 所示。

表 3－3　　关联程度等级设计

相关程度等级	相关程度说明	相关程度等级	相关程度说明
A	绝对重要	O	普通重要
E	特别重要	U	不重要
I	重要	X	不可接近

表 3－4　　关联程度等级理由

编号	两区域需要接近的理由	编号	两区域需要接近的理由
1	人员接近程度	7	进行相似活动
2	共用相同的人员	8	物料搬运次数的考虑
3	文件往返程度或配合事务流程顺序	9	作业安全的考虑
4	使用共同记录	10	提升工作效率的考虑
5	共用设备	11	改善工作环境的考虑
6	共用相同的空间区域		

由于进货/退货作业区域与拣货作业区域的关联程度等级为普通重要，理由是为了提升工作效率，则在与两区域相联系的上三角中标记“O”，下三角中标记“10”。

2. 定量从至图

定量从至图以资料分析所得出的定量数据为基础，目的是分析各作业区域之间的物料流动规模的大小，使设计者进行区域布置时，避免搬运流量大的作业需经过太长的搬运距离，减少人力、物力的浪费，并为设计各区域的空间规模提供依据。一般性的定量从至图如图 3－6 所示。

定量从至图的制定过程如下。

（1）依据主要作业流程，将所有作业区域分别以搬运起始区与搬运到达区按同一顺序列在图 3－6 的第一行和第一列。字母 A～G 表示不同的作业单位，在生产企业是可以表示为不同的设备。

（2）为了正确表现各个流量之间的关系，需要统一各个区域的搬运单位，以能够计算流量的总和。

（3）根据作业流程将物料搬运流量测量值逐项填入定量从至图内。

(4) 以从至区域间的搬运流量为后续区域布置的参考，流量大的两个作业流程将具有较高优先顺序被放置于相邻的位置。

从至表通常用以表示建筑物之间、部门之间或机器之间的物流量、物料搬运总量等。绘制从至表首先表上横行和竖行的标题内，按同样顺序列出全部作业单位（建筑物、机器、部门）。将每个产品或零件在两个作业单位之间的移动，分别用字母表示产品或零件，数字代表搬运总量，填入两个作业单位横行和竖行相交的方格内。注意：从图表的左上角至右下角，画一条对角线，零件前进记在右上方，退回记在左下方。

定性关联图和定量从至图的使用，主要适用于设施中的作业或活动区域划分较多、作业或活动时间时常缺乏明确的从属关系等情况。

	A	B	C	D	E	F	G
A						6	
B	5			1			4
C		8		3		2	
D	1	2				3	
E		1				9	
F			2				9
G					1		

图 3-6　定量从至图

（二）区域布置方法

经过关联性分析后，根据不同作业区之间的定性测量值即接近程度，或定量测量值即物料流动密度来配置各作业区的相对位置时，可以将整个布置的过程简单化为算法程序。以下介绍三种方法：关联线图法、图形建构法、动线布置法。其中关联线图法假设各作业活动区域的空间需求可为相同或不同，其余两种方法则把各作业活动的不同空间需求和关联性需求合并考虑。

1. 关联线图法

在绘制关联线图之前，首先汇总各个作业区的基本资料，如作业流程与面积需求等，然后制作各个作业区的作业关联图。

根据作业关联图的基本资料，按照作业区间的各级接近程度将其转化为关联线图底稿表（见表 3-5），表中数字与特定作业区有某级关联的作业区号。

表 3-5　　关联线图底稿表

关联	作业区 1	作业区 2	作业区 3	作业区 4	作业区 5	作业区 6	作业区 7
A					6	5	
E	2	1，4		2		7	6

续　表

关联	作业区 1	作业区 2	作业区 3	作业区 4	作业区 5	作业区 6	作业区 7
I	3	5，6		1，5	2，4，7	2	5
O	3，5				1	3	
U	6，7		3，7	3，6，7	3	1，4	1，2，3，4
X							

建立关联线图的基本步骤如下。

（1）选定第一个进入布置的作业区。选择具有最多的“A”关联的作业区作为开始。若有多个作业区同时符合条件，则以下列顺序加以选定：最多“E”的关联，最多“I”的关联，最少“X”的关联；最后如果还是无法选定，就在这些条件完全相同的作业区中，任意选定一个作业区作为第一个进入布置的作业区。本例中选定的为作业区 6。

（2）选定第二个进入布置的作业区。第二个被选定的作业区，是与第一个进入布置的作业区相关联的未被选定的作业区中具有最多“A”关联的作业区。如果有多个作业区具有相同条件，则与步骤（1）一样，按照最多“E”的关联、最多“I”的关联、最少“X”的关联进行选择。最后如果还是无法选定，就在与第一个进入布置的作业区相关联的这些条件完全相同的作业区中，任意选定一个作业区作为第二个进入布置的作业区。本例选定的第二个进入布置的为作业区 5。

（3）选定第三个进入布置的作业区。第三个被选定的作业区，应与已被选定的的前两个作业区同时具有最高的接近程度；与前两个作业区关系组合的优先顺序依次为 AA、AE、AI、A*、EA、EE、EI、E*、II、I*，其中符号 * 代表“O”或“U”的关联。如果遇到多个作业区具有相同的优先顺序，仍采用步骤（1）的顺序法则来处理。本例选定的第三个进入布置的为作业区 7。

（4）选定第四个进入布置的作业区。第四个作业区选定的过程与步骤（3）相同，被选定的作业区应与前 3 个作业区具有最高的接近组合关系。组合的优先顺序依次为：AAA、AAE、AAI、AA*、AEA、AEE、AEI、AE**、AII、AI*、A*、EEE、EEI、EE*、EII、EI*、E**、III、II*、I**。本例选择的第四个进入布置的为作业区 2。

（5）依次类推，选择其余的 $n-4$ 个作业区。

本例中作业区 1、2、…、7 最后布置的相对位置的方块样板如图 3-7 所示。

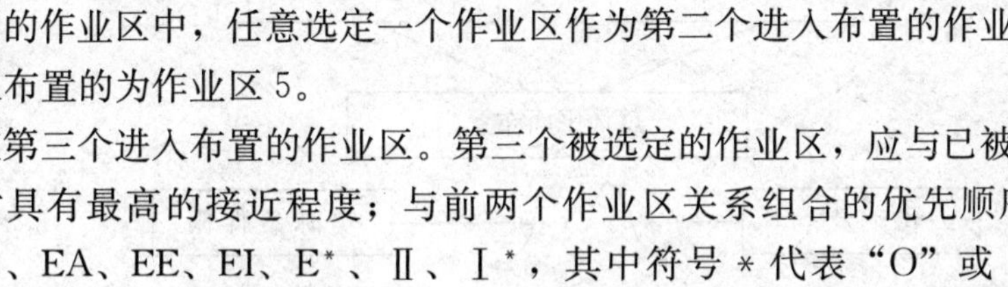

图 3-7　方块样板

在绘制关联线图时，可使用图 3-7 所示的方块样板来表示每个作业区。在相对位置确定后，即可依照各作业区的实际规模，完成最终的实际布置。但由于样板的放置过程中有很多主观因素，因此最后可能会产生多个布置方案。此外，如果各作业区面积不同时，也会产生多个最终布置方案。

2. 动线布置法

美国著名规划专家 R. 缪瑟提出的系统布置设计（System Layout Planning，SLP），是以作业单位物流、非物流因素分析为主线，采用一套表达力极强的图例符号和简明表格，通过结构化、条理化的程序设计模式进行设施规划的方法。系统布置设计框架如图 3－8所示。

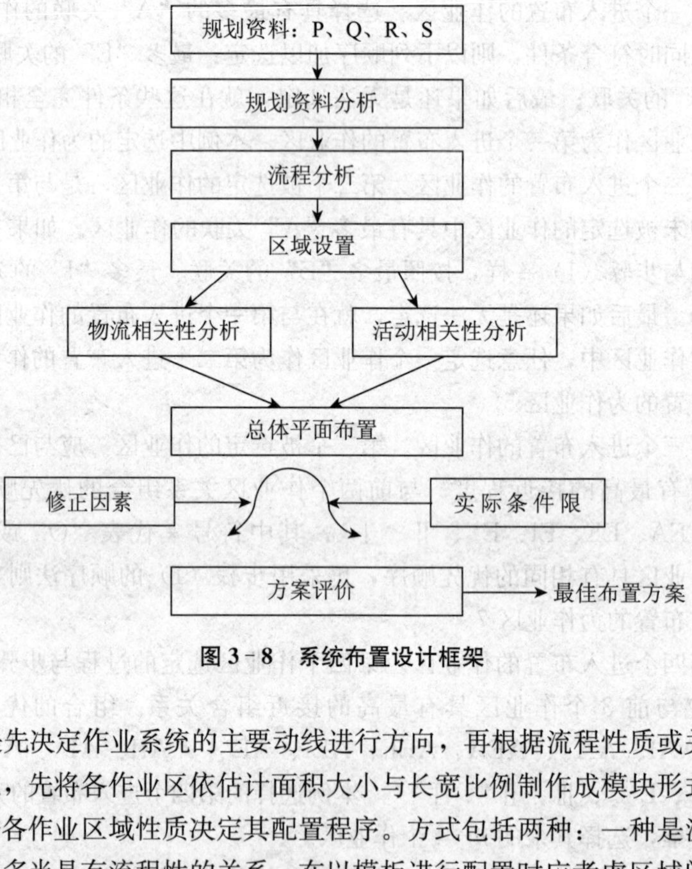

图 3－8　系统布置设计框架

SLP 方法是先决定作业系统的主要动线进行方向，再根据流程性质或关联性关系进行区域配置。为此，先将各作业区依估计面积大小与长宽比例制作成模块形式，然后在规划区域布置时根据各作业区域性质决定其配置程序。方式包括两种：一种是流程式，即配送中心的各作业区多半具有流程性的关系，在以模板进行配置时应考虑区域间物流动线的形式。作业区域间物流动线基本形式有四种：I 形（直线型）、L 形、U 形、S 形（锯齿形），其余形式均为这四种基本形式的组合。规划设计可采用混合式的动线规划，而非单一的固定模式；另一种是关联式，即以整个厂区作业配置为主，根据活动关联分析得出各作业区域间的活动流量，两区域间的流量以线条表示。为避免流量大的区域活动经过的距离太长，应将两区域尽量接近。

影响布置设计的因素众多，基本要素可以归纳为 5 项：P——产品或材料或服务、Q——数量或产量、R——生产路线或工艺过程、S——辅助服务部门、T——时间或时间安排。5 个要素分别回答以下问题：生产什么？生产多少？怎么生产？用什么支持生产？

何时生产？

(1) P——产品或材料或服务（Production）。指规划设计的对象所生产的产品、原材料、加工的零部件或提供服务的项目。包括原材料、进厂物料、工序间储备、产品、辅助材料、废品、废料、切屑、包装材料等。产品这一要素影响设施的组成及其相互关系、设备的类型、物料搬运的方式等。

(2) Q——数量或产量（Quantity）。指所生产、供应或使用的材料、产品的数量或服务的工作量。这一要素影响设施规模、设备数量、运输量、建筑物面积等。

(3) R——生产路线或工艺过程（Route）。指根据所生产的产品品种、数量等设计出的工艺流程、物流路线、工序顺序等，可以用设备表、工艺路线卡、工艺过程图等表示。它影响着各作业单位之间的关系、物料搬运路线、仓库及堆放地的位置等。

(4) S——辅助服务部门（Supporting Service）。指保证生产正常运行的辅助服务性活动、设施以及服务的人员。包括道路、生活设施、消防设施、照明、采暖通风、办公室、生产管理、质量控制及废物处理等。它是生产的支持系统，从某种意义上来说对生产系统的正常运行起着举足轻重的作用。

(5) T——时间或时间安排（Time）。指在什么时候、用多长的时间生产出产品，包括作业、工序、流动、周转等标准时间。这些因素决定着设备的数量、需要的面积和人员、工序的平衡安排等。

在实现工厂布置之前必须就生产系统各作业单位之间的物流状态做出深入的分析。物流分析包括确定物料在生产过程中每个必要的工序之间移动的最有效顺序及其移动的强度或数量。针对不同的生产类型，应采用不同的物流分析方法。物流强度等级划分为五级，A：超高物流强度；E：特高物流强度；I：较大物流强度；O：一般物流强度；U：强度可忽略的搬运。

二、仓库的结构设计

（一）仓库的结构设计应考虑的因素

仓库的结构对实现仓库的功能起着很重要的作用。因此，仓库的结构设计应考虑以下几个方面。

1. 平房建筑和多层建筑

仓库的结构，从出入库作业的合理化方面考虑，尽可能采用平房建筑，这样储存商品就不必上下移动，因为利用电梯将储存商品从一个楼层搬运到另一个楼层费时费力，而且电梯往往也是商品流转中的一个瓶颈，因为有许多材料搬运机通常都会竞相利用数量有限的电梯，进而影响库存作业效率。坡道式仓库可以提高物流效率，但是一次性投资过大。但是在城市内，尤其是在商业中心区，土地有限或者昂贵，为了充分利用土地，采用多层建筑成为最佳的选择。在采用多层仓库时，要特别重视对上下楼的通道设计。

2. 仓库出入口和通道

仓库出入口的位置和数量是由建筑物的长度和跨度、库内货物堆码形式、建筑物主体结构、出入库频率、出入库作业流程及仓库功能等因素决定的。出入库口尺寸的大小是由卡车是否出入库内，所有叉车的种类、尺寸、台数、出入库次数，储存货物外形决定的。库内的通道是保证库内作业顺畅的基本条件，通道应延伸至每一个货位，使每一个货位又可以直接进行作业，通道需要路面平整和平直，减少转弯和交叉。

3. 立柱间隔

库房内的立柱是出入库作业的障碍，会导致保管效率低下，因此立柱应尽可能减少。当平房仓库梁的长度超过 25m 时，建无柱仓库有困难，此时可设中间的梁间柱，使仓库成为有柱结构。库内立柱要按照建筑模数设计，一般最小值是平房仓 3m、高大平房仓 6m、立体库 9m。

4. 天花板的高度

由于逐步实现了仓库的机械化、自动化，因此，对仓库天花板的高度也提出了很高的要求。使用叉车时，其标准提升高度是 3m；而使用高门架起重机的时候该高度要达到 6m。另外，从托盘装载货物的高度看，包括托盘的厚度在内，密度大且不稳定的货物，通常以 1.2m 为标准；密度小而稳定的货物，通常以 1.6m 为标准。以其倍数（层数）来看，1.2m/层×4 层＝4.8m，因此，仓库的天花板高度最低应该是 5～6m。

5. 地面

地面的构造主要是地面的耐压强度，地面的承载力必须根据承载货物的种类或堆码高度具体研究。通常，一般平房普通仓库 $1m^2$ 地面承载力为 2.5～3t，也可以是 3～3.5t，多层仓库层数加高，地面的负荷能力减少，一层是 2.5～3t，二层是 2～2.5t，三层是 2～2.5t，四层是 1.5～2t，五层是 1～1.5t 甚至更小。地面的负荷能力是由储存货物的重量、所使用的装卸机械的总重量、楼板骨架的跨度等决定的。流通仓库的地面承载力还要必须保证重型叉车作业的足够受力。

（二）货场结构

1. 集装箱货场

集装箱货场是堆存和储存集装箱的场所。根据集装箱堆存量的大小，货场可分为混合型和专用型两种。专用型货场是根据集装箱货运站的生产工艺分别设置重箱货场、空箱货场、维修与修竣箱货场。设置货场时应满足发货箱、到达箱、中转箱、周转箱和维修箱等的生产工艺操作和不同的功能要求，并尽可能缩短运送距离，避免交叉作业，便于准确、便捷地取放所需集装箱，利于管理。

设计集装箱货场时，在考虑上述要素的同时，还应该尽量达到下面三项目标。

（1）服务的精准性。由于集装箱存放货物无须拆箱，所以箱内的货物和数量完全靠货物证件以及其他相关单据保证，同时在分类堆存时也完全以证件及其单据进行分类，所以应在集装箱货场的存放和管理过程中尽量做到认真细致。

（2）单位堆放和流转速度。操作要求尽可能快，与堆存区要求的服务水平相适应。为了尽量减少货场的占地面积，在设计集装箱货场和选取存放堆垛方式过程中，都应尽量增大单位堆存，同时尽量缩短保管时间，加快集装箱的流转速度，尽可能充分发挥集装箱的优越性。集装箱货场在存放和管理过程中尽量做到认真细致，力求达到服务的精确性。

(3) 旺季储存能力。这与前面的因素有关，系统设计者应该满足一定时期内95%的库存需求。最后的5%通常要花费巨大的代价才能满足。所以充分发挥集装箱货场的优势，最大限度地达到集装箱货场的储存能力是非常重要的。

2. 杂货货场

大多数杂货的货位布置形式均采用分区、分类布置，即对存储货物在“三一致”(性能一致、养护措施一致、消防方法一致)的前提下，把货场划分为若干储存区域，根据货物大类和性能等划分为若干类别，以便分类集中堆放。

杂货货场货区布置根据货物不同的性质，对各种堆存的货物进行合理的分类之后即可按照货场的货区进行分类堆放。货场的货区布置主要有四种：横列式、纵列式、混合式和倾斜式。

(1) 横列式（见图3-9）。横列式布置形式是指货位的长度方向与货场的长度方向相垂直。这种布置方式的主要优点是：主要通道长且宽，副通道短，有利于货物的取存、检查；通风和采光条件好；有利于机械化作业。主要缺点是：主通道占用面积多，货场面积的利用率会受到影响。

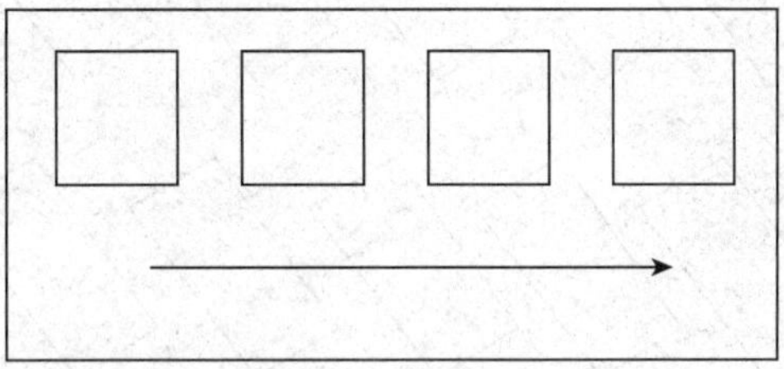

图3-9　横列式

(2) 纵列式（见图3-10）。纵列式布置形式是指货位的长度与货场的长度方向相同。这种布置方式的主要优点是：仓库平面利用率较高。主要缺点是：存取货物不方便，对于通风采光不利。

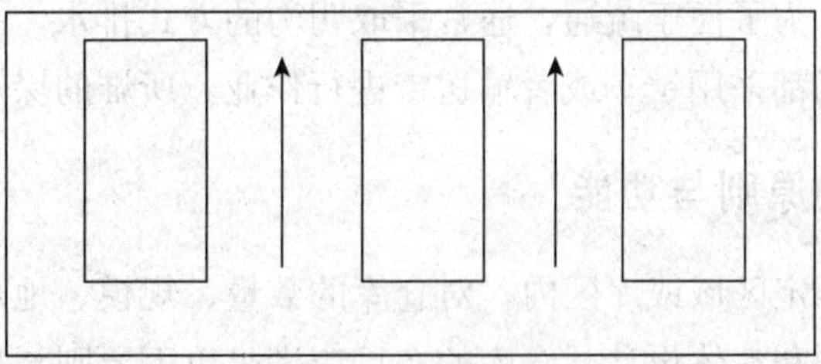

图3-10　纵列式

(3) 混合式（见图3-11）。混合式布置形式是指货场横列式和纵列式布置兼而有之，是两种方式的结合，兼有上述两种方式的特点。

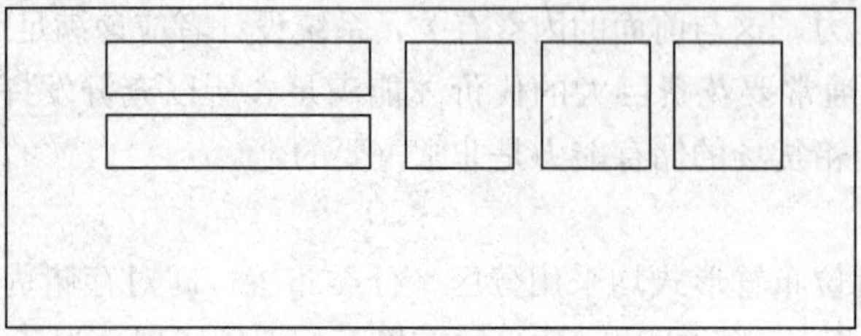

图 3-11　混合式

（4）倾斜式（见图 3-12）。倾斜式布局是指货垛或货架与仓库侧墙或主通道成 60°、45°或 30°夹角。具体包括货垛（架）倾斜式和仓库通道式布局。货垛倾斜式是横列式布局的变形。这种布局的最大优点是便于叉车作业，缩小叉车的回转角度，提高作业效率。缺点是造成许多死角。

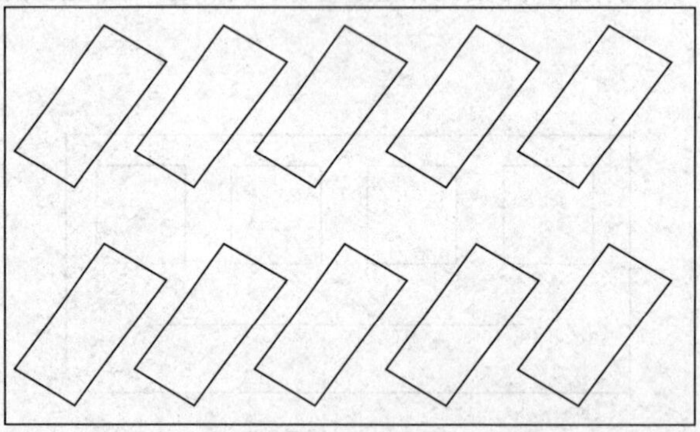

图 3-12　倾斜式

3. 散货货场

散货货场根据堆放货物的种类不同，地面的结构也不完全相同，可以是沙土地面、混凝土地面等。由于存量巨大，要求地面有较高的强度。由于散货都具有大批量的特性，散货货场往往面积较大。为了便于疏通，通常采取明沟的方式排水，并且通过明沟划分较大面积的货位。散装货场都采用铲车或者输送带进行作业，所堆的垛形较为巨大。

三、仓库布局的原则与功能

仓库布局是指在一定区域或库区内，对仓库的数量、规模、地理位置和仓库设施道路等各要素进行科学规划和整体设计。仓库的布局应满足以下原则与功能要求。

（一）仓库布局的原则

（1）使货物的出入库是单向和直线运动，避免逆向操作和大幅度改变方向的低效率运作。

（2）采用高效率的物料搬运设备及操作流程。

（3）在仓库里采用有效的存储计划。

（4）在物料搬运设备大小、类型、转弯半径的限制下，尽量减少通道占用的空间。

（5）尽量利用仓库的高度，有效地利用仓库的容积。

（二）功能要求

（1）仓库位置应便于货物的入库和装卸搬运，库内区域划分明确、布局合理。

（2）集装箱货物仓库和零担仓库尽可能分开设置，库内货物应按发送、中转、到达货物分区存放，并分线设置货位，以防发生事故；要尽量减少货物在仓库的搬运距离，避免任何迂回运输，并要最大限度地利用空间。

（3）有利于提高装卸机械的装卸效率，满足仓库的装卸工艺和设备的作业要求。

（4）仓库应配备必要的安全、消防设施，以保证安全生产。

（5）仓库货门的设置既要考虑集装箱和货车集中到达时的同时装卸作业要求，又要考虑由于增设货门而造成堆存面积的损失。

四、仓库布局规则

（一）有利于仓储企业生产的正常进行

（1）单一的物流方向。仓库内商品的卸车、验收、存放地点之间的安排，必须适应仓储生产流程，按一个方向流动。

（2）最短的运距。应尽量减少迂回运输，专用线的布置应在库区一边 1/3 处，并根据作业方式、仓储商品品种、地理条件等，合理安排库房、专用线与主干道。

（3）最少的装卸环节。减少在库商品的装卸搬运次数和环节，商品的卸车、验收、堆码作业最好一次完成。

（4）最大的利用空间。仓库总平面布置是立体设计，应有利于商品的合理存储和充分利用库容。

（二）有利于提高仓储经济效益

（1）要因地制宜，充分考虑地形、地址条件，满足商品运输和存放上的要求，并能保证仓库充分利用。

（2）布置应与竖向布置相适应。所谓竖向布置，是指建立场地平面布局中每个因素，如库房、货场、转运线、道路、排水、供电、站台等在地面标高线上的相互位置。

（3）总平面布置应能充分、合理地使用机械化设备。我国目前普遍使用叉车及门式、桥式起重机一类的固定设备，应合理配置这类设备的数量和位置，并注意与其他设备的配套，便于开展机械化作业。

（三）有利于保证安全文明作业

（1）库区内各区域间、各建筑间应根据“建筑设计防火规范”的有关规定留有一定的防火间距，并有防火、防盗等安全设施。

（2）总平面布置应符合卫生和环境要求，既满足库房的通风、日照等条件，又要考虑环境绿化、文明作业，有利于职工身体健康。

五、仓库的总体构成

一个仓库通常由作业区、辅助作业区和办公区三部分组成。

（一）作业区

生产作业区是仓库的主体部分，是商品储运活动的场所，主要包括储货区、铁路专用线、道路、装卸站台等。

储货区是储存商品的场所，具体分为库房、货棚、货场。货场不仅可存放商品，同时还起着货位的周转和调剂作业的作用。铁路专用线、道路是库内外的商品运输通道，商品的进出、库内商品的搬运，都通过这些运输线路。专用线应与库内道路相通，保证通畅。装卸站台是供货车或汽车装卸商品的平台，有单独站台和库边站台两种，其高度和宽度应根据运输工具和作业方式而定。

（二）辅助作业区

辅助作业区是为商品储运工作服务的辅助车间或服务站，包括停车场、变电室、加油站、维修车间等。

（三）办公区

办公区是仓库行政管理机构。一般设在库区入口附近，便于业务接洽和管理，办公区同作业区应分开并保持一定距离，以保证仓库的安全及行政办公和居民生活的安静。

第四节　仓库货位布置

在确定货物存放地点时，应注意对危险品和一般货物、有毒货物与食品、性能抵触、互相串味和易污染的货物、养护方法不同的货物分开存放，确保货物存储安全。同时，还应便于检查、养护和取货。为此，应采取货物分区分类存放，并对货位进行编号的方法。

分区是指存放性质相类似货物的一组仓库建筑物和设备。货位编号可根据仓库的库房、货场、货棚和货架等存货场所划分若干货位，按其地点和位置的顺序排列，采用统一规定的顺序编号，并置于明显处，以利于货物进出。

一、分区分类

分区分类是商品养护的一种科学方法，也是仓储管理的一种制度。分区分类就是根据商品性质、养护要求、消防方法及设备条件等，将库房、货棚、货场划分为若干储存商品的区域，进行分类储存的方法。分区分类可以使储存条件和环境适应商品储存的需要，同时根据商品的自然属性、储存要求及其在消费上的连带性把商品划分为若干类别，以便分类集中储存。

（一）分区分类作用

（1）有利于商品安全保管。分区分类可使商品存放有条不紊，确保商品的安全。可避免不同性质的商品混存一处而相互影响，发生霉烂变质、燃烧爆炸和错收、错发等事故而造成的损失。

（2）有利于合理利用仓容。同类商品集中存放有利于在安全的原则下集零为整，从而节约仓容面积。

（3）有利于缩短商品收、发作业时间。同类商品或发往同一流向的商品集中存放，便于组织收、发货作业，做到先进先出，加速出入库效率，缩短作业时间。

（4）有利于仓储管理员掌握商品进出库活动规律，熟悉商品性能，提高养护技术水平。

（5）有利于业务管理。可以有计划地安排使用货位，便于配备各项设备用品，合理组织劳动力，加强商品养护，为贯彻责任制以及实行其他科学管理方法创造条件。

（二）分区分类方法

1. 规划分区分类准备

主要调查研究上下游客户需要入库储存的商品情况。

（1）经营的品种、数量与进出库的批量；

（2）商品性能、包装状况及其所需的储存条件、消防要求；

（3）商品收发、装卸、搬运等所需的设备和工作量；

（4）仓储商品收发方式、大致流向和周转期；

（5）有无特殊的养护、验收和理货要求等。

通过调查与分析，分清在性能、养护和消防方法上一致的各类商品所需仓容，考虑对储存、吞吐条件的要求，结合仓库具体设备条件，即可进行分区分类。

2. 仓库的分区分类方法

（1）按货物种类和性质分区。即按货物的自然属性归类，并集中存放在适当的场所。

（2）按不同货主分区分类。当仓库为几个大货主服务时，为便于与货主工作的衔接，防止货物混淆，便于货物存取，往往采取这种方式。

（3）按货物流向分区分类。这种方式多适用于短期中转存储的货物，如在各种交通场站码头一般可采用这种方法。

（4）按货物危险性质分区分类。主要适用于对化学品、危险品的存放。这里应注意不同性质的危险品之间相互引发危险的可能。

（三）分区分类应注意的事项

（1）凡一个单位经营的商品，只要性质相近，有消费连带关系的，要尽量安排在一起储存。

（2）按商品性质和仓库设备条件安排储存。如对怕热的商品要存放在保温库、地下室、半地下室和温度较低的库房内；对怕冻商品要安排在保温库或暖房储存；对怕潮、易湿、易锈等商品，要安排在仓库的上层或比较干燥的库房内储存。

(3) 互相影响、不宜混存的商品，一定要隔离存放。化学危险品与一般商品不能混存一库，而且也不能设在一个园区，要求间距1500m；相互串味、影响质量的商品不能混存一库；毒品与食品要严格分存；含水量不同的商品不能混存一库。

(4) 按作业安全、方便分区分类。如出入库频繁的商品，要安排在靠近库门处；笨重长大的商品，不宜放在库房深处；易碎商品避免与笨重商品存放在一起，以免在搬运时影响易碎商品安全。

(5) 消防灭火方法不同的商品不得在一起储存。

二、货位编号方法

储位管理要求储位需要准确、真实、动态记录储位的变动情况。储位必须能够唯一地确定，通常按照“四位编码”的方法对储位定义。

对于整个仓库各储存场所的编号可根据其所在地面位置按顺序编号，编码数字写在醒目处（如仓库外墙、库门上），加注“棚”或“场”等字样，对多层库房的编号排列可采用“三号定位”或“四号定位”法。三号定位：个位数指仓间编号，十位数指楼层编号，百位数指仓库的编号。例如：1—4—2编号。四号定位：个位数指商品具体位置顺序编号，十位数指货区排次或货架层次编号，百位数指货区或货架编号，千位数指库房或货场编号。例如：13—15—2—26。

库房内各货位编号可按库房内干支道的分布划分若干货位，按顺序编号，并标于明显处。

货场货位的编号。一般可将货场划分排号，再对各排按顺序编上货位号，货位号码可直接标在地上。对于集装箱堆场，应对每个箱位进行编号，并画出箱位四角位置标记。

货架上各货位编号。可先按一个仓库内的货架进行编号，然后再对每个货架的货位按层、位进行编号。顺序应是从上到下，从左到右，从里到外。以排为单位的货架货位编号：以入库门的方向，自左向右安排编号。以品种为单位的货架货位编号，以货物编号代替货架货位编号，对进出库频繁的零星散装货物有很大好处。

三、物联网的应用

当前我们生活在互联网时代，人们依靠笔记本电脑、手机、平板电脑等各种设备接入互联网，依靠各种软件与工具获取信息，与人沟通。但随着互联网概念的诞生，还有一个近几年才被人所知的概念——物联网。

早在1991年美国麻省理工学院（MIT）的KevinAsh－ton教授首次提出物联网的概念，但是那个时候完全没有人理会这个概念。1995年微软创始人比尔·盖茨在一本名为《未来之路》的书中也提到了物联网概念，但仍然没有得到业界的广泛关注。直到1999年麻省理工学院提出了物联网的基本概念：“万物皆可通过网络互联”，这个时候的物联网已经开始逐步有了基本原型。随后物联网开始在欧美国家得到重视，一直到IBM提出智慧地球概念之后，物联网才真正走进公众视野。

根据2011年的权威数据统计，占据中国物联网市场主要份额的应用领域为智能工业、智能物流、智能交通、智能电网、智能医疗、智能农业和智能环保。对于我国而言，物联网已经从智能安防到智能电网，从二维码普及到智慧城市落地，物联网已经开始悄然影响我们的生活。

物联网和其他的服务一样都具有一定的服务形式和特点。物联网主要有三种服务模式：智能标签、环境监控与智能追踪、智能控制。

智能标签从字面理解就是每一个事物都有一个自己的标签，可以通过设备进行智能识别。通过近距离无线通信技术（NFC）、二维码等功能对事物进行识别或者感知。例如现在最流行的手机NFC功能，具有NFC功能的手机可以识别公交卡内的数据信息，并且也可以通过NFC功能将公交卡的数据信息写入到手机中，乘客乘车时只需要用手机进行刷卡就可完成支付。移动支付功能也是同样的道理，都是利用物联网中的智能标签模式来识别用户的不同身份，并且可以进行支付与消费等动作。

环境监控与智能追踪。利用多种类型的传感器对周边环境与事物进行监控，同时可以做出分析和判断。例如在气象领域中，通过广泛分布的探测器，对周围的气象数据进行收集并且通过网络传递到数据中心进行汇总计算，最终得出一张完整的地区气象数据图。

前不久谷歌（Google）推出的无人驾驶汽车就是最好的应用实例。这款汽车属于完全无人驾驶状态，通过车上的传感器收集周围的环境信息，再通过电脑处理信息后做出判断应该如何进行驾驶。Google开发无人驾驶汽车的初衷也是为了更好地防止交通意外，让人们的出行变得更安全、便捷、环保。这一切都离不开物联网的概念与技术。

智能控制，这也是物联网的终极服务。基于云计算平台与智能网络的，通过对传感器所收集数据的分析做出最终判断，改变对象的行为动作。还以Google无人汽车为例，无人车上的传感器只是对周围的环境进行监控，收集周围车辆行人运动的轨迹，但最终车辆需要行驶，需要转向，需要遵守当地的交通法规。这些都是智能控制的最终体现，也是物联网服务的最终形态。

第五节　货物堆垛设计

货物验收入库，根据仓库货物储存计划确定货位后，便进行堆码和苫垫等堆垛工作。妥善的堆码、苫垫是货物保管中的一项重要工作，也是确保货物质量和提高仓库利用率的重要措施。

一、货物堆码的一般要求与原则

货物堆码，是指货物堆垛操作方式、方法的总称。它是根据货物的包装、外形、保管要求，结合仓库设备条件、储存时间长短，将货物按一定规律堆成各种形状货垛的方法。

货物的堆码方式直接影响货物的保管。合理的堆码能使货物不变形、不变质，保证货物质量的完好及储存安全，同时还能提高仓容的利用率，并便利货物的保管保养与收发。

（一）货物堆码的基本要求

1. 货物堆码的要求

货物在正式堆垛时，必须具备以下条件：

（1）货物的数量、质量已彻底查清；

（2）包装完好、标识清楚；

（3）外表的玷污、尘土、雨雪等已清除，不影响货物质量；

（4）受潮、锈蚀以及已发生某些质量变化或质量不合格的部分，已经加工恢复或者已剔除另行处理，与合格品不相混杂；

（5）为便于机械化操作，金属材料等该打捆的已经打捆，机电产品和仪器仪表等可集中装箱的已装入适用的包装箱。

2. 堆码场地的要求

（1）库内堆码，货垛应在墙基线和柱基线以外，垛底必须垫高；

（2）货棚内堆码须防止雨雪渗漏，棚内两侧或四周必须有排水沟或管道，棚内地面应高于棚外地面，最好铺垫沙石并夯实。堆垛时要垫垛，一般垫高 20～40cm；

（3）露天堆垛，堆垛场地应坚实、平坦、干燥、无积水及杂草，场地必须高于四周地面，垛底还应垫高 40cm。四周必须排水畅通。

3. 堆码的基本要求

（1）合理。垛形必须适合货物性质特点，便于货物保管保养，并有利于货物的先进先出。垛形如图 3－13 所示。

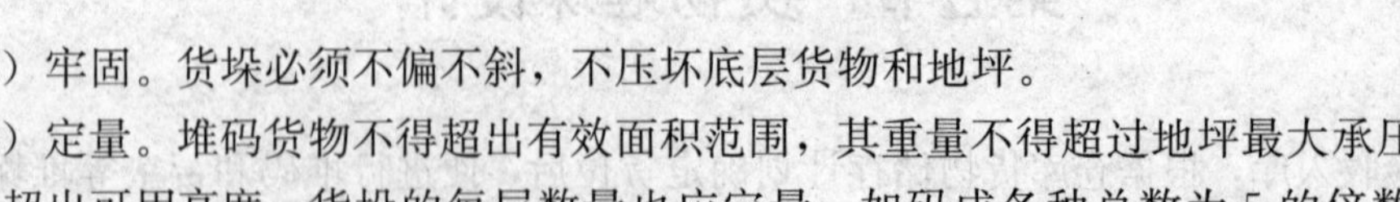

图 3－13　垛形

（2）牢固。货垛必须不偏不斜，不压坏底层货物和地坪。

（3）定量。堆码货物不得超出有效面积范围，其重量不得超过地坪最大承压能力，高度不得超出可用高度。货垛的每层数量也应定量，如码成各种总数为 5 的倍数的货垛的“五五化”堆码，以便于计数和发货。

（4）整齐。堆码货物的包装标识必须一致向外。货物沿走道、支道划线堆码，排列整齐、有序、清洁、美观。

（5）节省。要节省货位，提高库容利用率，减少作业环节，提高作业效率。

（二）货物堆码原则

（1）面向通道进行保管。为使物品出入库方便，容易在仓库内移动，基本条件是将物品面向通道保管。

(2) 尽可能地向高处码放，提高保管效率。有效利用库内容积应尽量向高处码放，为防止破损，保证安全，应当尽可能使用货架等保管设备。

(3) 重下轻上原则。当货物重叠堆码时，应将重的物品放在下面，轻的物品放在上面。

(4) 根据出库频率选定位置。出货和进货频率高的物品应放在靠近出入口、易于作业的地方。流动性差的物品放在距离出入口稍远的地方。季节性物品则依其季节特性来选定放置的场所。

(5) 同一品种在同一地方储存原则。为提高作业效率和储存效率，同一物品或类似物品应放在同一地方储存，员工对库内物品放置位置的熟悉程度直接影响出入库的时间，将类似的物品放在邻近的地方也是提高效率的重要方法。

(6) 便于识别原则。将不同颜色、标记、分类、规格、样式的商品分别存放。

(7) 便于点数原则。每垛商品可按 5 或 5 的倍数存放，以便于清点计数。

(8) 依据形状安排保管方法。依据物品形状来保管也是很重要的，如标准形状的商品应放在托盘或货架上来保管。

二、货物堆码方式

货物堆码是指商品入库存放的操作方法和方式，关系到货物保管的安全、清点数量的便利，以及仓库容量利用率的提高。

货物堆码主要有以下几种方式。

(一) 散堆方式

将无包装的散货在仓库上堆成货堆的存放方式。这种方式特别适用于大宗散货，如煤炭、矿石、散粮和散化肥等。这种堆码方式简便，便于采用现代化的大型机械设备，节省包装费用，提高仓容的利用，降低运费。因此，散堆方式是目前货物仓库堆存的一种趋势。

(二) 垛堆方式

垛堆方式指对包装货物或长、大件货物进行堆码的方式。堆码方式应以增加堆高、提高仓容利用率、有利于保护货物质量为原则。具体方式如下。

(1) 重叠式（见图 3-14）。货垛各层商品的排列方法和数量一致。它是仓库中最常用的商品堆码的垛形，也是机械化作业的主要垛形之一，适用于体积较大、包装质地坚硬的商品，如中厚钢板、集装箱及其他箱装货物。优点是空间利用率高，配备托盘可采用机械化操作。

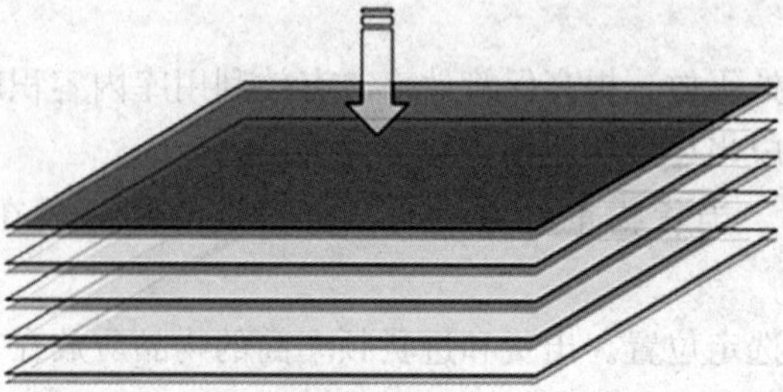

图 3-14 重叠式

(2) 纵横交错式（见图 3-15）。它是将长短一致、宽度排列能与长度相等的商品，一层横放，一层竖放，纵横交错堆码，形成方形垛。适合长短一致的长条形货物，如小型方钢、钢锭、长短一致的管材、棒材、狭长的箱装材料等。这种垛形也是机械码垛的主要垛形之一。

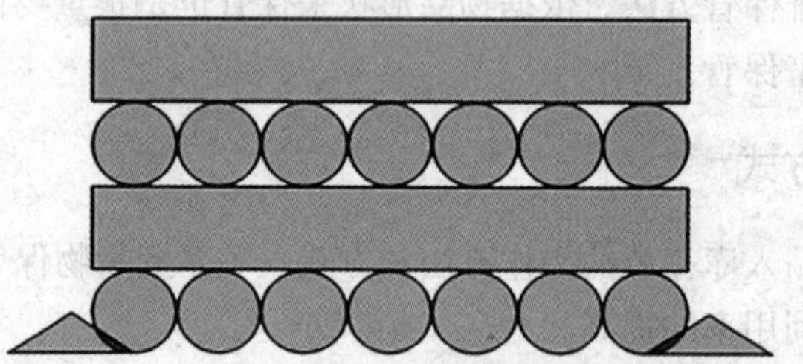

图 3-15 纵横交错式

(3) 仰伏相间式（见图 3-16）。方法是仰伏互相交错堆码而使货垛牢固。适合钢轨、槽钢、角钢等货物，在露天货场堆码，应注意一头高、一头低，以便于雨水排放。

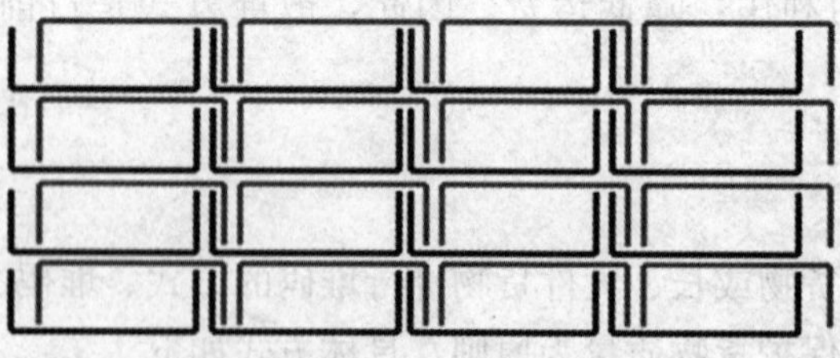

图 3-16 仰伏相间式

(4) 压缝式（见图 3-17）。这是长方形包装的商品普遍采用的堆码方法。每层商品有规则地排列组成，使每件商品跨压下层两件以上的商品，上下层每件商品形成十字交叉；每层商品件数相等，层层重叠，形成相对独立的小垛；若干小垛同样堆码，紧密相挨形成一个大货堆。这种堆码的优点是：层层压缝，货垛稳固，不易倒塌；储存大宗商品时便于分批入库，逐一腾出小垛占用的仓容。适合阀门缸、建筑卫生陶瓷和桶装货物堆码，在化工仓库中最常用。

图 3－17　压缝式

（5）通风式（见图 3－18）。为便于商品通风散潮，宜采用通风堆码法。打底方法基本上与压缩法相同，但需在每件商品的前后左右留出一定的空隙。通风垛形很多，常见的有“井”字形、“非”字形、“示”字形等。优点是容易散发商品的温度和水分，适用于易霉变、需通风散潮的货物，如木材制品等。

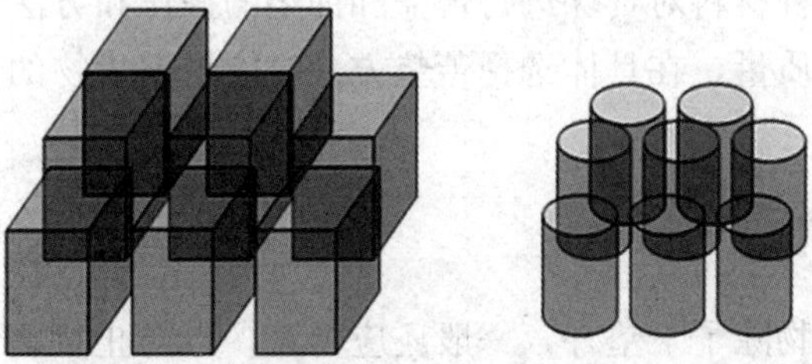

图 3－18　通风式

（6）栽柱式（见图 3－19）。方法是在货垛的两旁各栽两三根木柱或钢棒，然后将中空钢、钢管等长大五金材料平铺在柱子中，在货物两侧相对立的柱子中用铅丝拉紧，以防倒塌。此种堆码方式多用于货场，适用于货场堆放长大五金商品、金属材料中的长条形材料，如圆钢、中空钢、钢管等。也适宜于机械堆码，较普遍采用。

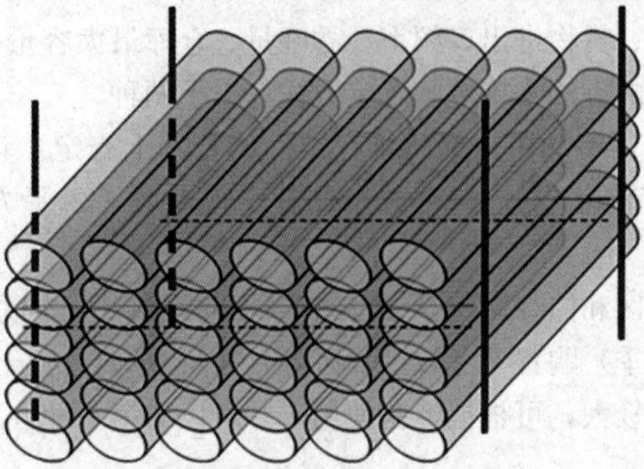

图 3－19　栽柱式

货物堆码形式除上面几种外，还有缩脚式、交叠式、牵制式等。在实际工作中可结合货物堆存的具体特点灵活应用。

（三）货架方式

采用通用或者专用的货架进行货物堆码的方式，适合于存放小件货物或不宜堆高的货物。通过货架能够提高仓库的利用率，减少货物存取时的差错。

（四）成组堆码方式

采用成组工具使货物的堆存单元扩大。常用的成组工具有货板、托盘和网络等。成组堆码一般每垛 3～4 层，这种方式可以提高仓库利用率，实现货物的安全搬运和堆存，提高劳动效率，加快货物流转。

三、货物苫垫

货物苫垫是指用某种材料对货垛进行苫盖和铺垫的操作和方法。货物苫垫是否合理关系到储存货物的安全和质量，在具体选择苫垫方式时应根据货物的性能、季节气候的变化以及便于货物的管理。

（一）货物苫垫方式

露天货场存放的货物除了下垫外，一般还应苫盖，以防止货物直接受雨、露、雪、风沙及阳光的侵蚀，必须遮盖适宜的苫盖物。苫盖的基本要求是：苫盖严密、货物不外露、苫盖物料不拖地、刮风不开、下雨不漏、垛要起脊、肩有斜度。严禁平台垛、凹心垛。需苫盖的货物在堆垛时，要注意选择和堆成可以苫盖的垛形，一般屋脊形的堆垛容易苫盖。对有排水性能，不怕雨、雪、风及日光侵蚀的货物，或使用时必须进行再加工的原材料，如生铁，也可以不苫盖。

（二）苫垫用品使量的确定

苫垫用品的需用量和备用量可以根据仓库面积利用率、商品储存量、商品性能与养护要求、堆码技术和垛形、货物进出口频率、吞吐量、仓库最大容量确定。建筑条件以及所处地区等因素采用查定的方法来确定。查定方法有以下两种。

（1）在仓库面积利用率和单位面积堆存定额的基础上查定。计算公式为：苫垫用品需用量查定数＝核定库储存吨数/每平方米储存定额吨数×每平方米用品数量＋经验备用数。

（2）根据仓库的分区和储存商品大类，结合不同地区、不同季节和商品养护要求查定。计算公式为：月（季）购置参考数＝货区各月数量总和/月数＋经验备用数。

第二种方法灵活性较大，可根据经验使用，并可以与第一种方法结合使用。

第六节　案例分析及实习实训指导

案例分析

4月10日一大早，还没走进办公室，马浩便听到一串急促的电话铃声。马浩是河北快运公司总经理，上任两年来，公司业务量猛增，效益节节攀升。河北快运原属交通厅组建和控股的国有企业，2006年3月1日正式改制更名为河北快运公司，现有20家分、子公司，其中河北省内11家，省外主要大中城市9家，分、子公司下设多个网点。

河北快运在册职工500人，包括临时工、司机等在内可达七八百人。现有仓储面积总共40000m^2，车辆650部，其中配送车200部，厢式大货车100多部。

河北快运主要的业务范围为医药、日用百货、卷烟、陶瓷、化工产品的物流配送，其中以医药为主。河北快运还为多家大型企业如卷烟厂、国美、联合利华、可口可乐、联想、国达医药等提供货运代理。

刚才的电话是凯蒂服饰公司经理乔宏打来的。该公司每天会向合作的127家零售商（北京48家零售商、戴娜54家零售商、凯蒂19家零售商、经销商6家零售商）发货，为提高效率，其分拣、配送业务全部外包给了河北快运公司。因此，河北快运公司也专门为此在北京马驹桥的物流园区建立了一个配送中心，这是河北快运从未涉及的服装配送业务。配送中心用于凯蒂服饰公司的仓储分拣作业，并提供相应送货的服务。

“喂，是马总吗?”

“是乔经理呀，你好，你好。有些日子没联系了，最近生意可好啊?”

“托你的福，生意还好，这不又要给你送钱了嘛。”

“哦?”

“夏天一到马上又是销售旺季了，我得在你这多备点儿货，下面127家销售点发货需求也马上要提高，这不就是给你送钱来了嘛!”

“吆，好事啊。”

“你得给我个准信儿，我这边发货计划一提（量），你那边配送得跟上啊。”

“那肯定没问题，什么时候耽误过你的事儿啊!”

“到时候库存量可能比现在高一半左右，每天发货量也会高很多，关键是夏天货销得快，你这可得保证供应，不能掉链子。”

“这个我也想到了，我这仓库的设计标准可比你的要求高得多，你就把心放肚子里吧。”

放下电话，马浩单手托着下巴，皱着眉头，思考了很长一段时间。其实在讲电话时，他心里就一直在打鼓——以现在的设施及人员配备，别说业务量增加，就目前的仓储业务应付起来都有些紧张，分拣速度也跟不上。关键是库房每天收到的退货也很多，这些退货往往是一些过季的服装，产品质量并没有问题，需要再次上架，等待次年销售。上上下下人员从早忙到晚勉强能保证每天的配送量，下面的仓库主管也一直在抱怨。“可是，又不能跟乔宏讲实情，如果说不能满足的话，以后可能就丢掉了这个大客户，那损失可就大了。”

其实，马浩的苦衷由来已久。

早在两年前，河北快运公司就与凯蒂服饰在公司建立了合作关系，最初是承担凯蒂服饰公司向部分零售商的配送业务，随着双方在合作上的一步步加强，凯蒂服饰公司于去年下半年将公司每天向所有 127 家零售商的配送业务全部交给河北快运公司处理，这样不仅每天出入库的业务量大大提高，库存量也随之加大，对公司仓库现有的存储能力和分拣能力都提出了更高的要求。

目前，存箱区的货物摆放没有采用托盘。虽然每天到货近 400 箱，但是由于规格很多，有近 200 多种规格，所以无法采用托盘。现在采用 2m 多高的货架，直接将整箱货物直接码垛在货架上，不严格按货位摆放。当需要往货架最上层码放货物需要借助梯子。货物在拣货区货架摆放是以件为单位的，拣货区的货架高约 2m。发货前装箱工作，需要两个人进行，一个人念发货单，一个人核对货物号，这样效率低，而且出错率高。

想要通过扩充仓库面积来达到存储量的成倍增加已经不太现实了，因为去年刚刚对仓库进行了大幅度扩充，由原来的 3000m²，一下提高到目前的 4800m²（仓库布置参见图 3－20和图 3－21）。

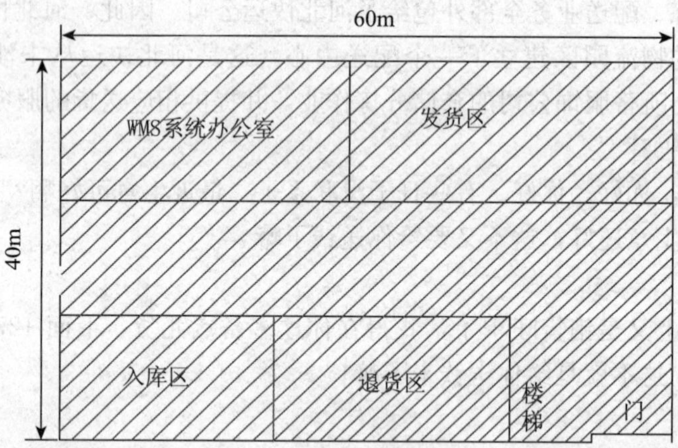

图 3－20　仓库一层布置图

仓库现有员工 17 人，员工工资在仓库总成本中占有很大比例，马浩一直想通过精简仓库员工来降低仓库总成本，但是由于这段时期业务量不断增加，员工工作强度的确不小，“要不然仓库主管也不会一再抱怨”。另外，接下来由于凯蒂服饰公司配送业务量的增加，对仓库分拣能力的提高也是相当大的考验。

目前每个月约有 43900 箱、共计 522 万件服装的仓库储存量，根据对业务量的预测，5 年后仓库容量要达到 84000 箱、1000 万件。目前每天发货 127 家，预计将来发货要达到 300 家。现在每月作业量约 200 万件（包括出、入库作业及退货返回），作业量虽然很大，但是将来作业量还要大幅度提高（参见表 3－6 至表 3－9）。

应该怎样对仓库进行改进从而使其存储能力和分拣能力满足凯蒂服饰公司对配送业务量的需求并尽量达到设计要求？马浩还想知道实现这一目标需要投资多少？效率又会提高多少？

整整一个上午马浩都在思考这个问题，但是一直没有得到一个满意的答案。因此，他决定下午召集大家讨论这个让人头疼的问题。

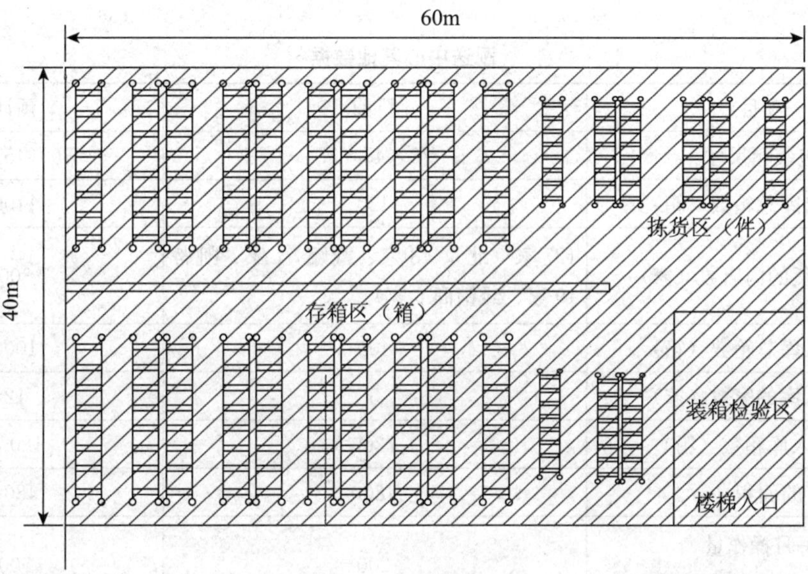

图 3－21　仓库二层布置图

表 3－6　配送中心每月存储货物　　单位：箱

项目	目前	预计
库存储存区箱数	29300	47300
提货区箱数	8600	20600
未上货架箱数	6000	16100
合计	43900	84000

表 3－7　库房存储服装的品种与规格

项目	目前	预计
爱妮莎规格数（种）	6900	12000
多利亚码数（箱）	2400	7200
戴娜码数（箱）	3000	4800
合计	12300	24000

表 3-8　　配送中心每月存储服装的品种与数量　　单位：万

项目	目前	预计
爱妮莎件数	420	
多利亚件数	80.4	
戴娜件数	21.6	
小计	522	1000

表 3-9　　配送中心其他数据

项目	目前	预计
包装箱尺寸	70×45×35	70×45×35
每天出库总箱数（箱）	420	1100
每天发货的门店数（家）	127 家（北京 48 家、戴娜 54 家、凯蒂 19 家、经销商 6 家）	300
每天入库总箱数（箱）	400	1000
每天入库的家数（家）	5	12
每月入库箱数（箱）	7200	18000
现有的面积（m^2）	4800	4800
每月操作量（入库、出库、退货）（万件）	200	500
每天出库的件数（件）	48000	120000
现有人数（人）	主管 1 人、录入员 4 人、退货组 5 人、上货组 4 人、入库组 3 人、合计 17 人	不高于现有人数

案例思考题：

1. 根据案例的内容，请详细描述河北快运配送中心所面临的困难？
2. 对于以医药为主的物流企业，在面对服装物流方面的挑战和优势有哪些？
3. 请你从仓库规划和布局的角度，制定一套河北快运配送中心的规划方案？

实习实训

一、实训名称：仓库规划与布局

二、实训目的

通过完成实训，熟悉掌握仓库规划与布局的内容。使学生有机会运用仓库合理布局的基本原则来解决实际问题。

三、实训操作指导

（一）库区分区分类业务能力训练

参观某一仓库，画出该仓库的总平面布局图，写出评价报告。

（1）参观某一仓库，了解该仓库的种类、专业化程度及存储商品的特点。

（2）画出该仓库平面布局图。

（3）按照平面布局的基本原则评价该仓库的布局是否合理。

（4）若有不妥之处，提出修改方案。

分区分类业务能力训练的目的是使学生能够根据仓库场地条件、仓库业务性质和规模、物资储存要求、技术设备和使用特点等因素，较熟练地对仓库个组成部分，如库房、货场、辅助建筑物、库内道路、附属固定设备等，在规定范围内进行平面的合理安排和布置。

（二）仓库货区布置的基本思路

（1）根据物品特性分区、分类储存，将特性相近的物品集中存放。将单位体积大、质量大的物品存放在货架底层，并且靠近出库区和通道。将周转率高的物品存放在进出库装卸搬运最便捷的位置。将同一供应商或者同一客户的物品集中存放，以便于进行分拣配货作业。当仓库作业过程中出现某种物品物流量大、搬运距离远的情况时，则说明仓库的货位布局有错误。

（2）仓库货区规划应注意的问题：仓库要与经营现场靠近，通道顺畅；每个货仓有相应的进仓门和出仓门，并有明确的标示牌；货仓办公室尽可能设置在仓库附近，并有标示牌；测定安全存量、理想最低存量或定额存量，并有标示牌。

按存储容器的规格、楼面载重承受能力和叠放的限制高度将仓区分为若干仓位，并用油漆或美纹胶在地面标明仓位名、通道和通道走向。

仓区内要留有必要的废次品存放区、物料暂存区、待验区、发货区等。

仓区设计必须将安全因素考虑在内，须明确规定消防器材所在位置、消防通道和消防门的位置及救生措施等。

每个货仓的进门处，须张贴货仓平面图，表明该仓库所在的地理位置、周边环境、仓区仓位、仓门、各类通道、门、窗和电梯等。

（三）技能训练步骤

（1）测量仓库的相关尺寸。

（2）计算仓库面积并进行货区分类。

（3）对仓库进行物资的分区分类。

（4）绘制仓库平面图。

（5）画线、制作标示牌等。

指定 5 种物资，让学生回答其所属区域类别。训练检查如表 3 - 10 所示。

表 3-10　　训练检查表

检查人		被检查人	
检查地点			
检查内容	库区分区分类业务		
考评标准	内容	分值	实际得分
	实地参观、测量的工作态度	15	
	理论联系实际的能力	15	
	调查报告整洁、完整、正确	20	
	库房规划图合理	15	
	物资分区分类正确	20	
	画线、制作标示牌认真、准确	15	
合　计		100	

（四）货架货位、货场货位定位能力训练

1. 商品分区分类的方法

按种类和性质分区分类储存；按危险性质分区分类储存；按发运地分区分类储存；按仓储作业的特点分区分类储存；按仓库的条件及物资的特性分区分类储存。

2. 商品的编码

商品编码与商品分类关系密切，一般商品分类在前，商品编码在后，所以实践中称之为商品分类编码。本部分采用层次码，代码有 6 个层次，每个层分别命名为大部类、部类、大类、中类、细类。代码结构如图 3-22 所示。

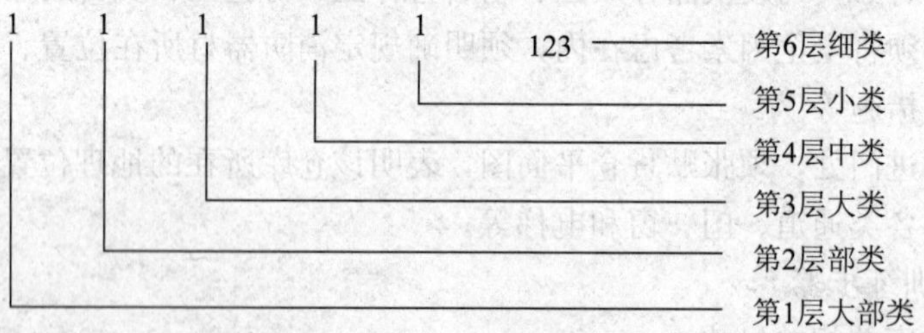

图 3-22　代码结构

3. 编码方法

代码用 8 位阿拉伯数字表示。第 1～5 层各用 1 位数字表示，第 1 层代码为 0～4，第 2、第 5 层代码为 1～9，第 3、第 4 层代码为 0～9，第 6 层用 3 位数字表示，代码为 010～999，采用了顺序码和系列顺序码，第 5 层和第 6 层代码之间用圆点隔开，信息处理时应省略圆点符号。

本部分第 2～5 层代码，仅在 1 大部类、2 大部类和 4 大部类的第 3～4 层中，有 6 条类目的代码个位数为“0”，如代码 110、120、130、250、4160、4740（为 CPC 的码），其余备用。

第 6 层的顺序代码为 001～999。系列顺序码（分段码）其个位数是 0（或 9）的 3 位数字代码，如代码 011、010、099、399 等。

对分类终止于中间某一层级的类目名称的代码，信息处理时补“0”。

4. 货位的定位

货位的定位包括货位管理、货位的存放方式和货位编号。货位编号从标志设置、标志制作、编号顺序、段位间隔四个方面来考虑。货位的编号方法包括地址法和货场货位编号。训练检查表如表 3－11 所示。

表 3－11　　训练检查表

检查人		被检查人	
检查地点			
检查内容	物资货架货位、货场货位定位业务		
考评标准	内容	分值（分）	实际得分
	指定货架物资编号正确	20	
	指定货场物资编号正确	20	
	按给定货架货位号，准确找到相应库存物资	20	
	按给定货场货位号，准确找到相应库存物资	20	
	绘制的仓库“物资货位图”正确	20	
合　计		100	

四、实训考评

实训考评表如表 3－12 所示。

表 3－12　　实训考评表

考评项目					
被考评人	班级：	姓名：			
考评标准	考评内容	分值（分）	自我评价	小组评价	老师评价
	获取信息真实有效	20			
	布局图绘制正确，评价得当	30			
	分区合理，使用专业术语	20			
	货位定位合理，使用专业术语	20			
	按时提交实训报告	10			
合　计					
综合得分（自评 10%、组评 30%、师评 60%）					

练习题

一、判断题

1. 库存控制是使各种生产库存物资的种类、数量、存储时间维持在必要的水平上。(　　)

2. 库存控制的主要功能是既要保障企业生产经营活动的正常进行，又要通过规定合理的库存水平和采取有效的控制方式，使库存数量、成本和占用资金维持在最低限度。(　　)

3. 由于装卸搬运的作业内容复杂多变，因此装卸搬运环节成为提高物流系统效率的关键所在。(　　)

4. 我国联运托盘大多采用平托盘，以便于叉车、货架、仓库的标准化。(　　)

5. 物流园区具有物流配送中心所有的功能外，还具有商品的检验，口岸等功能。(　　)

6. 层次分析法是将决策总是有关的元素分解成目标、准则、方案等层次，在此基础之上进行定性和定量分析的决策方法。(　　)

7. 零售仓库属于流通加工型仓储。(　　)

8. 网上商城的客户订单分散繁多，批量大、批次小、短周期，很难单独考虑物流的经济规模，因而物流成本较高，使得库存上升。(　　)

9. 常见的储位编码方法有三种，分别为区段方式、品项群别方式、地址式方式。(　　)

10. 电子标签系统具有加快拣选速度、降低拣选错误率、免除表单作业等优点。(　　)

11. 配送中心的形成和发展是物流系统化和规模化的必然结果。(　　)

12. 虽然配送中心具有不同的类型和模式，但作为一种特殊的经济实体，其基本要素及其运作规律却有着共同特征。(　　)

13. 配送流程控制是合理化库存控制的内容之一，以提高运作效率，减少库存量。(　　)

二、选择题

1. 在进行配送中心规划时，首先必须确定配送中心的(　　)和客户群。不同类型的配送中心其规划的重点和方法会有很大的区别。

A. 物流策略　　B. 服务水平　　C. 市场定位　　D. 服务范围

2. 网点布局模型通常是以(　　)为目标函数。

A. 库存成本最低　　B. 运营成本最低

C. 运输成本最低　　D. 系统总成本最低

3. 物流园区是具有一定规模和综合服务功能的物流集结点，它除了具有集散效应和规模效应外，还具有(　　)。

A. 整合效应　　B. 快速反应效应

C. 综合节能效应　　D. 高技术开发效应

4. 物流管理的最终目标是(　　)，以提高企业信誉，使企业获得更大的利润。

A. 降低物流成本　　B. 提高物流效率

C. 提高竞争能力　　　　　　　　D. 满足用户需求

5. 在配送中心的全部作业中所占的比例最大、最耗费人力和时间的作业是（　　）。

A. 装卸搬运　　　B. 配送　　　C. 入库　　　D. 分拣

6. 订货提前期是指（　　）为止的一段时间。

A. 从产品生产开始到收到订货批量　　B. 从产品生产完成到收到订货批量

C. 从订货开始到收到订货批量　　　D. 从订货开始到产品生产完成

7. 在需求管理内容中，我们把需求分为独立需求和相关需求两类，下面对相关需求的描述正确的是（　　）。

A. 独立于人们的主观控制能力之外

B. 其数量与出现的概率是随机的、不确定的、模糊的

C. 某项物料的需求与对其他物料的需求无关

D. 其需求数量和需求时间与其他的变量存在一定的相关关系，可以通过一定的数学关系推算得出

8. 品项数量（IQ）分析时，主要了解各类（　　）的分布状况，分析货品的重要程度与运量规模。可用于仓储系统的规划选用、储位空间的估算，并将影响拣货方式及拣货区的（　　）。

A. 货品特性　　　B. 货品数量　　　C. 货品出货量　　　D. 货品进货量

9. 为了做好物流成本的日常控制，企业按仓储、运输、包装、装卸和流通加工等物流作业环节来寻找物流技术的创新，以此来控制物流成本。此时，企业是以（　　）作为成本控制对象的。

A. 物流成本的形成阶段　　　　B. 物流服务的不同功能

C. 物流成本的不同项目　　　　D. 物流成本的不同构成

10. 物流服务商选择坚持质量、成本、交付与服务并重的原则。其中最重要的是（　　）因素。

A. 质量　　　B. 成本　　　C. 交付　　　D. 服务

三、简答题

1. 仓库选址应遵循哪些原则？
2. 仓库选址主要考虑哪些影响因素？
3. 如何理解层次分析法解决问题的思路和方法？
4. 仓库货位如何编号？
5. 仓库货物如何堆码？
6. 你所在地区的仓库，有无规模设计不合理之处，提出自己的解决方案。

第四章 仓储商务管理

知识目标

1. 仓储商务概念。
2. 仓储合同管理。
3. 仓单管理。
4. 案例分析。

能力目标

1. 熟悉仓储商务管理的过程。
2. 了解仓储合同内容。
3. 掌握仓单的内容和性质。
4. 熟悉运用仓单质押融资业务。

导入案例

顺丰速运开展仓储融资业务

顺丰启动仓储贷款，或将面向电商企业开设仓储融资服务。据知情人士透露，这次顺丰开展的仓储融资服务主要针对信誉良好的电商企业，该服务可提供贷款。顺丰希望借此来为电商客户采购及销售商品提供资金、仓储、配送的一站式服务。申请该项服务的电商企业需符合顺丰审核标准，且商品存放于顺丰仓库，并通过顺丰派送。申请成功后，电商企业可将存放在顺丰仓储中的商品作为抵押，获取质押贷款的服务，以用于解决企业采购等临时性资金需求。而相对于银行，这次顺丰的仓储融资服务更为灵活。

电商企业可选择不同的贷款模式：①先款后货。让顺丰先放款，再进行采购，把采购的产品存于顺丰的仓库内，通过销售回款来进行偿还贷款。②先货后款。企业先把货物存放在顺丰的仓库，然后顺丰再提供贷款，并利用销售回款偿还贷款。

据亿邦动力网了解，仓储融资服务最初起源于广东、江苏、浙江一带，业务分布主要是生产制造企业、物贸业密集的地区。主要指企业通过将存货交付专有监管仓库获得质押贷款。而部分电商企业因为依靠互联网销售，无银行认可的固定资产，很难从银行获得贷款，有时会陷入资金困境。这次顺丰针对电商企业开展仓储融资服务，或是想通过仓储融资服务来分吃电商金融服务这个蛋糕。

其实，顺丰速运并不是第一家开展仓储商务服务的企业，现在大多数第三方物流企业，尤其是仓储服务类型企业，为了更多地开发市场，都开发了仓储金融服务，为客户提供更增值的服务。

（资料来源：亿邦动力网 http：//www.ebrun.com/）

第一节　仓储商务概述

一、仓储商务和仓储商务管理

在市场经济条件下，商务活动具有普遍性，一切以赢利为目的的活动都离不开商务活动。仓储商务是指仓储经营人利用其拥有的仓储储存能力向仓储使用人提供仓储储存商品并获得经济收益的交换行为。仓储商务是仓储企业对外基于仓储经营而进行的经济交换活动，是一种商业性的行为，因此仓储商务发生在公用仓库中，企业自用仓库则不发生仓储商务活动。

仓储商务管理是仓储经营人对仓储商务所进行的计划、组织、协调和控制的过程，是依法经营的仓储企业对外行为的管理。仓储商务管理涉及企业的经营战略和经营绩效，因而更重视管理的效益性。相对于其他企业活动管理，商务管理具有更强的外向性；商务管理又有整体性的特性，商务工作不仅是对外商务职能部门的工作，而且涉及仓储企业整体的经营和效益，因而仓储商务管理是仓储企业高层管理者的核心工作，重点是如何吸引老客户、发展新客户和业务的领域。

二、仓储商务活动的特点

仓储商务活动的特点可以概括为外向性、多变性和全局性。

（一）外向性

仓储企业的商务活动总是面向外部的，仓储企业与外界的各种联系主要是通过商务活动实现的。因此，仓储企业的商务管理就是为了使仓储企业能进行尽可能大的产品交换，向社会提供尽可能多的仓储产品，满足社会对仓储产品的需要。

（二）多变化

仓储企业面临的外部环境是不断变化的，仓储企业的商务活动必须经常保持与外部环境的适应性。仓储企业应有效地收集市场信息，跟随市场的需要提供产品、提高服务水平、降低交易成本、提高企业竞争力。

（三）全局性

商务管理的好坏直接影响仓储企业的全局，如一项不适当的促销措施可能造成仓储企业产销过程循环受阻；一项错误合同的签订可能导致仓储企业重大损失等。

三、仓储商务活动的主要内容

（一）仓储商务活动的具体内容

仓储商务管理包括对仓储商务工作中的人、财、物的组织和管理，涉及企业资源的合理利用、制度建设、激励机制及仓储商务队伍的教育培养等各方面。它包含仓储企业内部的经营性活动和外部的商业性活动。具体包括以下内容：

（1）组建仓储商务机构，选派仓储商务人员，制定仓储商务工作和管理制度；

（2）有效组织市场调研，广泛收集和分析市场信息，捕捉有利商机，科学制定竞争策略；

（3）通过科学组织，充分利用先进的技术和有效的手段降低成本；

（4）准确进行成本核算，细致进行成本分析，提高企业整体成本管理的效益，进一步降低成本；

（5）以优质的服务满足社会需要，实现企业经济和社会效益的提高；

（6）加强交易磋商管理和合同管理，严格按照合同办事，守信用，讲信誉；

（7）建立风险防范机制，妥善处理商务纠结和冲突，防范和降低商务风险；

（8）加强仓储商务人员管理，以人为本，充分调动全体商务人员的积极性，发挥其聪明才智；重视仓储商务人员的培养，确保其跟上时代发展的要求，保持企业发展后劲。

（二）仓储内部经营性活动

仓储内部商务活动是指仓储企业的各部门之间相互协作，根据市场的需求经过一系列的劳动转化，为仓储企业所处的环境提供产品或服务活动。

仓储内部经营性活动包括：

（1）仓储地点的选择与确定；

（2）仓储布局规划与设计；

（3）仓储设施设备的选择与配备；

（4）仓储人员的组织；

（5）各种仓储服务提供的过程等。

（三）仓储外部商业性活动

仓储外部商业活动指仓储企业为了获取经营运作过程中所需资源或者为了销售自己所能提供的产品或服务而进行的所有活动。我们通常所讲的商务活动主要指外部商业活动。仓储外部商业活动的工作重心是要吸引顾客购买仓储产品或服务，同时树立仓储企业良好的形象。

仓储外部商业活动包括：

（1）有效地组织货源，广泛收集和精确分析市场信息，捕捉有利的商业机会，科学制定竞争策略；

（2）根据市场的需要和发展，科学地规划和设计产品营销策略，促进产品销售；
（3）进行客户关系管理和合同管理，严格依合同办事，讲信用，保证信誉；
（4）提供优质的服务满足消费者和用户的需求，实现企业经济效益；
（5）建立风险防范机制，妥善处理商务纠纷和冲突，防范和减少商务风险。

四、仓储商务管理的原则

（一）社会化原则

按照新制度经济学的理论，当市场交易的交易费用小于企业内部的组织管理费用时，企业的规模趋向细小化。企业自己从事物流的各个环节的运作已不是普遍现象，仓储环节一样也要参与企业社会化分工，第三方物流的发展趋势会越来越好。仓储商务管理就是基于3PL物流的服务方式，进行仓储商务的社会交换和仓储能力的整合，使社会仓储资源能被最有效利用，服务于社会，为客户和自身创造价值。

（二）合理竞争原则

市场经济的基本特征是市场竞争，没有竞争就没有开放的市场。仓储商务工作面临的是仓储能力和资源公开竞争激烈的局面，商务管理就是要基于打造核心竞争力的理念，制定完整的市场竞争策略，建立和运用差异化的优势、规模成本优势、价格策略优势、服务创新优势和技术设备优势，实现速度经济、规模经济、范围经济和品牌经济，最终形成核心竞争优势。

（三）公平合法原则

现代社会主义市场经济是相对规范的法制化经济，公平交易、符合社会道德和法律是基本的原则，防止恶性竞争和不正当竞争是行业竞争所必须遵守的。商务工作需要严格遵守法律法规规定，法律有规定的严格按照法律的规定进行商务活动，法律没有规定的按照行业自律和商业道德的精神开展商务活动。

商务工作涉及与外界企业和社会公众的多方利益关系，商务管理部门在遵守国家法律法规和社会商业道德的同时，也要运用法律和道德武器，防止合法利益受到侵犯，维护自身的合法权益。

（四）经济效益原则

市场经济主体生产经营的直接目的就是追求经营的利润最大化。在与社会利益不冲突时，作为商业活动的仓储经营显然也是为了在向社会提供仓储产品中获得最大利润。获得良好的经济效益是仓储商务管理的基本原则。在仓储商务管理中需要通过合理地确定服务水平，实施有效的营销手段和竞争策略、价格策略、客户管理战略、品牌战略和企业形象战略等措施，促进仓储和配送业务的开展，使仓储资源能被充分、高效率地利用，并不断地开展仓储增值业务，如融通仓、金融物流、物流期货、中介服务、保税仓储、质押监管担保业务等。另外，通过实施成本管理和质量管理体系，不断降低企业间交易成本，降低生产成本，控制责任风险的发生，实现仓储经营的利润最大化。

第二节　货源组织

提高仓储经营效益的关键在于货源的组织。仓储企业以自己优异的设施、良好的服务、优惠的价格积极参与竞争，在竞争中获取更大的效益。因此，通过走出去、请进来等多种方式在客户中宣传自己的企业，树立企业形象，让客户充分了解自己是非常重要的。如何有效地开展货源组织工作对我国仓储企业来说是一个新的课题。

一、掌握仓储营销技术

仓储企业的销售以客户的需求为依据，结合仓储企业的设施与设备，通过分析、规划、执行和控制，合理地制定存储量、收费标准、分销渠道和推销宣传策略等，以最大限度地实现仓储企业的利润。

销售技术的关键是最大限度地满足消费者的要求，即尽可能创造良好、方便的储运条件，以吸引客户存货。在营销中，应注意客户的利益，为客户出谋划策；例如，负责任地告诉客户采用怎样的储存方式较好，如何储存更为经济等。仓储企业应通过自己的宣传以及实际的服务来增强客户对仓储安全的信任感；通过分析和改进，减少流通的环节和节约仓储费用，通过确保货物在仓储中安全无损来降低客户的货物流通成本。

具体地讲，仓储企业在进行市场营销中，应注意满足以下几个方面的需要。

（一）满足更广泛的客户的需要

仓储企业应打破原有服务对象的界限，广开门户，拓展资源，内敛外延，纵横渗透。不仅注意为流通企业服务，而且也为制造企业服务，凡社会需要，都应为之服务。

（二）满足服务内容的需要

应改变过去仅从事仓储的状态，积极开展客户需要的各类服务，如承接代客管账、代客分货、代客提发货、代客装卸、加工整理、打包托运等。在这些业务中必须提供优质的服务。

（三）满足服务方式的需要

不同的客户会对仓储方式提出不同的要求，仓储企业对此也应采取更为灵活的经营方式。如服务方式除了一般的存储关系外，还可以是租赁关系，当然也可以对存储货物采用自管方式或共管方式。

（四）满足服务的时间及地点需要

客户的货物进出库场的时间越来越难以确定，为此，仓储企业应根据需要确保随时为客户服务。根据用户的需要，尽可能做到门到门服务。

营销战略是仓储企业经营的重要组成部分，随着社会主义市场经济的不断完善，仓储企业管理者必须从传统的生产管理型向经营管理型转变。只有这样，仓储企业才有生存、发展的空间。

（五）完善服务功能

仓储企业根据用户需要积极开展配送、流通加工、业务咨询和制订运营方案等增值服务，完善其增值服务功能。

二、市场调查

（一）仓储市场调查的内容

市场调查是开拓仓储市场的前提，是指系统地、客观地收集、整理、分析和研究市场活动的各种信息，在此基础上，发现问题和机会，并提出解决问题的方案，以供决策者确定营销战略，做出营销决策。在仓储市场调查中，要研究辐射范围内仓储市场的结构（数量、布局、规模、性质、技术条件和归属等）、辐射范围内商品结构和营销渠道，了解客户习惯和心理，掌握商品流通的变化规律，熟悉竞争对手的情况。对于进出口商品仓储需求的调查首先应弄清辐射范围内以及流经本区域的进出口商品的数量、品种、贸易额及其发展趋势和增长率，辐射范围内可从事外贸仓储的企业情况等。根据市场特点，研究采用具体的营销方式和策略。

（二）仓储市场调查的方法

仓储市场的调查方法分为观察法和问卷法两种。

1. 观察法

观察法是指通过直接观察取得第一手资料的调查方法。市场调查人员直接到商店、订货会、展销会等客户比较集中的场所，借助照相机、录音机或直接用笔录的方式，身临其境地进行观察记录，从而获得重要的市场信息资料。

观察法的优点是可以客观地收集资料和集中地了解问题。不足之处在于许多问题观察不到，如被调查者的兴趣、偏好、心理感受、购买动机、态度、看法等。

2. 问卷法

问卷法是指通过设计问卷的方式向被调查者了解市场情况的一种方法。按照问卷发放的途径不同，可分为当面调查、通信调查、通讯调查、留置调查四种。

当面调查，即亲自登门调查，按事先设计好的问卷，有顺序地依次发问，请被调查者回答。

通信调查，是将调查表或问卷邮寄给被调查者，请被调查者填妥后寄还的一种调查方法，这种调查的缺点是问卷的回收率低。

通讯调查，是指按照事先设计好的问卷，通过电话向被调查者询问或征求意见的一种调查方法。优点是取得信息快，节省时间，回答率较高；缺点是询问时间不宜太长。

留置调查，指调查人员将问卷或调查表当面交给被调查者，由被调查者事后自行填写，再由调查人员按约定时间收回的一种调查方法。这种方法可以留给被调查人员充分的独立思考时间，可避免受调查人员倾向性意见的影响，从而减少误差，提高调查质量。

在调查中，应注意听取客户意见和要求，了解自己存在的问题，提出改进意见，并且进一步再与客户交换，以做到真正满足货主的需求。在市场调查的基础上，应建立货主档案，并将调查结果写成市场调查报告。

三、市场营销

处于市场竞争中的企业，应注意利用一切机会开展仓储业务的营销工作，通过宣传和信息反馈，使更多的客户了解仓库，这便是仓储业务的营销工作。

仓储业务的营销手段有多种，可以通过新闻媒介的广告宣传或企业自我介绍的材料，向社会宣传仓库的规模和便捷的地理位置、向客户提供的优厚条件、仓储的设施特长和现代化程度等，以吸引客户与仓库进行业务联系，并在此过程中使客户进一步了解仓库情况。在企业宣传推销中，应设计出具有自己特色的方法和手段，以加深客户对仓库的印象。例如，可进行仓储企业形象设计。

仓储业务的营销手段还可以是登门营销，与客户面对面地单独接触。在此过程中，应针对具体对象和特定的客户制定出具体的营销策略。在与特定客户进行接洽时应根据货物的专业特点，指派懂行的专业人员上门联系，对于一些重要的客户，仓储企业高层管理人员应亲自出面，这样会使客户产生对企业的信任感。

仓储促销的另一种方法是召开仓储企业的展示会，将客户请上门，集中向客户介绍企业的情况，并让客户参观仓库的先进设施和设备，使客户直观了解仓储企业的能力。当然，这需要仓储企业确实有竞争实力。

不重视营销的仓储企业在今后的市场经济中将更加步履维艰，这必须引起仓储企业领导者的高度重视。

第三节　仓储合同管理

在社会经济活动中，参与的各方为维护自身的利益，需要以书面合同的形式把各自都能接受的条件明确规定下来，以便得到法律的保护。市场经济环境下的我国仓储业与客户签订储存或其他业务合同也显得愈加重要。

一、仓储合同概述

（一）仓储合同的概念

仓储合同，也称仓储保管合同。《中华人民共和国合同法》（以下简称《合同法》）第381条规定："仓储合同是保管人储存存货人交付的仓储物，存货人支付仓储费的合同。"

《合同法》规定，合同标的是指合同关系指向的对象，也就是当事人权利和义务指向的对象。仓储合同的标的就是仓储保管行为。保管人提供保管的时间和空间，保管仓储物而收取仓储费，存货人为享受保管人的仓储服务而支付仓储费及其他费用，因而说仓储合同是一种行为合同。

标的物是标的载体和体现，仓储合同的标的物就是存货人交存的仓储物。仓储物可以是生产资料或生活资料，也可以是特定或者种类物。但是仓储物必须是动产，能够移动到仓储处所进行仓储保管，且是有物理形态的实物动产。不动产不能成为仓储物，包括附属在有形资产上的无形资产，如货币、知识产权、数据、技术等无形资产和精神产品不能作为仓储物，图书可以作为仓储物，但图书的著作权、版权就不能成为仓储物。

（二）仓储合同的当事人

仓储合同的当事人双方分别为存货人和保管人。

存货人是指将仓储物交付仓储的一方。存货人必须是具有将仓储物交付仓储的处分权的人，可以是仓储物的所有人，也可以是只有仓储权利的占有人，如承运人，或者是受让仓储物但未实际占有仓储物的所有人，或者有权处分人，如法院、行政机关等。存货人可以是法人、非法人单位、个人等的企业、事业单位、个体经营户、国家机关、群众组织、公民等。

保管人为仓储货物的保管一方。根据合同法规定，保管人必须是有仓储设备和专门从事仓储保管业务的资格。也就是说保管人必须拥有仓储保管设备和设施，具有仓库、场地、货架、装卸搬运设施、安全、消防等基本条件，取得相应的公安、消防部门的许可。从事特殊保管的，还要有特殊保管的条件要求。设备和设施无论是保管人自有的还是租赁的，保管人必须具有有效的经营使用权。同时从事仓储经营必须具有经营资格，进行工商登记，获得工商营业执照。保管人可以是独立的企业法人、企业的分支机构，或者个体工商户、合伙、其他组织等，可以是专门从事仓储业务的仓储经营者，也可以是贸易货栈、车站、码头的兼营机构或从事配送经营的配送中心。

二、仓储合同的签订

公平交易是建立在遵守签订合同的基本原则基础之上的，这些原则是双方权利得以保障的基础。

1. 平等原则

《合同法》规定当事人双方法律地位平等，这是任何合同行为都需要遵守的原则。订立仓储合同的双方应进行平等的协商，订立公平的合同。任何一方采取恃强凌弱或者行政命令的方式订立的合同都是无效的合同。平等原则还包括订立合同机会平等原则，不能采取歧视性的选择方式订立合同。

2. 自愿和协商一致的原则

当事人根据自身的需要和条件，利用各自的知识和能力，进行广泛的协商，从而订立合同。双方在整体上接受合同的约定，是合同生效的条件，任何采取胁迫、欺诈的手段订立的合同都是无效的合同。合同未经协商一致，将来双方在合同履行中会发生严重分歧，造成合同无法履行。

3. 信息对称原则

交易双方对货物仓储及其服务一般要实现信息对称，不得隐瞒有损仓储业务进行的相关知识、信息、技术，货物真实性、合法性、危险性，防护保管要点和自身服务条件的不足与经营限制。

4. 等价有偿原则

仓储合同是双方合同，合同当事人双方都要承担相应的合同义务，享受相应的合同利益。保管人的利益体现在收取仓储物和劳务费上，保管人在储存过程中服务水平的高低，决定了所能获得报酬的多少。这也就是公平交易的核心内涵。

5. 合法和不损害社会公共利益原则

当事人在订立合同时要严格遵守国家法律及相关法规制度的规定，不得实施法律法规规定禁止从事的行为，包括不能实施侵害所有权、超越经营权、侵犯国家主权、危害环境等违法行为，也不能违反社会公德侵犯他人的合法权益。不仅经营过程要合法，对于仓储的货物也要控制在合法范围之内，对于违禁物品、未报批的危险有害物品、淫秽反动物品、侵犯知识产权物品、违禁枪支刀具等不得私下仓储和交易，更不能出具仓单进行转让和交割。

不损害社会公共利益的原则要求当事人在合同行为中不进行有损社会治安秩序、扰乱社会经济秩序、妨碍其他经营人和人民的生产生活、影响社会道德等不良行为。不损害社会公共利益从内容上说属于道德规范，但通过合同法的规定形成了法律规定，损害社会公共利益已成为违法的行为。违反公共利益的仓储活动必将受到社会和政府的谴责和管制。

三、仓储合同的形式和条款

（一）仓储合同的形式

根据《合同法》规定，合同可以采用书面形式、口头形式或其他形式。仓储合同也可以是书面的、口头的或其他的形式。但从可操作性来看，应尽量采用书面形式。由于仓储的货量较大、存活期较长，还可能进行配送、交易等作业并设计第三方仓单持有人，仓储合同使用完整的书面合同较为合适。完整的书面合同可以作为合同履行的证明和发生争议时的处理证明。

订立合同还有其他形式，包括通过行为订立合同、签发格式合同等表示双方达成一致意见的形式。在未订立合同之前，存货人将货物交给仓储保管人，保管人接受货物，则构成合同成立。保管人可以采用预先已设定好条件的格式合同订立合同。在格式合同中，存货人只有签署或者不签署合同的权利，而没有商定格式合同条款的权利，一般用于周转极为频繁的公共仓储中。

（二）仓储合同的条款

仓储合同的主要条款由存货人和保管人双方协商一致订立，规定双方所享有的主要权利和承担的主要义务，是检验合同合法性、有效性的主要依据。

仓储合同的条款包括当事人条款、仓储物条款、仓储条款、价款、当事人的权利和义务条款、违约责任和争议处理条款等，当事人可以根据需要商定合同条款，具体内容如下。

1. 存货人、保管人的名称、地址和必要时增加的通知人

合同当事人是履行合同的主体，需要承担合同责任，要使用完整的企业注册名称和登记地址或者主办单位地址。主办一项为个人的需明示个人的姓名和户籍地址或常住地。这是今后确定司法管辖的一个重要依据。

2. 仓储物的品种、数量、质量、适用标准、包装、件数和标记标志

仓储物必须是动产，能够存放到仓储地进行保管。仓储物的品种需要采用正式完整的商品名称或种类名称表达；数量采用公用的计量方法确定并达到最高的精度；商品的质量可以采用外包装可见质量或者商品本身的质量；使用的技术标准可以采用国家标准、行业标准或者特定的标准；包装应采用合同约定的包装方式和包装材料进行；件数不能发生短缺；标记、标志应该齐全并符合规定要求。

3. 交接时间、地点和验收方法

交接时间确定后，保管人需在此时准备好货位以便能进行交接。交接地点同时明确了运送货物入库、卸车的责任承担人。合同中还需要明确交接理货方法，验收的内容、标准、时间和方式。验收往往是按照质量标准进行验收，如约定了验收的标准，仅对约定验收事项负责。

4. 仓储物的耗损标准

商品耗损标准可以采用国家标准或者行业标准，也可以另由双方合理约定。仓储物在经过长期存放和多次装卸、搬运、消毒打扫、冷冻等作业后，由于不同原因造成了损耗减量，对于这类减量保管人都承担责任不合理。在合同中可以订立合理损耗条款，双方约定不追究对方数量减少的责任，包括重量或者件数的减量，也就是采用协议免责的方法处理。

5. 储存场所

对于特殊商品，必要时双方的规定中要明确保管条件和保管方法。储存场所不仅说明了保管条件和存货人的保管要求，还决定了运输便利程度和出入库的成本。

6. 储存期限

双方约定仓储物的储存时间，可以采用期限表示，如储存 6 个月，自货物入库算起；或者采用日期的表示方式，如 3 月 1 日至 9 月 1 日；或者不约定具体的存放时间，但以约定到期方式予以确定。储存期限是保管人计算收取仓储费的基础也是承担责任的期限，同时还是保管安排库容运作的依据，若存货人不能遵守储存期限条款，保管人有权要求承担违约责任。

7. 仓储费

仓储费条款是确定仓储费的费率、计算方法、支付方法和时间的条款。合同法规定当事人没有确定支付时间的，交付仓储物时支付。

8. 仓储保险规定

仓储过程有一定风险，仓储物必须进行保险。若存货人已对仓储物进行了保险，必须

告知保管人所投保的保险险别、保险金额、保险时间；未保险的可以委托保管人进行投保，但需由存货人承担保险费。

9. 违约责任

违约金是违约责任的主要承担方式，但必须在合同中明确，包括违约金数额标准或者计算方法、支付条件等。一般合同中都要注明违约事项及其处理方式。合同可以约定存货人未交付货物、未在约定时间交付仓储物的违约责任；保管人不能接受仓储物或者不能在约定的时间接受仓储物的违约责任；存货人未在约定时间提取仓储物的超期费用；仓储物在仓储期间造成保管人损失或者其他损害的赔偿；违约金的标准；采取补救措施等出现违约时的处理方法。

(1) 仓储合同保管人的主要违约责任如下所述。

①保管人不能完全按合同约定及时提供仓位，致使货物不能全部入库，或者在合同有效期限内要求存货人退仓的，应当按约定支付违约金。

②保管人未按国家规定或者合同约定的项目、方法等验收储存货物或者验收不准确，应承担由此造成的实际经济损失。验收后发现仓储物的品种、数量、质量不符合规定的，应当承担损害赔偿责任。

③货物在储存保管期间，因未按合同规定的储存条件和保管要求保管货物而造成货物损坏、短少、变质以致灭失的，保管人承担违约责任。因保管或操作不当而使包装发生损毁，由保管人负责修复或折价赔偿，造成损失的，由保管人承担赔偿责任。

④货物保管期满后，保管人没有按照合同规定的时间、数量返还储存保管物的，保管人应承担违约责任。保管人按照约定负责发货而未按约定的时间、地点发货，承担由此给存货人造成的经济损失。

⑤合同双方规定的其他违约责任。

(2) 仓储合同存货人的主要违约责任如下所述。

①存货人未按合同约定对仓储物进行必要包装或包装不符合约定要求，造成仓储物毁损、灭失的，应自行承担责任，并承担由此给仓储人造成的损失。

②存货人未按合同约定的仓储物的性质交付仓储物，或者超过储存期限，造成仓储物毁损、灭失的，自行承担责任。

③危险有害物品必须在合同中注明，并提供必要的资料，存货人未按合同约定而造成损失，自行承担民事和刑事责任，并承担由此给仓储人造成的损失。

④逾期存储，承担加收费用的责任。

⑤储存期满不提取仓储物，经催告后仍不提取，存货人承担此仓储物的违约赔偿责任。

10. 合同变更解除条件

因为客观原因发生重大变化或者双方利益的需要，原合同的继续履行可能对双方都不利，这时可以采用合同变更或解除的方法防止不利局面发生。当事人在订立合同时就可以约定合同发生不利履行情况时的处理方法，以及不利的具体条件。

11. 争议处理

争议处理即有关合同争议的仲裁或者诉讼的约定。仲裁相对来说过程简单，所以费用较小，社会负面影响较小。

12. 合同签署

合同签署是当事人对合同协商一致的意思表示，也就意味着合同开始生效。签署合同由企业法人代表或代表人签名，注明签署时间，法人或者组织还需要盖合同专用章。个人签订合同需要签署个人完整姓名，也要考虑合同签署地点。

（三）仓储合同示例

仓储合同

保管方：________________ 住所：________________

存货方：________________ 住所：________________

合同签订地：

保管方和存货方根据仓储能量的情况，双方协商一致，签订本合同，共同信守。

第一条 储存货物的名称、规格、数量、质量（或者采用如下表格）

编号	包装	货物名称	品种规格	数量	质量

第二条 货物包装

(1) 存货方负责货物的包装，包装标准，按国家或专业标准规定执行，没有以上标准的，在保证运输和储存安全的前提下，由合同当事人议定。

(2) 包装不符合国家或合同规定，造成货物损坏、变质的，由存货方负责。

第三条 保管方法

根据有关规定进行保管，或者根据双方协商方式进行保管。

第四条 保管期限

从　　年　月　日至　　年　月　日

第五条 验收项目和验收方法

(1) 存货方法应当向保管方提供必要的货物验收资料，如未提供必要的货物验收资料或提供的资料不齐全、不及时，所造成的验收差错及贻误索赔期或者发生货物品种、数量、质量不符合合同规定时，保管方不承担赔偿责任。

(2) 保管方应按照合同规定的包装外观，货物品种、数量和质量，对入库物进行验收，如果发现入库货物与合同规定不符，应及时通知存货方。保管方未按规定的项目、方法和期限验收，或验收不准确而造成的实际经济损失，由保管方负责。

(3) 验收期限：国内货物不超过：　天，国外到货不超过　天。超过验收期限所造成的损失由保管方负责。货物验收期限，是指从货物和验收资料全部送达保管方之日起，至验收报告送出之日止。日期均以运输或邮电部门的戳记或直接送达的签收日期为准。

第六条 入库和出库的手续

按照有关出库、入库的规定办理，如无规定，按双方协议办理。入库和出库时，双方代表或者经办人都应在场，检验后的记录要由双方代表或经办人签字。该记录就视为合同的有效组成部分，当事人双方各保存一份。

第七条 损耗标准和损耗处理

按照有关损耗标准和损耗处理的规定办理，如无规定，按双方协议办理。

第八条 费用负担、结算办法

按双方协议办理。

第九条 违约责任

（一）保管方的责任

（1）由于保管方的责任，造成退仓或不能入库时，应按合同规定赔偿存货方运费和支付违约金。

（2）对危险品和易腐货物，不按规程操作或妥善保管，造成毁损的，负责赔偿损失。

（3）货物在储存期间，由于保管不善发生货物灭失、短少、变质、污染、损坏的，负责赔偿损失。如属包装不符合合同规定或超过有效储存期而造成货物损坏、变质的，不负赔偿责任。

（4）由保管方负责发运的货物，不能按期发货，赔偿存货逾期交货的损失；错发到货地点除按合同规定无偿运到规定的到货地点外，并赔偿存货方因此而造成的实际损失。

（二）存货方的责任

（1）易燃、易爆、有毒等危险物品和易腐物品，必须在合同中注明，并提供必要的资料，否则造成货物损毁或人身伤亡，由存货方承担赔偿责任直至由司法机关追究刑事责任。

（2）存货方不能按期存货，应偿付保管方的损失。

（3）超议定储存量储存或逾期不提时，除交纳保管费外，还应偿付违约金。

（三）违约金和赔偿方法

（1）违反货物入库和货物出库的规定时，当事人必须向对方交付违约金。违约金的数额为违约所涉及的那一部分货物的　　个月保管费（或租金）或　　倍的劳务费。

（2）因违约使对方遭受经济损失时，如违约金不足以抵偿实际损失，还应以赔偿金的形式补偿其差额部分。

（3）前述违约行为，给对方造成损失的，一律赔偿实际损失。

（4）赔偿货物的损失，一律按照进货价或国家批准调整后的价格计算；有残值的，应扣除其残值部分或残件归赔偿方，不负责赔偿实物。

第十条 由于不能预见并且对其发生和后果不能防止或避免的不可抗力事故，致使直接影响合同的履行或按约定的条件履行时，遇有不可抗力事故的一方，应立即将事故情况电报通知对方，并应在　　天内，提供事故详情及合同不能履行、或者部分不能履行、或需要延期履行的理由的有效证明文件，此项证明文件由事故发生地区的公证机构出具。按照事故对履行合同的影响的程度，由双方协商决定是否解除合同，或者部分免除履行合同的责任，或者延期履行合同。

第十一条　其他

保管方：（盖章）	存货方：（盖章）
法定代表人：	法定代表人：
地址：	地址：
银行账户：	银行账户：
签订日期：　　年　月　日	

第四节　仓单管理

一、仓单概述

（一）仓单概念

我国《合同法》第385条规定："存货人交付仓储物的，保管人应当给付仓单。"所谓仓单，就是指仓储保管人在收到仓储物时向存货人签发的表示已经收到一定数量的仓储物，并以此来代表相应的财产所有权利的法律文书。

（二）仓单的法律意义

仓单是存货人或仓单持有人提取仓储物的凭证，同时也是保管人、存货人或仓单持有人验收储存物，确定货物是否依合同约定的条款得以合理保管的依据。仓储物品的所有权随仓单的转移而转移。仓单是有价证券，不但可以经背书转让，而且根据我国担保法的有关规定，仓单还可以作为权利质押。

1. 仓单是仓库保管人签发的法律文书

仓单表明了保管人对存货人在仓储物上的权利的确认。所谓的保管人签发，不仅包括保管人亲自签发仓单，而且也包括保管人的代理人及其雇员所签发的仓单。保管人的代理人或雇员所签发的仓单在法律意义上与保管人亲自签发的仓单具有同等效力。保管人出具签发的仓单，就意味着保管人已经收取了存货人交付的仓储物，而且该仓储物已经经过保管人验收，并被保管人确认符合仓储合同约定的仓储物。

2. 仓单是对存货人签发的法律文书

存货人只是一种身份，并不一定是存入货物的行为者，对保管人而言，只要是仓单持有人就是存货人。保管人签发仓单是依据仓储合同而为的义务，而合同的另一方当事人即存货人就是接受保管人履行合同义务权利的接受者，因此，保管人只对存货人给付仓单，承担仓储合同上的义务。存货人持有仓单就表明自己已完全按照合同的约定向保管人交付了合格的仓储物，并可凭仓单要求保管人到期返还仓储物。

3. 仓单是代表一定的财产所有权的法律文书

存货人持有仓单所证明的应当是：虽然货物人已交付给了保管人，但这种交付并不涉及财产权利的转移，交付只是为了求得妥善的存储与保管，仓储物的所有权仍然掌握在自己手中，自己仍然可以以所有人的身份自由处分仓储物，在仓储期满时，存货人或者仓单持有人就可以以此为凭证提取仓储物。

二、仓单的功能

（一）保管人承担责任的证明

仓单的签发意味着仓储保管人接管仓储物，对仓储物承担保管责任，保证在仓储期满向仓单持有人交还仓单上所记载的仓储物，并对仓储物在仓储期间发生的损害或灭失承担赔偿责任。

（二）物权责任

仓单作为提货的凭证就意味着合法获得仓单的仓单持有人具有该仓单上所记载的仓储物的所有权。一方面，持有仓单就意味着具有仓储物当然的所有权，但这种所有权是一种确定的物权，只表示占有该仓单上所描述的具体的“物”，并不意味着固定的价值。另一方面，这种物权会因为不可抗力、自然损耗等保管人免责的原因造成灭失，还会因为保管到期产生超期费以及保管人进行提存的风险，由于仓储物的原因造成保管人其他财产损失的赔偿风险。

仓单持有人因持有仓单所获得的仓储物的所有权，仅仅是仓单所明示的物权，并不当然获得存货人与保管人所订立仓储合同中的权利，只有这些权利在仓单中列明时才由仓单持有人承受。相应地，保管人也不能采用未在仓单明示的仓储合同约定的条款对抗仓单持有人，除非仓单持有人与存货人为同一人。

（三）物权交易

仓储物交给仓储保管人保管之后，保管人占有仓储物，但是仓储物的所有权仍然属于存货人，存货人有权依法对仓储物进行处理，可以转让仓储物，这是存货人行使所有权的权利。但是在保管人签发仓单的情形下，存货人和保管人达成了凭仓单提货的契约，保管人可以拒绝仓单持有人之外的其他人行使提货权。因而存货人要进行存储物转让就必须将仓单转让。存货人在获得仓单后，需要转让仓储物时，如果要通过取出仓储物进行实物交割显然是极为烦琐，又极度不经济。为了便利和节省交易费用，存货人通过直接转让仓单的方式转让仓储物，由受让人凭仓单提货。通过仓单转让即可以实现仓储物所有权的转让交易，又不涉及仓储物的保管和交割，是一种简便和经济的方法。仓单的转让机制基础在于仓储保管人对于仓储物的理货验收、对仓储物的完整性承担责任和对所签发仓单的提货保证。

1. 仓单的背书转让

由于仓单大都为记名证券，仓单的转让必须采用背书转让的方式进行。由出让人进行背书，并注明受让人的名称，保持仓单的记名性质。

2. 仓单转让须经保管人签署

仓单通过背书转让，仓储物的所有权发生了转移，被背书人成为了仓单持有人。这也就意味着原先同保管人订立仓储合同的存货人将凭仓单提取货物的合法权利转让给了其他人。保管人将向第三人履行仓储合同义务。根据《合同法》第 80 条规定："债权人转让权利的，应当通知债务人"；同时还规定债务人转让义务的，应当经债权人同意。仓单的转让可能仅涉及存货人的债权的转让，也可能存在受让人支付仓储费等债务的转让，因而仓单转让就需要保管人的认可，经保管人签字或者盖章，仓单受让人才能获得提取仓储物的权利。

（四）金融工具

由于仓单所具有的物权功能，仓单也代表着仓储物的价值，成为有价证券。因其所代表的价值可以作为一定价值的担保，因而仓单可以作为抵押、质押、财产保证的金融工具和其他的信用保证。

三、仓单的内容

依据《合同法》第 386 条规定，仓单应载明以下内容。

（一）存货人的名称或者姓名和住所

存货人是仓储物的初始所有人或者占有人，有权对货物进行仓储处置。存货人是仓单法律关系的一方，承担着仓单所确定的存货义务和权利。存货人名称完整的记录，也是判定以后仓单背书转让连续性的依据。

仓单上应写明真正的存货人或所有人。若填写的是通知人或经办人名，则是无名合同。存货人的名称为存货法人的完整名称，与法人证书的登记名称应完全一致。当存货人为个人时，采用该人的法定完整姓名。住所为存货企业的所在地或主营业所在地、发生仓储业务关系的分营业部所在地、个人的居住地或者常住地。住所地址要求有完整的街牌号或者乡村名称。因为住所地址是仓储业务中保管人与存货人联系的途径，一般要注明联系电话、电子邮箱等便利的联系方法，更为重要的是当发生争议时，该住所是司法管辖的确定因素之一，因而必须认真对待。

（二）仓储物的品种、数量、质量、包装

仓储物是仓单的标的物，仓储物的品名、数量、质量、包装/件数、标记和标志是对仓储物的准确描述，构成了仓储物的特定化，也是保管人向仓单持有人交还物品的依据和标准。若保管人不能交还仓单所描述的特定仓储物，就需要给予赔偿，但这个特定物不一定就是原物，只有当双方签订的仓储合同为一般保管合同时才会约定是原有物。仓储物的品名、数量、质量、包装、件数、标记和标志是保管人接受仓储物时查验和理货所获得的准确结果，必要时可以通过商品检查获得；若签订的是混藏仓储合同或消费式仓储合同，还需要注意国家有关技术标准的应用。仓储物的品名应是标准名称。质量可以采用国家标准和行业标准或公认的等级质量标准或者标明具体的质量水平，或者直接以检验结论标定。包装一般来说为保管人所认可的包装方式。标记和标志应该按照国家有关的标准和行业规范进行应用。

（三）仓储物的损耗标准

仓储物在储存作业、长期保存和流通加工中会发生损耗。这往往是仓储物自身特性的自然减量和公认的合理损耗。在交接和保存过程中，货物的计量累计误差、破损、挥发、变质、风化、氧化、陈化、黏尘等都由保管人承担就显得不合理。仓储物的耗损标准就是在交还仓储物时仓储物数量的短少或缺失在仓单所约定的仓储物耗损标准之内，保管人不予赔偿。这就是保障交易双方合法权益的基础，可以使交易简化可行，并降低交易费用。

仓储物的耗损标准有国家或行业规定的可以按照规定标准执行，无标准的由双方约定耗损标准。确定耗损标准后，保管人在将仓储物交付仓单持有人时，对仓储物在耗损标准内的数量短少、质量变化等不予以赔偿，保管人只需要赔偿耗损标准以外的损失。

（四）储存场所

储存场所一般在仓储合同中约定，也可以由保管人安排，在仓单中记载的储存场所应为仓储物的实际存放地点。储存场所应注明储存的仓库名称和地点，有时还须明确注明存放仓储物的仓库号、堆场号、货位号等存货的具体位置。储存物所涉及对仓储物的保管条件、保管标准、操作工艺和消防安保，以及仓储期间风险的大小、存入和提出仓储物的成本费用和便利条件。当发生仓储争议时，储存场所也是决定司法管辖权的因素之一。

（五）储存期间

仓储合同是一种有时限的合同，仓单持有人和保管人在合同约定的期间内享有权利和承担义务。仓储经营保管人在事先约定的时期内对仓储物承担保管责任和义务。为了便于仓单持有人明确掌握储存期限，必须将储存期限特别是储存到期时间明确记录在仓单上。储存时间的表示可以选用开始期加限期的方式，如存储期一个月，从仓单签发日起算，到期日为节假日的，顺延到节假日后第一个工作日；也可以选用明确到期日的方式表达，如某年某月某日到期，这由初始存货人与保管人约定选用。

（六）仓储费

仓储费是合同订立的重要目的和基本内容。仓储费由保管人和存货人约定，包括仓储费计费标准、结算支付方式、支付地点、时间、超期付费、滞纳金等。仓储费是分期结算支付，由提货人支付，还是在提货时结算，必须在仓单上准确记录，以便约束存货人和仓单持有人。同时在仓单转让时，受让人要知道其所要承担的仓储费支付义务、支付条件和支付金额。

仓储费计算标准还是超期保管费用计算的基础。这对于具有长期保存价值的交易物品来说极为重要。例如，工艺品、文物、贵重金属、原材料等。

（七）仓储物已经办理保险的，其保险金额、期间以及保险人的名称

不同的仓储物保管风险各不相同。为了减小风险，对仓储物投保财产险有时十分必要，且是一种有效的方法。对仓储物投保所需要的费用，一般由仓储物所有人承担。如果保管未保险的仓储物，保管人为了降低自身责任风险，也可以采用由仓储人购买保险的方法，当然其保险的成本会通过抬高仓储费等方式转移给仓储物的所有人。另外，是否对仓储物进行投保，对仓单受让人具有直接利益关系，因为仓单的转让只是转让了仓储物的物权，受让人也要承担相应的风险。受让人必须明确掌握仓储物的价值保证程度，其中包括具体的保险金额、保险条款、期限和保险人。

（八）填发人、填发日期和填发地

填发人为仓储经营人的企业全称（公章）或者法定代表人的姓名。这是仓单和合同的必须要求，不可省略。填发人的签署表明仓单发生效力。填发日期和填发地不仅表示仓单发生效力的时间和地点，也是法律时效起算时间的依据和发生争议与纠纷时确定司法属地管辖的依据。

一份真实有效的仓单可以包含以上所有内容或者其他仓储业务交易双方认为必要的内容，也可以根据需要省略一些内容。只要仓单的内容能够切实充分表达出仓储物的物权、保管人的责任义务承担程度、仓单持有人提取仓储物的权利等仓单基本事项，保管人签发的仓单就应该有效。缺乏保管人、存货人、仓储物、存货地点、保管人签署等基本事项就是无效的仓单。

四、仓单质押

（一）仓单质押介绍

仓单质押贷款是一项新兴的物流服务，是传统储运向现代物流发展的一个延伸业务，同时，它也被看成是一种金融产品。通过仓储企业作为第三方担保人，有效地规避了金融风险，可以在相当一段时间里，解决我国目前信用体系不健全的问题。因此，近年来这项业务受到了生产企业、物流企业、银行的广泛关注。

所谓仓单质押贷款是指货主企业把货物存储在仓库中，然后可以凭仓库开具的货物仓储凭证——仓单向银行申请贷款，银行根据货物的价值向货主企业提供一定比例的贷款，同时由仓库代理监管货物，三方关系如下图所示。仓单质押作为一种新型的服务项目为仓储企业拓展服务项目、开展多种经营提供了广阔的舞台。特别是在传统仓储企业向现代物流企业转型过程中，仓单质押作为一种新型的业务应该得到广泛应用。

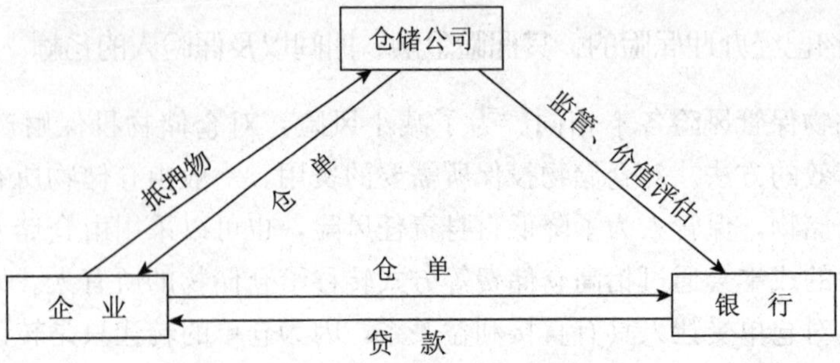

仓单质押融资关系图

（二）仓单质押贷款的操作流程

仓单质押业务是一项在国外较为成熟的金融服务业务。近年来，随着我国现代物流业的发展，仓单质押业务在我国许多地方和行业逐渐开展起来，并取得了一定成效。

目前，仓单质押贷款业务主要有两大形式。

（1）现有存货的仓单质押贷款，其基本要点是：货主企业把货物存放在仓储企业中，然后凭货物仓储凭证——仓单向银行申请贷款，银行根据货物的价值向货主提供一定比例的贷款，而由仓库代理监管货物。

（2）拟购买货物的仓单质押贷款，即保税仓业务，它相对于前者的特点是先票后货，即银行在买方客户缴纳一定的保证金后开出承兑汇票，收票人为生产企业，生产企业在收到银行承兑汇票后按银行指定的仓库发货，货到仓库后转为仓单质押。

对抵押物的要求：所有权明确、无形损耗小、市场价格稳定、易变现、便于计量、质量合格钢材、有色金属、建材、石油化工产品等。

对企业的要求：质押货物要存储于银行认可的仓储方；对仓单载明的货物有完全所有权，并且是仓单上载明的货主或提货人；从事质押货品经销的年限大于等于一年，购销渠道稳定；资信可靠，具有偿付债务能力；融资用途应为针对仓单货物的贸易业务。

（三）仓单质押贷款的潜在风险

仓单质押贷款业务开展以后所引起的资金流动，涉及法律、管理体制、信息安全等一系列的问题，会随着实践的深入逐渐显露。因此，仓单质押是有一定风险的。对于仓储物流业来说，仓单质押业务的风险主要有以下几种。

1. 客户资信风险

客户的业务能力、业务量及商品来源的合法性，对仓库来说都是潜在的风险。在滚动提取时提好补坏，有货物损坏风险，还有以次充好的质量风险。

2. 仓单风险

仓单是质押贷款业务和提货的凭证，是有价证券，也是物权证券。但是目前仓库所开的仓单还不够规范，如有的仓库甚至以入库单作质押凭证，以提货单作外提货凭证。

3. 质押商品选择风险

并不是所有的商品都适合作仓单质押，因为商品在某段时间内价格和质量都是会随时发生变化的，也就是说会有一定程度的风险。

4. 商品监管风险

在质押商品的监管方面，由于仓库银行之间的信息不对称、信息失真或者信息滞后都会导致任何一方决策失误，造成质押商品的监管风险。

5. 内部管理和操作风险

许多仓库的信息化程度很低，还停留在人工作业的阶段，会增加内部人员作业的操作失误的机会，形成管理和操作风险。

（四）规避风险的相关措施

针对上述仓单质押贷款的潜在风险，主要采取如下的防范措施（若存储商品发生损毁，需保险公司理赔的，应遵循保险公司相应的规范程序）。

1. 仓单的真实性、有效性

防范措施包括指定印刷、固定格式、预留印鉴、由指定专人送至银行，并在仓单上和银行合作协议中申明；由借款人保证仓单的真实性和有效性，否则因此产生的贷款资金风险由借款人负完全责任。

2. 对仓单质押商品要有一定的限制

该种商品应尽量是一种适用广泛、易于处置、价格波幅较小且不易变质（保存期至少一年）的商品，如各类基础生产资料。为避免仓储、运输过程中对货物的损毁而带来的资金风险，应要求借款人在提供仓单的同时提交相应的“财产一切险”保单，第一受益人应为质押权人，即贷款银行。

3. 对质押货物的监管

借款企业、仓库和银行三方保持信息畅通，在协商合作的基础上就相关的合作事宜达成一致，并签署协议。协议一经签署，双方均需严格按照执行。

4. 仓单质押价格的确定

可以根据货物存放地的市场价或生产商与交易市场签订的代销暂定价来认定仓单价值。同时通过分析该种货物三年的市场价格波动情况来判定其波幅空间，波幅小的折扣率可以大一些，七折甚至八折；波幅大的折扣率则必须有所下降，六折或五折不等。作为补充保证，还应设立风险保证金制度。

5. 仓单质押货物的释放

由于一张仓单项下的货物是在不同时间、根据销售进度以多张不等量“专用仓单分提单”方式释放的，因此从仓单进入银行获准质押放款开始就要由管户信贷员按仓单编号、日期、金额、仓储地等因素登记明细台账，每释放一笔，就要在相应仓单项下作销账记录，直至销售完成，贷款全部回笼为止。

（五）仓单质押融资新模式介绍

1. 异地仓单质押融资

异地仓单质押融资可以把需要质押的存货保管在方便企业生产或销售的仓库中，无须再将货物转移到银行指定的物流公司仓库中。

2. 保兑仓融资模式

保兑仓融资模式又称买方信贷，特点是先票后货，即银行在没有货物质押的情况下先开出承兑汇票。其操作方式为：首先形成一个以四方为主体的两套三方协议，四方主体分别是：生产企业、经销商、银行、物流企业。两套协议：生产企业、经销商、银行；银行、物流企业、经销商。银行在经销商缴纳一定保证金后开具承兑汇票，收票人为生产企业，生产企业在收到银行承兑汇票后按银行指定的仓库发货，货物到仓库后转为仓单质押。

3. 统一授信的担保模式

银行把一定的贷款额度直接授权给仓储公司，再由仓储公司根据客户的条件、需求等进行质押贷款和最终清算。银行基本上不参加质押贷款项目的具体运作，有利于企业便捷地获得融资。银行利用仓储公司的经验及担保降低贷款风险。

第五节　案例分析及实习实训指导

案例分析

一、企业基本情况

中国金属抚顺红峰矿业有限公司注册资本人民币 1.1 亿元，是以生产粗铜、硫酸、铜精矿、锌精矿、硫精矿为主，集采、选、冶综合生产能力于一体的有色金属独立工矿企业，公司年经营收入 5.7 亿元。

公司业务发展稳定增长，生产铜价格日渐走高，目前该公司在上海期货交易所存有近 5000t 电解铜，均作保价交易，按照上海期货交易所电解铜每吨 67000 元计算，共占用该公司流动资金近 3.3 亿元，由此造成公司流动资金紧张。公司近年产能不断扩大，需要采购大量铜矿石，公司自产铜精矿量预计为 8500t，缺口为 8000t。需采购资金 1.8 亿元。

二、银行切入点分析

授信方案：以该公司现有铜矿作为质押提供融资，用于铜精矿采购。

提款及还款方式：提款与还款方式应该与客户的资金需求匹配，提款必须用于采购，销售还款必须用于还款。

根据该公司经营情况及实际资金需求情况，分次提款。银行信贷资金到期，该公司计划用其销售收入偿还。该公司还款来源主要是经营收入，从收入来源分类，主要分为电解铜、工业硫酸、锌精矿三大类。该公司目前在上海期货交易所存有近 5000t 电解铜，到年底电解铜存有量将达 7000 多吨，该公司每个月能通过上海期货交易所交易 1250t 电解铜，按照该公司在上海期货交易所的保价计算，每月仅电解铜的销售回款近 9000 万元，7000t 电解铜的销售回款将达到 4.7 亿元，具备还款能力。

供应渠道分析如表 4 -1 所示。

表 4-1　　供应渠道分析

前三名供应商（按金额大小排名）	金额（万元）	占全部采购比率（%）
河北保定矿业有限公司	10352	21.5
辽宁桓仁矿业有限公司	8757	18.2
北京昊华金辉贸易有限公司	7000	14.5

供应商总体评价：该公司供应商绝大部分为民营企业，采购铜精矿为国内短缺商品，是卖方市场，均为现款交易，公司年自产铜精矿 8000t 左右，铜精矿缺口为 7000～8000t。供应商与该公司合作多年，供货质量有保证，货源稳定，供货价格一般随行就市而定。

销售渠道分析如表 4-2 所示。

表 4-2　　销售渠道分析

前三名销售商（按金额大小排名）	金额（万元）	占全部销售比率（%）
上海大昌铜业有限公司	11981	14.75
张家港联合铜业有限公司	10891	13.4
烟台鹏晖铜业有限公司	10792	13.29

销售商总体评价：该公司销售商大部分为大型国有企业，销售价格在几个月前该公司就已锁定（该公司在上海期货交易所存放电解铜时做保价交易），均为长期客户，货款回收及时，主要业务销售在国内市场，要求产品质量较高（按照上海期货交易所质量要求），买方市场需求稳步增长，因电解铜属于基础生产原料，国内消耗量大，产品供不应求，付款方式均是现款交易方式。

三、风险分析

贷款期限内的价格趋势做出预测分析，贷款期限内质物是否能覆盖贷款金额、不致产生缺口。

该公司提供质押物是在上海期货交易所存放电解铜，从目前了解到的情况来看，在未来半年内，电解铜价格呈现稳步上扬趋势，且该公司在上海期货交易所存放电解铜时做保价交易，银行按照该公司在上海期货交易所存放电解铜所做保价价格质押，贷款期限内该公司提供质押物能覆盖贷款金额、不致产生缺口。

四、银企合作情况

业务流程如下。

（1）银行、交易所、中国金属抚顺红峰矿业有限公司及仓储公司签订《标准仓单质押四方协议》，明确四方权利与义务。协议明确约定以下事项：债务清偿之前，如果质押率达到 80%～85%，中国金属抚顺红峰矿业有限公司应追加足额质物标的，或者补足相应保证金，或者偿还部分授信以确保质押率恢复到 80%以下；如果质押率超过 85%，银行有权提前终止合同并直接拍卖或变卖质物，拍卖或变卖所得款项用于偿还银行贷款。中国金属抚顺红峰矿业有限公司如有诉讼、仲裁等事项并可能给银行授信带来风险时，银行有权提前终止合同并直接拍卖或变卖质物标的。

（2）质押合同生效期间，中国金属抚顺红峰矿业有限公司欲提前出售质物，须征得银行书面同意。按中国金属抚顺红峰矿业有限公司书面指令，由银行进行部分（或全部）质物出售，所获资金首先用来偿还银行贷款本息（或抵补授信项下的保证金），余款退还中国金属抚顺红峰矿业有限公司。

（3）标准仓单的质押登记由交易所办理，交易所办理质押登记后应向银行出具书面确认文件，并在文件中明确在质押期间出质的标准仓单不得挂失、补办。中国金属抚顺红峰矿业有限公司应将出质的标准仓单持有凭证移交银行，银行应由专人负责接收、登记、保管。

（4）在中国金属抚顺红峰矿业有限公司履行还款义务后，授信协议自行终止。银行在授信协议终止的同时，为中国金属抚顺红峰矿业有限公司办理标准仓单质押解除手续，并退还标准仓单持有凭证。

案例思考题：

1. 仓单质押担保的效力范围。
2. 仓单质押融资的业务流程。
3. 仓单质押融资对抵押物的要求。

实习实训

一、实训名称：仓储合同的签订

二、实训目的

通过实训要求学生了解仓储合同的基本形式，掌握仓储合同的签订方法，把握仓储合同签订的注意事项。

三、实训操作指导

（一）实训步骤

（1）将学生分成若干个小组，每组大约5人。

（2）由指导教师讲解基本格式，并出示式样。

（3）指导教师出示案例资料，学生根据设定的环境，模拟合同签订的双方，进行仓储合同的洽谈，书写与签订。

（二）签订仓储合同的注意事项

仓储合同不同于一般的保管合同，在订立仓储保管合同时，应采取书面形式，在以书面形式订立仓储合同时，应注意以下问题。

1. 对合同的主要条款应谨慎明确

仓储合同的主要条款可以参考本书内容。例如由仓储管理人员代办运输的条款中，应明确规定仓储管理人员有按期做好进站准备、向车站港口申报车船托运的责任。对于仓储时间，按照双方约定的起止时间填写，例如双方约定的是从2000年10月1日到2002年2月1日，就不能故意将时间只填写为到期日，这样会在双方存储时间的确定上有争议。

2. 要求仓储管理人员在合同上签字盖章

一般来说，依据我国《合同法》的相关规定，以合同形式签订的合同，其成立与生效时间，以双方当事人在合同上签字盖章的时间来判断。因而存货人在与仓储管理人员签订仓储保管合同时，应及时要求仓储管理人员在合同上签字盖章；在对方还没有在合同上签字盖章的情况下，应禁止履行合同，以免产生不必要的损失。

3. 口头仓储合同的形式补救

如果存货人与仓储管理人员订立的仓储保管合同是口头形式的，那么在存货人向保管人交付仓储物时，应当及时要求仓储方签发仓单，以证明仓储合同的存在以及合同的主要内容。同时应注意在获得仓单时，应审查仓储管理人员是否已在仓单签字或盖章，因为如果没有仓储管理人员的签字或盖章，仓单没有效力。

（三）仓储合同的主要内容

第一条 仓储物的详细信息，包括名称、数量、质量、包装形式等。

第二条 储存场所、储存物占用仓库位置及面积。

第三条 仓储物（是/否）有瑕疵。有关瑕疵的具体描述。

第四条 仓储物（是/否）需要采取特殊保管措施。填写有无即可。

第五条 仓储物入库检验的方法、时间与地点。

第六条 存货人交付仓储物后，保管人应当给付仓单。

第七条 储存期限：从____________年________月________日至________________年________月________日。

第八条 仓储物的损耗标准及计算方法。设定损耗标准，比如允许有0.3%的损耗。

第九条 保管人发现仓储物有变质或损坏的，应及时通知存货人或仓单持有人。

第十条 仓储物（是/否）已办理保险，险种名称：________________；保险金额：________________；保险期限：________________；保险人名称：________________。

第十一条 仓储物出库检验的方法与时间，比如检验数量、包装和品质。

第十二条 仓储费（大写）。

第十三条 仓储费结算方式与时间：可采用一半预付、一半出库付清的方式，例如2015年5月1日之前付1800元，2015年5月10日付1800元。

第十四条 存货人未向保管人支付仓储费的，保管人（是/否）可以留置仓储物。

第十五条 违约责任。应明确违约方具体的责任。

第十六条 合同争议的解决方式：本合同在履行过程中发生的争议，由双方当事人协商解决；也可由当地工商行政管理部门调解；协商或调解不成的，按下列第______种方式解决。

①提交当地商业仲裁委员会仲裁；②依法向人民法院起诉。

第十七条 其他约定事项。

最后，当事人签字盖章和日期。

（四）实训内容

2004年6月3日，郑州市盛达粮油进出口有限责任公司与郑州市东方储运公司签订一份仓储合同。合同约定：由东方储运公司为盛达公司储存保管小麦60万千克，保管期限自2004年7月10日至11月10日，储存费用为50000元，任何一方违约，均按储存费用的20%支付违约金。2004年8月10日，郑州市盛达粮油进出口公司将所储存60万千克小麦转让给了郑州市金象面粉厂。请分组模拟郑州市盛达粮油进出口有限责任公司和郑州市东方储运公司合同签订过程，并拟订一份仓储合同。

四、实训考评

实训考评表如表4－3所示。

表4－3　　实训考评表

<table>
<tr><td>考评项目</td><td colspan="5"></td></tr>
<tr><td>被考评人</td><td colspan="2">班级：</td><td colspan="3">姓名：</td></tr>
<tr><td rowspan="6">考评标准</td><td>考评内容</td><td>分值（分）</td><td>自我评价</td><td>小组评价</td><td>老师评价</td></tr>
<tr><td>仓储合同书写规范</td><td>20</td><td></td><td></td><td></td></tr>
<tr><td>合同签订的流程正确</td><td>30</td><td></td><td></td><td></td></tr>
<tr><td>洽谈用语符合商务规范</td><td>20</td><td></td><td></td><td></td></tr>
<tr><td>仓单的背书转让符合法律的要求</td><td>20</td><td></td><td></td><td></td></tr>
<tr><td>按时提交实训报告</td><td>10</td><td></td><td></td><td></td></tr>
<tr><td colspan="3">合　计</td><td></td><td></td><td></td></tr>
<tr><td colspan="3">综合得分（自评10%、组评30%、师评60%）</td><td colspan="3"></td></tr>
</table>

练习题

一、判断题

1. 仓单融资实际上是一种票据抵押融资方式。（　　）

2. 仓单质押融资多用于钢材、有色金属、黑色金属、建材、石油化工产品等大宗货物。（　　）

3. 在仓单质押融资当中，企业对于仓单上所载明的货物拥有完全所有权或者部分所有权，但是如果拥有部分所有权的话，仓单质押的金额只能按照企业所拥有部分的所有权进行质押融资。（　　）

4. 仓单质押融资对于融资的用途没有特殊的要求。（　　）

5. 异地仓单质押融资无须再将货物转移到银行指定的物流仓库中，极大地降低了企业的质押成本。（　　）

6. 在仓单质押融资统一授信模式中，仓储公司向银行提供信用担保，并直接利用信贷额度向相关企业提供灵活的质押贷款业务，银行则基本上不参加贷款项目的具体运作。（　　）

7. 客户服务目标的确定（客户服务水平）是销售物流规划的首要任务，了解客户的真实需求是关键，需要进行大量的沟通和调查分析。（　　）

8. 不同的企业客户在企业不同的发展阶段，会有不同的客户服务水平，是动态变化的，要灵活应对，制订分阶段的计划。（　　）

9. 物流企业为了使客户满意，应向客户提供最优的服务。（　　）

10. 为了确保对物流服务进行定量控制和评估，物流标准要表达清楚，具有量化指标。（　　）

11. 在仓单质押业务中，质押贷款协议需要银行、仓储企业和货主企业三方共同签订。（　　）

12. 物流客户信息管理可以帮助企业实施针对性强、效率高的市场营销活动。（　　）

13. 建立物流服务提供商的竞争模式，可以避免物流业务停止运行或短期内必须找到新的供应商的困难局面。（　　）

二、选择题

1. 作为企业客户服务一部分的物流服务，最终要通过（　　）体现出来。

A. 顾客的满意度　B. 企业的收益　C. 运作绩效　D. 企业信誉度

2. 物流客户服务具有三个基本特点，其中的缺货频率、满足率和发出订货的完成情况是（　　）所要考虑的三个性能指标。

A. 产品的可得性　B. 灵活性　C. 服务的可靠性　D. 运作绩效

3. 供应商评选的操作步骤第一步是（　　）。

A. 建立供应商评选小组　B. 分析市场竞争环境

C. 评选供应商　D. 实施供应链合作关系

4. （　　）开发客户方式由于针对性强，适合为客户提供专业物流服务的功能型物流企业。

A. 网络　B. 广告　C. 品牌　D. 电话

5. 选择经销商时必须考虑的硬件条件有（　　）。

A. 经销商的地理位置　B. 经销商的财务状况及管理水平

C. 经销商的促销政策和技术　D. 经销商的综合服务能力

6. 以下不属于物流企业提供的物流服务的是（　　）。

A. 流通加工服务　B. 资信服务　C. 信息服务　D. 金融服务

7. 以下仓单质押对抵押物要求描述不正确的是（　　）。

A. 所有权明确，不存在与他人在所有权上的纠纷

B. 适应用途明确，要保值

C. 无形损耗小，不易变质，易于长期保

D. 市场价格稳定，波动小，不易过时，市场前景较好

8. 以下不属于项目物流特点的是（　　）。

A. 以服务项目为主，项目结束，项目物流也随之结束

B. 多为一次性活动，重复性较少

C. 多为数次性活动，重复性较高

D. 具有特殊性，经常需要特种车辆及工具方能完成物流活动

9. 物流服务成为以顾客为导向的企业营销理念，库存保有率、订货周期、配送率和

商品完好率等指标是（　　）。

A. 衡量物流客户服务的执行标准

B. 物流客户服务的基本特点

C. 物流服务的特性

D. 物流客户服务的内涵

10. 在典型的市场营销环境中，客户所需要的物流服务会随时间而变化。为了能在动态条件下制定营销战略，企业常需要借助（　　）来建模。

A. 物流科学发展理论　　B. 产品生命周期理论

C. 物流系统理论　　D. 物流网络理论

三、简答题

1. 仓储合同的特点是什么？

2. 仓单具有什么功能？

3. 万达物流公司是一家拥有 20000 多平方米仓库的物流企业，主要从事仓储和区域配送服务，储存和配送的产品全部为快速消费品。公司市场部的王经理听说许多物流企业开展了一项“仓单质押融资”的业务很受客户欢迎，还能促使公司的业务量增加，所以，王经理也希望公司能开展这项业务，并准备和相关银行洽谈。你认为万达物流公司目前能开展“仓单质押融资”业务吗？为什么？

第五章　仓储作业管理

知识目标

1. 熟悉货物入库、在库、出库管理的主要内容。
2. 掌握货物出入库作业流程。
3. 了解盘点作业的技巧。
4. 熟悉温控仓库作业的特点。

能力目标

1. 能准确表述仓储的基本作业流程。
2. 能准确及时地办理货物出入库交接手续。
3. 正确处理商品出入库的问题。
4. 能正确运用仓库温湿度控制方法。

导入案例

FIL 公司 A 类零件仓储管理优化

FIL 公司是一家提供汽车零部件物流服务的企业，其业务范围内涉及的零件品种有 2.5 万余种，每天物流流量达到 2 亿元人民币，分布在 26 个独立的物流库房。同时，零件的物流过程包括拆箱入库接收、仓储、装换包装、配送、排序备货、出库、上线、物资出库等物流过程。针对如此繁杂的供货体系，FIL 公司遵循 A、B、C 分类法对零件进行分类管理，将市场紧俏、价值高、易损坏的零件定为 A 类零件。

对于 A 类零件，要求对入口到货进行 100%检验，对零件物流过程的入库、使用、上线进行记录和交接，零件存储、在线采取封闭区域管理和防盗器具上锁管理。同时，实施专人管理，每日进行账实盘点，对补件、返工零件、在途超时、未入库、索赔等情况进行跟踪。

一、入口到货 100%检验

FIL 公司对各个物流入口的 A 类零件按照到货品种对品种一致性、数量一致性进行 100%检验，并记录在“零件入库接收检验记录表”中。如果发现 A 类零件到货数量短缺，则需要填写“零件入库接收检验异常问题记录表”，同时送货人需要签字确认。之后需要将记录表上交给物料业务员，物料业务员按照《物料管理零件到货缺失规定》进行处理。

二、物流全过程交接记录

1. A 类零件实物到货跟踪

A 类零件需要在检验完毕后 30 分钟内进入到货区，并在入货前检查数量一致性、品种一致性、外包装是否有破损以及可能发生丢失的迹象。如果发现异常应立即上报物料管理科进行处理。

A 类零件由 CKD 中心发往各个入口的零件使用运单进行交接，由入口到备货/超市的过程中，FIL 公司需要进行交接并填写“A 类零件交接记录表”。

当某班次要货，而 A 类零件未到，需要在“A 类零件班次交接记录表”中进行记录，同时，零件信息上报班长，并和下一班次班长进行交接，并由班次交接双方共同对零件是否到货进行跟踪。同时，要货 24 小时未到的 A 类零件由各个区域 A 类零件专管人员逐级上报。

2. A 类零件计算机系统入库跟踪

各个物流区域负责 A 类零件的专管人员需要核查每个班次“到货数量”与“SAPR/3 系统入库数量”是否一致，若有差异应及时查明原因并进行跟踪处理，超过 24 小时未能处理的差异需要上报所属区域物料业务员。

对于实物已到而计算机系统未入库、实物未到而计算机系统已入库的情况进行跟踪，直到问题解决后方可消项。同时需要每日发送前一日的工作信息，并通报给各物流区域物料业务员。

3. A 类零件班次交接

每个班次结束前需要对 A 类零件存储区、备货区、库房封存区内未进行计算机系统处理的 A 类零件进行数量盘点，并与下一班次接班人进行交接，双方对交接数量无疑义后签字确定。

当 A 类零件发生技术更改、试装时要详细记录底盘号、试装数量等相关信息，并将相关信息上报给物料管理科。

4. A 类零件的备货要求

备货零件在生产线发生丢失后，给车间补充零件需要填写“零件补件交接单”。而零件是遗漏还是在生产线丢失比较难判定。这就需要 FIL 公司对 A 类零件的备货准确率达到 100%，以便于减少补充零件环节所增加的责任查询不明、零件丢失与否判定困难的问题。

5. A 类零件上线、补件交接

A 类零件需要遵循物流规划系统维护的上线方式上线，根据生产要求将零件输送到防盗工位器具中。尽量减少 A 类零件在转运车中存放的时间，一次不能完全上线需要将零件返回 A 类零件防盗器具内。同时，根据生产计划超过 1 个月暂时不使用的 A 类零件由 FIL 公司转运回库房。

（资料来源：张扬. FIL 公司仓储管理优化研究 [D]. 长春：吉林大学，2013）

仓储作业是从货物入库、在库保管到货物发送的作业全过程。仓储作业是一个系统，各个环节相互衔接，有机配合，从而提高作业效率，加速货物周转，为物资流通提供保障。仓储作业管理是根据仓储活动的客观要求，按照仓储作业活动的目标，以一定的作业方式，对货物入库、在库保管、货物盘点和发货等一系列活动进行计划、组织、协调和控制的过程。

货物入库是仓储作业的开始，是货物储存保管的前提条件；在库储存保管是对商品进行合理的保存和经济的管理，是仓储作业的关键环节；货物盘点是进行存量记录更新、仓储绩效评估、确认损益，以期提高仓储作业效率；货物出库发送是仓储作业的结束，是仓储作业目的的实现。

第一节　入库作业

入库作业组织是指仓储部门接到入库通知单后，合理组织人力、物力等资源，经过入库准备、接运货物、检查验收、办理入库交接手续等一系列作业环节构成的作业过程。

一、入库前准备

入库前准备是保证货物准确、按时入库的重要环节，为了保证入库工作的顺利进行，仓储部门应该根据仓储合同、入库单和入库计划，合理分工，共同做好以下工作。

（一）熟悉入库货物

仓库管理人员在入库前务必要多方收集和查阅入库货物信息，掌握入库货物的品种、规格、数量、包装状况、单件体积、到库的确切时间、货物存放期、货物的物理化学性质以及保管的特殊要求。

（二）掌握库场情况

了解货物入库期间、储存期间仓库的库容、设备、人员的变动情况，以便安排工作。仓库管理员应对仓库进行清查、整理、归位，以便腾出仓容。同时确保装卸搬运设备到位。

（三）制订仓储计划

根据货物情况、仓库情况、设备情况，编制仓储计划，送达各相关作业单位和管理部门。

（四）合理安排货位

根据入库货物性能、数量、类别，结合仓库分区分类保管的要求，核算货位的大小，根据货位使用原则，妥善安排货位、验收场地，做好确定堆垛方法、苫垫方案等准备工作。尤其使用重型设备进行装卸操作的货物，一定要留出足够的空间，确保安全作业。对于照明设备、通风设备损坏的情况，及时报修。

（五）装卸搬运工艺设定

货物入库，必须有装卸搬运机械的配合。因此，仓库应该事先根据货物、货位、设备条件、人员等情况，科学合理地制定卸车搬运工艺，保证作业效率。

（六）科学组织人力

根据货物入库的数量和时间，安排好货物接运人员、商品验收人员、搬运堆码人员和管理员，并按照货物入库的流程，确定各个工作环节所需要的人员数量。

（七）验收准备

仓库管理人员根据货物情况和仓库管理制度，确定验收方法，准备各种相应的点数、称重、丈量等工具，对货物入库验收所需的各种报表、单证及记录簿要预先准备齐全。

不同仓库、不同货物的业务性质不同，入库准备工作也有所区别，需要根据具体情况和仓库管理制度做好充分谁备。

二、货物接运

货物接运是向托运者或承运者办理业务交接手续，及时将货物接运回库。货物接运人员要熟悉各交通运输部门及有关供货单位的制度和要求，按照货物发运时采取的不同运输方式，制定不同的货物接运方式。入库货物接运包括以下几种方式。

（一）铁路专用线接运

铁路专用线接运是铁路部门将转运的商品直接运送到仓库内部的专用线的一种接运方式。例如，当仓储企业库区内建有铁路专用线时，可以要求货物发运方在与承运部门签订运输合同时，在运输方式条款中注明“到站××转××专用线”。货物到站后，铁路部门会通知收货人提货。仓库接到到货通知后，尽快确定卸货车位，力求缩短场内搬运距离，组织好卸车机械和人力，车皮到达后，要引导对位。

在库内发生货物交接时，应注意以下几方面。

1. 卸车前进行检查

卸车前要对车皮及商品全面检查。主要检查内容包括：核对车号；检查货封是否脱落、破损或印文不清、不符；核对到货的品名、规格和件数；检查有无进水、受潮、污染或其他损坏现象。如发现异常请铁路部门派员复查，并作商务记录。

2. 卸车过程中正确操作

按车号、品名、规格分别堆放，做到不混不乱；按外包装标志，正确钩挂、升起、轻放，保证包装完好，不碰损，不压伤，不得自行打开包裹。对损坏货物，应另行堆放，写明标志，并会同承运部门进行检查，编制记录；正确苫垫，防止产品受潮。

3. 卸车后及时清理

卸车后还要检查货物是否卸清，关好车门、车窗，并做好卸车记录，将记录及其他资料向仓储管理人员交代清楚，办好库内交接手续。

（二）到承运单位提货

凭提货单到车站、码头、机场提货时，应对所提货物认真核对、查验，提运人员应根据提单、运单及有关资料在承运单位现场仔细核对所提货物的品名、规格型号、数量等，认真查看货物的包装、封印、标志有无损坏以及有无受潮、玷污、受损等情况。若有短缺、损坏、货票不符等问题，必须当场要求查验确认，并索取相关的证明。

提货后的短途运输中，做到不混乱，无碰伤等损失。危险品应按有关规定办理手续运输。货物到库后，接运人员要将货物逐一清点交给接货的仓储管理人员，并办理内部交接手续。

（三）到供货单位提货

到供货单位提货的特点是提货和验收同时进行，现场点交。提运人员负责现场查看货物的外观质量，点验件数和重量，并验看供货单位的质量合格证、材料码单等有关凭证，并做好验收记录，同时办理签收手续。

（四）供货单位送货到库

供货单位送货到库时，仓储管理人员直接与送货人在收货现场办理接货手续，凭送货单或订货合同、订货协议等当面点验所送货物的品名、规格型号、件数、数量以及有关单证、资料，并查看货物的外观质量。无法当面完成全部验收项目的，要在送货单回执联内注明具体内容待验。

在验收、检查过程中若发现短缺、损坏等问题时，由送货人员出具书面证明、签章确认，留作处理问题时的依据。

（五）承运单位送货到库

交通运输等承运部门受供货单位或货主委托送货到仓库。接货要求与供货单位送货到库的要求基本相同，所不同的是发现短缺、损坏等问题后，除了要送货人当场出具书面证明、签章确认外，还要及时向供货单位和承运单位发出查询函电并做好有关记录。

三、入库验收

验收是指仓库在商品正式入库前，按照一定的程序和手续，对到库商品的数量和外观质量进行检查，还包括根据国家法律和政府法令的要求对某些特殊货物进行的卫生检验和动植物病虫害检疫工作。入库验收不仅可以明确供货单位、承运单位和保管单位的责任，而且可以避免无效劳动。

（一）货物验收的基本要求

1. 及时

到库货物必须在规定的期限内完成验收入库工作。这是因为商品虽然到库，但未经过验收的商品没有入账，不算入库，不能供应给用料单位。只有及时验收，尽快提出检验报告才能保证商品尽快入库入账，满足用料单位的需求，加快商品和资金的周转。同时，商品的托收承付和索赔都有一定的期限，如果验收时发现商品不符合规定要求，需要提出退货、换货或赔偿等请求时，均应在规定的期限内提出，否则，超出期限，将无法提出索赔，造成不必要的损失。

2. 准确

验收应以商品入库凭证为依据，查验入库货物的实际数量和质量状况，并通过书面材料准确地反映出来，做到货、账、卡相符，降低收货差错率，提高企业的经济效益。

（二）入库验收准备

仓库接到提货通知后，应根据货物的性质和批量提前做好验收前的准备工作。

1. 人员准备

提前安排负责质量验收的技术人员，或用料单位的专业技术人员以及配合验收的装卸搬运人员。

2. 资料准备

收集并熟悉验收凭证和有关文件，例如技术标准、订货合同等。

3. 器具准备

准备好验收所用的检验工具，例如衡器、量具等。

4. 货位准备

确定入库货物的存放位置，准备所需苫垫物料，选择合理的堆码方法。

5. 设备准备

对于货物入库所需用的装卸搬运机械，应提前做好安排，及时调用。

（三）验收内容

入库货物的验收包括数量验收、质量验收和精度验收三个方面。数量验收即核查货物数量是否与入库凭证相符；质量验收主要检查货物质量是否符合合同要求，货物包装能否保证在储存和运输过程中的安全；精度验收则检查仪器仪表的精度是否在允许的偏差范围内。

1. 数量验收

数量验收是保证物资数量准确不可缺少的措施，货物入库时一次进行完毕。按商品性质和包装情况，数量检验分为三种形式，即计件、检斤、检尺求积。

（1）计件是按件数供货或以件数为计量单位的货物，在数量验收时清点件数。一般情况下，计件货物应全部清查件数，固定包装的小件货物，如包装完好，打开包装对保管不利，国内货物可采用抽验法，按一定比例开箱点数验收，可抽验内包装5%～15%，其余货物只检查外包装，不拆包检查；贵重货物应酌情提高检验比例或全部检验。进口货物则按合同或惯例办理。

（2）检斤是对按重量供货或以重量为计量单位的货物，数量验收时的称重。金属材料、某些化工产品多半是检斤验收。按理论换算重量供应的商品，先要通过检尺，然后按规定的换算方法换算成重量验收，例如金属材料中的板材、型材的验收。对于进口商品，原则上应全部检斤，但如果订货合同规定按理论换算重量交货，则按合同规定办理。所有检斤的商品，都应填写磅码单，如表 5－1 所示。

表 5－1　　　　　　　　　　　　　磅码单

供货单位：				
合同编号：				计量单位：
序号	货物品名规格	毛重	皮重	净重
司磅员：		记录员：		日期　　年　　月　　日

（3）检尺求积。检尺求积是对以体积为计量单位的商品，例如木材、竹材、沙石等，先检尺，后求体积所做的数量验收。凡是经过数量检验的商品，都应该填写磅码单。

2. 质量验收

质量验收包括包装质量验收、产品内在质量验收和精度验收。仓库一般只对货物的包装质量进行检验，而对于内在质量不进行拆包验收，如果有必要，则由仓库技术管理职能机构取样，委托专门检验机构检验。

（1）包装质量验收。进行货物包装质量验收时应检查是否受潮、污染、腐蚀、霉烂等；检查商品包装的牢固程度；检查商品有无损伤，例如撞击，变形，破碎等。对外观检验有严重缺陷的商品，为防止混杂，要单独存放，等待处理。凡经过外包装检验的商品，都应该填写“检验记录单”。

凡是通过人的感觉器官检验商品后，就可决定商品质量的，由仓储业务部门自行组织检验，检验后做好商品的检验记录。

（2）产品内在质量验收和精度验收。是对货物内在质量和物理、化学性质所进行的检验。包括机械物理性能检验和化学成分检验，主要检验商品成分、结构、物理性质、化学性质、安全性、卫生性以及对环境的污染和破坏性等。理化检验对检验设备和检验条件要求严格，同时要求检验人员具备扎实的基础理论知识和熟练的操作技术，多数仓库不具备这些条件，所以一般由专门的技术检验部门检验后出具检验报告说明货物质量。

3. 精度验收

精度验收主要包括仪器仪表精度和金属材料尺寸精度两方面的验收。

对仪器仪表精度检验时，除简易的指标在仓库验收时检验外，一般是由质检部门或厂方负责质量检验。

对于金属材料中的型材和部分机电产品，根据货物的特点，分别采用不同的检验方法。如椭圆形材料主要检验直径和圆度，管材主要检验壁厚和内径，板材主要检验厚度及其均匀度，对部分机电产品的检验，一般请用料单位派员进行等。

精度检验是一项技术性强、很费时间的工作，全部检验的工作量较大，并且有些产品质量的特征只有通过破坏性的检验才能检测得到。所以，一般采用抽验的方式进行。此外，金属材料在交货时，都有一定的正负偏差范围，经检验，其偏差在允许范围内，则认为符合检验要求。

（四）核对凭证

入库货物必须具备下列凭证：①入库通知单和订货合同副本，这是仓库接收货物的凭证；②供货单位提供的材质证明书、装箱单、磅码单、发货明细表等；③货物承运单位提供的运单。如果入库前发现货物有残损情况，还要有承运部门提供的货运记录，作为向责任方交涉的依据。

核对凭证，就是将上述凭证加以整理、核实、查对，如果发现入库通知单、订货合同与供货单位提供的凭证不符或发现证件不齐等情况，要与供货单位、承运单位和有关业务部门及时联系解决，相符后才可以办理入库交接手续。

（五）验收问题处理

1. 发现问题及时处理

货物验收过程中，可能会发现诸如证件不齐、数量短缺、质量不符合要求等问题，应区别不同情况，及时处理。

（1）凡验收中发现问题等待处理的货物，应该单独存放，妥善保管，防止混杂、丢失、损坏。

（2）数量短缺在规定磅差范围内的，可按原数入账，凡超过规定磅差范围的，应查对核实，做好验收记录，与货主一起向供货单位办理交涉手续。凡实际数量多于原来发出数量的，可由主管部门向供货单位退回多发数，或补发货款。在货物入库验收过程中发生的数量不符情况，其原因可能是发货方在发货过程中出现了差错，误发了货物，或者是在运输过程中漏装或丢失了货物等。因此，货物入库前要对货物数量严格检查。

（3）质量不符合规定时，应及时与供货单位交涉，或征得供货单位同意代为修理，或在不影响使用的前提下降价处理。货物规格不符或错发时，应先将规格正确的予以入库，规格不正确的做出验收记录交给主管部门办理换货。

（4）证件未到或不齐时，应及时向供货单位索取，到库货物应作为待检验货物堆放在待验区，待证件到齐后再进行验收。证件未到之前，不能验收，不能入库，更不能发货。

（5）由承运部门造成的货物数量短少或外观包装严重残损等，应凭接运提货时索取的“货运记录”向承运部门索赔。

（6）价格不符，供方多收部分应予以拒付，少收部分经过检查核对后主动联系，及时更正。

2. 验收过程注意事项

（1）已收到入库通知单和其他证件，在规定时间未见商品到库，应及时向主管部门反映，以便查询及处理。

（2）在商品入库凭证未到齐之前，不得正式验收。如果入库凭证不齐或不符，仓库有权拒绝验收而短暂存放，待凭证到齐后再验收入库。

（3）发现商品数量或质量不符合规定，会同相关人员当场作出记录，必要时应照相或录像，交接双方在记录上签字。如果是交货方问题，仓库应该拒绝接收。如果是承运方的问题，应提出索赔。

(4) 在数量验收中，计件商品应及时验收，如果发现问题，在规定的时期内向有关方面提出索赔要求，超过索赔期限，责任单位或部门对产生的损失将不予负责。

(5) 验收标准主要依据：①采购合同或订单；②采购谈判时的合格样品；③各种产品的国家（行业）质量标准。

四、入库交接

入库交接指货物经过点数、查验后，由仓库管理员根据验收结果，在货物入库单上签收，接收货物，在送货人提供的送货回单上签名盖章，并留存相应单证。

（一）办理入库手续

对于验收合格的商品，应及时办理入库手续。由仓库保管员填写入库单，如表 5－2 所示，以证实该批货物可以正式入库保管。

1. 立“卡”

所谓立“卡”，就是由该种货物的管理人员记录所储存货物的动态卡片，通常又称为货签、货卡或者料卡，直接反映该垛货物的品名、型号、规格、数量、供应商及批次等重要信息，便于分拣作业和库存数量管理，如表 5－3 所示。目前，大部分仓库用条码取代货卡。货卡或条码应挂在货位醒目的位置，如插放在货物下方的货架上，或摆放在货垛下面的明显位置。对于一些自动化程度较高、货物进出频率高的周转仓库应考虑采用电子标签，利用 RFID 技术对货物库存信息进行远距离读写，以提高入库环节的工作效率。

2. 登“账”

为了能够全面、真实、准确地反映货物入库、出库及结存的动态，仓库必须为每一种货物建立仓储管理明细账。仓储管理明细账应详细反映库存货物的进、出和结存情况，并由入库经办人签名。登“账”时应使用合法凭证，使用规定的墨水，按要求书写。如果仓库建立了仓储管理系统，应该通过条码技术或者射频（RFID）技术将货物的信息进行批量录入，通过数据库技术对全部货物的库存进行动态管理。

表 5－2　　验收入库单

<table>
<tr><td colspan="3">送货单位：</td><td></td><td colspan="2">入库日期：　年　月　日</td></tr>
<tr><td colspan="4">合同编号：</td><td></td><td></td></tr>
<tr><td>货物名称</td><td>单位</td><td>应收数量</td><td>实收数量</td><td>收料仓库</td><td>备注</td></tr>
<tr><td></td><td></td><td></td><td></td><td></td><td></td></tr>
<tr><td></td><td></td><td></td><td></td><td></td><td></td></tr>
<tr><td></td><td></td><td></td><td></td><td></td><td></td></tr>
<tr><td colspan="6">验收记录：</td></tr>
<tr><td>主管：</td><td></td><td>检验：</td><td></td><td>保管：</td><td></td></tr>
</table>

表 5-3　　　　货卡

名称：________	材料牌号：________	规格：________		
数量：________	入库编号：________	入库日期：________		
领用日期	保管人	领用数量	结存数量	备注

3. 建立存货档案

仓库管理人员应对所负责储存的货物及其委托人建立存货档案或者客户档案，以便进行货物管理和保持客户联系，同时有助于总结和积累仓库保管经验。存货档案一般应按照“一货一档”的原则进行设置。每类商品必须建立商品档案，以集中该类商品的技术资料和各种单据，必要时以供查看之用。要将与该货物入库、保管、交接相关的所有重要资料的原件或者复印件整理存档。这些资料包括：技术证明、合格证、装箱单、发货明细表、运输单据、事故记录、入库通知单、验收单、磅码单、技术检验报告，保养、检查、损益记录，出库凭证等。商品档案应统一编号，由专人进行妥善保管，长期保存。

商品档案资料要完整齐全，除必要的技术资料必须随货同行外，其他资料均应留在商品档案内。对于信息化水平较高的仓库，还要求建立相应的电子档案。

(二) 凭证签发

仓库在收到合格的货物后，应向送货人签收运单，向货主签发仓单，以明确运输部门、送货部门和仓库的责任。如果出现短少情况，也可以作为货主向供货方交涉的依据，所以，凭证签发必须准确无误。

五、越库作业

越库作业有两种形式。一是直接装运（Direct Shipping），又叫直接发送；二是直接换装，又叫越库配送（Cross Docking）。

(一) 直接装运

最好的入库方式就是商品压根就没有入库，而是直接发送给客户，省略仓储作业这一步骤。因为这些商品没有经过仓库或物流中心，所以不需要执行卸货、验收、入库等作业，节省大量的劳力、时间及设备消耗，而且也消除了仓库作业的误差和损耗。直接装运的商品一般包括以下货物及类型：①大批量的散装商品；②特殊定做商品；③发送至少为一整车的商品，而中途不需要不同运输方式转换；④饮食行业、食品行业及其他需要温控运送而不需要现货的商品。越来越多的商品直接从制造商的厂址发送给客户或零售商店等。

（二）直接换装

根据国家标准《物流术语》（GB/T 18354—2006）：物品在物流环节中，不经过中间仓库或站点存储，直接从一个运送工具换载到另一个运输工具的物流衔接方式。当商品不能进行直接装运时，次优选择为直接换装。直接换装的商品需要符合下列条件：①供应商预先确定了将物料交付仓库的时间和装载量；②入库商品能够被立即按出库订单进行分类；③出库的订单商品能够被立即搬运到发货平台。这种方式省略了收货、验收、储存等活动。

实施大批量直接换装作业，必须满足特定的集装箱单元化要求，必须进行足够的信息沟通。①仓库必须具有连接上下游企业的信息平台；②每个集装箱和每件商品都必须配有条码或射频标签，便于自动识别；③供应商必须将到达时间、换装时间预先通知仓库或物流中心，以便货到后能够顺利地被自动分配到卸货点；④将被做交接换装的入库货盘或其他容器应该只包含一个单独的存货单位，或者根据目的地的情况进行预先配装，从而将分类的需求降到最小。

第二节　储存作业

货物在验收入库之后，出库发运之前处于储存阶段，在这一阶段，仓库要承担起对在库货物科学的保养和维护，防止货物短少缺失、霉烂变质等现象发生。货物储存阶段指对商品进行合理的保存和经济的管理。所谓合理的保存是指将货物存放在适宜的场所和位置，做到因库制宜、因物制宜；所谓经济的管理是指对库存货物进行合理规划，采用先进的信息技术和科学的管理方法，提高仓储管理效率、降低作业成本。

一、储存的目标

（一）空间利用最大化

按照储存货物容易识别、查找的要求，合理布局、合理堆放，最大限度地利用仓库空间。

（二）人员、设备的有效使用

对人员和机械设备要进行科学有效的管理，做到人尽其才，物尽其用，保证作业过程中及时调配和使用。

（三）货物的有效移动

货物在库房内的移动路线要尽量缩短，保证仓库内部物流的合理化。

（四）货物良好的养护

合理选择货物的储存条件，适应货物的性能和对环境的要求，认真做好仓库温湿度管理和控制，确保货物安全。

二、储存原则

储存货物时，为了保证作业效率和库存货物的质量，一般应遵循以下原则：

（一）质量第一原则

货物储存的根本目的就是保持货物原来的价值和使用价值。因此，在储存作业中，应该把仓储质量放在第一位，保证库存货物质量完好、数量正确，以优质的商品满足生产和生活需要。

（二）预防为主原则

为了避免或减少货物在储存过程中质量劣化和数量损耗，仓库应坚持“以防为主，防治结合”的原则，积极采取预防措施，防止隐患事故发生。

（三）科学合理原则

对库存货物和库区布局要合理规划，根据货物本身的物理、化学特性及变化规律，采取相应的措施，例如对时令性产品的冷藏存储。

（四）效率原则

要努力提高货物储存工作中各方面的效率，充分发挥人的积极性和主动性，不断提高劳动效率；充分利用现有仓储设施，提高设备利用率；充分利用现代化信息技术，提高作业效率。

三、储位管理

储位管理寻求恰当的物品存储方式和恰当的空间货位分配，结合物品的批量、体积、重量、进出量，结合各种储存策略进行货位的优化配置。

（一）货物存放的分区分类

1. 按货物的种类和性质分区分类

货物的种类和性质体现了货物的自然属性。按照货物的自然属性，可以把怕光、怕热、怕潮、怕冻等具有不同自然属性的货物分区分类储存。凡同类货物、性质相近，又有连带消费性的，可尽量安排在同一货区进行储存。性质完全不同、互不兼容的货物则必须严格分区存放。

2. 按不同货主分区分类

当仓库同时为几个货主储存货物时，为了便于与货主进行工作的衔接，防止货物混淆，便于货物存取与管理，往往采取按不同货主分区分类的方式。

3. 按货物流向分区分类

对于储存期较短的货物，在吞吐量较大的中转仓库或待运仓库，按货物的发运方向、运输方式进行分区分类储存。通常先按运输方式划分，再按到达站、点、港的线路划分。这种方法不分货物种类，但性质不相容、运价不同的货物，应分开存放。

4. 按货物的危险性质分区分类

对于具有危险性质，如易燃、易爆、易氧化、放射性、腐蚀性等货物，应根据危险特性进行分区分类，食品和毒品绝不能放在同一库区，以免发生重大事故。

5. 按储存作业的特点分区分类

超大、超长、超重的货物，应与易碎、易变形的货物分区存放；进出库频繁的货物应靠近库门或通道存放，而存期较长的货物则要选择库房深处或高层的库位来存放。

（二）货位编号

货位编号是将库房、货棚、货场、货垛、货架的具体位置进行统一的编列号码，并做出明显标志，以符合“标志明显易找，编排循规有序”的原则，为建立良好的保管秩序提供保障。

1. 货场货位编号

货场货位编号一般有两种方法，一种是先按照货位的排列编成排号，再在排号内进行顺序编号；另一种是不排编号，直接按从前到后或从左到右的顺序进行编号。

2. 货架货位编号

货架货位编号可以采用以下两种编号方法。

（1）以排为单位编号。这种编号方法将库房内的所有货架，以进入库门的方向自左向右进行编号，然后，对每排货架的层和格，在排的编号范围内，自上而下、自前向后顺序编号。

（2）以品种为单位的货架货位编号。这种编号方法是将库房内的货架，按货物的品种划分储存区域后，再以品种占用储存区域的大小，在分区编号后进行货格编号。

3. 四号定位

四号定位是采用 4 组数字号码将库房（货场）、货架、层数和货位号按规律编号，例如，“10—4—3—10”即表示 10 号仓库（10 货场）、4 号货架第 3 层、第 10 号货位。编号要和账面统一起来，做到“见物知账，见账知物”。

4. 信息化管理

现代化仓库及物流中心将货物编号输入到条码或射频标签内，有利于提高商品的作业效率。

（三）储存策略

储存策略主要指确定储位的指派原则，良好的储存策略可以减少出入库移动的距离、缩短作业时间，并充分利用储存空间。一般常见的储存策略包括以下几种方式。

1. 定位储存

定位储存方式下，每一项储存货物都有固定储位，各货架内存放的物品长期一致，货物不互用储位。

（1）定位储存的优点。每项货物都有固定储放位置，拣货人员容易熟悉货物储位；货品的储位可按周转率大小（畅销程度）安排，以缩短出入库搬运距离；可针对各种货品的特性做储位的安排调整，将不同货品特性间的相互影响减至最小。

（2）定位储存的缺点。储位必须按各项货品的最大在库量设计，因此储区空间平时的使用效率较低。

（3）定位储存适用的情况。对于贵重货物、对温湿度有较高要求的货物、危险品、大尺寸和重量较大的货物应该定位储存，以上货物经常更换储位会对商品质量造成损坏，同时会降低存储作业效率。此外，对于厂房空间较大的仓库，应该尽量采用定位存放。

2. 随机储存

随机储存方式下，每一个货品被指派储存的位置都是随机产生的，而且可经常改变。也就是说，任何物品可以被存放在任何可利用的位置。此随机原则一般是由储存人员按习惯来储放，且通常可与靠近出口法则联用，按货品入库的时间顺序储放于靠近出入口的储位。

（1）随机储存的优点。由于储位可以共用，因此只按所有库存货品最大在库量设计即可，储区空间的使用效率较高。

（2）随机储存的缺点。这种储存方式使货物的出入库管理及盘点工作难度加大，周转率高的货物可能被储放在离出入口较远的位置，增加了出入库的搬运距离；具有相互影响特性的货品可能相邻储放，造成货品的伤害或发生危险。

（3）随机储存适用的情况。主要适用于厂房空间有限、种类少或体积较大的货品。

3. 分类储存

分类储存方式下，所有的储存货物按照一定特性加以分类，每一类货物都有固定存放的位置，而同属一类的不同货品又按一定的法则来指派储位。分类储放通常按产品相关性、流动性、产品尺寸、重量、产品特性来分类。

（1）分类储存的优点。这种储存方式便于畅销品的存取，具有定位储放的各项优点，各分类的储存区域可根据货品特性再做设计，有助于货物的储存管理。

（2）分类储存的缺点。分类储存较定位储存具有弹性，但也有与定位储存同样的缺点，即储位必须按各项货物最大在库量设计，因此储区空间平均的使用效率低。

（3）分类储存的适用情况。对于产品相关性大、周转率差别大、尺寸相差较大、经常被同时订购的货物可以采用分类储存方式。

4. 分类随机储存

分类随机储存方式下，每一类货品有固定存放的储区，但在各类的储区内，每个储位的指派是随机的。

（1）分类随机储放的优点。这种方式既有分类储存的部分优点，又可节省储位数量，提高储区利用率。

（2）分类随机储放的缺点。货物出入库管理及盘点工作的进行困难度较高。分类随机储存兼具分类储存及随机储存的特色，需要储存空间量介于两者之间。

5. 共同储存

在确定各物品的进出仓库时间的情况下，不同的物品可共用相同储位的方式称为共同储存。共同储存可以节约储存空间，但是要求仓储部门具备较高的协调管理水平。

（四）储位指派法则

储存策略是储区规划的大原则，因而还必须配合储位指派法则才能决定储存作业实际运作的模式。伴随储存策略产生的储位指派法则，可归纳为以下几项。

1. 以周转率为基础法则

按照商品在仓库的周转率来排定储位。首先依周转率由大自小排一序列，再将此序列分为若干段，通常分为3～5段。同属于一段中的货品列为同一级，依照定位或分类储存法的原则，给每一级的物品指定储存区域。周转率越高应离出口越近。

2. 产品相关性法则

产品相关性大者在订购时经常被同时订购，所以应尽可能存放在相邻位置。相关性储存可以减短提取路程，减少工作人员疲劳。

3. 产品同一性法则

产品同一性法则是指把同一物品储放于同一保管位置的原则。此种将同一物品保管于同一场所来加以管理的方式，让作业人员对于货物位置能简单熟知，而且存取货物时花费的搬运时间较少，同时，也有利于提高盘点作业的准确性。

4. 产品类似性法则

产品类似性法则指将体积、重量接近，消防方式相同，养护方法类似的货物相邻保管。

5. 产品互补性法则

互补性高的物品也应存放于邻近位置，以便缺料时可迅速以另一物品代替。

6. 产品相容性法则

相容性低的产品绝不可放置一起，以免损害品质，如烟、香皂、茶叶不可放在一起。

7. 先进先出法则

先进先出指先入库物品先出库之意，这一法则，一般多适用于寿命周期短的商品，例如感光纸、食品等。一般物品应遵守先进先出这一原则，避免造成商品在仓库内长期滞留而损失。

8. 叠高法则

叠高法则是指利用托盘、货架等工具将物品堆高，以充分利用空间。

9. 面对通道法则

面对通道法则是指物品面对通路来保管，将可识别的标号、名称等标牌放在作业人员容易看到的位置，为货物存取提供便利。

10. 产品尺寸法则

在仓库布置时，我们同时考虑物品单位大小以及由于相同的一群物品所造成的整批形状，以便能提供适当的空间满足某一特定要求。所以，在储存物品时，必须要有不同大小位置的变化，用以容纳不同大小的物品和不同的容积。此法则可以使储存货物数量和位置适当，使分发迅速、搬运时间减少。

11. 重量特性法则

重量特性原则指按照货物重量的不同来决定储存物品的位置高低。一般而言，重物应保管于地面上或货架的下层位置，而重量轻的物品则保管于料架的上层位置；若是以人工进行搬运作业时，人的腰部以下的高度用于保管重物或大型物品，而腰部以上的高度则用来保管重量轻的物品或小型物品。

12. 产品特性法则

物品特性不仅涉及物品本身的危险及易腐特性，同时也包括是否会对其他的物品造成影响。因此，在储位设计时，必须考虑物品的特性。例如易燃物的储存要在具有高度防护作用的建筑物内，并安装适当防火设备；易窃物品的储存要装在有锁的笼、箱、柜或房间内；易腐品要储存在冷冻、冷藏或其他特殊设备之内；易污物品可使用帆布等覆盖；一般物品要储存在干燥及管理良好的库房。

四、货物堆码和苫垫

货物堆码是根据货物的形状、规格、特性及包装等情况，综合考虑地面的负荷、储存的要求，将货物分别堆叠成各种码垛。科学的堆码技术和方法对提高货物的储存质量，提高仓库的利用率和仓储作业的效率，都具有十分重要的作用。

（一）货物堆码要求

1. 对堆码场地的基本要求

堆码场地分为库房、货棚、露天货场三种，不同类型的堆码场地在进行堆码作业时会有不同的要求。

（1）库房内堆码。用于承受商品堆码的库房地坪，要求平坦、坚固、耐摩擦，一般要求 $1m^2$ 的地面承载能力为 5～10t。堆码时货垛应在墙壁线和柱基线以外，垛底要适当垫高。

（2）货棚内堆码。货棚是一种半封闭式的建筑，为防止雨雪渗漏、积聚，货棚堆码场地四周必须有良好的排水系统，如排水沟、排水管道等。货棚内堆码场地的地坪应高于棚外场地，并做到平整、坚实。堆码时，货垛一般应垫高 20～40cm。

（3）露天货场堆码。露天货场的地坪材料可根据堆存货物对地面的承载要求，采用夯实泥地，铺沙石、块石地或钢筋水泥地等。货场地坪应坚实、平坦、干燥、无积水、无杂草，并且四周应有排水设施，堆码场地必须高于四周地面，货垛必须垫高 40cm。

2. 对准码货物的基本要求

货物在堆码前，货物要验收完毕。货物的品名、规格、数量、质量等信息准确无误；货物外包装完好、干净、标志清楚；受潮、锈蚀以及变质的不合格货物，应单独堆码。

3. 货物堆码操作的基本要求

（1）安全。堆码的操作工人必须严格遵守安全操作规范。使用各种装卸搬运设备，严禁超载，同时还须防止建筑物超过安全负荷量。码垛必须不偏不斜，不歪不倒，牢固坚实，易滚动的货物，使用木楔或三角木固定，必要时使用绳索、绳网对货垛进行绑扎固定，以免倒塌伤人、摔坏商品。

（2）合理。对性质、规格、尺寸不同的货物分别采用不同的堆垛方式。不同品种、产地、等级、批次的产品要分开堆放。货垛间距应符合作业要求和安全防火要求，并注意保持五距（墙距、柱距、顶距、灯距、垛距），做到大不压小，重不压轻，缓不围急。

（3）整齐。货垛堆放要整齐，垛形、垛高、垛距标准化和规范化。货物外包装的标记和标志一律朝外，便于查找。

（4）节约。合理安排货位，堆垛时尽量节约空间位置，提高仓库利用率。

（5）方便。选用的垛形要尽量简化，便于拆垛、装卸搬运、收发查点等作业。

（二）货物堆码的基本方法

1. 散堆法

散堆法是指用堆料机或铲车等机械，将无包装的散货在库场堆成货堆的存入方式。这种方式适用于大宗散货，如煤炭、矿石、散粮等。这种堆码方式简便，便于采用现代化的大型机械设备，节省包装费用，提高仓容的利用率。由于散货具有流动性、散落性等特点，所以，堆垛时要在垛位四周预留出一些空间，以免散落时货物超出预定货位。

2. 货堆法

货堆法是指对有包装货物或裸装的计件货物采取的堆垛方式。货堆法可以使仓库整齐，存取货物方便，有效提高仓容利用率和作业效率。货物的形状、体积、包装不同，货垛形式也不相同。常见的堆垛方式包括以下几种。

（1）重叠式。货物逐件、逐层向上层层重叠，整齐地码放。这种方式操作简单、计数容易、收发方便，缺点是稳定性差，一般适合袋装、箱装、平板式的货物。

（2）纵横交错式。长度一致的货物，当排列宽度与长度相等时，采用纵横交错堆码，形成方型垛。适用于管材、棒材、狭长的箱装材料。

（3）仰伏相间式。对于钢轨、槽钢、角钢等商品，可以一层仰放、一层伏放，仰伏相间而相扣，使堆垛稳固。角钢和槽钢仰俯相间码垛时，如果是露天存放，应该一头稍高，一头稍低，以利于排水。

（4）压缝式。将货垛底层排列成正方形、长方形或圆形，然后在两件商品的缝间上码。以正方形、长方形为垛底的货垛纵横截面为“人”字形，适用于建筑陶瓷、阀门、桶形商品。

（5）通风式。需通风防潮的商品堆垛时，商品之间需留有一定的空隙。有利于通风、透气，适宜商品的保管养护。

（6）栽柱式。在货垛的两旁栽上两至三根木柱或钢棒，然后将材料平铺在柱中，每层或间隔几层在两侧相对应的柱子上用铁丝拉紧，以防倒塌。这种堆垛方式多用于金属材料中的长条形材料，例如圆钢、中空钢的堆码。

（7）衬垫式。在每层或每间隔几层商品之间夹进衬垫物，利用衬垫物使货垛的横断面平整，商品互相牵制，以加强货垛的稳固性。这种堆垛方式适用于四方整齐的裸装商品，如电动机。

(8)“五五化”堆码。货物堆垛时，以 5 为基本的计数单位，堆码成各种总数为 5 的倍数的货垛，即大的商品堆码成五五成方，小的商品堆码成五五成包；长的商品堆码成五五成行，短的商品堆码成五五成堆。这种堆垛方式清点方便，数量准确，不易于出现差错，收发快，效率高，适用于按件计量商品。

(9) 货架式。货架方式采用通用或者专用的货架进行商品堆码，适合于存放小件商品或不宜堆高的商品。

(三) 货物苫盖

为了防止商品直接受到风吹、雨打、日晒、冰冻的侵蚀，存放在露天货场的商品一般都需苫盖。因此商品在堆垛时必须堆成易苫盖的垛形，如屋脊形、方形等，并选择适当的苫盖材料，如塑料布、油毡纸、席子、苫布等。对于某些不怕风吹、雨淋、日晒的商品，如果货场排水性能好，可以不进行苫盖，如生铁、石块等。苫盖方法主要有以下四种。

(1) 垛形苫盖法。根据货垛的形状进行适当的苫盖，适用于屋脊形货垛、方形货垛及大件包装商品的苫盖。常使用塑料布、苫布、席子等。

(2) 鱼鳞苫盖法。即用席子、苫布等苫盖材料，自下而上、层层压茬围盖的一种苫盖方法，因从外形看酷似鱼鳞，故称鱼鳞苫盖法。该方法适用于怕雨淋、日晒的商品。若商品还需要通风透气的储存条件，可将席子、苫布等苫盖材料的下端反卷起来，使空气流道。

(3) 隔离苫盖法。即用竹竿、钢管、旧苇席等，在货垛四周及垛顶隔开一定空间打起框架，进行苫盖，既能防雨，又能隔热。

(4) 活动棚架苫盖法。根据常用的垛形制成棚架，棚架下还装有滑轮可以推动。活动棚架需要时可以拼搭，并放置在货架上，用作苫盖；不需要时，则可以拆除，节省空间。

(四) 货物垫垛

为了使堆垛的货物免受地面潮气的侵蚀，使垛底通风透气，提高储存商品的保管养护质量，垫垛是仓储保管作业中不可缺少的一个环节。垫垛是指在商品堆垛前，根据货垛的形状、底面积大小、负载重量等要求，预先铺好枕木、石墩、木板、防潮纸等垫垛材料的作业。

1. 货物垫垛方法

垫垛是货物在堆垛前，按垛形的大小和负重，先行垫放垫垛物。垫垛材料一般采用专门制作的水泥墩或石墩、枕木、货板（木板或铁质货板）及防潮纸。由于垫垛是一项重复而又繁重的劳动，所以现在正逐步推行固定式的垛基，它可以不移动地重复使用，节省劳动力，提高作业效率。垫垛的目的是使货物避免地面潮气自垛底侵入，保持垛底通风。

2. 垫垛的基础要求

(1) 地面一定要平整夯实，防止承载负荷后下沉、倾斜倒塌造成货物变形和损坏。

(2) 下垫物必须保证雨水不侵入、不潮湿，通风良好。

(3) 要疏通排水沟道，防止积水浸泡。

库内和货棚内的垫垛可根据地坪和防潮要求而定。

3. 垫垛的形式

(1) 在露天货场垫垛。首先把地面平整夯实，再摆放水泥墩、石墩或建固定式垛基。墩（基）与墩（基）之间留有一定距离，促使空气流通，必要时墩上可铺上一层防潮纸，而后再放置货物。垫垛的高度，露天货场可保持 40cm 上下。

(2) 在库房和货棚内垫垛。水泥地面一般只需垫水泥条、枕木或仓板，高度 20cm 即可。防潮地面、楼层干燥地坪可以不垫垛，铺一层防潮纸即可。有些箱装、成包、成件货物，箱上或包上已有垫木的，也可不再垫垛。化工材料、棉麻、动植物制品及其他易受潮变质的货物，应尽可能加高垫层，使垛底保持良好的通风。对于货物本身具有排水性，又没有严格要求通风的货物（如沥青）和使用时必须重新加工的原料（如生铁），也可以不进行垫垛。

(3) 底层库房（货棚）垫底。要视库房地面干湿程度确定垫垛高度。一般货物底垫一层枕木或一层托盘，离地面高度为 15～20cm。怕潮货物垛底应加垫芦席、油毛毡或塑料薄膜等隔潮材料。垫底时，要注意垫底材料的排列方向，枕木的空隙要对准走道或门窗，以利通风散潮。

(4) 采用货板方式铺垫时，货板应采用标准尺寸。根据国际标准化组织（ISO）的规定，货板尺寸有 800mm×1200mm、1200mm×1600mm，我国常用的有：2000mm×1200mm、2000mm×1100mm、1800mm×1100mm 等几种尺寸。

4. 垫垛的方法

根据不同的储存条件及商品的不同要求，常用的垫垛方法有三种。

(1) 码架式。码架是用垫木为脚，上面钉着木条或木板的构架，专门用于垫垛。码架规格不一，常见的规格有：长 2m、宽 1m、高 0.2m 或 0.1m。不同储存条件所需码架的高度不同，楼上库房使用的码架，高度一般为 0.1m；平房使用的码架，高度一般为 0.2m；货棚、货场使用的码架高度一般在 0.3～0.5m。

(2) 垫木式。垫木式是采用规格相同的若干根枕木或垫石，按货位的大小、形状排列，作为垛垫。这种垫垛方法最大的优点是拼拆方便，不用时节省储存空间，适用于底层库房及货棚、货场垫垛。

(3) 防潮纸式。防潮纸式即在垛底铺上一张防潮纸作为垛垫。常用芦席、薄膜等防潮纸，适用于地面干燥的库房，同时储存的商品对通风要求不高。

第三节 盘点作业

货物在储存过程中由于仓库环境、自然条件、操作不当以及自身的性质等原因，会造成货物数量短少或质量损坏，使实物与记录不符。盘点就是对货物的储存状况，包括数量、质量和储位进行定期或不定期的清点盘查，保证储存货物达到账、货、卡相符。

一、盘点的作用

（一）减少差错

通过盘点可以确认货物的实际库存数量，并查清造成“账货不符”的原因。在仓储作业过程中，由于主观和客观因素，例如收发过程中出现货物多记、误记、漏记或清点错误；作业中导致商品损坏、遗失；储存期间仓库条件不能满足商品的特定要求，致使商品损坏等，都会导致账面库存数量与实际存货数量不符，通过盘点清查，可以发现问题并及时调整。

（二）预防呆废料发生

通过盘点，可以发现物料在一定时期内是否存在无任何调拨记录的情况，若有此情况，要采取相应措施，预防呆废料发生。

（三）帮助企业计算损益

库存货物总金额与企业损益直接相关，库存量过高，占用大量资金，资金流动受到影响，而库存金额又与库存量及其单价成正比，盘点就可以准确地计算出企业实际损益。

（四）衡量仓储管理效率

通过盘点，可以了解存货周转率以及货物储存、养护的情况，以便采取措施，及时改善从而提高货物的在库管理水平。

二、盘点的内容

1. 数量

核查货物的实际数量与账面及卡数量是否一致。

2. 质量

盘查货物有无积压、损坏、过期或临期的情况。

3. 安全

检查仓库的各种安全设施设备、消防设备是否正常。

三、盘点的方法

（一）账面盘点法

账面盘点法是将每一种货品分别设账，然后将每一种货物的入库与出库情况详细记载，不必实地盘点即能随时从电脑或账簿上查看货物的存量。

（二）现货盘点法

现货盘点依其盘点时间频度的不同又分为期末盘点和循环盘点。期末盘点指在期末一起清点所有货品数量的方法。而循环盘点则是在每天、每周即作少品种少批量的盘点，到了月末或期末则每项货品至少完成一次盘点的方法。

1. 期末盘点法

由于期末盘点是将所有品类货物一次盘完，因而必须全体员工一起出动，采取分组的方式进行盘点。一般来说，每组盘点人员至少要三人，以便能互相核对，减少错误，同时也能彼此牵制避免作弊。

2. 循环盘点法

循环盘点是将每天或每周当作一个周期进行盘点，目的除了减少过多的损失外，对于不同货物施以不同管理亦是主要原因。例如，ABC 库存管理方法，价值越高或越重要的货物，盘点次数越多，反之，盘点次数越少。

为了确保盘点准确无误，通常采用账面盘点法与现货盘点法结合使用。

四、盘点的作业流程

（一）盘点前的准备工作

盘点前的准备工作关系到盘点作业能否顺利进行。盘点前准备工作主要包括：①确定盘点的程序和具体方法；②盘点人员要经过培训；③整理需要盘点的商品；④准备盘点使用的基本器具和各种表单，如存货盘点汇总表（见表 5 - 4）。

表 5 - 4　　存货盘点汇总表

<table>
<tr><td colspan="2">存货类别</td><td colspan="3"></td><td>初盘人</td><td colspan="3"></td></tr>
<tr><td colspan="2">存放地点</td><td colspan="3"></td><td>复盘人</td><td colspan="3"></td></tr>
<tr><td colspan="2">责任人</td><td colspan="3"></td><td>监盘人</td><td colspan="3"></td></tr>
<tr><td colspan="2">盘点日期</td><td colspan="3"></td><td>课长</td><td colspan="3"></td></tr>
<tr><td>序号</td><td>产品名称</td><td>存货代码</td><td>规格</td><td>单位</td><td>初盘数量</td><td>复盘数量</td><td>抽盘数量</td><td>盘点标签</td></tr>
<tr><td></td><td></td><td></td><td></td><td></td><td></td><td></td><td></td><td></td></tr>
<tr><td></td><td></td><td></td><td></td><td></td><td></td><td></td><td></td><td></td></tr>
<tr><td></td><td></td><td></td><td></td><td></td><td></td><td></td><td></td><td></td></tr>
<tr><td></td><td></td><td></td><td></td><td></td><td></td><td></td><td></td><td></td></tr>
<tr><td></td><td></td><td></td><td></td><td></td><td></td><td></td><td></td><td></td></tr>
</table>

（二）确定盘点时间

一般而言，为了准确掌握在库货物的基本情况，在条件允许的情况下，盘点的次数越多越好。但每一次盘点都要耗费大量的人力、物力和财力。因此，应根据实际情况确定盘点的时间和次数。例如，可以按照货物的价值、重要程度、出库频率分成不同的等级，分别制订不同的盘点计划。

（三）确定盘点方法

盘点现场不同则对盘点要求不同，盘点的方法也有差异。为符合不同要求，必须根据实际需求确定盘点方法。一般采用两种盘点方法，既账面盘点法和现货盘点法。账面盘点法主要在系统或账簿上更新出入库信息，不必实地盘点。现货盘点法即到仓库现场清点货物数量，并做好记录。

（四）确定并培训盘点人员

为了保证盘点作业按时、高效完成，必须对参与盘点的人员进行训练。盘点人员必须熟悉盘点现场；掌握盘点的基本作业流程；掌握盘点所用的表单的填写。

（五）清理盘点现场

盘点工作开始时，要对盘点场所及库存商品进行一次清理，包括：①整理商品堆垛、货架等，使其整齐有序以便于清点记数；②尚未办理入库手续的货物，因未计入存货账，所以，不应列入盘点量；验收完毕的货物，整理归位；已办理出库手续并已计入存货账的货物，要运到相应的配送区域，不列入盘点量；③账卡、单据、资料均应整理后统一结清。

（六）开始盘点

盘点要认真、仔细。在盘点过程中还要检查因自然原因导致的商品挥发、吸湿，保管不善造成的产品质量损坏等情况。

（七）盘点结果处理

凡盘点中发现的问题必须查明原因，及时处理。

1. 盘点误差产生的原因

（1）入库验收或出库发送时，对货物的错登、漏登，或计量单位折算误差等。

（2）货物本身的自然损耗，没有及时登记入账。

（3）保管不善、装卸搬运不当或管理制度不严造成的货物丢失、损坏、报废，未及时登记入账。

（4）盘点前数据资料未结清，造成的货物与账面不符。

（5）盘点时存在重盘、漏盘、误盘。

2. 盘点后的修补完善措施

（1）更正有关材料账卡。

（2）呆、废料迅速处理以减少仓储费用，释放储存空间，加快资金周转。

（3）保证盘点作业的科学性、完整性和规范性。

（4）完善制度，堵塞漏洞。

（5）完善仓库作业环境和货物储存环境。

第四节 发货作业

货物出库发送作业是仓储作业管理的最后一个环节，是仓库根据使用单位或业务部门开出的商品出库凭证（提货单、领料单、调拨单），按其所列的商品名称、规格、数量、时间、地点等项目，组织货物出库一系列工作的总称。

货物出库发送包括：登账、配货、复核、点交清理、送货等。

一、出库的基本要求

货物出库必须符合有关规定和要求，做到“三不、三核、五查”。“三不”指未接单据不登账，未经审单不备货，未经复核不出库；“三核”指发货时核对实物、核对凭证、核对账卡；“五查”指对出库货物检查品名、检查规格、检查重量、检查包装、检查数量。为了提高出库发送作业效率，应严格执行各项规章制度，杜绝差错事故发生。具体作业要求如下。

（一）严格遵守各项规章制度，按章办事

（1）出库业务程序是保证出库工作顺利进行的基本保证，发货作业时必须严格履行规定的业务程序。

（2）发出的货物必须与提货单、领料单或调拨单上所列的名称、规格、型号、数量相符合。

（3）未验收货物和问题货物不得发放出库。

（二）坚持“凭单证出库”原则，减少差错

出库业务必须依据正式的出库凭证办理，任何非正式的凭证均视为无效凭证，不能作为出库的依据。

（三）坚持“先进先出”原则，推陈“储”新

在保证库存货物的价值和使用价值不变的前提下，应该先入库的货物先被发出，即坚持“先进先出”的原则。但是，对于有保质期限、包装简易、储存条件差、容易变质和近期失效的货物也应该先出，防止呆废料产生。

（四）及时办理，提高发货效率

货物出库应做到及时、准确、保质保量。办理出库手续应在明确经济责任的前提下，力求手续简便，提高发货效率。

二、出库的基本方式

（一）客户自提

客户自提是由提货人凭提货凭证，自备运输工具到仓库提取货物。仓库根据出库凭证发货，并在仓库内办理交接手续。这种方式的特点是：提单到库，随到随发，自提自运。

（二）送货上门

送货上门指仓库根据“商品调拨通知单”，把货物送到收货单位的一种方式。仓库部门根据出库凭证配货、复核无误后将货物送达收货单位，并在收货单位办理交接手续。

（三）托运

托运是由仓库根据出库凭证，将货物通过运输单位托运，发到货物需用单位的一种出库方式。托运方式在仓库备完货后，与承运单位办理货物交接手续，通过铁路、水路、公路、航空、邮局等将货物运到购货单位指定的地点，然后由用户自行提取。

（四）过户

过户是一种就地划拨的方式。仓库必须根据原有货主开出的正式过户凭证办理过户手续。这种出库方式的特点是：货物不出库，通过转账，变动商品所有者户头。

（五）取样

取样是货主单位出于对商品质量检验、样品陈列等需要到仓库提取货样。一般情况下，取样需要开箱、拆包和分割。所以，仓库必须根据货主单位开出的正式取样凭证发放商品，并做好账务记录。

（六）转仓

货主单位由于业务方便或储存要求，将某批库存货物自甲库转移到乙库，这就是转仓的发货形式。仓库必须根据货主单位开出的正式转仓单，才予办理转仓手续。转仓分为内部转仓和外部转仓。内部转仓填制仓储企业内部的转仓单，并据此发货；外部转仓则根据货主填制的货物转仓单结算并发货。

三、发货作业流程

货物出库作业流程主要包括：出库前的准备、核对出库凭证、出库信息处理、查对库存及备货、复核、货物包装、清点交接、登账及档案的管理等。

（一）出库前的准备

为了减少出库误差，提高作业效率，仓库应根据凭证的要求，做好以下准备工作。

1. 发货作业人员的合理组织

发货作业是一项涉及人员较多、处理时间较紧、工作量较大的工作，事先进行合理的人员组织、机械协调安排是完成发货出库的必要保证。

2. 包装整理

货物经过多次装卸、堆码、翻仓和拆检，会使部分包装受损，不符合运输要求。仓库作业人员必须视情况事先进行整理、加固或改换包装。

3. 组配、分装

根据货主需要，有些货物需要拆零后出库，仓库应为此事先做好准备，备足零散货物，以免因临时拆零而延误发货时间；有些货物则需要进行拼箱，应提前做好挑选、分类、整理等准备工作。

4. 包装材料、工具准备

对从事包装、拼箱或改装业务的仓库，在发货前应根据商品性质和运输部门的要求，准备各种包装材料及相应的衬垫物，以及刷写包装标志的用具、标签和钉箱、打包等工具。

5. 待运货物的场地及装卸机具的安排调配

货物出库时，应留出必要的理货场地，并准备必要的装卸搬运设备，及时装载货物，加快发送速度。

（二）核对出库凭证

货物出库凭证，不论是领（发）料单（见表5-5）或调拨单，均应由主管业务部门签章。

表5-5　领（发）料单

领料单位				凭证编号			
发料单位							
发料仓库				发料日期			
材料类别	材料编号	材料名称及规格	计量单位	数量		单价	金额
				请领	实发		
						合计	
单位负责人		部门负责人		发料人		领料人	

仓库接到货物出库凭证后，必须对出库凭证进行仔细的审核。审核的主要内容包括以下三项：

（1）出库凭证的真实性与合法性，手续是否齐全，内容是否完整；

（2）货物的品名、型号、规格、单价、数量和提货日期等有无差错；

（3）核对收货单位、到站、银行账号等内容是否准确。

仓库对上述内容审核无误后，按照出库单证上所列的物资品名规格、数量与仓库料账再进行全面核对。无误后，在料账上填写预拨数后，将出库凭证移交给仓库管理人员。仓库管理人员复核料卡无误后，进行出货准备，包括出库货物的物资技术证件、合格证、使用说明书、质量检验证书等。

凡在审核出库凭证中，发现有商品名称、规格、型号、出库数量与库存数量不符的，有签章不相符、不齐全、不清晰的，有涂改或者其他手续不符合要求的，仓库不能够发货出库，并且要及时与业务部门或者客户单位取得联系，问题解决后，方可发货出库。

（三）备货

审核出库凭证后，仓库管理人员按出库凭证所列项目的内容和凭证上的批注，到相应货位对货，核实后进行备货。备货主要包括拣选和签单两个过程。

1. 拣选

拣选是按照订单货出库单的要求，以储存场所拣出物品的作业。一般情况下，大宗货物或者整批货物出库，在原货位上备货，不需要进行拣选。如果发放不同品名、不同类型、不同规格的商品，需要将这些商品从货位区拣选出来，再搬运到指定的理货区域待装车。

拣选的方式一般有两种：按单拣选和批量拣选。按单拣选是指拣选人员或拣选工具巡回于各个储存点，按订单所要求的物品完成货物的配货，这种方式又类似于人们进入果园，在一棵树上摘下成熟的果子后，再转到另一棵树前摘果，所以又形象地称之为“摘果式”拣选。批量拣选指是把多张订单集合成一个批次，按货物品种、类别将数量加总后再进行拣选，拣选完成后再按客户订单进行分类处理的拣选作业方式，又称“播种式”拣选。

备货时，如果出库凭证上特别注明了发货批次的，则按照规定的批次进行备货；出库凭证上未规定批次的，要按照“先进先出”的原则进行备货。

2. 签单

应付货物按单付讫后，仓库管理人员逐笔在出库凭证上签名和批注结存数，供会计登账时进行账目实数核对，并可以明确责任。

备货时还应注意以下事项：

（1）要按出库凭证所列的项目和数量进行，不得随意更改；

（2）备货计量一般根据货物入库验收单上的数量，不用再重新过磅，对被拆散、零星货物的备货应重新过磅；

（3）备好的货物应放于相应的区域，等待出库；

（4）出库货物应附有质量说明书或抄件、磅码单、装箱单等附件。

（四）复核

货物备好后，为了避免和防止备货过程中可能出现的差错，工作人员应按照出库凭证上所列的内容进行逐项复核。这一环节是防止出库差错的关键。

货物出库可以由仓库管理人员自行复核，也可以由仓库管理人员相互复核，还可以设专职出库物资复核员进行复核或由其他人员复核等。复核的主要内容包括：货物品种、规格、型号、批次、数量、单价等项目是否同出库凭证所列内容一致；机械设备的配件是否齐全，所附证件是否齐全；外观质量、包装是否完好等。复核后仓库管理人员和复核员应在“货物调拨通知单”上签名，如经反复核对确实不符时，应立即查明原因，予以调换，并及时更正或去掉所备商品外包装上的有关标记，及时调整货卡和账册。

（五）货物包装

出库货物有的可以直接装运出库，有的还需要经过包装待运环节。特别是发往外地的货物，为了适应安全运输的要求，往往需要进行重新组装，或加固包装等作业。凡是由仓库分装、改装或拼装的货物，装箱人员要填制装箱单，标明箱内所装货物的名称、型号、规格、数量以及装箱日期等，并由装箱人员签字或盖章后放入箱内供收货单位核对。为保证货物在装卸搬运和运输过程中不受损坏，货物包装要符合一定的要求。

（1）根据货物的外形特点，选择适宜的包装材料和包装尺寸，便于货物的装卸搬运和运输。

（2）要降低包装成本，减少包装材料的消耗。尽量使用原包装物和旧包装物。

（3）货物包装要符合运输的要求，一般包括以下几个方面。

①包装应牢固，防潮、安全。如怕潮的货物应垫一层防潮纸；易碎的货物应垫软质衬垫物；捆扎松散不能保障货物在运输途中安全的，应负责加固整理，做到破箱不出门。此外，各类包装容器如果外包装上有水湿和污损，均不许出库。

②包装外要有明显的标志。标明对装卸搬运的要求及其他的要求。危险货物必须严格按规定进行包装，并在包装外部标明危险货物的有关标志。利用旧包装时，应彻底清除原有标志，以免造成标志混乱，导致差错。

③严禁性能相抵触、互相影响的货物混合包装。

④不同运价的货物应尽量不包装在一起，以免增加运输成本。

⑤包装完毕后，要在外包装上标明收货单位、到站、发货号、本批货物的总包装件数、发货单位等，字迹要清晰，书写要准确。

（六）清点交接

货物经复核后，如果是用户自提方式，则将货物和单据当面点交给提货人，办理交接手续。如果是托运方式，则与运输部门办理交接手续，当面将货物点清交接。交清后提货人员应在出库凭证上签章。无论是哪种出库方式，都要按单逐件交接清楚，划清责任。在得到接货人员的认可后，在出库凭证上加盖“货物付讫”印戳，同时给接货人员填发出门证，门卫按出门证核查无误后方可放行。

（七）库内清理

商品出库后，有的货垛被拆开，有的货位被打乱，有的库内留有垃圾和杂物等，这就需要对现场进行清理，包括对库存的商品进行并垛、挪位、清扫发货场地、检查相关设施设备和工具是否损坏、有无丢失等。

（八）登账及档案管理

出库货物交接清点以后，保管员应在出库单上填写实发数、发货日期等内容并签名，然后将出库单连同有关证件资料及时交货主，以便使货主办理货款结算。保管员把留存的一联出库凭证交实物明细账登记人员登记做账。将留存的提货凭证、货物单证、记录、文件等归入货物档案，将已空出的货位标注在货位图上，以便安排货物。

四、货物出库过程中问题的处理

在货物出库过程中会不可避免地出现一些问题。对于不同问题应分别对待，及时进行处理，消除隐患。

（一）出库凭证问题的处理

(1) 出库凭证如有假冒、复制、涂改或者情况不清楚时，应及时与业务办理部门进行核查、更正，必要时与保卫部门联系，妥善处理。

(2) 未验收入库的物品，或者期货未进库的出库凭证，应暂缓发货，仓管员不得代发代验。

(3) 出库凭证超过提货期限，按规定缴足逾期仓储保管费，方可发货。提货时，若提货人发现货品名称或规格有差错，仓管员不得自行调换货物，提货人必须到业务办理部门重新开具提货凭证后方可发货。

(4) 若顾客遗失提货凭证，必须由用户到仓管部门和账务部门登记并挂失。如果报案时，货已提走，仓储部门不负任何责任，但有义务协助破案；如果货品还没有被提走，经业务员查实后，凭上述证明，做好挂失登记，将原凭证作废，缓期发货。发货员应时刻警惕，防止有人持作废凭证要求发货，一旦发现类似情况时，应立即与保卫部门联系处理。

（二）提货数与实存数不符

出现提货数量与货物实存数量不符的情况，一般是提货数大于实存数。造成这个问题的主要原因有以下几方面。

1. 入库登账时出现错误

出现这类情况，仓库管理部门要调整账目，先按库存账面数开具货物出库单销账，然后再按实际库存量重新入库登账，并在入库单上签明情况。

2. 仓库管理人员串发、错发

主要是因为发货人员对货物种类、规格不熟悉，或者工作疏漏，把错误规格、数量的货物发出库。出现这种情况，仓库业务部门要及时解决库存数和提货数的差额。

3. 货主单位漏记账

货主单位由于漏记而多开出库数时，应由货主单位核实后出具新的提货单，重新组织提货和发货。

4. 仓储过程中损耗

仓储过程损耗造成实存数小于提货数时，合理范围内的损耗，应由货主单位承担；而超过合理范围之外的损耗，应由仓储经营人或保管人按合同约定进行赔偿。

（三）漏记和错记账

漏记账是指在货物出库作业中，由于没有及时核销货物明细账造成账面数量大于或少于实存数的情况。错记账是指在货物出库后核销明细账时没有按实际发货出库的货物名称、数量等登记，从而造成账实不符的情况。无论是漏记账还是错记账，都会造成账面数量与实存数不符，首先应根据原出库凭证查明原因，调整货物明细账，使账面数与实际库存数保持一致。如果由于漏记和错记账给货主单位、运输单位造成了损失，应予赔偿。

第五节　温控仓库作业

温控仓库是指对储存环境进行控制的仓库，既要对温度控制，也要对湿度控制。在这类仓库里，温度和湿度都会被限定在一定范围内。温控仓库储存的货物主要是易腐货物，如水果、蔬菜，冷冻食品和药品等。仓库的温度和湿度对储存货物质量具有很大的影响，因此，采取措施，创造适合货物安全储存的温湿度条件，是仓储管理中的一项重要的日常工作。

一、仓库温湿度变化规律

（一）仓库温度变化规律

库内空气温度的变化主要受大气温度变化的影响。仓库内温度会随着库外温度的变化而变化，库内温度的一日间或一年内每月间的变化，称为仓库温度的日变化或年变化。

仓库外气温升高或降低时，库内温度也会随着升高或降低。库温与气温相比，变化的幅度小，库温总是落后于气温变化 1～2 小时。因此，仓库内的最高温度低于仓库外最高温度，库内最低温度高于库外最低温度；夜间库内温度高于库外，白天库内低于库外温度。

库内温度的年变化完全受气温变化的影响。在春、夏季节，气温直线上升时，库温通常低于库外气温；秋、冬季节，气温急剧下降时，库温常常高于气温。但是，还要根据仓库密封情况来判断。

（二）仓库湿度变化规律

空气的绝对湿度、相对湿度和气温相似，也具有周期性的变化规律。一般来说，绝对湿度随着温度的升高而增加，随着温度的降低而减小。库内的空气湿度，主要是受库外空气湿度的影响。但库房建筑结构和储存商品的状况对库内湿度也有一定的影响。

库内绝对湿度的日变化主要随库外湿度的影响而变化，但其最高值和最低值也有落后于库外、变化幅度小等特点。库内绝对湿度的年变化，基本上与库外一致。

库内相对湿度的变化，主要受库温的影响。日变化与年变化基本上与库外相似。但是，一日内只出现一次最高值和一次最低值，变化幅度也小。

此外，仓库的湿度也会受到仓库结构的影响。同一库房内向阳面、通风处相对湿度偏低，背阳面及通风不良处则偏高；库房上部，因气温较高，相对湿度较低；库房下部接近地面，温度较低，因此相对湿度较高。

二、仓库温度和湿度的控制

仓库内外温湿度的变化规律为控制和调节仓库内温湿度提供了依据。为了准确掌握仓库内外的温湿度及其变化情况，可以在库内配置测量温度和湿度的仪器，实时观测并记录当前仓库内温湿度情况，对不适宜货物储存的温湿度及时调节。密封、通风及吸潮相结合的方法，是控制与调节温湿度行之有效的方法。

（一）仓库的密封

仓库的密封就是利用密封材料将整库、整垛或整件商品密封起来，减少外界不良条件的影响，达到货物安全储存的目的。对仓库采取密封措施，能够保持仓库温湿度处于相对稳定的状态，达到防潮、防热、防干裂、防冻、防溶化的目的，还能够起到防霉、防火、防锈、防老化的效果。

1. 密封存储的方式

仓库的密封储存主要有整库密封、按垛密封、货架密封、按件密封等方式。

（1）整库密封。整库密封主要是对储存量大、出入库不频繁的商品采用的密封方式。地面可采用水泥沥青、油毛毡等制成防潮层隔潮，墙壁外涂防水砂浆，内涂沥青和油毛毡，库内吊平顶，门窗边缘使用橡胶条密封，在门口可用气帘隔潮。若密封库内有易腐、怕虫蛀的货物，可在库内定期用药剂杀菌消毒，防止霉菌、虫害滋生。

（2）按垛密封。按垛密封主要是对那些易霉怕潮或易干裂的商品，采用防潮效果较好的材料，如塑料薄膜、油毡、防潮纸等进行整垛商品的密封，减少外界不良条件的影响。未经干燥处理的新仓库，里面的商品在储存时也必须实行分垛密封保管。

（3）货架密封。货架密封主要是对出入库较频繁、零星而又怕潮易霉、易干裂、易生虫、易生锈的货物所采取的密封方式。可在货架内放置装有硅或氯化钙等吸湿剂的容器，保持货架内的干燥，还可以放入适量的驱虫剂，避免货物被虫蛀。

（4）按件密封。按件密封主要对数量少、体积小的易霉、易锈蚀货物进行整个包装的密封，这种密封简单易行、效果较好。

2. 密封储存时应注意的事项

（1）在密封前要检查商品质量、温度和含水量是否正常。如发现霉变、生虫、发热、水淞等现象就不能进行密封；若发现商品含水量超过安全范围或包装材料过潮，也不宜密封。

（2）要根据产品的性能和气候情况决定密封的时间。怕潮、怕霉的货物，应选择在相对湿度较低的时节进行密封。

（3）密封材料必须干燥、无异味。常用的密封材料有塑料薄膜、防潮纸、油毡、芦席等。

（二）仓库的通风

通风是根据空气自然流动规律或借助机械形成空气的定向流动，使仓库内外空气进行交换，达到调行仓库温湿度的目的。通风方式主要有自然通风和机械通风。自然通风就是利用仓库门窗、通风洞等，使仓库内外空气进行自然交换。当库外无风时，主要靠仓库内外温差产生的气压使空气流动，进行空气的交换。机械通风主要是在库房上部安装排风扇，在库房下部安装进风扇，利用机械进行通风，加速库内外空气的交换。

通风是调节库内温湿度的简便易行的有效方法，对库内降温、防潮、升温等都可以收到一定的效果。但是库房通风并不是随便开启门窗，让库内外空气自由交换，而是要掌握库内外空气自然流动的规律，要根据货物本身制成材料的要求，对比库内外温湿度的实际情况和变化趋势，并参考风力、风向有计划地进行，否则通风不适宜，将造成不良恶果。

（三）仓库的吸潮

吸潮是降低仓库内湿度的有效方法，常与密封紧密配合使用。在梅雨季节或阴雨天气，仓库内湿度过大，不适合进行通风去潮，在密封仓库里一般采用吸潮的方法。主要有吸潮剂吸潮和空气去湿机吸潮。吸潮剂具有较强的吸潮性，能够迅速吸收仓库内空气中的水分，以降低仓库空气的湿度。常用的吸潮剂有生石灰、氯化钙、硅胶等，民间常因地制宜，就地取材，用木炭、炉灰等吸潮。

吸湿机是仓库普遍使用的吸潮方法，即采用吸湿机把库内的湿空气通过抽风机吸入吸湿机冷却器内，使它凝结为水而排出。储存棉布、针织品、贵重百货、医药、仪器、电工器材和烟糖类的仓库一般都使用吸湿机进行仓库吸潮来调节仓库的温湿度。

三、冷库及气调库的管理

（一）冷库作业管理

冷库是保证新鲜易腐商品连续供应市场不可缺少的。它对于保证冷藏商品的质量和企业的经济效益是非常重要的。

1. 冷库的操作管理

（1）防止水、汽渗入隔热层。经常清除库内墙壁、地坪、顶棚及门框上的冰、霜、水，库内排管和冷风机要定期冲霜、扫霜。库内排管扫霜时，严禁用钢件等硬物敲击排管。经常检查库外顶棚、墙壁有无漏水、渗水处。一旦出现，必须及时修复。不能把大批量的没有冻结的熟食品直接存入低温库房，以防止库内温度过分升高而造成隔热层产生冻融而损坏冷库。

(2) 防止因冻融循环把冷库建筑结构冻酥。库房应根据设计规定的用途使用，高、低温库房不能随意变更（装配或冷库除外）。在没有商品储存时，低温仓库应在－5℃以下。还要控制入库数量，以控制合理的库温，避免库房内产生滴水。

(3) 防止地坪（楼板）冻膨和损坏。如果地坪（楼板）表面保护层被破坏，水就会流入隔热层，会使隔层失效。如果商品堆存超载，会使楼板产生裂缝。不能将商品直接散铺在地坪（楼板）上冻结。拆垛时不能采用倒垛方法。起重脱钩和脱盘时，不能在地坪（楼板）上摔击，避免破坏隔热层。库内商品堆垛要置放搬运工具。装载量不能超过地坪（楼板）的单位面积设计负荷。底层地坪没有作通风等处理的库房，温度一定要控制在设计许可范围内。设有地下通风的冷库要严格执行地下通风的设计说明，并定期检查地下通风道内有无结霜，堵塞和积水，检查回风温度是否符合要求，地下通风道周围严禁堆放物品及建筑。避免操作不当而造成地坪（楼板）冻膨。

(4) 库房内走道及货位间距便于操作，为了使商品堆垛安全牢固，便于检查、盘点、进发货等操作，商品货位堆垛与墙壁、顶棚、排管和通道要保持一定距离（见表 5-6）。同时还要防止搬运设备及商品碰撞库房门、柱子、墙壁、排管、制冷系统的管道和电梯门等。

表 5-6　商品堆垛与墙壁、顶棚、排管和通道距离　单位：mm

建筑物名称	货物应保存距离	建筑物名称	货物应保存距离
高温库顶棚	≥300	低温库顶棚	≥200
顶排管	≥300	墙	≥200
墙排管	≥400	风道底部	≥200
冷风机周围	≥1500	手推车通道	≥1000
叉车通道	≥1200		

(5) 经常检查冷库门。如发现变形、密封条损坏、电热器损坏及时修复。当冷库门被冻死拉不开时，应先接通电热器然后开门，不可硬拉。冷库门口是冷热气流交换最剧烈的地方，地坪上容易结冰、积水、应及时清除。

(6) 保证合理的储存温度、湿度和风速等。在正常的冷库储存情况下，冻结物冷库温度应控制在设计温度±1℃的范围内。冷却物冷库的温度应控制在设计温度±0.5℃范围内，在出库过程中，冻结物冷库温升不超过 4℃，冷却物冷库温度不超过 3℃。进入冻结物冷库的冻结物温度应不高于冷库温度 3℃。例如：冷库温度为－18℃，则入库货物温度应在－15℃以下。

2. 冷库的卫生管理

(1) 冷库卫生和消毒。冷库四周不能有污水和垃圾，冷库周边场地和走道应经常清扫、定期消毒。垃圾箱、厕所应远离冷库并保持清洁，运输、配送及搬运车辆使用前应进行清洁、消毒。

库房应进行不定期的消毒，手推车及其他载货设备应经常清洗和消毒，冷储商品（特别是食品）无论有无包装都不得直接放在地坪（楼板）上，存放商品的垫木，小车等设备定期拿到库外冲洗、消毒。垫木应抛光并保持清洁。冷库走道和楼梯要经常清扫，在出入库时，地坪上的残留物要及时清扫，以免污染环境。

（2）消毒剂与消毒方法。

①漂白粉消毒。用 30L 热水中溶解 3.5kg 碳酸钠，在 70L 水中溶解 2.5kg 含 25%（质量分数）有效氯的漂白粉，漂白粉溶液澄清后，再倒入碳酸钠溶液，使用时，加 2 倍水稀释。用石灰粉刷时，应加入未经稀释的消毒剂。

②次氯酸钠消毒。可用 2%～4%（质量分数）的次氯酸钠溶液，加入 2%（质量分数）碳酸钠，在低温仓库内喷洒，然后将门关闭。

③乳酸消毒。每立方米库房空间需用 3～5mL 粗制乳酸，每份乳酸再加 1～2 份清水，放在瓷盘内，置于酒精灯上加热，再关门 12 小时消毒。

（3）工作人员卫生。冷库工作人员要勤理发、勤洗澡、勤换工作服，工作前后洗手，定期检查身体，如发现患传染病者，立即治疗并调换岗位。工作人员不得将工作服穿到库外任何地方。

（二）气调库的作业管理

气调库作业管理任一环节出现差错，都将影响气调储存的整体优势和最终储存效果，甚至还会影响气调库的建筑结构和操作人员的人身安全。

1. 果蔬入库前的操作管理

在果蔬成熟的最佳时期采摘后，尽快进入气调状态，减少采摘后延误。注重果蔬入库前的挑选、入库时的堆码等环节。入库前应将库房、气调储存用标准箱进行消毒等。在保证果蔬质量的前提下，入库速度越快越好，一般控制在 3～5 天，最长不超过一周。装满后关门降温。

2. 果蔬库存操作管理

（1）储存条件的调节和控制。库房和果蔬需要预冷。预冷降温时应注意保持库内外压力的平衡，只能关门降温，不能封库降温，否则会因库温度的升高（空库降温后因集中进货使温度升高）或降低（随着冷却设备的运行，库温不回落）在围护结构两侧产生压差，对结构安全构成威胁。封库气调，在货温基本稳定和最适储存温度后进行，且降氧速度尽可能快。

（2）气调状态稳定期的作业管理。降氧结束到商品出库，这段时间主要作业是维持储存参数的基本稳定。温度波动范围应控制在±0.5℃以内；氧气、二氧化碳含量的变化，应在±0.5%范围以内；乙烯含量在允许值以下；相对湿度应在 90%～95%。封库后除取样外很少开门。当气调库内的相对湿度低于规定值时，应用加湿装置增加库内相对湿度。气调储存过程中，要加强质量管理，经常从库门和技术走廊上的观察窗进行观察，并定期取样检测。

3. 果蔬储后的操作管理

气调出库批量一般都比较大，所以尽量打开一间，出库一间。为了减低氧对工作人员的危害，在出库前 24 小时解除气密状态。停止气调设备运行。当库门开启后，在没有确定库内空气为安全值时，不允许工作人员进入。出库时作业要快、轻，尽量避免延误和损失，并且注意跟踪质量检测。

第六节　案例分析及实习实训指导

案例分析

山东时风集团仓储管理制度

1. 总则

（1）仓库是企业物资供应体系的一个重要组成部分，是企业各种物资的周转储备环节，同时担负着物资管理的多项业务职能。它的主要任务是：保管好库存物资，做到数量正确、质量完好、确保安全、收发迅速、面向生产、服务周到、降低费用、加速物资流转。

（2）仓库设置，要根据公司生产需要和厂房设备条件统筹计划，合理布局；内部要加强责任制，进行科学分工，形成物资分工管理的保证体系，业务上要实行工作质量标准化，应用现代化管理技术和ABC控制法，不断提高仓库管理水平。

2. 物资验收入库

（1）物资入库，保管员亲临现场同送货人办理交接手续，验证有关部门的卸货通知单、质检单，核对清点实物与送货单名称、数量（或件数）是否一致，按实收情况签署回单，签收数量要大写。应当认识到签收是经济责任的转移。

（2）物资入库，应先取样检验，未经检验合格不准投产使用。

（3）物资入库交接后，保管员应随即填写“到货登记簿”，各栏均应详细填写，不能遗漏；收货完毕，在登记簿栏内填上收料单号码，以示销号。进货单价、总值及运杂费应填入登记簿备注栏。

（4）材料检验合格，保管员凭收料单开列的名称、规格型号、数量进行点数计量验收就位。收料时间要求，以收料单开出5天为限。产品用钢铁、原材料要分类，分牌号，按规定接近范围合并堆放。

（5）不合格品应挂牌隔离堆放，严禁投产使用。如果因标志不明或工作马虎，混入生产，保管员应负失职之责任。

（6）一切到货的质量、数量、规格型号、包装运输、价格等问题，保管员均应及时反馈，通知处长或经办人处理。物资到库超过半个月未见结算单到库，保管员应向采购员提出查询。要重视并消除一切悬账、挂账。

3. 物资储存保管

（1）物资的储存保管原则上应以物资的属性、特点和用途规划设置仓库，并根据仓库的条件考虑划区分工，凡是吞吐量大的落地堆放，流转量小的用货架存放，落地堆放以分类和规格的次序排列编号，上架的以分类四号定位编号。

（2）物资的堆放原则是：在堆垛合理安全可靠的前提下，根据特性，必须做到过目见数，检点方便，成行成列，文明整齐。

（3）仓库人员对经营的物资，包括库存、代保管待验收材料，以及设备、容器和使用工具等负有经济责任和法律责任。因此，都应当有明确的分工负责，坚决做到人各有责，物各有主，事事有人管。仓库物资如有损失、贬值、报废、盘盈、盘亏等，保管员应及时报告负责人，分析原因，查明责任，按规定办理报批手续。未经批准一律不准擅自处理。抽查账、卡、物，发现实物有余缺量，凭上报数据为证。保管员不得采取“发生盈时多发，亏时扣发”的违纪做法。

（4）保管物资，要根据自然属性，考虑储存的场所和按保管常识处理，可选择垫、垛、盖、通风、防潮、防雨、防爆、隔离等保管措施，并定期轮番保养所管物资。同类物资堆放，要考虑先进先出、发货方便、留有余地。

（5）保管物资一律不准借出，车间急需物资，必须持车间主任的借据领用，并限 3 天内补办领料手续，超过 7 天应查保管员责任。总成物资一律不准拆件另发；特殊情况，应经主管副总经理批准审签。

（6）所有仓库职工（包括非正式工）都要严格遵守保卫制度，禁止非本库人员擅自进库，油化仓库属危险品仓库，仓库职工要懂得使用本仓库所有消防器材的方法和必要的防火知识。公司生产、仓库等场地一律严禁吸烟。

4. 物资发放

（1）要按照“推陈储新，先进先出，节约用料”的原则发料。对贪图方便、违反发料原则，造成物资失效、变霉、大料小用、优材劣用以及差错等损失，保管员应负经济责任。

（2）车间及处室部门领料，保管员应审查领料单是否盖有单位公章，部门负责人及领料人签字（包括变更型号及数量也要领料人重新签字）。钢材及有色、黑色金属，劳保用品，汽、柴油料，电器元件及电机线材等分别由生产处、设备处审签后发料。外销的主要产品材料必须由经营副总经理审批后方能销售，否则保管员有权拒发。

（3）客户提货单，保管员审查单价，货款总金额盖有财务处收款专用章方能发货；发现价格不符或货款少收等，应立即通知开票人更正后发货。

（4）主要产品原料应限额领料管理，车间因超产或因废品增多造成的超耗，应及时向生产处审批材料增补计划，无增补手续保管员不予多发。

（5）钢材及板材的下料任务，应按生产处下达的计划执行。保管员有权查询其用途，用量和图纸是否齐全。

（6）专材专用，不准挪用。常备用料，凡属可以分割拆包装零发的材料，一律应本着节约用料的精神，不得贪图省事，整包整件发放。

（7）一切发料、配料、送料均应注意轻拿轻放。同领料人、提货客户、领料车间办理交接，一定要当面点清，防止差错出门。公司内移库材料、移库单由移出仓库保管员开立，数量点清，经移入仓库保管员签收后付账。如有缺短，应另办手续，不准擅自单方更账。

(8) 所有发料后的单据，保管员应随即记卡，核对库存，填上余额及同步账号，一并分类汇总交仓库材料统计员。

5. 统计核算

(1) 仓库统计账，是物资仓储管理的统计法定账目。统计是仓库管理的重要支柱，建账应符合物资分类及统计要求，核算记账应按统计制度执行。

(2) 统计接收保管员交给的各种料单，首先要作记账前的审核，发现签章不齐、审批手续不全、字迹模糊、记数不清、缺项、未填账号、金额写错、计价错误等，一律应退经办部门或保管员更正补齐后记账。同时，根据统计核算要求，每笔进货要按收料单上的实际价值（包括运杂费在内）记入账册备查。

(3) 记账要字迹清楚，日清月结不积压，托收结报提供及时。钢材、原材料及有关专项统计的资料，要认真建立专项统计台账，按时间及要求提供定报资料；每月主动与保管员对账一次，每季仓库计账员与账务处管理材料的会计对账一次，并做好对账标记。

(4) 协助保管员轧账、盘点和办理特殊性损耗、盘盈、盘亏、报废等的报批、结账手续。年度盘点，保管员应在统计账每个结存余额处盖章，以示核实。

6. 其他有关事项规定

(1) 每月中旬由企管处抽查“三相符”一次，抽查工作质量一次，并做好记录。抽查情况作为经济责任制评分考核依据。

(2) 一切计量器具保持准确，明确专人兼管，如有失误应立即停止使用，并申请检修校正。剧毒药品、化学试剂设专人保管，严格执行国家对剧毒品等危险物资的管理规定。

(3) 创建文明仓库，经常保持库容整洁；堆放物资整齐有序（包括暂收待验物及待售包装物），标准箱（桶）、工位器具及衡器等要箱（桶）内无杂物，无油污，及时回收，不失散在外，按指定地点堆放整齐，通道走廊坚持日清扫、周大扫和库与库月互查的规定；规定的台账记载及时齐全，图表数据清晰准确。

(4) 材料统计账册凭证逐年装订归档，长期保存，未经处长批准不得销毁，保管员的账、卡凭证保存三年以上过期要经处长批准方可销毁。

(5) 保管员调动工作，一定要办理交接手续，在公司派员监督下进行清仓查库物资盘点，汇总造册后双方签字盖章，移交中的未了事宜及有关凭证，要立出清单三份，写明情况，双方签字，各执一份，存档一份，事后发生纠葛，仍由原移交人负责。

附加说明：本标准由企业标准化委员会提出。本标准由企管处负责起草。

案例思考题：

分析总结案例中值得其他仓储企业借鉴的经验。

（资料来源：山东时风集团物资仓库管理制度［J］. 企业管理，1999 (10)）

实习实训

一、实训名称：仓库作业流程

二、实训目的

通过本章实训，使学生熟练掌握仓储作业流程，用所学知识解决日常仓储作业问题。

理解商品的分区、分类管理方法，商品的检查和盘点方法，商品养护步骤和方法。

三、实训操作指导

（一）实训步骤

（1）参观某仓库，了解该仓库某批货物的具体入库时间、数量和入库方式。

（2）记录该批货物入库验收的操作程序和方法。

（3）记录该批货物入库单证的流转过程。

（4）绘制该仓库货物入库流程图。

（5）评价该仓库入库管理过程是否恰当。

（6）记录仓库商品盘点方法、养护方法。

（二）实训指导

1. 货物的入库验收

仓库对入库的货物按照一定的程序和手续，严格核对凭证，进行数量和质量的检验工作。从作业过程来看，一般包括货物接运、货物验收、办理入库手续。货物验收直接关系到供货方、承运方与保管方的经济责任和经济利益。货物一经验收，其一切后果均由仓储方负责，只有把好验收关，将数量不符、规格有误、质量不合格等情况做好详细记录，分清责任，据此向有关责任单位提出换货、退货或拒收，才能维护本单位的利益不受损失。因此，仓储管理人员要本着“准确、及时、认真”的要求对货物进行验收。

2. 检查核对要项

①查看运输单据，确认货物是由本单位接收。

②运输单据齐全，单据的样式、签字、印证正确无误。

③厢式货车或集装箱到货，如出货单上注明铅封号，注意铅封是否完好。

④货物的品种、规格、数量与单据上的内容完全相符。

⑤货物的外包装完整无损，无水渍、污渍及箱体变形的情况。保证接受货物的外包装完全符合合同或协议的要求。

⑥核实无误后，及时指挥叉车司机、理货员、装卸工将货物卸于进货暂存区。

3. 入库注意要项

在卸车入库过程中，如发现货物当中有外包装破损或规格、数量上出现与出货单上不相符的货物，除了要送货人当场确认外，还要及时通知货主确定是否接收。若货主同意接收，货主应以传真或其他书面形式加以确认，若当时做不到，事后应及时补办。同时必须让送货人当场出具书面证明，并签字或盖章加以确认。仓储管理人员要把这些货物与合格品分开存放，并做好有关记录。

依照与货主达成的服务协议要求，对于需要开箱抽检的货物，按协议规定的抽检比例进行开箱抽检，出现问题及时与货主取得联系。

货物卸车、验收完毕。仓储管理人员与送货人员共同确认数量及验收情况，并在出货单上签上实际验收情况，包括实际接受的货物规格、数量、包装情况等内容。其中，实际验收数量必须用大写数字。同时，在出货单上签字并盖收讫章，注明日期、时间。对于一式多联的出货单应该复写，即保证各联出货单上所签字样完全相同，并留存相应联的出货单。

仓储管理人员指挥叉车司机、理货员、装卸工将货物由进货暂存区搬运至储存区相应储位。

4. 登记货卡、账册、传递单据

(1) 货物验收入库后，仓储管理人员应及时登账、建卡。如果需要我单位入库验收单，仓储管理人员还应填写“入库单”。

(2) 建卡。货卡是一种实物标签，上面标明货物名称、型号、规格、商品代码、凭证号、入库时间、数量、经手人等内容。货卡一般放在上架货物的下方或堆垛货物的正面。每次收发货物时，仓储管理人员都应填写货卡。

(3) 登账。仓储管理人员应根据实际验收情况和有关正式凭证建立《货物保管明细台账》。建账内容包括货主名称、货物品名、型号、规格、商品代码、储位、数量、凭证号、入库时间、车号等。它是货物账目管理的关键，是企业对账的基础。汽运到货的，仓储管理人员可以按规格分库房建立流水账，根据实际情况可按月或季度转接，并将上月或上季度的账册存档。

(4) 单据。返给料账统计科的单据应及时传递，最晚不得超过当班下班前 1 小时（收货作业超过下班时间的，单据最迟于次日上班后 0.5 小时内传递料账处)。并做好单据传递记录，包括时间、单号、接收人签字等内容。属于仓储管理人员自己保存的单据凭证，应分类放入档案袋内集中保存，并按月把单据凭证装订成册存档。

(5) 账册、货卡的填写要项

账册和卡片一律用蓝、黑墨水或碳素笔书写。字体要端正，不得越格、潦草。账、卡不得涂改、污损、挖补、刮擦。如确系填写错误需要改正时，应在需要更正的原文上画两条横线，将更正内容写在其上方，并签字或盖章，注明修改日期。

5. 货物出库

货物出库必须按照相关合同或协议的规定进行，货物出库必须及时准确，严格审核，认真点交，谨防差错，让用户满意；密切注意货物的保管期限，认真执行“先进先出”的原则。

(1) 验单。货物出库时必须凭货主开出的提货单发放。提货单是仓储管理人员发货和销账的依据。在发货前，仓储管理人员必须认真审核单据的提货单位、开票日期、提货期限、名称、规格、数量、货主印章、开单人的签字或印章等内容。查看单据要一项不漏，要能鉴别单据的真伪，谨防假冒复制涂改，重点要查看规格、数量、印签、制票人的笔迹。

认真核对货物提单上的各项内容是否与所存货物相符。若提货单上有错开、涂改、超过提货期限或货主印章不全等情况，应及时与货主联系，并拒绝发货。如有特殊情况，经货主传真确认并由本部门领导签字，可先发货后补办正式手续。

(2) 备货装车。提货单经检查无误后，仓储管理人员应立即组织理货员、叉车司机等人员发货，并让提货人在提货单上签上车号、姓名。

发货时，仓储管理人员必须严格按照提货单上要求的规格和数量发货，确保发货准确无误，并及时在货物卡片上登记。

发货完毕，经与提货人对点实发数量，共同确认后，仓储管理人员在提货单上签上实发数量、姓名和日期，加盖发货专用章。注意实发数量必须大写。对一式多联的提货单应该复写，即保证各联签字完全相同。根据要求留存相应几联的提货单。

(3) 开出门证。提货人持经仓储管理人员签字盖章的提货单到运营部开出门证，凭出门正至门卫换证方可离去。

(4) 单据及账务处理。保管员据提货单登记《货物保管明细台账》，登账后将提货单传递至料账组登录料账系统。

四、实训考评

实训考评表如表 5－7 所示。

表 5－7　　实训考评表

考评项目					
被考评人	班级：	姓名：			
考评标准	考评内容	分值（分）	自我评价	小组评价	老师评价
	入库流程基本准确	20			
	记录货物存储位置，并说明理由	30			
	出库流程基本正确	20			
	准确地使用盘点方法	20			
	按时提交实训报告	10			
合　计					
综合得分（自评 10%、组评 30%、师评 60%）					

练习题

一、单项选择题

1. 验收入库办理交接手续的目的是（　　）。

A. 界定各方的责任

B. 接受货物

C. 方便入库

2. 货物入库验收时，发现证件不齐时，应该（　　）。

A. 及时向供货单位索取

B. 先验收再核对单证

C. 办理退货

3. （　　）适用于存放不宜堆高，需要特殊保管的小件、散件、高值或易损的货物。

A. 散堆法　　B. 垛堆法　　C. 货架法

4. 出库凭证有假冒、复制、涂改等情况时，应（　　）。

A. 及时向制票部门核实

B. 马上通知保卫部门处理

C. 先备货，再核实

5. 仓库的密封可以起到（　　）的效果。

A. 防潮、防热、降温

B. 防潮、防热、防干裂

C. 防潮、防热、升温

6. 几个企业联合共同利用同一配送设施的配送方式属于（　　）配送策略。

A. 混合策略　　B. 合并策略　　C. 差异化策略　　D. 延迟策略

7. 通过对储存物的保管保养，可以克服产品的生产与消费在时间上的差异，创造物资的（　　）。

A. 时间效用　　B. 增值效用　　C. 空间效用　　D. 附加效用

8. 在储存期间，物资的质量变化主要影响因素有储存时间、储存环境和（　　）。

A. 储存操作　　B. 仓储人员业务水平

C. 储存技术　　D. 仓库管理水平

9. 关于货物验收，下列说法不正确的是（　　）。

A. 货物验收由保管方负责

B. 验收货物的品名、规格、数量、外包装状况

C. 货物验收采取全验方法

D. 散装货物按国家有关规定或合同规定验收

10. 仓储保管人的权利不包括（　　）。

A. 拒收权　　B. 要求提货权　　C. 提存权　　D. 检查权

11. 关于商品接运，下列说法不正确的是（　　）。

A. 仓库接到专用线到货通知后，就确定卸车货位

B. 凭提单到车站、码头提货时，应根据运单和有关资料认真核对商品

C. 仓库接受货主委托直接到供货单位提货时，应在仓库当场验收

D. 存货单位将商品直接运到仓库储存时，应由保管员直接与送货人员办交接手续

12. 对短期中转存储的货物采用的分区分类方法是（　　）。

A. 按货物的种类和性质分类　　B. 按不同货主分区分类

C. 按货物流向分类　　D. 按货物危险品性质分区分类

13. 商品的保管卡用于具体货垛进、出、结数量的记录，一般由（　　）。

A. 会计使用管理　　B. 门卫使用管理

C. 统计使用管理　　D. 保管员使用管理

14. 盘点的周期因盘点方法不同而不同，对于定期盘点，一般一年（　　）。

A. 1～2 次　　B. 1～4 次　　C. 1～6 次　　D. 1～12 次

15. 在梅雨季节或阴雨天，采用的商品温湿度的控制方法是（　　）。

A. 密封　　B. 通风　　C. 吸潮　　D. 烘干

16. 先进先出就是指（　　）。

A. 先入库的商品先出库　　B. 后入库的商品先出库

C. 积压的商品先出库　　　　　　　　D. 在仓库入口处的商品先出库

二、判断题

1. 分区分类规划的基本原则是：存放在同一货区的物品必须具有互容性；保管条件不同的物品不应混存；作业手段不同的物品可以混存；灭火措施不同的物品决不能混存。(　　)

2. 在仓库作业过程中，实物是信息流的前提，控制着物流的数量、方向、速度和目标。(　　)

3. 仓库的作业过程，从入库到出库不是连续进行的，而是间断进行的。(　　)

4. 仓库管理系统的基本功能是要完成库存物品的自动存储与检索。(　　)

5. 接运可在车站、码头、仓库或专用线进行，因而可以简单分为到货和提货两种方式。提货形式下，仓库不需要组织库外运输，到货形式下，仓库要组织库外运输。(　　)

6. 验收记录是货主退货、换货和索赔的依据。(　　)

7. 物品的数量、外观质量应在入库时进行检验；物品的内在质量，应在合同约定的时间之内进行检验，或者按照仓储惯例在入库一个月之内，国外到货两个月之内进行。(　　)

8. 在物品验收过程中，如果入库凭证不齐或不符，仓库有权拒收或暂时存放，待凭证到齐再验收入库。(　　)

9. 仓库必须建立严格的出库和发运程序，严格遵循"先进后出"的原则。(　　)

10. 漏记账是指在商品出库后核销明细账时没有按实际发货出库的商品名称、数量等登记，从而造成账实不相符的情况。(　　)

11. 仓库的专业化程度主要与库存物品的种类有关，库存物品种类多，仓库的专业化程度越高，仓库货区布局的难度越小。(　　)

12. 货区布置的基本思路之一就是将单位体积大、单位质量大的物品存放在货架底层，并且靠近出库区和通道。(　　)

13. 在仓库库房内应尽量扩大保管面积，缩小非保管面积。(　　)

14. 采取送货制时，送货前需要根据各个用户的订单进行备货、包装等活动，通常不需要太多的备货场地；而采取提货制时，则需要大大增加发货区面积。(　　)

15. 各种不同立面的货垛都有各自的特点。矩形垛、三角形垛的稳定性好，梯形垛、正方形垛易于堆码。(　　)

16. 物品的堆码方式主要取决于物品本身的性质、形状、体积、包装等，一般情况下多采取平放，使重心最低，最大接触面向下，易于堆码，如片状易碎品等。(　　)

17. 衬垫式堆码方式适用于不规则且较重的物品，如无包装电机、水泵等。(　　)

18. 苫盖的目的是为了给物品遮阳、避雨、挡风、防尘等。(　　)

19. 相对湿度表示的是空气的潮湿程度，是仓库湿度管理中的常用标度，相对湿度越接近100%，说明绝对湿度越偏离饱和湿度，空气越潮湿。(　　)

20. 大气密封是在密封空间内冲入干燥空气或放置吸湿剂，使空气干燥，防止物品受潮。(　　)

三、简答题

1. 仓储作业的主要内容包括哪些？
2. 仓库入库作业的主要流程是什么？
3. 储位管理的方法有哪些？分别有什么样的优缺点？
4. 出库的基本形式有哪些？
5. 盘点的目的和作用是什么？
6. 如何控制仓库中的温湿度？

第六章　库存控制与存货管理

知识目标

1. 牛鞭效应与库存概念。
2. MRP、JIT 库存控制。
3. 供应链环境下的库存控制方法。

能力目标

1. 熟悉牛鞭效应对库存控制的影响。
2. 了解供应链环境下的库存控制方法。
3. 掌握 MRP、JIT、ABC 原理及应用。

导入案例

X 公司是一家小型医疗仪器制造公司，随着业务规模的不断扩大，X 公司也遇到了多数中小企业发展壮大中都遇到的问题，即伴随不断扩大的销售额而产生的日益增长的库存压力以及畅销产品时常缺货的问题。

据统计，2006 年公司的平均库存金额在 400 万元左右，而产成品及原材料则达 100 多种。X 公司 2006 年产成品销售收入及相关产成品及原材料平均库存金额如表 6-1 所示。

表 6-1　销售收入及库存金额

产品名称	销售收入（万元）	销售收入（%）	库存金额（万元）	库存金额（%）
301 型红外线治疗机	3500	70	40	10
302 型红外线治疗机	700	14	40	10
303 型红外线治疗机	300	6	40	10
其余产品 8 种	500	10	280	70
合计	5000	100	400	100

经过进一步调查发现，X 公司在库存管理中时常发生 301 型、302 型产品的缺货，而其余几种产品由于销售量不大，反而在库存中滞留了大量的原材料和产成品库存。在日常

库存管理中，X公司针对各种物料采用统一的管理方法，即每月盘点一次库存，做到账物相符。

在原材料采购和生产中，X公司为每种材料设置了统一的安全库存，若仓库发料后发现安全库存不足时，则通知采购部门按照固定的数量。订购原材料由于不同物料采购的提前期不同，因此，时常出现材料到货时间不一致的情况，造成缺货停工或积压。

从案例中我们知道，库存管理对于企业的重要性。一个优秀的企业不应该孤立地看待库存问题，应该从库存管理、需求管理、订货管理等很多方面去解决库存问题。

第一节　牛鞭效应与库存控制目标

供应链上的需求变异放大现象被形象地称为“牛鞭效应”（Bull Whip Effect）。牛鞭效应指的是供应链上的信息流从终端客户向原始供应商端传递的时候，由于供应链各环节无法有效地实现信息的共享，使得信息扭曲在逐级向上游传递的过程中逐渐放大，导致需求信息出现越来越大的波动，以致需求信息传递到供应链上游终端时已不能准确反映市场的真实需求。

“牛鞭效应”的存在加剧了供应链管理的难度，使得供应商的供应和库存风险加大，甚至扰乱生产商的计划安排与营销管理秩序，导致生产、供应、营销的混乱，解决“牛鞭效应”难题是企业有效的库存管理和良好的顾客服务的必要前提。

一、牛鞭效应产生的原因

在研究尿不湿的市场需求时，宝洁公司（P&G）发现，该产品在零售端的零售数量相当稳定，并没有较大的波动性。

但是，宝洁又对分销中心向它的订货情况进行了研究，结果发现需求的波动性明显增大，进一步调查后发现，分销商的订货量是根据销售商的订货需求量汇总的。零售商的订货量的确定通常依据的是历史的和当前的销量，以及进一步对未来一定时期内的销量做出的预测。但是，为了保证及时获得他们所确定的订货量，并考虑到顾客需求增量的变化，他们往往会将预测订货量作一定放大后向批发商订货，而批发商会和零售商有同样的考虑，因此他们在对零售商订货量进行汇总后，也会再作一定的放大后向宝洁订货。这样，虽然顾客需求量并没有大的波动，但经过零售商和批发商的订货放大后，订货量就一级一级地放大了。

“牛鞭效应”是供应链上普遍存在的现象，因为当供应链上各级供应商的供应决策只根据来自其相邻的下级销售商的需求信息进行时，需求信息的不真实性会沿着供应链逆流而上，产生逐级放大的现象，到达最上游的供应商，比如总销售商或者生产商时，其获得的需求信息和实际消费市场中的顾客需求信息已经发生了很大的偏差。受这种需求放大变异效应的影响，上游供应商维持的库存往往高于下游需求水平，以应对下游合作伙伴订货的不确定性，从而人为地增大了供应链中的上游供应商的生产、供应、库存管理和市场营销风险，甚至导致生产、供应、营销的混乱。

“牛鞭效应”的产生，主要有以下几方面的原因。

1. 需求预测修正

当供应链的成员采用其直接的下游订货数据作为市场需求信息和依据时，就会产生需求放大，这是由于供应链各成员都会对需求预测数据进行修正，再向上游传递。例如，一家零售商的历史最高月销量为 1000 件，但下月正逢销售旺季，为了避免缺货，他会在月最高销量基础上再追加 A%，于是他向上级批发商下订单 1000×（1＋A%）件。批发商汇总该区域的销量预计后（假设）为 15000 件，他为了保证零售商的需要又追加 B%，于是他向生产商下订单 15000×（1＋B%）件。生产商为了确保批发商的需要，不得不至少按 15000×（1＋B%）件投产，并且对于生产商来讲，还必须要考虑毁损、漏订等情况，于是又加量生产，这样一层一层地增加预订量，导致“牛鞭效应”。

2. 订货批量决策

在供应链中，当某环节的企业向其上游订货时，基于采购价格的批量折扣和运输的规模经济等因素的考虑，通常会按照最佳经济规模加量订货。同时，频繁的订货对于供应商来讲也会增加他们的配送成本，供应商也往往要求下游合作伙伴在一定数量或一定周期订货，此时，下游合作伙伴为了得到货物，或者以备不时之需，往往会人为提高订货量，因此，由于订货策略导致了“牛鞭效应”。

3. 价格波动

由于供应商的促销手段、经济环境突变、通货膨胀、自然灾害、社会动荡因素的存在，产品市场价格会存在波动。这些因素使得需求方为了规避价格上涨或下跌的风险而过量采购或者持币待购。这样购买方的订货信息就没有真实反映需求的变化，从而产生“牛鞭效应”。

4. 短缺博弈

当需求大于供应时，对于供应商来讲，理性的决策是按照订货量比例分配现有供应量，比如总的供应量只有总订货量的 40%，合理的配给办法就是按每家采购商订货的 40%供货。此时，采购商为了获得更大份额的配给量，就难免会故意夸大其订货需求，当需求下降时，订货又突然消失，这种由于短缺博弈导致的需求信息的扭曲最终导致“牛鞭效应”。

5. 库存责任失衡

为了促进销售，先向下游铺货，待下游伙伴（批发商或者零售商）销售完成后再结算是供应商常见的做法。这种流通体制导致的结果是供应商需要在销售商（批发商、零售商）结算之前按照销售商的订货量负责将货物运至销售商指定的地方，而销售商并不承担货物搬运费用；在发生货物毁损或者供给过剩时，供应商还需承担调换、退货及其他相关损失，这样，库存责任自然转移到供应商，从而使销售商处于有利地位。同时在销售商资金周转不畅时，由于有大量存货可作为资产使用，所以销售商会利用这些存货与其他供应商易货，或者不顾供应商的价格规定，低价出货，加速资金回笼，从而缓解资金周转的困境；另外，销售商掌握大数量的库存也可以作为与供应商进行博弈的筹码。因此，销售商普遍倾向于加大订货量掌握主动权，这样也必然会导致“牛鞭效应”。

6. 环境变异

应付环境变异所产生的不确定性也是促使订货需求放大加剧的现实原因。自然环境、人文环境、政策环境和社会环境的变化都会增强市场的不确定性。销售商应对这些不确定性因素影响的最主要手段之一就是保持库存，并且随着这些不确定性的增强，库存量也会随之增加。当对不确定性的预测被人为渲染，或者形成一种较普遍认识时，为了保持有应付这些不确定性的安全库存，销售商会加大订货，将不确定性风险转移给供应商，这样也会导致“牛鞭效应”。

二、牛鞭效应的表现

在当今动态的外部环境中，牛鞭效应在供应链上的表现尤为强烈。在 1998 年的一个国际供应链管理专题会议上，一位与会者提及，他在欧洲的日杂公司，生产、供应环节发生着这样的现象：他们的原材料从渔场码头获得后，经过加工、配送，到产品被终端消费者购买需要 150 天时间，后来他们做了一个数据对比后，感到非常惊讶，他们的产品加工的整个过程仅仅占用了 150 天中的 45 分钟。为什么供应链条被拖得这么长，而真正最有价值的只有 45 分钟，大部分时间被如何浪费掉了呢？

在供应链上，零售商、批发商、分销商和制造商每一个节点企业的订单都会产生波动，需求信息都会被扭曲放大，并且这种扭曲是不可避免的，只是大小的问题。这样，通过零售商、各级批发商、分销商、制造商，逐级而上，信息扭曲越来越严重。美国著名供应链管理专家李效良（Haul. Lee）是这样解释牛鞭效应的：尽管特定产品的顾客需求变动不大，但这些商品的库存和延期交货波动水平却非常的大。

解决牛鞭效应最好的方法是缩短这个“牛鞭”的长度，并且越短越好，这样引起的变化也会很小。通过高效的供应链管理系统，可以减少牛鞭效应，进而缩减企业的运营成本，并能够实时响应顾客需求。对供应链进行高效整合是解决牛鞭效应的最好方法，但需要对传统的模式进行改变。

在传统的供应链管理中，供应链每一个环节都是自己管理库存，各自有自己的库存控制策略，并且相互之间缺乏信息共享，彼此独占库存信息，因此需求信息的扭曲和时滞不可避免，使得供应商无法快速准确地满足用户需求。对于能够快速响应用户需求的供应链，供应链各个环节的活动应该是同步的，而传统的库存和分销管理模式根本无法满足这一要求。要解决此问题，必须从两个方面入手。近些年来，供应商管理库存（Vender Managed Inventory，VMI），在制造业的应用对于解决牛鞭效应问题取得了不错的成效。VMI 与 RMI（Retailer Managed Inventory，零售商管理库存）这一传统库存管理方式相比，区别在于库存不再由各自企业自行管理，而是作为供需双方共同管理的“第三方库存”。

三、牛鞭效应的解决办法

从供应商角度看问题，“牛鞭效应”实质是供应链上包括经销商、批发商、零售商在内的各层级销售商转嫁风险和进行投机的结果，这一结果进而会导致生产无序、库存增加、成本上升、通路不畅、市场混乱、风险增大，因此妥善解决牛鞭效应就能规避风险。解决“牛鞭效应”问题，企业可以从以下几个方面着手展开。

1. 订货分级管理

对于供应商来讲，所有销售商（批发商、零售商）的地位和作用并不都是相同的。按照帕累托定律，可以将他们划分为关键销售商、一般销售商和不重要的销售商。关键销售商的比例占到总销售商数量的20%，其销量却占到供应商总销量的80%。因此，供应商应该按照一定标准将销售商进行分类，划分不同的等级，对他们的订货实行不同的策略。比如，对于关键的销售商实现“完美”管理，对于一般的销售商实现“充分”管理，对于不重要的销售商实现“满足”管理。这样就可以通过对关键销售商的重点管理减少变异，在供应短缺时，优先确保关键销售商的订货。同时，通过分级管理的策略，供应商还可以在合适时机剔除不合格的销售商，维护销售商和渠道管理的统一性和规范性。

这种方法在一些企业已经得到很好的应用，效果显著，如3M公司（明尼苏达矿务及制造业公司）为他的关键客户提供完美订货服务。为了提高服务的质量，确保关键客户，3M公司推行了一种称之为“白金俱乐部”的服务措施。3M公司对“白金俱乐部”的成员实行了各种意外事故保障措施，以便在主要供货地点缺货时，能够获得所需的存货来完成“白金”客户的订货。这些保障措施包括从次要的储备地点将存货转移出来，以及在世界范围内搜寻3M公司其他仓库设施中的存货。一旦这些应急措施就绪，立即利用溢价运输服务来安排直接递送，甚至在特殊情况下，3M公司还会借用已出售的货物来供给“白金”客户，这样做的目的就是要保证在任何情况下都能为关键客户提供完善的订货服务，增强销售商的信心，营造良好的市场氛围，减少订货需求放大。

2. 加强出入库管理

避免供应链上需求变异的一个有效方法是使上游企业可以获得下游企业的真实需求信息，这样上下游企业可以根据相同的数据来制订供需计划。比如，苹果、惠普、IBM等公司在与合作伙伴的合作协议中明确要求分销商将零售商中央仓库中产品的出库情况反馈给上游。

使用电子数据交换系统（EDI）等现代信息技术对销售情况进行实时跟踪也是解决“牛鞭效应”的重要方法。比如，戴尔（DELL）通过互联网（Internet）、内联网（Intranet）、电话、传真机等构成了一个高效的信息网络，当订单产生时即时传递给DELL的信息中心，然后，信息中心将订单进行分解，并通过企业间信息网络将生产任务分派给各区域中心，各区域中心按DELL电子订单进行组装，并在约定的时间内准时供货，从而使订货、制造、供应环节协调一致，有效防止“牛鞭效应”的产生。

JIM（Joint Inventory Management），联合库存管理也是当前流行的一种分担库存责任、防止需求变异的先进方法。在VMI管理模式下，销售商库存不需要预付款，不会增加库存资金周转压力，反而持有更多库存还会具有融资作用，提高其资本收益率，甚至还会对供应商起到一种掣肘的作用，因此实质上会加剧订货需求放大，加大供应商的风险。JIM则对此进行了修正，它通过在供应商和销售商之间建立合理的库存成本、运输成本的分担机制，将供应商的责任进行分解，转化为合作伙伴之间的责任分担，从而使得合作伙伴之间风险分担，利润共享。

3. 实行外包服务

通常来讲，订货提前期越短，订单量越准确，因此，缩短订货期也是破解“牛鞭效应”的一个不错的方法。

Wal-Mart曾做过一个调查，如果订货提前期为26周，需求预测误差为40%；如果订货提前期为16周，则需求预测的误差为20%；如果在销售时点开始时进货，则需求预测的误差为10%。并且通过现代信息技术的应用可以即时获取销售信息和货物流动状态，同时通过多批次小批量的联合送货方式，可以实现需求驱动的订货，从而使需求预测的精度进一步提高。

外包策略，如“第三方物流”的利用也可以缩短提前期和使小批订货实现规模经营，这样销售商就无须从同一个供应商那里一次性大批订货。当然，这样会增加额外的订单处理费用和管理费用，但这里需要我们在所节省的费用和增加的额外费用之间做出权衡，确保总成本最优。

4. 避免短缺情况下博弈行为

当供应短缺时，供应商可以根据顾客以往销售记录限额供应，而不是根据订购数量，如此可以防止客户为了获得超额供应而放大订购量。通用汽车、惠普等大公司都应用了这种方法。

在供应短缺时，客户对供应商的供应能力缺乏了解，就加剧了短缺时的博弈程度。与客户共享供应能力和库存信息能减轻销售商对于短缺的担心，从而在一定程度上可以防止他们参与博弈。但是，共享这些信息并不能完全解决问题，如果供应商在销售旺季来临之前帮助销售商做好订货工作，他们就能更好地设计生产能力和安排生产进度以满足产品的需求，从而降低产生“牛鞭效应”的机会。

5. 参考历史资料对订单量进行适当修正

供应商根据历史销售数据和当前环境进行分析，适当增减订货量，同时为保证需求，供应商可使用联合库存和联合运输方式多批次发送，这样在不增加成本的前提下，也能够保证订货的满足。

6. 提前回款期限

提前回款期限、根据回款比例安排物流配送是消除订货量虚高的一个好办法，因为这种方法只是将期初预订数作为一种参考，具体的供应与回款挂钩，从而保证了订购和配送的管理。

提前回款期的具体方法是将会计核算期分为若干期间，在每个期间，比如一个月分为3个期间或者4个期间，每个期间10天或者7天，在期末就应当回款一次；对于在期间末之前多少天积极回款者给予价格优惠等，会有利于该项计划的推进。

第二节　定量与定期库存控制方法

一、定量订货法（Quantitative Order Method）

定量订货法是指当库存量下降到预定的最低库存量（订货点）时，立即按经济订货批量进行订货的一种库存管理方式。如图6-1所示。

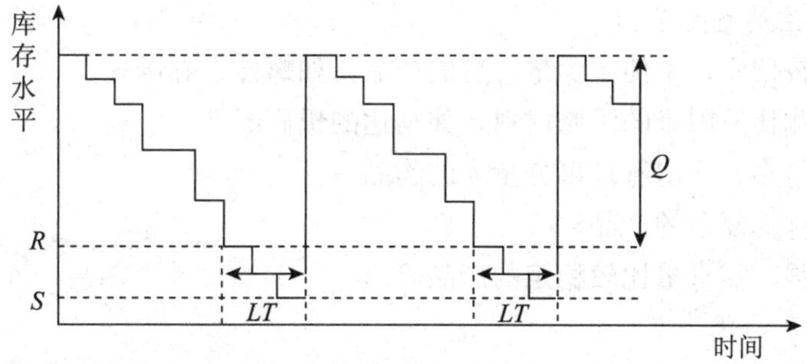

图 6-1　定量订货法

二、定量订货法的基本原理

如图 6-1 所示，当库存量下降到订货点 R 时，即按预先确定的订购量 Q 发出订货单，经过提前期（订货至到货间隔时间）LT，库存量继续下降，到达安全库存量 S 时，收到订货 Q，库存水平上升。

该方法主要靠控制订货点 R 和订货批量 Q 两个参数来控制订货，达到既最好地满足库存需求，又能使总费用最低的目的。在需要量固定、均匀和提前期不变的条件下，订货点 R 由下式确定：

$$R=LT\times D/365+S$$

式中：D——每年的需要量。订货量的确定依据条件不同，可以有多种确定的方法。

三、定量订货法的内容

1. 基本经济订货批量（Economic Order Quantity，EOQ）

基本经济订货批量是简单、理想状态的一种。通常订货点的确定主要取决于需要量和提前期这两个因素。在需要量固定均匀、订货提前期不变的情况下，不需要设安全库存，这时订货点由下式确定：

$$R=LT\times D/365$$

式中：R——订货点的库存量；

LT——提前期，即从发出订单至该批货物入库间隔的时间；

D——该商品的年需求量。

但在实际工作中，常常会遇到各种波动的情况，如需要量发生变化，提前期因某种原因而延长等，这时必须要设置安全库存 S，这时订货点则应用下式确定：

$$R=LT\times D/365+S$$

式中：S——安全库存量。

订货批量 Q 依据经济批量（EOQ）的方法来确定，所谓经济订货批量是通过平衡采购进货成本和保管仓储成本核算，以实现总库存成本最低的最佳订货量。

2. 定量订货法的适用范围

（1）单价比较便宜，不便于少量订货的产品，如螺栓、螺母等。

（2）需求预测比较困难的维修材料，如马达的机修配件。

（3）品种数量多、库房管理事务量大的物品。

（4）消费量计算复杂的产品。

（5）通用性强、需求量比较稳定的产品等。

3. 定量订货法的优缺点

定量订货法的优点主要包括：①实际操作中经常采用“双堆法”来处理，即将某商品库存分为两堆，一堆为经常库存，另一堆为订货库存，库存被用完就开始订货，并使用经常库存，不断重复操作的方法就是“双堆法”，这样可以减少盘点库存的次数，方便可靠；②当订货量确定之后，商品的验收、入库、保管和出库业务可以利用现有规格化方式进行计算，搬运、包装等方面的作业量可以节约；③经济批量的作用被充分发挥，可降低库存成本，节约费用，提高经济效益。

定量订货法的缺点主要包括：①要随时掌握库存动态，对安全库存和订货点库存进行严格控制，占用了一定的人力和物力；②订货模式过于机械，缺乏灵活性；③订货时间不能预先确定，对于人员、资金、工作业务的计划安排具有消极影响；④受单一订货的限制，使用多品种联合订货采用此方法时还需灵活进行处理。

四、定期订货法

1. 定期订货法模型

定期订货法就是按预先确定的订货间隔期进行订货的一种库存管理方式。定期订货法模型如图 6－2 所示。

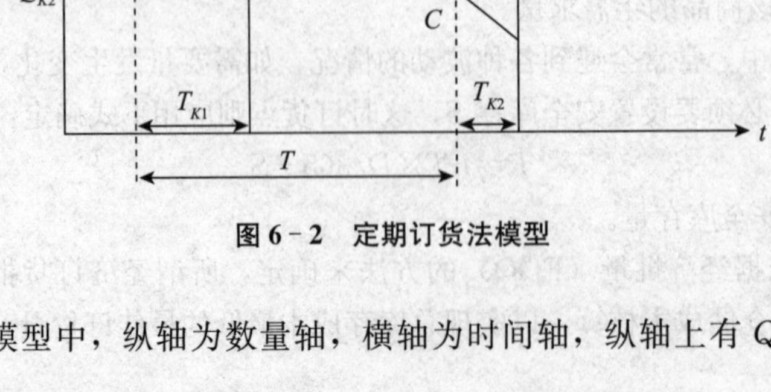

图 6－2　定期订货法模型

定期订货法模型中，纵轴为数量轴，横轴为时间轴，纵轴上有 Q_{max}、Q_K 等几个关键点。

定期订货有一个经济订货周期，其公式为：

$$T=\sqrt{\frac{2S}{CR}}$$

式中：T——经济订货周期；

S——单次订货成本；

C——单位商品年储存成本；

R——单位时间内库存商品需求量。

实际操作过程中，经济订货周期可通过结合供应商的生产周期和供应周期来调整，从而确定一个切实可行的订货周期。当然也可以结合人们比较习惯的时间单位，如天、周、旬、月、季等来确定经济订货周期，从而吻合企业的生产计划和工作计划。

2. 定期订货法的适用范围

（1）消费金额高、需要实施严格管理的重点物品，如常见的A类物品。

（2）根据市场的状况和经营方针，经常调整生产或采购数量的物品。

（3）需求量变动幅度大，但变动具有周期性，而且可以正确判断其周期的物品。

（4）受交易习惯的影响，需要定期采购的物品。

（5）取得时间很长的物品，定期生产的物品。

（6）制造之前需要人员和物料的准备，只能定期制造的物品等。

3. 定期订货法的优缺点

定期订货法的优点主要包括：①可以一起出货，减少订货费；②相对于定量订货法每天的盘点，定期订货的周期盘点和循环盘点比较彻底、精确，减少了工作量，工作效率得到提高；③库存管理计划性强，对于工作计划的安排，实行计划管理十分有利。

定期订货法的缺点主要包括：①安全库存量不能设置太少，因为它的保险周期较长，期间的需求量也较大，需求标准偏差也较大，因此需要设置较大的安全库存量来保障需求；②每次订货批量不一致，无法制定出经济订货批量，运营成本降不下来，经济性较差，只适合分类中重点物资的库存控制。

定量订货适合便宜的物资，定期订货适合贵重的物资；定量订货适用经济批量法，定期订货适合与客户协商生产提前期。所以，企业应针对所需，采用不同的方法取得所需的物料。

4. 两种订货方式的比较

定量订货与定期订货方法比较如表6-2所示。

表6-2　定量订货与定期订货方法比较

方法 比较项目	定量订货方式	定期订货方式
管理要点	①降低购买经费 ②为防止库存不足，供应度增加	①缩减周转金 ②为防止库存不足，供应度增加

续 表

<table>
<tr><td colspan="2">方法
比较项目</td><td>定量订货方式</td><td>定期订货方式</td></tr>
<tr><td rowspan="2">特征</td><td>订货量</td><td>固定</td><td>变动</td></tr>
<tr><td>订货时间</td><td>不固定</td><td>固定</td></tr>
<tr><td rowspan="6">适合对象</td><td>单价</td><td>便宜（B、C类）</td><td>高（A类）</td></tr>
<tr><td>订货量</td><td>比较稳定</td><td>变动大</td></tr>
<tr><td>消耗量</td><td>高</td><td>不稳定</td></tr>
<tr><td>共用性</td><td>大</td><td>少</td></tr>
<tr><td>前置时间</td><td>不一定</td><td>比较长</td></tr>
<tr><td>预测性</td><td>不可</td><td>可</td></tr>
<tr><td colspan="2">优点</td><td>①事务处理简单，管理容易
②订货费用减少（经济批量）</td><td>①能够对应需求的变化
②库存量减少
③可同时订购许多物品</td></tr>
<tr><td colspan="2">缺点</td><td>①不能对应需求的变化
②容易流于形式
③由于期限不定，可能增加费用</td><td>①事务处理繁杂
②事务量不固定
③必须努力管理</td></tr>
<tr><td colspan="2">运用要点</td><td>①中心检讨订货和安全存量的基准值
②和制造部门密切联系</td><td>①做正确的需求预测和生产计划
②从订货量的变动提高管理的精密度</td></tr>
</table>

第三节 ABC 存货分析法及经济订货批量

一、ABC 分类法

ABC 分类法（Activity Based Classification）又称帕累托分析法、ABC 分类法、重点管理法等，它同二八法则的原理是一样的。将库存物品按照设定的分类标准和要求分为特别重要的库存（A 类）、一般重要的库存（B 类）和不重要的库存（C 类）三个等级，然后针对不同的等级进行控制和管理的方法。

ABC 分类法是库存管理中常用的方法。应用该方法对库存进行管理，可以压缩总库存量、释放被占压的资金，使库存结构合理化，节约管理的时间和精力成本。

1. ABC 分类法的基本原理

ABC 分类法源出于帕累托曲线。经济学家帕累托在研究财富的社会分配时得出一个重要结论：80％的财富掌握在 20％的人手中，即“关键的少数和一般的多数”规律。这一普遍规律存在于社会的各个领域，称为帕累托现象。

一般来说，企业的库存物资种类繁多，每个品种的价格不同，且库存数量也不等。有的物资品种不多但价值很大，而有的物资品种很多但价值不高。由于企业的资源有限，因此在进行存货控制时，要求企业将注意力集中在比较重要的库存物资上，依据库存物资的重要程度分别管理，这就是ABC分类管理的思想。

分类管理就是将库存物资按品种和占用资金的多少分为特别重要的库存（A类）、一般重要的库存（B类）和不重要的库存（C类）三个等级，然后针对不同等级分别进行管理与控制。分类的标准是库存物资所占总库存资金的比例和所占总库存物资品种数目的比例。

这在库存上意味着相对比较少的库存物资有可能具有相当大的影响或价值。因此，对这些少数品种物资管理的好坏就成为企业经营成败的关键。因此需要在实施库存管理时对各类物资分出主次，并根据不同情况分别对待，突出重点。

2. ABC分类法的管理和标准

对库存进行ABC分类之后，要根据企业的经营策略对不同级别的库存进行不同的管理和控制。

A类库存物资品种数量虽少但对企业最为重要，是需要严格管理和控制的库存。企业必须对这类库存定时进行盘点，详细记录及经常检查物资使用、存量增减、品质维持等信息，加强进货、发货、运送管理。在满足企业内部需要和顾客需要的前提下维持尽可能低的经常库存量和安全库存量，加强与供应链上下游企业的协同合作以降低库存水平，加快库存周转速度。其价值占总库存价值的70%～80%，品种数量通常为总品种数量的5%～15%。

B类库存的状况处于A类库存和C类库存之间，因此对这类库存的管理强度介于A类库存和C类库存之间。对B类库存进行正常的例行管理和控制即可。其价值占总库存价值的15%～25%，品种数量通常为总品种数量的20%～30%。

C类库存物资品种最多，数量最大但对企业的重要性最低，因而被视为不重要的库存。对于这类库存一般进行简单的管理和控制。比如，大量采购大量库存、减少这类库存的人员和设施、库存检查时间间隔长等。其价值占库存总价值的5%～10%，品种数量通常为总品种数量的60%～70%。

3. 注意的问题

在使用ABC分类管理方法时，还必须注意两个问题，即库存物资的单价和重要性问题。

前面用来对库存物资进行分类的标准——占用库存资金，可以看出，与物资的单价关系很大。单价高的物资，其数量的变动对占用库存资金的变化影响更大，在A类物资中更应引起关注，这类物资的管理应采用零库存技术。

ABC分类管理的应用还需要注意，没有考虑物资对企业生产的重要性，因为有些物资虽然被划为C类的物资，但可能对企业的生产活动有着至关重要的影响。这种物资的重要性并不在资金占用上体现，但是，如果缺货会造成企业停产或严重影响正常生产，还可能会危及企业生产安全。如果这类物资属于市场短缺的物资，缺货后补货会比较困难。为了弥补这一不足，发展出了重要性分析方法，将物资按重要性进行分类。两者相结合可以更准确地对库存进行分类管理。

二、EOQ库存控制模型

EOQ模型即经济订货批量模型（Economic Order Quantity，EOQ），又称整批间隔进货模型。该模型适用于整批间隔进货、不允许缺货的存储问题，即某种物资单位时间的需求量为常数 D，存储量以单位时间消耗数量 D 的速度逐渐下降，经过时间 T 后，存储量下降到零，此时开始订货并随即到货，库存量由零上升为最高库存量 Q，然后开始下一个存储周期，形成多周期存储模型。

1. 经济订货量基本模型的假设

（1）企业能够及时的补充存货，即需要订货时便可以立即取得存货；

（2）能集中到货，而不是陆续入库；

（3）不允许缺货，即无缺货成本（$TCs=0$），这是因为良好的存货管理本来就不应该出现缺货成本；

（4）需求量稳定，并且能预测，即 D 为已知常量；

（5）存货单价不变，即 U 为已知常量；

（6）存货现金充足，不会因为出现现金短缺而影响进货；

（7）所需存货市场供应充足，不会因为买不到需要的存货而影响其他。

2. EOQ模型中的成本

EOQ库存管理模型中的成本主要包括以下几项。

（1）取得成本。是指为取得某种库存物资而支出的成本，包括订货成本和购置成本。

（2）储存成本。是指为保持库存而发生的成本，包括库存占用资金应付的利息以及使用仓库、保管货物、货物损坏变质等支出的各项费用，也分为固定成本和变动成本。

（3）缺货成本。是指由于存货供应不足造成供应中断而造成的损失，如失去销售机会的损失、停工待料的损失以及不能履行合同而缴纳罚款等。

其公式为：$Q^*=SQRT\ (2\times DS/C)$

式中：Q^*——经济订货批量；

D——商品年需求量；

S——每次订货成本；

C——单位商品年保管费用。

第四节　MRP、JIT 库存控制方法

一、MRP 库存控制方法

（一）物料需求计划（MRP）

物料需求计划（Material Requirements Planning，MRP）是指制造企业内的物料计划管理模式。根据产品结构各层次物品的从属和数量关系，以每个物品为计划对象，以完工日期为时间基准倒排计划，按提前期长短区别各个物品下达计划时间先后顺序的管理方法。它起源于 20 世纪 60 年代初，最初是针对当时制造企业生产管理中存在的普遍问题以及传统库存控制方法的不足而提出的一种生产组织管理技术。它是一种生产计划与控制技术，以控制整个生产过程中的库存水平为出发点，围绕物料为中心组织生产的一种新的生产方式，也是一种新的库存控制思想。

1. 传统的库存控制方法的缺陷

订货点法是传统的库存计划与控制方法，其基本思想是根据过去的经验预测未来的需求，根据物料的需求情况来确定订货点和订货批量。订货点法的基本假设点是：

（1）对各种物料的需求是相互独立的；

（2）物料的需求是稳定的、连续的；

（3）订货提前期是已知的、固定的。

订货点法适合于需求比较稳定的物料库存控制与管理。然而，在实际生产中，随着市场环境发生变化，需求常常是不稳定的、不均匀的，在这种情况下使用订货点法便暴露出一些明显的缺陷。

2. 盲目性

由于需求的不均衡和需求变化，企业不得不维持较大数量的安全库存来应付这种需求。这样盲目地维持一定量的库存会造成资金积压，产生浪费。例如，某零件的需求情况如表 6-3 所示，假定通过经济订货批量模型计算出该零件的订货批量为 50 件。那么，在情况 1 下，第 1 周需要 10 件，若一次订 50 件，则余下 40 件还需存放 9 周，但到第 10 周真正需要时，余下的 40 件又不够，必须再次订货 50 件。同样地，对于情况 2 和情况 3 也存在类似情况。

表 6-3　　某零件的需求

周次	1	2	3	4	5	6	7	8	9	10
情况 1	10	0	0	0	0	0	0	0	0	50
情况 2	10	0	50	0	0	0	0	0	0	0
情况 3	10	0	0	10	0	0	0	40	0	0

3. 高库存与低服务水平

传统的订货点方法使得低库存与高服务水平两者不可兼得。一般认为，要达到高服务水平，则必须保持高库存，即使高库存也还会常常造成零件积压与短缺共存的局面。例如，如果装配一个部件，需要5个零件，当以95%的服务水平供给每种零件时，每种零件的库存水平很高。装配该部件时，5种零件都不发生缺货的概率是 $(0.95)^5=0.774$，大致每4次就有一次会发生缺货。

4. 形成“块状”需求

订货点法的假设条件是均匀需求，但在制造过程中物料的需求是块状的：不需要的时候为零，需要时为一批。采用订货点法加剧了这种不均匀性。企业的产品、零部件和原材料都采用订货点法进行控制。一般来说，市场对产品的需求较稳定，呈小锯齿状。当产品的库存下降到订货点以下时，企业开始组织该产品的装配。当装配产品时，需要从零部件库中取出各种零部件，这样零部件库存陡然下降，当没达到零部件订货点时，零部件不必订货，这时原材料也不必订货。随着产品库存再次下降到订货点以下，再次需要进行产品的装配时，又要消耗一部分零部件的库存，如果零部件库存量下降到订货点以下，就要组织资源进行零部件的加工，要进行零部件的生产就要从原材料库中领取原材料，致使原材料库存降到订货点以下。由此可以看出，在产品的需求均匀的条件下，由于采用订货点方法，造成对零件和原材料的需求率不均匀，呈“块状”。“块状”需求与“锯齿状”需求相比，平均库存水平几乎提高一倍，因而占用了更多的资金。

订货点法之所以有这些缺陷，是因为它没有按照各种物料真正需用的时间来确定订货日期。于是，人们便思考怎样才能在需要的时间，按需要的数量得到需要的物料，从而消除盲目性，实现低库存与高服务水平。

（二）MRP的基本思想

物料需求计划是当时库存管理专家们为解决传统库存控制方法的不足，在不断探索新的库存控制方法的过程中产生的。最早提出解决方案的是美国IBM公司的J. A. 奥列基博士，他在20世纪60年代设计并组织实施了第一个MRP系统。

MRP的基本思想是围绕物料转化组织制造资源，实现按需要准时生产。制造型企业的生产是将原材料转化为产品的过程。如加工装配式生产，工艺顺序如图6-3所示，即将原材料制成毛坯，毛坯加工成零件，零件组装成部件，部件总装成产品。对于制造型的流程工业，也具有类似生产工艺顺序的情况。

图6-3 从原材料到产品制造的生产过程

按上述的生产过程，如果确定了产品的需求时间和需求数量，就可以确定产品装配数量和装配时间。确定了产品装配数量和装配时间就可以按产品的结构确定产品所需的零部件的出产数量和出产时间，进而可以确定出零部件投入数量和投入时间，直至确定原材料需要的数量和需要的时间，汇总得出所需的制造资源和需要时间。如图 6-4 所示。

图 6-4　所需的制造资源和需要时间

可见，MRP 的生产是以物料为中心来组织的，以物料为中心体现了以客户需求和按需定产的思想。这里“物料”是一个广义的概念，泛指原材料、在制品、外购件以及产品。以物料为中心组织生产，要求上道工序应该按下道工序的需求进行生产，各道工序做到既不提前完工，也不延迟完工，因而是最合理的生产方式。

MRP 生产作业计划的编制正是按这样的方式来完成的。在 MRP 中，将所有物料分成独立需求（Independent Demand）和相关需求（Dependent Demand）两种类型，MRP 处理的是相关需求。独立需求是指企业外部需求，如客户订购的产品、售后服务用的备品备件等，其需求数量一般通过预测和订单来确定，可按订货点方法处理。相关需求则是指对某些项目的需求取决于对另一些项目的需求，如汽车制造中的轮胎需求取决于制造装配汽车的数量。相关需求一般发生在制造过程中，可以通过计算得到。对原材料、毛坯、零件、部件的需求，来自制造过程，是相关需求，MRP 处理的正是这类相关需求。

从以上可以看出，MRP 思想的提出解决了物料转化过程中的几个关键问题：何时需要，需要什么，需要多少。它不仅在数量上解决了缺料问题，更关键的是从时间上来解决缺料问题。

如果一个企业的经营活动从产品销售到原材料采购，从自制零件的加工到外协零件的供应，从工具和工艺装备的准备到维修，从人员的安排到资金的筹措与运用，都围绕 MRP 的这种基本思想进行，就可以形成一整套新的方法体系，涉及企业的每一个部门、每一项活动。因此，人们又将 MRP 看成是一种新的生产方式。

（三）MRP 的处理逻辑

MRP 基本原理就是由产品的交货期展开成零部件的生产进度日程以及原材料、外购件的需求数量和需求日期。MRP 的处理逻辑是通过主生产计划明确“我们要制造什么?”；要制造必须有相应的物料，因此通过物料清单明确“我们需要什么?”；而需要的物料可能已经存放在仓库中，因此，要通过库存信息了解“我们已有什么?”。通过 MRP 的处理，可以得出生产作业计划和采购计划。在生产作业计划中，规定了每一项自制件的需求数量、开工日期和完工日期，在采购计划中，规定了每一项外购物料的需求品种、需求数量、订货日期和到货日期。

MRP 的处理逻辑如图 6－5 所示。

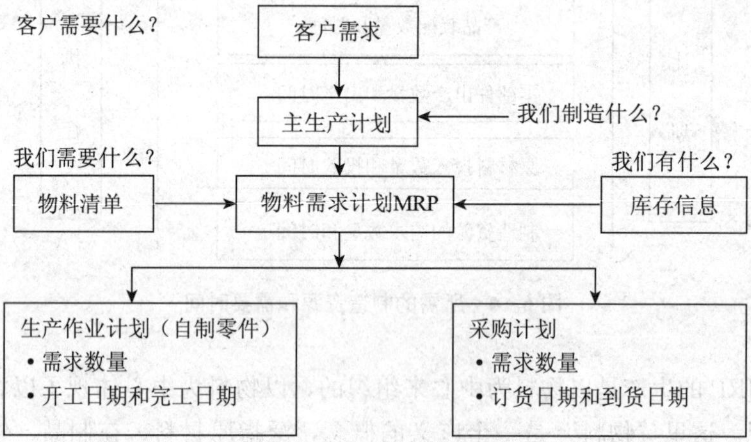

图 6－5　MRP 的处理逻辑

MRP 需要处理的问题和需要的信息如表 6－4 所示。

表 6－4　MRP 需要处理的问题和需要的信息

需要处理的问题	需要的信息
生产什么？生产多少？	切实可行的主生产计划
需要什么？	准确的物料清单
已具备什么？	准确的物料库存数据
还缺什么？何时需求？	MRP 的计算结果（生产计划和采购计划）

通过上述 MRP 的处理逻辑，可以看出 MRP 涉及三个输入信息：主生产计划（Master Product Schedule，MPS）、物料清单（Bill of Materials，BOM）和库存状态文件。

（1）主生产计划（MPS），是 MRP 的主要输入，它是 MRP 运行的驱动力量，在 MPS 中列出的是企业向外界提供的产品等。

（2）物料清单（BOM），表示产品的组成及结构信息，包括所需零部件的清单、产品项目的结构层次、制成最终产品的各个工艺阶段的先后顺序。

（3）库存状态文件，保存每一种物料的有关数据，MRP 系统关于订购什么、订购多少、何时发出订购等重要信息。物料清单是相对稳定的，而库存状态文件却处于不断变动之中。

MRP 的输出信息较多，其中关键的是生产和库存控制用的计划和报告。

(1) 零部件投入出产计划。零部件投入出产计划规定了每个零件和部件的投入数量和投入时间，出产数量和出产时间。

(2) 原材料需求计划。规定了每个零件所需的原材料的种类、需要数量和需要时间，并按原材料的品种、型号、规格汇总，以便物资部门进行采购。

(3) 库存状态记录。记录各种零部件、外购件以及原材料的库存状态数据，以便于计划与实际的对比，进行生产进度控制和采购计划控制。

(四) MRP 系统下库存控制

下面举一个简单的例子来说明 MRP 系统的库存控制思想。MRP 系统中物料的库存状态数据如表 6-5 所示。

表 6-5　　MRP 系统中库存状态

时区	1	2	3	4	5	6
毛需求量		15		45		40
预计入库量			30		20	
库存量	20	5	35	−10	20	−20
净需求量				10		20
计划订货量				10		20
计划订单下达		10		20		

注：提前期：2；初始库存量：20。

在表 6-5 的 MRP 系统中，时区 2、4 和 6 有收到顾客的需求，通过检查预计入库量、现库存量，得出净需求量，这个数量就是我们需要再订购的数量，同时由于订货存在提前期，所以尽管在时区 4 和 6 分别需要 10 单位和 20 单位物料，但仍然需要在时区 2 和 4 下达订单。这样就确定了两个问题，一是下达订单的时间，即时区 2 和 4；二是确定了一次订单的数量，时区 2 的订单数量是 10 单位，时区 4 的订单数量是 20 单位。这样综合考虑了再订购的数量和时间及库存量等因素，可以保证满足顾客在特定的时间需要特定数量的商品，而且也没有造成库存量的额外增加。MRP 系统的库存控制思想实质就是根据需求来决定订货的数量和时间，整个生产过程没有产生新的库存。

在以上过程中，假定初始库存量为零，一样不会影响顾客需求的满足，只是改变订货的时间和数量。但是为什么 MRP 系统不能做到“零库存”呢？因为 MRP 系统存在两个很关键的问题，一是订货提前期，我们假定提前期是固定的，因而 MRP 系统总是可以准确地确定出再订货的时间，不会造成早订货、物料积压、库存增加，但是，实践中由于并不能完全保证提前期是固定不变的，因此为了应对变化的提前期，就需要在库存中增加一些数量，预防在规定的提前期内物料没有及时到达，造成不能按时完成生产，顾客的需求得不到满足；二是 MRP 系统没有考虑生产能力的状况，尽管再订货的数量和时间能够准确确定，但是，如果在一段时间内预定数量物料按时到达，但由于企业的生产能力受到限制，仍然不能满足顾客的需求，这时就需要保持一定的库存来平衡生产能力，让设备能够在一定时间内保持均衡的产出。

（五）MRP 的发展

MRP 的发展经历了从订货点法到 MRP，从 MRP 到闭环 MRP，再到 MRPⅡ和 ERP 的阶段。

1. 闭环 MRP（Closed-loop MRP）

闭环 MRP 与 MRP 的最大区别在于闭环 MRP 增加了能力计划平衡功能。在 MRP 中，尽管按 MRP 的处理逻辑可以形成车间生产计划和采购计划，但车间生产计划和采购计划的可执行性很大程度上取决于车间生产能力的约束以及采购仓储的限制。为此，必须进行能力需求计划的平衡。如果能力需求计划可行，那么就可执行相应的能力计划和物料需求计划，否则，必须重新调整主生产计划和物料需求计划，使计划具有可行性，这样形成一个计划与控制系统。总的来说，闭环 MRP 在初期 MRP 的基础上补充了以下功能。

（1）编制能力需求计划。

（2）建立了信息反馈机制，使计划部门能及时从供应商、车间作业现场、库房管理员、生产计划员那里了解计划的实际执行情况。

（3）计划调整功能。

2. 制造资源计划（Manufacturing Resource Planning，MRPⅡ）

制造资源计划是 20 世纪 80 年代初在 MRP 的基础上发展起来的，它是一种资源协调系统，代表了一种新的生产管理思想。

MRPⅡ的基本思想就是把企业看作一个有机整体，实际上从横向和纵向两个角度体现了其管理思想。在纵向上，一方面，向下体现出从决策层、计划层到控制执行层对企业经营计划的层层分解，迅速下达，并具体落实到车间和班组，责任明确；另一方面，通过向上反映，从控制执行层、计划层到决策的计划执行情况信息的及时反馈，为计划的及时调整提供依据。在横向上，体现出企业的核心业务——“计划控制系统与财务系统”的集成关系，它们之间的联系桥梁是信息的管理即生产基础数据的管理。通过信息系统将基础数据集成为一体，实现企业各部门业务活动的沟通与联系，形成了一个资金流、物流、人员流等信息流的集成系统。

3. 企业资源计划（Enterprise Resource Planning，ERP）

企业资源计划是由美国著名的加特纳公司于 20 世纪 90 年代初提出的一个概念，它通过一系列的功能标准来界定 ERP 系统。由于企业的生产经营活动从原材料的采购、制造到产品的分销不仅需要对企业内部资源进行计划控制，同时也需要外部企业的密切合作，而 MRPⅡ仅局限于企业内物流、资金流和信息流的管理，由此产生了企业资源计划的概念。企业资源计划将企业的运营流程当作一条紧密连接的供应链，将企业链上的所有环节集成为一体化系统，实施有效管理。与 MRPⅡ相比较，ERP 具有如下的功能特点。

（1）扩充了企业经营管理功能。ERP 相对于 MRPⅡ，在原有功能的基础上进行了拓宽，增加了质量控制、运输、分销、售后服务与维护、市场开发、人事管理、实验室管理、项目管理、配方管理、融资投资管理、获利分析、经营风险管理等功能子系统。它可以实现全球范围内的多工厂、多地点的跨国经营活动。

（2）面向供应链扩充了企业经营管理的范围。ERP 系统把客户需求和企业内部制造活动以及供应商的制造资源整合在一起，强调对供应链上所有环节进行有效管理。

（3）模拟分析和决策支持的扩展，支持动态的监控能力。为企业制订计划和进行决策提供多种模拟功能和财务决策支持系统，提供诸如产品、融资、投资、风险、企业合并、收购等决策分析功能，在企业级的范围内提供了对质量、客户满意、绩效等关键问题的实时分析能力。

（4）系统功能模块化。运用应用程序模块来对供应链上的所有环节实施有效管理。“物流”类模块对供应、生产、销售整个过程和各个环节所需的物料进行管理。“财务”类模块提供一套通用记账系统，它能够进行资产管理，提供有关经营成果的报告，使企业管理决策建立在客观、及时的信息基础之上。“人力资源”类模块提供一个综合的人力资源管理系统，综合了诸如人事计划、新员工招聘、工资管理和员工个人发展等各项业务活动。

二、JIT 库存控制方法

（一）JIT 原理

JIT（Just In Time）译为准时，也有译为准时制管理是 20 世纪 70 年代，在日本创造的一种库存管理和控制的现代管理思想，该思想在日本丰田公司得到了广泛实施，并取得了良好的效果。

传统的生产系统采用的是由上游向下游推动式的生产方式，即由原材料仓库向第一道生产工序供应原材料，进行加工和生产，由此向后推，直到制成成品转入产成品仓库，等待销售，在这种生产系统中，大量原材料、在制品、产成品的存在，必然导致大量生产费用的占用和浪费。

JIT 的基本思想正好与传统生产系统相反，它以顾客（市场）为中心，根据顾客需求来组织生产。JIT 是一种拉动式生产方式，即逆着生产工序，由顾客需求开始，企业根据顾客的订单组织生产，根据订单要求的产品数量，上道工序就应该提供相应数量的组件，更前一道工序就应该提供相应的配件，再前一道工序提供需要的零件或原材料，由供应商保证供应。整个生产是动态的，由下游拉动上游。上道工序在适当的时间向下道工序提供适当数量的产品。JIT 系统下，企业的供、产、销各环节紧密配合，极大降低了库存，进而降低了成本，提高了生产效率和效益。

JIT 是一种旨在降低库存，消除整个生产过程中的浪费，优化利用企业资源，全面提高企业生产率的管理哲学，更是一种先进的生产组织方式。JIT 思想认为凡是不增加价值的任何活动都是浪费，如搬运、库存、质量检查等，换种说法来说，凡是超出增加产品价值所必需的绝对最少的物料、机器和人力资源的部分都是浪费。零库存和零缺陷是 JIT 生产追求的目标，JIT 认为，一个企业中所有的活动只有当需要进行的时候才进行，才不至于造成浪费，它认为库存是万恶之源，库存将许多矛盾掩盖起来，使问题不被发现而得不到及时解决。

JIT 不仅是库存管理的一场革命，也是整个企业管理思想的一场革命。它把物流、商流、信息流合理组织到一起，成为一个高度统一、高度集中的整体。同时，JIT 体现了以市场为中心，以销定产，牢牢抓住市场的营销观念，而不是产品先生产出来再设法向外推销的销售观念。

（二）JIT 实施条件

JIT 的实施需要以下条件：

（1）市场经济环境完善，信息技术发达；

（2）可靠的供应商，适时、适质、适量地供应；

（3）生产区域组织合理，生产线设计科学、易于产品流动；

（4）柔性的生产系统，为改变产品品种而进行的生产设备调整时间接近于零；

（5）科学合理的设备维修、检修和保养制度，使设备失灵为零；

（6）完善的质量保证体系，无返工，次品、不合格品为零；

（7）人员生产高度集中，各类事故发生率为零。

以上几个条件，以（2）可靠的供应商尤为重要。传统的购买最关心的是价格，而忽视了质量和交货时间的问题。日本 JIT 采购系统的成功经验是选择较少的供应商，它比多供应商采购有更多优势。从长远的角度来看，厂家与供应商建立长期合作关系将有利于双方达成共识，促进双方共同获得成功。尽管价格仍然是一个不容忽视的因素，但质量和可靠性已成为现代采购中越来越重要的因素。在 JIT 系统中，如果物料质量和可靠性出现问题，将导致整个系统处于停顿状态。

（三）JIT 的实施步骤

JIT 系统的建立是一个长期的系统性的工程，需要对企业文化和管理方式进行巨大的变革。JIT 系统的实施通常遵循如下几个步骤。

（1）人力资源培训。准备阶段的主要工作是人员培训，包括高级管理人员和一般员工。企业高级管理人员对 JIT 系统的支持是实施 JIT 的首要条件，因此企业的高层人员能否深刻理解和领会 JIT 思想的实质对 JIT 系统的成功实施尤其重要。对一般员工也要进行培训和激励，使所有人员都参与 JIT 系统的建设。

（2）实施全面质量管理。全面质量管理与 JIT 系统紧密联系，JIT 系统的各个环节需要在全面质量管理的思想指导下，才能协调一致；也只有在全面质量管理的作用下，才能把好每一个环节上的质量关，以实现“零缺陷”，进而实现“零库存”。

（3）现行系统分析。在实施 JIT 系统之前，首先要对现行的制造系统进行仔细分析，找出现行系统存在的缺陷，明确改进目标。

（4）工艺和产品设计。JIT 的运行要求企业生产工艺流程具有足够的柔性。目前一些高科技企业成功地把 JIT 与柔性制造系统（FMS）结合在一起，产生了巨大的经济效益。JIT 要求尽可能采用标准件以降低 JIT 生产系统的复杂性。

（5）供应商整合。使供应商成为 JIT 系统的一部分，供应商能否及时向企业提供优质的材料是 JIT 系统运行的条件。把企业 JIT 系统与供应商的 JIT 系统联结在一起，使供应商成为企业 JIT 系统的一部分，将有利于保证物料供应的及时性和可靠性。

（6）持续改进。JIT 系统的实施过程是一个持续改进的过程。JIT 系统的理想目标是零机器调整时间、零库存、零缺陷、零设备故障，而这些目标的实现是以企业各项工作不断改进和完善为前提的，因而 JIT 是一个永不停止的持续改进过程。

第五节 供应链管理环境下的库存控制方法

一、供应链管理

近年来，供应链管理（Supply Chain Management，SCM）在国内外日益受到人们的关注和重视，越来越多的企业开始探讨这种新的管理理念在库存管理中的应用。

供应链是指生产和流通过程中，涉及将产品和服务提供给最终用户所形成的网链结构。对供应链涉及的全部活动进行计划、组织、协调和控制称为供应链管理。以各种技术尤其是信息技术为依托，在供应链各节点间建立一种战略伙伴关系，实现从原材料供应商、制造商、分销商、零售商直到最终用户的商流、物流、信息流、资金流在整个供应链上畅通无阻的流动，最终达到双赢甚至是多赢目的的过程。

在供应链管理环境下，供应链各个环节的活动都应该是同步进行的，而传统的库存和分销管理思想显然无法满足这一要求。因为在传统的供应链上，基于交易关系的各环节企业都是自己管理自己的库存，在追求本企业利益最大化的前提下，每个企业都独自制定了自己的库存目标和相应的库存控制策略，这种孤立的运作导致了企业之间缺乏信息沟通，进而不可避免地会产生需求信息的扭曲和时滞，往往使得库存需求信息在从供应链的下游向上游的传递过程中被逐级放大，从而大大增加了供应链的整体库存，在很大程度上削弱了供应链的整体竞争实力。而供应链管理的目标就是通过其节点上的各个企业之间的密切合作，以最小的成本提供最大的客户价值，这就要求供应链上各环节企业的活动应该是同步进行的，库存管理职能也应当进行必要的整合。这样，企业由以物流控制为目的的库存管理转向以过程控制为目的的库存管理，即供应链的库存管理是基于工作流的管理。

供应商管理库存（Vender Managed Inventory，VMI），协同计划、预测和补货（Collaboration Planning Forecasting Replenishment，CPFR）正是适应市场变化的要求，体现供应链的集成化思想的一种库存管理方式。

二、供应商管理的库存

1. VMI 模式的内涵和特点

供应商管理库存是按照双方达成的协议，由供应链的上游企业根据下游企业的物料需求计划、销售信息和库存量，主动对下游企业的库存进行管理和控制的库存管理方法。它是一种用户和供应商之间的合作策略，具体来说，这是一种以用户和供应商双方都获得最低成本为目的，在一个共同的协议下由供应商管理库存，并不断监督协议执行情况，修正协议内容，使库存管理得到持续改进的合作策略。

同传统的库存控制方法相比，VMI 模式主要有以下几个特点。

（1）互信性。成功实施 VMI 模式，前提是供应链上各企业能够建立相互信任的合作基础。

（2）互利性。VMI 模式的目的是通过合作降低总成本，使合作双方都能从中获益，而不是考虑如何对不变成本进行分配，也就是谁多谁少的问题。

（3）响应性。VMI 模式需要各节点企业在合作时采取积极响应的态度，以快速反应降低因信息不通畅所造成的过高库存费用。

（4）协议性。VMI 模式要求各节点企业目标一致，并明确各自的责任和义务。合作的具体细节都通过框架协议明确规定，以提高操作的可行性。

2. 选择 VMI 模式的原因

VMI 模式已经成为供应链管理环境下库存控制模式的最佳选择。那么，它为什么会得到大家的青睐呢？其优点概括起来包括以下两点。

（1）能够实现供应链上下游企业的双赢。VMI 对处于供应链下游企业的好处是显而易见的，它克服了下游企业自身技术和信息系统的局限。随着供应链各个环节的企业核心业务的迅猛发展，供应链上游对下游的后勤管理（包括库存管理）也提出了更高的要求：实施 VMI 之后，库存由供应链上游企业管理，下游企业可以放开手脚进行核心业务的开发。同时，VMI 还可以满足下游企业降低成本和提高服务质量的需要。与下游企业自己管理库存相比，供应商在对自己的产品管理方面更有经验、更专业化，而且供应商可以提供包括软件、专业知识、后勤设备和人员培训等一系列服务，供应链中企业的服务水平会因 VMI 而提高，库存管理成本会降低，下游企业的存货投资也会大幅度减少。

这样，由于 VMI 的实施将同时给处于供应链上游企业的供应商带来许多利益。VMI 允许供应商获得下游企业的必要经营数据，直接接触真正的需求信息（通过电子数据交换 EDI 来传送）。这些信息可帮助供应商消除预期之外的短期产品需求所导致的额外成本。同时，企业对安全库存的需求也大大降低。VMI 可以大大缩短供需双方的交易时间，使上游企业更好地控制其生产经营活动，提高整个供应链的柔性。

（2）VMI 模式具备供应链减“负”功能。从本质上看，VMI 模式的管理理念源于产品的市场全过程管理思想，即只要一个产品没有被最终消费者购买并得到满意的消费，那么这个产品就不能算作已经销售，并构成供应上的一种潜在风险，供应商同样负有监控该产品的流通状况的责任，而不管该产品的产权归属是怎样的。正是基于这种思想，VMI 以供应商掌握销售资料和库存量作为市场预测和库存补货的依据，可以由销售资料得到准确的消费需求信息。这样，供应商就可以更有效、更快速地对市场变化和消费者需求做出快速反应，而且供应商与供应链下游企业分享重要资讯，可以改善各自的需求预测、补货计划、促销管理和运输装载计划等，而对整个供应链来说，就可以降低库存总量并且改善库存周转，进而维持最佳库存量，使库存管理水平得到显著提高。

3. VMI 模式的运作

假定在一个简单的供应链环境下，供应链由供应商、批发商、零售商、消费者构成。企业可以从以下几个方面来进行 VMI 模式运作。

（1）技术基础构建。实现供应商管理用户库存，需要满足两个条件。一是用户库存状态透明化，即供应商能随时对零售商的库存状态进行跟踪控制。二是业务处理标准化，主要指订单业务处理的标准化。做好这两点都需要技术支持。

随着 Internet 的日益普及，供应商可借助因特网，通过高速数据专用线与 Internet 实现联网，通过路由器与自己的 Intranet 相连，再由 Intranet 内服务器为供应商的库存管理部门提供各种信息存取、处理等服务。另外，供应商还可以通过采取条码技术对自己的商品进行编码，通过获得商品的标志代码，如 EAN 或 UCC（全球开放的物流信息标识和条码表示系统），来实现对用户商品的准确识别，以便随时跟踪和检查用户的库存状况，对用户需求作出快速反应。为了确保供应商与用户之间订单传递、处理等业务的安全可靠性，供应商可以采用统一标准的 EDI 报文，进行商品的即时数据交换。并且为提高供应链的整体运作效率，供应商还可采用基于标准 EDIFACT 的库存报告清单来实施库存控制，以提高供应商对用户库存的监控效率。

（2）建立专门的用户管理职能部门。供应商在实施 VMI 后，为了集成用户的库存控制功能，需要把用户管理职能从传统的财务管理部门中分离出来，专门用以处理供应商与用户之间的订货业务、供应商对用户的库存控制和其他的相关业务。

（3）建立供应商与用户之间的目标框架协议。供应商应当和用户通过协商来确定库存检查周期、库存的维持水平、订货点等有关库存控制的核心问题，以及合作双方之间如何进行信息的交流和存取、订单的传递和处理等有关业务流程的问题。

（4）构建完善的销售管理系统。供应商要有效地管理用户库存，必须能快速了解市场需求动态和商品的需求信息，以便有针对性地及时进行商品补给，从而既能加快供应商响应用户需求的速度，又能减少用户的库存量。因此，一方面，供应商可以通过建立顾客档案信息库来快速掌握顾客需求的变化，增强需求预测分析的准确性，在一定程度上解决因"需求放大效应"造成的库存量过大的问题；另一方面，供应商可采用 ERP 系统软件（企业资源计划系统），通过运用 Internet/Intranet 技术建立完善的销售网络管理系统，加快供应链上的信息传递和实时处理速度。

4. VMI 实施过程中应注意的问题

首先要注意 VMI 模式的适用范围，并对企业实施 VMI 模式的可行性进行分析。一般来说，VMI 模式适用某些特定的情况，比如，供应商经济实力雄厚，有较强的库存存储和货物运输、配送能力，以及稳定、可靠的信息来源；批发商的库存设施有限，自己难以有效地管理库存；供应商与批发商的合作关系密切等。此外，在实施 VMI 的过程中，要注意配合使用其他先进的库存控制方法，以最大限度地降低库存成本，提高企业的竞争力，如可采用联合库存管理（主要解决需求放大引起的高库存量的问题）、多级库存的优化和控制等方法。

三、协同计划、预测和补货（Collaborative Planning Forecasting and Replenishment，CPFR）

（一）CPFR 出现的背景

随着经济环境的变迁、信息技术的进一步发展以及供应链管理逐渐为全球所认同和推广，供应链管理开始更进一步地向无缝连接转化，促使供应链的整合程度进一步提高。

高度供应链整合的项目就是沃尔玛所推动的 CFAR 和 CPFR，这种新型系统不仅是对企业本身或合作企业的经营管理情况给予指导和监控，更是通过信息共享实现联动的经营管理决策。

CFAR（Collaborative Forecast And Replenishment）是利用 Internet，通过零售企业与生产企业的合作，共同做出商品预测，并在此基础上实行连续补货的系统。

CPFR（Collaborative Planning Forecasting and Replenishment）是在 CFAR 共同预测和补货的基础上，进一步推动共同计划的制订，即不仅合作企业实行共同预测和补货，同时将原来属于各企业内部事务的计划工作（如生产计划、库存计划、配送计划、销售规划等）也由供应链上各企业共同参与。

（二）CPFR 的定义

CPFR 是应用一系列的信息处理技术和模型技术，提供覆盖整个供应链的合作过程，通过共同管理业务过程和共享信息来改善零售商和供应商之间的计划协调性，提高预测精度，最终达到提高供应链效率、减少库存和提高客户满意程度为目的的供应链库存管理策略。

（三）CPFR 的特点

1. 协同

从 CPFR 的基本思想看，供应链上下游企业只有确立起共同的目标，才能使双方的绩效都得到提升，取得综合性的效益。CPFR 这种新型的合作关系要求双方长期承诺公开沟通、信息分享，从而确立其协同性的经营战略，尽管这种战略的实施必须建立在信任和承诺的基础上，但是这是买卖双方取得长远发展和良好绩效的唯一途径。

正是因为如此，所以协同的第一步就是保密协议的签署、纠纷机制的建立、供应链计分卡的确立以及共同激励目标的形成（如不仅包括销量，也同时确立双方的盈利率）。应当注意的是，在确立这种协同性目标时，不仅要建立起双方的效益目标，更要确立协同的盈利驱动性目标，只有这样才能使协同性能体现在流程控制和价值创造的基础之上。

2. 规划

1995 年沃尔玛与 Warner-Lambert 的 CFAR 为消费品行业推动双赢的供应链管理奠定了基础，此后当 VICS 定义项目公共标准时，认为需要在已有的结构上增加“P”，即合作规划（品类、品牌、分类、关键品种等）以及合作财务（销量、订单满足率、定价、库存、安全库存、毛利等）。此外，为了实现共同的目标，还需要双方协同制订促销计划、库存政策变化计划、产品导入和中止计划以及仓储分类计划。

3. 预测

任何一个企业或双方都能做出预测，但是 CPFR 强调买卖双方必须做出最终的协同预测，像季节因素和趋势管理信息等无论是对服装或相关品类的供应方还是销售方都是十分重要的，基于这类信息的共同预测能大大减少整个价值链体系的低效率、死库存，促进更好的产品销售，节约使用整个供应链的资源。

与此同时，最终实现协同促销计划是实现预测精度提高的关键。CPFR 所推动的协同预测还有一个特点是它不仅关注供应链双方共同做出最终预测，同时也强调双方都应参与预测反馈信息的处理和预测模型的制定和修正，特别是如何处理预测数据的波动等问题，只有把数据集成、预测和处理的所有方面都考虑清楚，才有可能真正实现共同的目标，使协同预测落在实处。

4. 补货

销售预测必须利用时间序列预测和需求规划系统转化为订单预测，并且供应方约束条件，如订单处理周期、前置时间、订单最小量、商品单元以及零售方长期形成的购买习惯等都需要供应链双方加以协商解决。根据 VICS 的 CPFR 指导原则，协同运输计划也被认为是补货的主要因素。

此外，例外状况的出现也需要转化为存货的百分比、预测精度、安全库存水准、订单实现的比例、前置时间以及订单批准的比例，所有这些都需要在双方公认的计分卡基础上定期协同审核。潜在的分歧，如基本供应量、过度承诺等双方事先应及时加以解决。

（四）CPFR 供应链的实施

在沃尔玛等优秀企业的倡导下，特别是美国产业共同商务标准协会（VICS）于 1998 年发布了 CPFR 指导准则以后，越来越多的优秀企业开始采用 CPFR 来推动企业业绩的大幅提高，尤其是许多世界 500 强的企业大多已开始实施、建立或研究 CPFR。

CPFR 正越来越明显地影响着企业运营管理的基本模式，它日益证明 CPFR 是当今企业供应链管理的主导趋势和骨干框架。

1. CPFR 供应链的体系结构

决策层：主要负责管理合作企业领导层，包括企业联盟的目标和战略的制定、跨企业的业务流程的建立、企业联盟的信息交换和共同决策。

运作层：主要负责合作业务的运作，包括制订联合业务计划、建立单一共享需求信息、共担风险和平衡合作企业能力。

内部管理层：主要负责企业内部的运作和管理，包括商品或分类管理、库存管理、商店运营、物流、顾客服务、市场营销、制造、销售和分销等。

系统管理层：主要负责供应链运营的支撑系统和环境管理及维护。

2. CPFR 实施的框架和步骤

（1）识别可比较的机遇。CPFR 有赖于数据间的比较，这既包括企业间计划的比较，又包括一个组织内部新计划与旧计划、计划与实际绩效之间的比较，这种比较越详细，CPFR 的潜在收益越大。

在识别可比较的机遇方面，关键在于以下几点。

订单预测的整合：CPFR 为补货订单预测和促销订单提供了整合、比较的平台，CPFR 参与者应该搜集所有的数据资源和拥有者，寻求一对一的比较。

销售预测的协同：CPFR 要求企业在周计划促销的基础上再做出客户销售预测，这样将这种预测与零售商的销售预测相对照，就可能有效地避免销售预测中没有考虑促销、季节因素等产生的差错。

CPFR 的实施要求 CPFR 与其他供应和需求系统相整合。对于零售商而言，CPFR 要求整合比较的资源有商品销售规划、分销系统、店铺运作系统。

对于供应商而言，CPFR 需要整合比较的资源有 CRM、APS 以及 ERP。

CPFR 的资源整合和比较，不一定都要求 CPFR 系统与其他应用系统直接相连，但是这种比较的基础至少是形成共同的企业数据库，即这种数据库的形成是来源于不同企业计划系统在时间整合以及共同的数据处理基础上产生。

(2) 数据资源的整合运用。

①不同层面的预测比较。不同类型的企业由于自身的利益所驱使，计划的关注点各不相同，造成信息的来源不同，不同来源的信息常常产生不一致。

CPFR 要求协同团队寻求到不同层面的信息，并确定可比较的层次。例如，一个供应商提供四种不同水果香味的香水，但是零售商不可能对每一种香味的香水进行预测，这时供应商可以输入每种香味的预测数据，CPFR 解决方案将这些数据搜集起来，并与零售商的品类预测相比较。

②商品展示与促销包装的计划。CPFR 系统在数据整合运用方面一个最大的突破在于它对每一个产品进行追踪，直到店铺，并且销售报告以包含展示信息的形式反映出来，这样预测和订单的形式不再是需要多少产品，而且包含了不同品类、颜色及形状等特定展示信息的东西，这样数据之间的比较不再是预测与实际绩效的比较，而是建立在单品基础上包含商品展示信息的比较。

③时间段的规定。CPFR 在整合利用数据资源时，非常强调时间段的统一，由于预测、计划等行为都是建立在一定时间段基础上的，所以，如果交易双方对时间段的规定不统一，就必然造成交易双方的计划和预测很难协调。

供应链参与者需要就管理时间段的规定进行协商统一，诸如预测周期、计划起始时间、补货周期等。

(3) 组织评判。一旦供应链参与方有了可比较的数据资源，他们必须建立一个企业特定的组织框架体系以反映产品和地点层次、分销地区以及其他品类计划的特征。通常企业往往在现实中采用多种组织管理方法，CPFR 能在企业清楚界定组织管理框架后，支持多体系的并存，体现不同框架的映射关系。

(4) 商业规则界定。当所有的业务规范和资源的整合以及组织框架确立后，最后在实施 CPFR 的过程中需要决定的是供应链参与方的商业行为规则，这种规则主要表现在例外情况的界定和判断。

3. CPFR 实施过程中应当关注的因素

(1) 以"双赢"的态度看待合作伙伴和供应链相互作用。

(2) 为供应链成功运作提供持续保证和共同承担责任。

(3) 抵御转向机会。

(4) 实现跨企业、面向团队的供应链。

(5) 制定和维护行业标准。

四、“零库存”技术

（一）“零库存”概念

“零库存”技术是在生产和流通领域按照准时制组织物品供应，使整个过程库存最小化的技术总称。

“零库存”可以解决库存管理的一系列问题，降低如仓库建设、库存管理、存货维护、装卸、搬运费用，解决库存占用流动资金以及库存老化、损失、变质等问题。

“零库存”（Zero Inventory）管理方法可追溯到20世纪六七十年代，当时，日本丰田公司实行准时制（Just in Time）生产，在管理手段上应用看板管理，以单元化生产技术实行拉式生产（Pull Manufacturing），以实现在生产过程中基本没有积压的原材料和半成品。这种前道工序按后道工序需求生产的制造流程不但极大降低了生产过程中的资金占用和库存积压，而且在这个过程中提高了生产活动的效率。在“零库存”管理中，物料（包括原材料、半成品和产成品）在采购、生产、销售等一个或几个经营环节中，不以仓库储存的形式存在，而均是处于周转的状态。这就意味着“零库存”的关键不在于是否拥有库存，而在于库存是停滞还是周转的状态。

“零库存”的管理方法能给企业带来很大收益。如果企业能够在不同环节实现零库存，就能够减少库存占有资金，优化应收和应付账款，加快资金周转，降低库存管理成本，以及规避市场的变化及产品的更新换代而产生的降价、滞销的风险等。

（二）“零库存”的实现方法

（1）委托“第三方仓库”存储货物。第三方仓库是一种专业化、社会化程度比较高的仓库。委托这样的仓库或物流组织储存货物，从表面上看，就是把所有权属于用户的货物存放在专业化程度比较高的仓库中，由后者代理用户保管和发送货物，用户则按照一定的标准向受托方支付服务费。采用这种方式存放和储备货物，在一般情况下，用户自己不必再过多地储备物资，甚至不必再单独设立仓库从事货物的维护、保管等活动，在一定范围内便可以实现零库存和进行无库存式生产。

（2）准时制（Just in Time）生产。准时制（JIT）生产方式，即“在需要的时候，按需要的量生产所需的产品”。这是在日本丰田公司生产方式的基础上发展起来的一种先进的管理模式，它是一种旨在消除一切无效劳动，实现企业资源优化配置，全面提高企业经济效益的管理模式。看板方式是准时制生产方式中的一种简单有效的方式，也称传票卡制度或卡片制度。采用看板方式，要求企业各工序之间、企业之间或生产企业与供应者之间采用固定格式的卡片为凭证，由下一环节根据自己的生产节拍，逆生产流程方向，向上一环节指定供应，其主要目的是在同步化供应链计划的协调下，使制造计划、采购计划、供应计划能够同步进行。在具体操作过程中，可以通过增减看板数量的方式来控制库存量。

（3）按订单生产（Make to Order）方式。按订单生产是一种需求拉动（Pull）的生产方式，在该方式下，企业在接到客户订单后才开始生产，企业的一切生产活动都是按订单来进行采购、制造、配送的，仓库不再是传统意义上的储存物资的仓库，而是物资流通过程中的一个“枢纽”，是物流作业中的一个节点。物是按订单信息要求而流动的，因此从根本上消除了呆滞物资，从而也就消灭了“库存”。

(4) 配送方式合理化。一般来说，在没有缓冲库存情况下，生产和配送作业对送货时间不准更敏感。无论是生产资料还是成品，物流配送在一定程度上影响其库存量。因此，通过建立完善的物流体系，实行合理的配送方式，企业及时地将按照订单生产出来的物品配送到用户手中，并在此过程中通过合理安排物品的在途运输和流通加工活动，减少库存。企业可以通过采用标准的“零库存”供应运作模式和合理的配送制度，使物品在运输中实现储存，从而实现“零库存”。

（三）“零库存”与企业战略

由于受到不确定供应、不确定需求和生产连续性等诸多因素的制约，企业的库存不可能为零，所以众多商家才确定了基于成本和效益最优化的安全库存是企业库存的下限。从库存概念上来理解的话，“零库存”永远只是各个生产商、代理商的追求，因为严格从操作意义上来说，“零库存”是不可能真正实现的。但是，通过有效的运作和管理，企业可以最大限度地逼近“零库存”。而我们讨论的就是从理论上以及众商家的实施程度上来讨论现实中的“零库存”运作方案。

“零库存”的实现有一个前提。在排除物流运作的因素之后，首先要考虑的就是信息交换问题。因为只有信息能得到及时、合理的正常沟通，才能正确预测出物料的准确需求量以及供求时间。

家电企业美的公司有这样一个理念：宁可少卖，不多做库存。这句话体现了美的控制库存的态度以及决心。而不同的生产模式对应着企业不同的库存控制方法，也就成就了全球那些拥有经典库存控制方法的成功企业。像DELL采取的是按订单生产模式，原材料和零配件库存的控制更是关键。一般情况下，包括手头正在进行的作业在内，DELL的任何一家工厂里的库存量都不超过5～6小时的出货量。这种模式就是JIT方式，即以最准时、最经济的生产资料采购和配送满足制造需求。

充分、精确的市场信息是做好预测的前提。但是，流通渠道中逐级反馈得到的信息容易产生“牛鞭效应”。因此，缩短流通渠道长度或者利用信息技术实现信息共享是解决“牛鞭效应”的重要方法，能在一定程度上缓解牛鞭效应。目前，美的的分销渠道仍然是一级分销商、二级分销商、销售商的模式。但是，美的的产品通过第三方物流公司直接运送到指定的二级分销商和零售商，缩短了与市场的距离。海尔的产品流通渠道更短，销售公司直接面对零售商，能够直接获取市场信息。而宝洁和沃尔玛之间则用信息技术直接进行信息共享，实施了供应商管理库存的策略。宝洁可以实时跟踪其产品在沃尔玛的库存情况，进而及时制订批量生产计划，实现自动向沃尔玛补货。这样就能够有效地对渠道库存进行控制，并能够合理地安排生产活动。但是，尽管有诸多参数和技术系统的支持，信息系统中也有完美的预测模型，但不能完全排除市场的不确定性。预测不可能做到100%准确，如果预测过量，则会造成库存积压，如果预测过少，则会造成脱销缺货。

海信电器的“零库存”管理也值得我们学习，其核心是快速研发制造出好的产品，并借助快速响应的营销体系，快速把产品交付给消费者，加快库存周转，降低库存成本。库存周转速度加快，意味着资金周转速度的提高，很好地降低了经营风险。海信电器“零库存”管理是以数字化为基础的。每年海信都会做好下一年度诸如销售额、产量、市场占有率、销售网点等年度计划。海信的产品一共有 20 个型号，每个型号仓库里有多少台，分公司仓库里有多少台，以及分公司下属网点有多少台，都有精确的数据统计。而且海信投巨资建设了遍布全国的完善的网络，终端实时的销售数据都能够及时掌握。同时，为了保证管理政策的落实，他们还实行百分制考核，包括市场销售人员都要考评绩效，对每个人的任务完成情况实时监控，并及时反馈。

现在我们看到，“零库存”管理其实也就是库存控制的升华。这就意味着对于任何企业来讲，要想做好“零库存”战略，首先要从头开始，做好最基本的库存控制，重视库存管理，这才能为将来“零库存”目标的实现积累丰富的经验、打下坚实的基础，没有任何企业可以一开始就做到零库存的。

战略的实施总是以所处的企业内部环境和外部环境决定的。我们来探讨关于 DELL 的国际战略特别是它来到中国的本土战略。

直销是 DELL 的主要营运方式，在业界号称“零库存高周转”。在直销模式下，公司接到订货单后，将电脑部件组装成整机，是按订单进行装配的。而大多数的企业是根据对市场预测进行生产，并且生产是批量的。真正按顾客需求定制生产，需要在短时间内交付订单，这在速度和精度方面给戴尔提出了挑战。DELL 的做法是，利用信息技术全面管理生产过程。通过互联网，DELL 和其上游配件制造商能迅速对客户订单做出反应：当订单传至戴尔的控制中心，控制中心把订单分解为子任务，并通过网络分派给各独立配件制造商进行排产。各制造商按 DELL 的电子订单进行生产组装，并按 DELL 控制中心的时间表来供货。DELL 所需要做的只是在成品车间完成组装和系统测试，剩下的就是客户服务中心的事情了。

通过各种途径获得的订单被汇总后，供应链系统软件会自动地分析出所需原材料，同时比较公司现有库存和供应商库存，创建一个供应商材料清单。而 DELL 的供应商仅需要 90 分钟的时间用来准备所需要的原材料并将它们运送到 DELL 的工厂，DELL 再花 30 分钟时间卸载货物，并严格按照制造订单的要求将原材料放到组装线上。由于 DELL 仅需要准备手头订单所需要的原材料，因此工厂的库存时间仅有 7 小时，而这 7 小时的库存却也能在某种程度上看作是出于周转过程中的产品。来到中国后，DELL 却彻底放弃了享誉全球的“零库存”直销模式。

“零库存”的前提是按需定制的“工厂—订户”模式，订一台产一台，产一台卖一台，否则有固定型号的量产就一定有库存。DELL 在中国的广告仍然是在主打几款产品，而不是在强调按需定制，只不过销售热线比其他厂商多了几个而已。而要求 DELL 为所购买的电脑加一条内存或加一块硬盘的“定制”自然和它享誉全球的全机定制相去甚远。DELL 在中国为什么不采用它横扫全球的销售方法和中国的物流链有关。中国物流的效率难以支持 DELL 在美国提出的将产品三天内从工厂送到用户手中，而且一般的中国用户恐怕也不想为了享受一次上门服务，多承受几百元的成本。同时，选择这样的销售模式还主要考虑了中国人的消费习惯，中国的消费者购买商品喜欢去卖场货比三家，因为卖场里可以多一些选择机会，购买前还能看到真品。对于电脑这类大件商品，不但要看到产品，还要体验一下才能买得踏实。

中国的文化和用户购买习惯决定了销售方法，DELL 在中国采用分销和直销结合的形式，多渠道经营。DELL 高水平的质量、品牌、服务，使其成为电脑市场有力的竞争者。分销是 DELL 适应市场的行为，而合理的库存战略，则是支持和推动企业发展的强力后援。

第六节　案例分析及实习实训指导

案例分析

一、公司概况

安科公司是一家专门经营进口医疗用品的公司，2001 年该公司经营的产品有 26 个品种，共有 69 个客户购买其产品，年营业额为 5800 万元人民币。对于安科公司这样的贸易公司而言，因其进口产品交货期较长、库存占用资金大，库存管理显得尤为重要。

二、ABC 分类的理论依据

ABC 分类法是意大利经济学家帕累托首创的，1879 年，帕累托在研究个人收入的分布状态时，发现少数人的收入占全部人口收入的大部分，而多数人的收入只占一小部分。该方法的核心思想是在决定一个事物的众多因素中分清主次，识别出少数的但对事物起决定作用的关键因素和多数的但对事物影响较小的次要因素。“20—80”原则是 ABC 分类法的指导思想，所谓“20—80”原则简单地说就是 20％的因素带来 80％的结果。但是“20—80”原则也不是绝对的，可能是 25％～75％或者 16％和 84％等。总之，“20—80”原则作为一个统计规律，是指少数的因素起着关键作用。ABC 分类法正是在这个原则的指导下，试图对物料进行分类，以找出占用大量资金的少量物料，并加强对它们的控制与管理，对那些占用少量资金的大多数物料，则实施较少的控制和管理。一般地，人们将占用了 65％～80％的价值的 15％～20％的物品划分为 A 类，占用 15％～20％的价值的 30％～40％的物品划分为 B 类，将占用 5％～15％的价值的 40％～55％的物品划分为 C 类。不过这种划分也不是绝对的，要根据实际情况加以划分。ABC 分类法不仅应用了上述理论，它还运用了数理统计、运筹学、系统工程方面的知识，并结合库存的实际情况采用定性和定量相结合的分析方法进行库存管理。

三、ABC 分类法在安科公司的应用

安科公司按销售额的大小，将其经营的 26 种产品排序，划分为 ABC 类。排序在前 3 位的产品占到总销售额的 97％，因此，把它们归为 A 类产品；第 4、5、6、7 种产品每种产品的销售额在 0.1％～0.5％，把它们归为 B 类；其余的 19 种产品（共占销售额的 1％）将其归为 C 类。其库存物品统计如表 6－6 所示。

表 6-6　　安科公司医疗用品库存物品的 ABC 分类

类别	库存物品（种）	销售价值（万元）	销售价值百分比（%）	占总库存比例（%）
A	3	5625	97	11.5
B	4	116	2	15.4
C	19	58	1	73.1

从安科公司的 ABC 分类表可以看出，A 类产品只占总库存的 11.5%，而 A 类产品的销售价值占总销售价值的 97%；B 类产品占总库存的 15.4%，销售价值占总销售价值的 2%；C 类产品占总库存的 73.1%，销售价值占总销售价值的 1%。

在此基础上，安科公司对 A 类的 3 种产品实行连续性检查策略，即每天检查其库存情况。但由于该公司每月的销售量不稳定，所以每次订货的数量不相同，另外，为了防止预测的不准确及工厂交货的不准确，该公司还设定了一个安全库存量，根据案例资料显示，该类产品的订货提前期为 2 个月，即如果预测在 6 月销售的产品，应该在 4 月 1 日下订单给供应商，才能保证产品在 6 月 1 日出库。该公司对 A 类产品的库存管理方案如下：

安全库存＝下一个月预测销量的 1/3

订货时间：当月实际的存货数量＋在途产品数量＝下两个月的销售预测数量＋安全库存（此时下订单）

订货数量＝第三个月的预测数量

安科公司对 B 类产品的库存管理采用周期性检查策略。每个月检查库存并订货一次，目标是每月检查时应有以后两个月的销售数量在库里（其中一个月的用量视为安全库存），另外在途还有一个月的预测量。每月订货时，再根据当时剩余的实际库存数量决定需订货的数量，这样就会使 B 类产品的库存周转率低于 A 类。

对于 C 类产品，该公司则采用了定量订货的方法。根据历史销售数据，得到产品的半年销售量，为该种产品的最高库存量，并将其两个月的销售量作为最低库存。一旦库存达到最低库存时就订货，将其补充到最低库存量。这种方法比前两种更省时间，但是库存周转率更低。

安科公司在对产品进行 ABC 分类以后，该公司又对其客户按照购买量进行了分类。发现在 69 个客户中，前 5 位的客户购买量占全部购买量的 75%，将这 5 个客户定为 A 类客户；到第 25 位客户时，其购买量已达到 95%。因此，把第 6～25 位的客户归为 B 类，其他的第 26～69 位客户归为 C 类。对于 A 类客户，实行供应商管理库存，一直保持与他们密切的联系，随时掌握他们的库存状况；对于 B 类客户，基本上可以用历史购买记录，以需求预测作为订货的依据；而对于 C 类客户，有的是新客户，有的一年也只购买一次，因此只在每次订货数量上多加一些，或者用安全库存进行调节。

四、ABC 分类后，安科公司库存管理的效果

对于安科公司这种经营进口产品且产品种类繁多、各产品的需求量变化幅度较大的企业来说，库存管理显得尤为重要，甚至关系到企业的生死存亡，所以，必须采取适当的措施对库存实施控制与管理。而安科公司是对库存进行 ABC 分类控制与管理，这是符合该

企业的企业特点的。

首先，该公司经营的产品种类繁多且各产品的需求量变化幅度较大，对其产品进行ABC分类，有利于库存管理、销售量的统计、需求预测、订货计划的编制、成本控制及其会计核算等环节的实施。并对其产品进行重点控制，这样大大降低了由于上述原因造成的库存管理成本，提高了此类产品的库存周转率。

其次，在ABC分类的前提下，该公司对A类产品进行连续性检查策略，这样防止了由于A类产品缺货造成的缺货损失，同时也避免了由于盲目进货带来的不必要的存储成本。由于A类产品的订货周期为2个月且销售价值占总销售价值的97%左右，所以对A类产品实施重点控制和管理是有必要的，也可以尽可能地把库存成本降至最低。

再次，该公司对客户也进行了ABC分类管理，这一方案的实施不但有利于掌握重要客户的市场信息，而且还可以增强这类客户的满意程度。除此之外，更有利于公司对未来市场的需求预测，从而避免了由于信息的不对称带来的盲目预测销售量而使公司蒙受损失的情况。

最后，有什么样的企业管理体制，就有什么样的企业形象，安科公司对其产品和客户ABC分类后，该公司的内外经营环境得到了很大的改善，树立了一个良好的企业形象，提升了企业的市场竞争力。综上所述，ABC分类以后，安科公司的库存管理效果主要体现在以下几方面。

（1）降低了库存管理成本，减少了库存占用资金，提高了主要产品的库存周转率。

（2）避免了缺货损失、过度超储等情况。

（3）提高了服务水平，增强了客户的满意程度。

（4）树立了良好的企业形象，增强了企业的竞争力。

案例思考题：

1. ABC分类的依据是什么？

2. ABC分类以后，安科公司库存管理的效果如何？

实习实训

一、实训名称：ABC分类管理法技能操作实训指导

二、实训目标

在库存管理中，对种类繁多的商品实施有效的管理非常必要。采用ABC分类管理法，就是对库存商品进行分类，在管理中做到突出重点，以便有效地节约人力、物力和财力。通过本项目的实训，使学生掌握ABC分类管理法应用于库存控制中的操作方法和操作步骤，并能针对不同类别商品进行合理有效的管理。

三、实训任务及要求

某企业年底对库存10种商品进行盘点，它们的年平均库存品种数量和单价情况如表6-7所示。试将其进行ABC分类，以便更好地管理与控制。

表 6－7　　平均库存品种数量和单价情况

序号	产品代码	年平均库存量（千件）	单价（元）
1	X－30	50	8
2	X－23	200	12
3	K－9	6	10
4	G－11	120	6
5	H－40	7	12
6	N－15	280	9
7	Z－83	15	7
8	U－6	70	8
9	V－90	15	9
10	W－2	2	11

实训准备：①知识准备：了解 ABC 分类管理法的基本思想以及货物分类标准；②工具准备：仓储货物资料、纸、笔、计算器、绘图尺。

四、实训操作指导

第 1 步：收集数据。收集分析对象的有关数据。本实训项目中需要收集 10 种商品在统计期内的平均库存数量及单价，以便对库存商品占用资金的情况进行分析和计算，从而实施分类重点管理（本实训任务中已经给出相关数据）。

第 2 步：处理数据。将收集的数据资料进行计算、汇总，整理出所需要的数据。所需要数据包括各类商品的平均资金占用额、累计资金占用额、品目数所占比例和累计品目数所占比例。

第 3 步：绘制 ABC 分类管理表，并将处理数据填入表格（见表 6－8）。

表 6－8　　ABC 分类管理表

物品名称	品目数累计	品目累计（%）	物品单价（元）	平均库存量（千件）	物品平均资金占用额（千元）	平均资金占用额累计（千元）	平均资金占用额累计（%）	分类结果
①	②	③	④	⑤	⑥＝④×⑤	⑦	⑧	⑨
N－15	1	10	9	280	2520	2520	35.9	A
X－23	2	20	12	200	2400	4920	70.2	A
G－11	3	30	6	120	720	5640	80.5	B
U－6	4	40	8	70	560	6200	88.5	B
X－30	5	50	8	50	400	6600	94.2	B
V－90	6	60	9	15	135	6735	96.1	C
Z－83	7	70	7	15	105	6840	97.6	C

续 表

物品名称	品目数累计	品目累计（%）	物品单价（元）	平均库存量（千件）	物品平均资金占用额（千元）	平均资金占用额累计（千元）	平均资金占用额累计（%）	分类结果
①	②	③	④	⑤	⑥=④×⑤	⑦	⑧	⑨
H-40	8	80	12	7	84	6924	98.8	C
K-9	9	90	10	6	60	6984	99.7	C
W-2	10	100	11	2	22	7006	100	C

填表步骤要求：

(1) 将计算出的平均资金占用额的数据从大到小进行排序，并从高到低依次填入上表中第⑥栏；

(2) 以第⑥栏为准，依次在第①栏填入相应的物品名称，在④栏填入对应的物品单价，在第⑤栏填入对应的商品平均库存量；

(3) 在第②栏填入商品累计编号（即品目数累计），然后计算品目累计百分数，并填入第③栏；

(4) 依据第⑥栏计算平均资金占用额累计，并将计算结果填入第⑦栏；

(5) 计算平均资金占用额累计百分数，填入第⑧栏。

第 4 步：分类。依据 ABC 分类管理表中第③栏和第⑧栏的数据，将商品分成 A、B、C 三大类，并将分类结果填入第⑨栏。货物分类标准参看表 6-9。

表 6-9　　ABC 管理法的分类标准

A类商品	B类商品	C类商品
占库存品种数 5%～15%	占库存品种数 20%～30%	占库存品种数 70%左右
占库存资金总数 70%左右	占库存资金总数 20%～30%	占库存资金总数 5%～15%

第 5 步：绘制 ABC 分类管理图。绘图要求：以品目累计百分数为横坐标，以平均资金占用额累计百分数为纵坐标，按 ABC 分类表第③栏和第⑧栏提供的数据在直角坐标图上取对应点，连接各点的曲线，画出 ABC 分类曲线（见图 6-6）。

第 6 步：确定不同类别货物的管理方法。

(1) A 类库存物资的管理方法。

①按最优批量，采用定期订货方式。

②重点管理，经常进行检查和盘点。

③提高货物的机动性，把货物放在易于搬运的地方。

④恰当选择安全系统，尽可能降低仓库的安全储备量。

⑤与供应商密切联系。

⑥与用户密切联系，及时了解用户需求的动向。

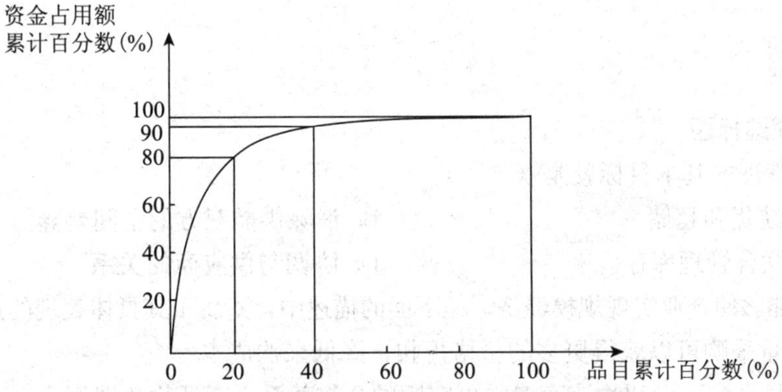

图 6-6　ABC 分类曲线

（2）C 类库存物资的管理方法。

①按经济订货批量，一般采用比较粗放的定量订货方式。

②一般管理，定期进行检查和盘点，周期可以长一些（年度或季度）。

③给予最低的优先作业次序。

④为防止缺货，安全库存要多一些，或减少订货次数以降低费用。

（3）B 类库存物资管理方法。

①按经济订货批量进行订货，可采用定量订货方式为主，定期订货方式为辅的方式。

②正常控制与管理，检查和盘点周期介于 A 类和 C 类物资之间。

五、实训考核

实训考核表如表 6-10 所示。

表 6-10　　实训考核表

考评项目					
被考评人	班级：	姓名：			
考评标准	考评内容	分值（分）	自我评价	小组评价	老师评价
	遵循 ABC 分类管理法的基本操作步骤	20			
	按要求处理数据，计算准确，填表准确	30			
	会绘制 ABC 分类管理图	20			
	能针对不同类别货物提出有效的管理措施	20			
	技能操作认真、积极；团队合作情况良好	10			
合　计					
综合得分（自评 10%、组评 30%、师评 60%）					

练习题

一、单项选择题

1. 库存管理的基本目标就是（　　）。

A. 防止缺货和超储　　B. 消除供需双方的空间差异

C. 实现联合管理库存　　D. 协调与供应商的关系

2. 库存能够使企业实现规模经济，但下面的描述中，不属于其具体表现的是（　　）。

A. 大批量采购可以获得更多的价格折扣，降低采购成本

B. 大批量采购可以和物流商建立更牢固的合作关系，降低物流费用

C. 运输方面，大批量采购可以实现整车运输，从而降低采购运输费用

D. 制造方面，产成品库存可使大批量制造发挥制造的规模经济，降低制造成本

3. 企业为预防可能发生的一些灾害而购买的存货损失保险计入（　　）。

A. 购入成本　　B. 订购成本　　C. 储存成本　　D. 缺货成本

4. 对库存进行管理，首先要进行（　　）。

A. 需求识别与需求预测　　B. 存货编码与识别

C. 订购批量与订购时间的确定　　D. 采购提前期的管理

5. 预测不可能是绝对准确的，其主要原因是（　　）。

A. 采用不同的预测方法会导致预测不准确

B. 预测是对未来的预测，而未来具有较大的不确定性

C. 有来自供应端的大量不确定性因素

D. 人们对大量的变化缺乏有效的分析方法

6. 某产品销售数量急剧上升，市场开始出现仿制品时，说明该产品处于产品生命周期中的（　　）。

A. 导入期　　B. 成长期　　C. 成型期　　D. 表达期

7. 在影响需求预测的因素中，企业有能力改变的是（　　）。

A. 竞争者行为　　B. 需求时间　　C. 商业信誉　　D. 产品生命周期

8. 某产品连续 3 周库存需求的预测值及实际值如下：

周	实际值	预测值
1	100	110
2	120	120
3	140	130

预测的平均绝对误差（MAD）为（　　）。

A. 0　　B. 6. 67　　C. 20　　D. 10

9. 当库存量降低至订货点即触发订货的系统，属于（　　）。

A. 一次性订货系统　　B. 随机型库存控制系统

C. 固定间隔期系统　　D. 固定订货量系统

10. 在库存管理中，ABC 分类法一般是以（　　）。

A. 产品生命周期为基础　　B. 库存价值为基础

C. 订货提前期为基础　　D. 库存品种为基础

11. 在使用新设备之前，必须确定用于维护修理零件初始供应量，零部件初始供应量确定依据一般来自（　　）。

A. 制造商的建议　　B. 已使用该种设备的用户的建议

C. 维修者的建议　　D. 质量监督部门的建议

12. 在确定型的库存模型中，订货批量为 Q，平均库存量为（　　）。

A. Q　　B. 1/2Q　　C. 1/3Q　　D. 1/4Q

13. 在 ABC 分类中，存货的品种占总品种种类的 10%左右，但价值占存货总价值的 70%左右的物品为（　　）。

A. ABC 类存货　　B. B 类存货　　C. A 类存货　　D. C 类存货

14. 固定订货量系统需要随时将库存余额与订货点比较，决定是否发出订货，故又称之为（　　）。

A. 定量检查控制系统　　B. 定期检查控制系统

C. 随机检查控制系统　　D. 连续检查控制系统

15. 富余物料是指（　　）。

A. 在现时条件下不能使用的物料　　B. 可以通过再加工再利用的物料

C. 由于技术进步不再存在需求的物料　　D. 由于某种原因产生积压的良好物料

16. 在逆向物流中通过条码处理和计算退货，是利用了库存物品的（　　）。

A. 可追踪性　　B. 可回收性　　C. 可处理性　　D. 可再生性

17. 经验显示，MRP 系统具有很高应用价值的企业，通常（　　）。

A. 每年只生产少量产品　　B. 以装配作业为中心

C. 产品的结构较复杂　　D. 生产昂贵的产品

18. 关于 MRPⅡ，下列描述中错误的是（　　）。

A. MRPⅡ是一种与 MRP 完全不同的新技术

B. MRPⅡ在内容和能力上有了很大扩充，涵盖了企业整个生产经营活动

C. MRPⅡ集成了生产、财务、销售、工程技术、采购等各个子系统

D. MRPⅡ系统的核心部分是物料需求计划

19. 在 MRP 系统的输入部分中，主生产计划的英文缩写是（　　）。

A. FAS　　B. MPG　　C. BOM　　D. MPS

20. 企业期望的库存精确度，常用（　　）。

A. 库存记录与实际盘点的误差百分数不超过某一特定的允许值表示

B. 库存记录与实际盘点的误差绝对值不超过某一特定的允许值表示

C. 实际盘点值占库存记录值的百分比表示

D. 库存记录与实际盘点之差的绝对值表示

21. 准时制库存是维持系统运行所需的（　　）。

A. 最少库存　　B. 调节库存　　C. 安全库存　　D. 标准库存

22. 在设备上分配作业的优先规则中，虽然简单但可能需要较多数据的是（　　）。

A. 处理时间规则　　B. 到期日规则

C. 订单到达时间规则　　D. 关键率规则

23. 下类选项中，对客户需求产生影响外部因素的是（　　）。

A. 广告　　B. 分销渠道　　C. 价格　　D. 信贷政策

24. 对于材料贵重的，通常由定额员按工艺文件确定工艺定额，这种制定物资消耗定额的方法称为（　　）。

A. 直接计算法　　B. 间接计算法　　C. 技术计算法　　D. 统计计算法

25. 供应链之间竞争的增加，意味着物流管理的重点应该放在（　　）。

A. 缩短时间上

B. 缩短时间和客户服务期两个问题上

C. 缩短时间、客户服务期和生产全球化三个问题上

D. 缩短时间、客户服务期、生产全球化以及供应商和客户的一体化四个问题上

26. 供应链合作关系的出现产生的两个结果，即是（　　）将那些非核心业务剥离出来交由供应链中的其他企业去完成。

A. 基础供应商减少，非专业供应商从外部采购核心业务

B. 基础供应商减少，专业供应商从外部采购非核心业务

C. 基础供应商增加，非专业供应商从外部采购核心业务

D. 基础供应商增加，专业供应商从外部采购非核心业务

27. 下列关于供应商一体化好处的描述中，错误的是（　　）。

A. 可以减少由于产品缺陷而产生的损失　B. 可以增加前置期使安全库存降低

C. 可以更严格地控制成本上升　　D. 可以减少报废的可能性

28. 下列有关配送需求计划的描述中，错误的是（　　）。

A. 配送需求计划是一种简单的计划方法

B. 从逻辑上看，配送需求计划是制造需求计划的拓展

C. 配送需求计划要考虑多个配送阶段以及各阶段的特点

D. 与制造需求计划相比，配送需求计划是在一种独立的环境下运作的

29. 企业开始标杆管理过程的唯一有效方法是（　　）。

A. 首先要确定是为财务需要还是满足客户的需要

B. 首先要确定是哪些真正的竞争者

C. 首先由承担可比较业务流程的组织设立标杆

D. 首先由行业中的业绩佼佼者确定业务流程

30. 下列指标中，可以用来衡量服务水平的是（　　）。

A. 库存周转率　　B. 吞吐量

C. 库存满足要求的比率　　D. 全员劳动生产率

二、简答题

1. 什么是在途库存？决定在途库存大小的因素是什么？

2. 什么是单周期需求？

3. 什么是物料清单？

4. 供应商选择标准包括哪些内容？

三、问答题与计算题

1. 什么是服务水平？为什么确定合理的服务水平是企业进行库存控制决策时必须考虑的重要问题？

2. 某新华书店新英汉大辞典的年销售需求为1600册，每册的单价为40元，已知每册的年储存费率为20%，每次订货费用为4元，试求：

(1) 新英汉大辞典的经济订货批量；

(2) 新英汉大辞典的平均库存量；

(3) 年订货次数。

3. 根据表6-11，按要求计算4、5、6三周的预测结果，填入相应的位置，并写明计算过程。

表6-11　预测结果

周	实际需求	简单移动平均法（$n=3$）	绝对误差法（$n=3$）
1	60		
2	90		
3	120		
4	150	①	④
5	180	②	⑤
6	150	③	⑥

①用简单移动平均法计算4、5、6三周的需求预测，填入①、②、③栏内。

②计算4、5、6三周预测的绝对误差，并填入④、⑤、⑥栏内。

第七章　现代信息技术在仓储管理中的应用

知识目标

1. 条码技术概念及原理。
2. 射频识别技术概念及原理。
3. 电子数据交换概念。
4. 仓库管理信息系统概述。
5. 计算机仿真软件应用概述。

能力目标

1. 熟悉条码技术和射频识别技术概念及原理。
2. 了解电子数据交换概念。
3. 掌握仓库管理信息系统应用。

导入案例

沃尔玛公司现代化的物流技术

沃尔玛公司作为世界上最大的商业零售企业，1999 年全球销售总额达到 1650 亿美元，在世界 500 强中排名第二，仅次于美国通用汽车公司。2000 年销售总额达 1913 亿美元，超过了美国通用汽车公司。试想一家属于传统产业的零售企业，如何能在销售收入上超过“制造之王”的汽车工业，超过世界所有的银行、保险公司等金融机构，超过引领“新经济”的信息企业，已成为各方关注的焦点。

沃尔玛公司共有 6 种形式的配送中心：①“干货”配送中心；②生鲜食品中心；③山姆会员店配送中心；④服装配送中心；⑤进口商品配送中心；⑥退货物流中心（其收益主要来自出售包装箱的收入和供应商支付的手续费）。

如今，沃尔玛公司在美国拥有全资的物流系统，配送中心已是其中一部分，沃尔玛完整的物流系统不仅包括配送中心，还有更为复杂的采购系统、自动补货系统等。现代化的物流技术迅速发展，为了满足美国境内 3000 多个连锁店的配送需要，沃尔玛公司在国内共有近 3 万辆大型集装箱挂车，5500 辆大型货运卡车，24 小时昼夜不停地工作。每年的运输总量达到77.5亿标准箱，总行程为6.5亿千米。合理调度如此规模的商品采购、库存、物流和销售管理，离不开高科技的手段。为此，沃尔玛公司建立了专门的信息管理系统、卫星定位系统。

沃尔玛公司总部只是一座普通的平房，但与其相连的计算机控制中心却是一座外貌如同体育馆的庞然大物。沃尔玛公司的计算机系统规模在美国仅次于五角大楼（美国国防部），甚至超过了联邦航天局。全球4000多个店铺的销售、订货、库存情况可以随时调出查问。沃尔玛公司和休斯公司合作，发射了专用卫星，用于全球店铺的信息传送与运输车辆的定位及联络。沃尔玛公司5500辆运输卡车全部装备了卫星定位系统，每辆车在什么位置，装载什么货物，目的地是什么地方，总部可一目了然。这样可以合理安排运量和路程，最大限度地发挥运输潜力，避免浪费，降低成本，提高效率。

沃尔玛公司正是通过对物流、信息流的有效控制，使公司从采购原材料开始到制成最终产品，最后由销售网络把产品送到消费者手中的过程变得高效有序，实现了商业活动的标准化、专业化、统一化、单纯化，从而达到实现规模效益的目的，使其在零售业界所向披靡。

问题：每天在全球范围内发生着数以百万计的商业交易，每一笔商业交易的背后都伴随着物流和信息流。供应链上的贸易伙伴都需要这些信息以便对产品进行发送、跟踪、分拣、接收、存储、提货以及包装等。在供应链管理中必然要用到越来越多的现代仓储信息技术。现代仓储信息技术包含哪些内容？如何正确应用现代仓储信息技术提升仓储管理水平和仓储服务能力？

（资料来源：阳光．物流配送—沃尔玛公司成功的利器［N］．国际经贸消息，2002-06-01）

第一节　条码技术

一、条码技术概述

（一）条码技术的发展史

作为物流信息系统中自动采集数据的一项技术，条码技术是实现自动采集与输入物流信息的重要技术。20世纪40年代最早出现了条码，但是直到70年代左右才得到实际应用和迅速发展。在20世纪50年代，美国就已经使用了铁路车辆条码，目前美国所有的铁路车厢上都有ACI（Automatic Car Identification）条码标志。

早在20世纪40年代后期，美国的乔·伍德兰（Joe Wood Land）和伯尼·西尔沃（Beny Silver）就开始研究用代码来表示食品项目和相应的自动识别设备，并于1949年获得了美国专利。20年后，乔·伍德兰作为IBM公司的工程师成为北美地区的统一代码——UPC码的奠基人。吉拉德·费伊赛尔（Girad Hissel）等人于1959年申请了一项专利：将数字0～9中的每个数字用七段平行条表示。但是这种代码不方便阅读，而且机器也难以阅读。不过，这一思想却促使了条码制的产生与发展。

1976年，在美国和加拿大超级市场上，UPC码的成功应用给人们以很大的鼓舞，特别是欧洲人对UPC码的应用产生了很大的兴趣。第二年，欧洲共同体在UPC－A码基础上，制定出了欧洲物品编码EAN－13（标准版）和EAN－8（缩短版）码，签署了“欧洲物品编码”协议备忘录，同时正式成立了欧洲物品编码协会（简称EAN）。条码发展到1981年时，由于EAN已经发展成为了一个国际性组织，因此改名为“国际物品编码协会”，简称IAN。不过因为历史原因和称呼上的习惯，至今仍称为EAN。EAN的成立，不仅仅为建立全球统一性的物品标示体系提供了非常可靠的组织保证，同时也促使了条码技术的应用。

日本从1974年开始着手建立POS系统，研究标准化以及信息输入方式、印制技术等，并在EAN基础上于1978年制定出日本物品编码JAN。同年加入了国际物品编码协会，开始进行厂家登记注册，并全面转入条码技术及其系列产品的开发工作，10年之后成为EAN最大的用户。

从20世纪80年代中期开始，我国的一些科研部门、高等院校、出口企业等部门逐渐把条码技术的研究和推广应用提上了日程。一些行业如邮电、图书、外贸部门、物资管理部门都已经开始使用条码技术。为普及、推广、研究条码技术，国家质量技术监督局于1988年12月正式成立了中国物品编码中心，负责制定和发布全国条码标准，统一组织、协调和管理全国的条码工作，并在各地设立了物品编码分中心。1991年4月，我国以中国物品编码中心为代表，正式加入国际物品编码协会，成为会员，并被允许使用EAN条码，为中国广泛使用条码技术创造了有利条件。

条码是一种可印刷的计算机语言，科学家称之为“计算机文化”。在20世纪90年代，国际流通领域视条码为商品进入国际市场的“身份证”，全世界对它刮目相看。印制在商品外包装上的条码，像一条条信息纽带将世界各地的生产制造商、出口商、批发商、零售商和顾客有机地联系在一起。这一条条经济信息纽带，一经与EDI系统融合，便形成多项、多元的信息网，商品的各种相关信息犹如投入了一个无形的、永不停息的自动导向传送机构，流向世界各地，活跃在世界商品流通领域。

（二）条码技术简介

1. 条码的概述

条码是由一组规则排列的条、空以及对应的字符组成的用以表示一定信息的标识。“条”指对光线反射率较低的部分，“空”指对光线反射率较高的部分，这些条和空组成的符号表示一定的信息，并能够用特定的设备识读，同时将识读出的信息转换成与计算机兼容的二进制和十进制信息。

一个完整的条码的组成次序依次为静区（前）、起始符、数据符、校验符和终止符以及供人识读字符、静区（后），如图7－1所示。

（1）静区。静区分为左右两边静区，也称左右空白区。静区是指条码左右两端外侧与空的反射率相同的限定区域，是没有任何符号的白色区域，它能使阅读器进入准备阅读的状态。

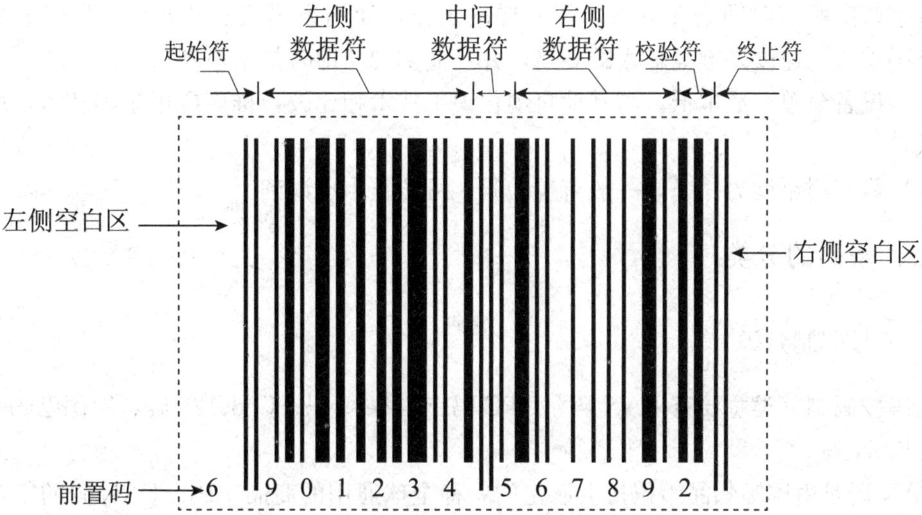

图 7-1 商品条码（EAN-13）符合结构

（2）起始符。起始符是指条码符号的第一位字符，标志一个条码符号的开始部分，阅读器一旦确认此字符存在后，便开始扫描条码。

（3）数据符。数据符是指位于起始符后的字符，指位于条码中间的条、空结构，用来记录一个条码的数据值，其结构不同于起始符，允许双向扫描。数据符分为左侧数据符和右侧数据符。

（4）校验符。校验符位于右侧数据符的最后一位，它是通过一定的数学方法计算出来的，作用是确认输入信息是否正确。

（5）终止符。终止符是指条码符号的最后一个字符，标志着一个条码的结束，阅读器在确认该字符后停止工作。

2. 条码的特点

条码是至今为止最经济、实用的一种自动识别技术，在当今的自动识别技术中占有重要的地位。条码具有以下特点。

（1）操作简单、易于制作、可印刷，对印刷设备和材料无特殊要求，被称为“可印刷的计算机语言”。

（2）灵活实用。条码符号不仅可以作为识别手段单独使用，还可和有关设备组成识别系统实现自动化识别，同时和其他控制设备联系起来实现整个系统的自动化管理。同时，在没有自动识别设备时，也可实现人工键盘输入。

（3）采集信息量大。利用条码扫描一次可以采集十几位字符的信息，不仅如此，还可通过选择不同码制的条码调节字符密度，使录入的信息量随之变化。

（4）可靠准确。键盘录入数据，误码率为三百分之一。利用光学字符识别技术，误码率约为万分之一。而采用条码扫描录入方式，误码率仅有百万分之一，首读率可达 98%以上。

（5）输入效率高。使用键盘输入，对于一分钟打字数为 90 个字的打字员，输入 12 个字符或字符串所需时间为1.6秒，但同样的工作，使用条码只需0.3秒。与键盘输入相比，条码输入的速度是键盘输入的5倍，并且能实现“即时数据输入”。

(6) 设备简单、成本低。与其他自动化识别技术相比较，推广应用条码技术，所需费用较低。

(7) 具有纠错能力。条码一般有校验码，可防止出现误读。

二、条码的分类

(一) 按码制分类

条码按码制分类主要有EAN码、UPC码、Code39码、Code128码、库德巴码等。

1. EAN码

EAN码是由国际物品编码协会制定的一种全球通用的商品条码。EAN码的字符编号结构是长度固定、连续型的数字式码制，其字符集是数字0～9。EAN码符号有两种，一种是标准版（EAN-13），另一种是缩短版（EAN-8），如图7-2所示。我国的商品条码采用的就是EAN码。

EAN-13　　EAN-8

6 901234 567892　　6901 2341

图7-2　EAN条码

EAN标准版由13位数字和条码符号构成。包含前缀码、厂商代码、商品项目代码和校验码。

EAN缩短版由8位数字和条码符号构成，常用于印刷空间不足的小包装商品上，检验码的计算方法与EAN-13相同，只需要在其前面添加5个“0”。

目前，在我国超市销售的商品上所印的条码大部分都是EAN码。

2. UPC码

UPC码是由美国统一代码委员会制定的一种商品条码，主要在美国和加拿大地区（北美地区）使用，不过从英国、加拿大进口的商品也使用。当我国产品出口到北美地区并且客户指定时，需要申请使用UPC码，之后由中国物品编码中心统一办理。

UPC码是一种长度固定的连续型数字式码制，其字符集为数字0～9。UPC码分为UPC-A和UPCE，UPC-A码可以表示12位数字，也称为标准版UPC码；UPC-E码可以表示8位数字，称为缩短版UPC码，如图7-3所示。

UPC-A　　UPC-E

0 89600 12456 9　　0 896000 7

图 7－3　UPC 码

3. Code39 码

Code39 码是一种不仅可以表示数字信息，而且还可表示字母信息的条码，是世界上使用最为广泛的条码码制之一，普遍使用于工业、图书及票证等领域。

Code39 码可表示数字、英文字母及“－”“.”“/”“＋”“%”和“＊”等共 44 个符号，其中“＊”仅作为起始符和终止符，如图 7－4 所示。

＊ A 1 3 4 3 9 ＊

图 7－4　Code39 码

4. Code128 码

Code128 码是一种长度可变、连续型的字母数字条码。与其他类型的一维条码相比，128 码是一种比较复杂的条码系统，而其所能支持的字符也比其他一维条码多，同时还有不同的编码方式可共交互运用。因此，其使用弹性也较大。Code128 码可表示从 ASCⅡ0～ASCⅡ127共 128 个字符，故称 128 码，其中包含了数字、字母和符号字符。Code128 码是广泛应用在企业内部管理、生产流程、物流控制系统方面的条码码制，因为其具有优良的特性，在管理信息系统的设计中也被广泛使用。

5. 库德巴码

库德巴码是一种长度可变的连续型自校验数字式码制，字符集为数字 0～9、“a、b、c、d”4 个字母和 6 个特殊字符（－、:、/、.、＋、$），其中“a、b、c、d”仅作为起始符和终止符，并可任意组合，如图 7－5 所示。库德巴码是一种广泛应用在医疗和图书馆的条码。

A12345D

图 7－5　库德巴码

除了上述码制还有其他的码制，比如出现在 20 世纪 60 年代后期的 25 码，主要用于航空系统的机票的顺序编号；11 码出现于 1977 年，主要用于电子元器件标签，还有 93

码、49码、矩阵25码等其他的码制。

（二）按维数分类

1. 一维条码

一维条形码是由一个接一个的“条”和“空”进行有规则的排列组成的，条码信息是靠“条”和“空”的不同宽度和位置的变换来表达的，这种条码技术只能在水平方向上通过“条”和“空”的排列组合来存储信息。

一维条码出现以后，很快在各种领域得到了普及并广泛应用，只不过因为一维条码的信息容量小，商品上的条码仅能容13位阿拉伯数字，所以只能实现标记商品，而不能对商品的信息进行更多的描述，除非依赖数据库的支持。因此一维条码不能脱离数据库单独使用，因而一维条码的应用范围受到了一定的限制。

2. 二维条码

二维条码是指在二维方向上都表示信息的条码。目前，由于条码技术所体现出的众多优点，条码技术在各个领域都得到了广泛的应用。但是随着不断出现的新需求，传统的一维条码逐渐地显现出了自身的局限性。首先，它必须连通相关数据库才能够获取有用的资料。其次，它只能携带并传递有限的数字及字母信息，对于图片则无能为力。另外，信息容量大的一维条码还需要占用大面积的包装表面，给运输带来不便。针对于一维条码的这些缺陷，二维条码应运而生。

二维条码可以在水平和垂直方向的二维空间同时表达信息，这样存储信息的方式使它的信息携带量大大增加，不仅可以储存数字和字母，还可以存储一些图片资料。同时，较大的信息携带空间使得二维条码比一维条码允许出现更多的信息冗余。因此，大大提高了二维条码的纠错能力。具体来说，二维条码就是用某种特定的几何图形按一定规律在平面即二维空间上利用黑白相间的图形来记录数据符号信息的条码机制。

（1）二维条码的特点。

①高密度。目前，应用比较成熟的一维条码，如EAN/UPC条码，因其密度较低，故只能作为一种标识数据，而不能对产品进行详细描述。如果想要知道产品的有关信息，则需要通过识读条码进入数据库。这就要求我们必须事先建立以条码所表达的代码为索引字段的数据库。而二维条码则可利用垂直方向的尺寸来提高条码的信息密度。通常情况下，二维条码的密度是一维条码的几十倍到几百倍。这样我们就可以把产品的详细信息全部存储在一个二维条码中。若想要查看产品的具体信息，只需要用识读设备扫描二维条码就可以，而不需要事先建立数据库，真正实现了用条码对“物品”的描述。

②具有纠错功能。一维条码的应用是建立在识读时，拒读（即读不出）要比误读（读错）好的基础上。因此，一维条码一般都是同其表示的信息一起印刷的。当条码受到损坏（如污染，破损等）时，可以通过键盘录入代替扫描条码。因此，一维条码并没有考虑条码本身的纠错能力，尽管条码上有校验字符的存在，但是它仅限于防止读错。

二维条码可以表示数以千计字节的数据，通常情况下，所表示的信息不可能与条码符号一同印刷出来。如果没有纠错功能，当二维条码的某部分损坏时，该条码变得毫无意义，因此二维条码引入纠错机制。这种纠错机制使得二维条码因穿孔、污损等引起局部损坏时，照样可以正确得到识读，这种纠错能力使得二维条码能够成为一种安全可靠的信息存储和识别的方法，这是一维条码无法相比的。

③可以表示多种语言文字。大部分的一维条码所表示的字符集不过是 10 个数字、26 个英文字母及一些特殊字符。条码字符集最大的 Code128 条码，所能表示的字符个数也不过是 128 个 ASCⅡ符。所以，要想使用一维条码表示一些语言文字（如汉字、英文等）是不太容易实现的。但是多数二维条码都具有字节表示模式，也就是提供了一种表示字节流的机制。

不论何种语言文字，它们都是以内部码的形式储存在计算机中的，而内部码都是字节码。这样我们就可以将各种语言文字信息转换成字节流，然后再将字节流用二维条码表示，从而为多种语言文字的条码表示提供了一条前所未有的途径。

④可表示图像数据。既然二维条码可以表示字节数据，而图像多以字节形式存储，因此使表示图像（如照片、指纹等）的条码成为可能。

⑤可引入加密机制。二维条码的另一优点是加密机制。例如，我们用二维条码表示照片时，可以先用一定的加密算法将图像信息加密，然后再用二维条码表示。在识别二维条码时，再加以一定的解密算法，就可以恢复所表示的照片。这样可以防止伪造各种证件、卡片等。

（2）二维条码的分类。二维条码大致可分为堆叠式和矩阵式。堆叠式二维条码表面上由多行短截的一维条码堆叠而成。矩阵式二维条码以矩阵的形式组成，在矩阵相应元素位置上用点的出现表示二进制“1”，用空的出现表示二进制“0”，由点的排列组合确定了代码表示的含义。有代表性的堆叠式二维条形码包括 PDF417、Code49、Code16K 等。有代表性的矩阵式二维条码包括 Codeine、Aztec、Date Matrix、QR 码等，如图 7－6 所示。二维条码可以使用激光或 CCD 阅读器识读。

Data Matrix　Maxi Code　Aztec Code　QR Code　Vericode

PDF417　Ultracode　Code49　Code16K

图 7－6　二维条码图例

（3）二维条码的应用范围。二维条码可用于以下几个方面。

①单证。公文单证、订购单、报关单、商业单证。

②证照。护照、身份证、挂号证、驾驶执照、会员证。

③仓储盘点。物流中心、仓储中心等的物品盘点。

④物品追踪。会议资料、生产零件、客户服务、邮购运送、维修记录、危险物品、后勤补给、生态研究。

三、条码识别系统

条码自动识别技术是指运用条码进行自动数据采集的技术。主要包括编码技术、识读技术、生成与印制技术和应用系统设计等。条码系统是由条码符号设计、制作及扫描识读组成的系统。条码系统的识读性能主要取决于系统的识读能力和条码标签的印刷质量，两者缺一不可、密不可分。条码识读技术的核心内容是利用光电扫描设备识读条码符号，从而实现机器的识别，并快速准确地将信息录入到计算机进行数据处理，以达到自动化管理的目的。

（一）条码识别系统的组成

从系统结构和功能上讲，条码识读系统是由条码扫描系统、信号整形系统、译码系统三部分组成的，如图 7-7 所示。

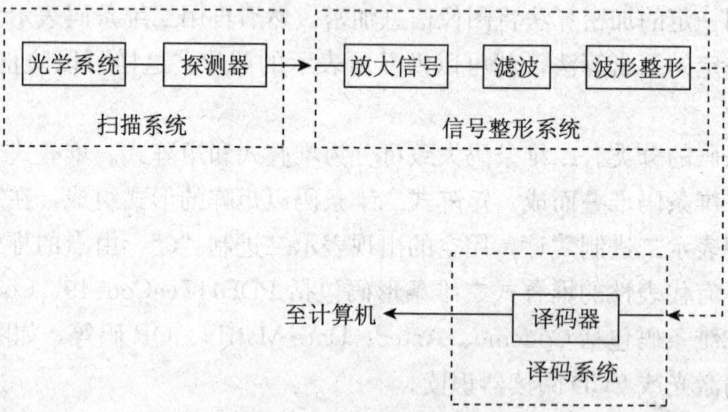

图 7-7 条码识别系统

1. 条码扫描系统

扫描系统由光学系统及探测器，即光电转换器件组成，它完成对条码符号的光学扫描，并通过光电探测器将条码条空图案的光信号转换成为电信号。

扫描系统的主体是光学结构，该结构应该具备以下两个性能。

第一，具有一个扫描光路，以产生一个光点，该光点在人工或自动控制下能沿某一轨迹做直线运动且通过一个条码符号的左空白区、起始符、数据符、终止符及右空白区。

第二，具有一个条码符号反射光的接收系统，它擅长接收扫描光点从条码符号上反射回来的光线。

条码扫描系统可采取不同的光源、扫描形式、光路设计来实现上述功能。

2. 信号整形系统

信号整形系统由放大信号、滤波、波形整形组成，它的功能在于将条码的光电扫描信号整理成为标准电位的矩形波信号，其高低电平的宽度和条码符号的条空尺寸相对应。在信号整形系统中，首先要将扫描系统传来的光信号转型为电信号，经过放大和滤波后再进行整形。接收到的光信号需要经光电转换器转换成电信号并通过放大电路进行放大。由于扫描光斑具有一定尺寸、条码印刷时的边缘模糊性以及一些其他原因，经过电路放大的条码电信号是一种平滑的起伏信号，并不呈现条码符号亮暗条之间泾渭分明的特征，这种信号边缘常被称为条码的“模拟电信号”，这种信号还需经整形电路尽可能准确地将其边缘恢复出来，变成通常所说的“数字信号”。

3. 译码系统

译码部分由计算机方面的软硬件组成，它的功能是对得到的条码矩形波信号进行译码，并将结果输出到条码应用系统中的数据采集终端。

译码系统是将信号整形系统的输出信息，按照标准数字信号的电压的大小进行量化，输入到译码系统，再由译码器译出其中所含信息。各种条码的标准译码算法来自各个条码符号标准，而且不同的扫描方式对译码器的性能要求也不同。

（二）条码系统的工作原理

条码识读的基本工作原理：由光源发出的光线经过光学系统照射到条码符号上面，被反射回来的光经过光学系统成像在光电转换器上，产生电信号，信号经过电路放大后产生一个模拟电压，它与照射到条码符号上被反射回来的光成正比，再经过滤波、整形，形成与模拟信号对应的方波信号，再经译码器解释为计算机可以直接接收的数字信号。

四、条码在仓储中的作用

现代物流的宗旨之一是如何降低商品物流的成本。而在商品从制造商到顾客手中的整个物流过程中，仓储是其中一个重要环节，其运营成本在整个物流成本中占比较高。因此，降低仓储的经营成本，提高经营效益，显得尤为重要。降低仓储成本的两个主要途径：一是降低商品的库存；二是减少商品的损失。要做好这两点，一方面要进行物流跟踪和库存控制；另一方面要降低作业的出错率。

仓储过程中的每个工序要求操作准确、及时，并且具备可跟踪性、可控制性和可协调性。在传统的仓储运作和管理中，主要以表单、账簿为主，商品的进出及库存情况不能及时地反映出来。同时由于整个作业过程都是手工管理，出错率高，经常出现账货不符、商品货位不清、发错货等现象，给企业造成了很大的经济损失。

在现代化仓储管理中，条码已被广泛应用。在所用到的条码中，除了商品的条码外，还有货位条码、装卸货台条码、运输车辆条码等，仓储业务处理中的收货、理货、配货、补货等。条码应用几乎出现在整个仓储作业流程中的所有环节。

（一）订货

无论是总部向供应商订货，还是连锁店向总部或配送中心订货，订货方式可以根据订货簿或货架牌确定。不管采用哪种订货方式，都可以用条码扫描设备将订货簿或货架上的条码输入。这种条码包含了商品品名、品牌、产地、规格等信息。然后通过主机，利用网络通知供货商或配送中心，自己订哪种货、订多少。这种订货方式比传统的手工订货效率高出数倍。

(二)入库

物品入库之前,应先做好以下准备工作。

(1)对仓库的库位进行科学编码,并用条码符号进行标识。现对仓库的库位进行科学编码。用条码符号加以标识,并在入库时采集物品所入的库位,同时导入管理系统。仓库的库位管理有利于在仓库或多品种仓库快速定位库存物品所处的位置,有利于实现先进先出的管理目标及提高仓库作业的效率,从而降低仓管成本。

(2)对物品进行科学编码,并根据不同的管理目标列印库存品条码标签(例如要追踪单品,还是实现保质期/批次管理)。在科学编码的基础上,入库前打印出货物条码标签,粘贴在物品包装上,以便于以后数据的自动化采集。

(3)当指定物品被运送到仓库,仓储管理人员按单验收货品,采用手持终端条码数据采集器,可以快速、准确无误地完成收货数采集。在收货时,仓储管理人员按照单据内容,使用手持终端扫描或输入货品条码及实收数量。数据保存到仓储管理系统,仓储管理人员可以查询相关收货数据,同步将采集的数据上传到物品管理系统中,自动更新系统中的数据。同时也可以将系统中更新以后的数据下载到手持终端中,以便在现场进行查询和调用。

条码技术在入库中的应用流程如图 7-8 所示。

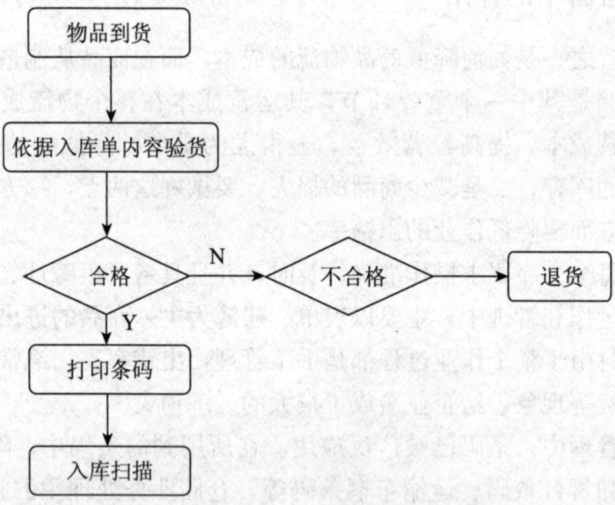

图 7-8 条码技术在入库中的应用流程

(三)出库

在配货过程中也都采用了条码管理。在传统的物流作业中分拣、配货要占去全部所用劳动力的 60%,且容易发生差错。在分拣、配货中应用条码,能使拣货迅速正确,并提高生产率。

仓储管理人员按单据的需要在指定的货位进行拣货,并将所发的货送到公共发货区,使用数据采集终端扫描货品货位及货品条码,输入实发物品数量(如果所发的物品与出库单号不相符时，终端自动显示及报警提示，避免错误操作），仓储管理人员可以查询相关发货数据。物品出库在手持终端上添加出库单，然后扫描物资条码，办理物资出库。物品消耗车间和班组利用手持终端将准备使用的物品进行消耗。仓储管理人员将设备进行移动货位时，用移动手持终端先扫描物资条码，同时将该物品的原货位条码和现在的货位条码进行扫描，该物品的货位信息就记录在系统中。

条码技术在出库中的应用流程如图 7－9 所示。

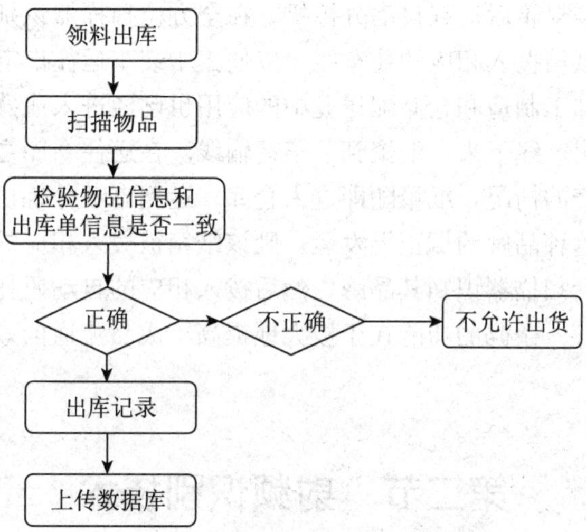

图 7－9　条码技术在出库中的应用流程

条码配合计算机应用于物流管理中，大大提高了物流作业自动化水平，提高了劳动生产率。

（四）补货

查找商品的库存，确定是否需要进货或者货品是否占用太多库存，同样需要利用条码。另外，由于商品条码和货架是一一对应的，也可通过检查货架达到补货的目的。

通过计算机对条码的管理，以及对商品运营、库存数据的采集，可及时了解货架上商品的存量，从而进行合理的库存控制，缩短商品的流转周期，降低库存水平。也可以做到及时补货，减少由于缺货造成的补货不及时，从而避免发生销售损失。

条码扫描代替了原有的填写表单、账簿的工作，避免了人为的错误，提高了数据的准确性，减少了错账、错货等问题造成的商品积压、缺货、超过保质期等情况的发生，进而减少了经济损失。根据西方发达国家的经验，应用条码和信息技术，在一般情况下，可以使经营成本降低 1.5%，营业额提高 8%～10%。

五、应用举例

以美国连锁商业企业 Wal-Mart 为例，该公司在全美有 25 个规模较大的配送中心，一个配送中心要为 100 多家零售店服务，日处理量为 20 多万个纸箱。每个配送中心分 3 个区域：收货区、拣货区和发货区。在收货区，一般用叉车卸货，先把货堆放到暂存区，员工用手持式扫描器分别识别运单上和货物上的条码，确认匹配无误才能进一步处理，有的要入库，有的则要直接送到发货区（称作越库配送）以节省时间和空间。在拣货区，计算机在夜班打印出隔天需要向零售店发运的纸箱的条码标签。白天，拣货员拿一叠标签打开一只只空箱，在空箱上贴上条码标签，然后用手持式扫描器识读。根据标签上的信息，计算机随即发出拣货指令。在货架的每个货位上都有指示灯，表示拣货的地点以及拣货的数量。当拣货员完成该货位的拣货作业后，按一下“完成”按钮，计算机就可以更新其数据库。装满货品的纸箱经封箱后运到自动分拣机，在全方位扫描器识别纸箱上的条码后，计算机指令拨叉机构把纸箱拨入相应的装车线，以便集中装车运往指定的零售店。

在国内，条码在加工制造和仓储配送业中的应用也已经进入成熟期。红河卷烟厂就是一例，成箱的纸烟从生产线下来，汇聚到一条运输线。在送往仓库之前，先要用扫描器识别条码，登记完成生产的情况，纸箱随即进入仓库，运到自动分拣机。另一台扫描器识读纸箱上的条码。如果这种品牌的烟正要发运，则该纸箱被拨入相应的自动码托盘机；如果需要入库，则由第三台扫描器识别其品牌，然后拨入相应的自动码托盘机，码成整托盘后通过运输系统入库储存。条码的功能在于极大地提高了成品流通的效率，提高了库存管理的及时性和准确性。

第二节　射频识别技术

一、射频识别技术概述

（一）射频识别技术的概念

射频就是射频电流，是一种高频交流变化电磁波的简称，根据每秒变化的交流电次数的不同可以分为低频电流和高频电流两种，而射频就是一种每秒变化大于10000次的高频电流。

射频识别技术（Radio Frequency Identification，RFID）是通过射频信号识别目标对象并获取相关数据信息的一种非接触式自动识别技术。它是自动设备识别技术中最优秀和应用领域最广泛的技术之一，射频识别技术是一项利用射频信号通过空间耦合（交变磁场或电磁场）实现无接触信息传递并通过所传递的信息达到识别目的的技术。识别工作无须人工干预，可工作于各种恶劣环境。RFID技术可识别高速运动物体并可同时识别多个标签，操作快捷方便。

（二）射频识别技术的特点

RFID技术是一项易于操作、简单实用且特别适合用于自动化控制的灵活性的应用技术，它既可支持只读模式也可支持读写模式，且无须接触或瞄准，可自由工作在各种恶劣环境中。短距离射频产品不怕油渍、灰尘污染等恶劣的环境，可以替代条码。例如，将其用在工厂的流水线上跟踪物体。长距离射频物品多用于交通上，识别距离可达几十米，如自动收费或识别车辆身份等。其所具备的独特优越性是其他识别技术无法比拟的，主要体现在以下几个方面。

（1）读取方便快捷。射频识别技术对数据的读取无须光源，甚至可以穿透商品的外包装来进行。有效识别距离更长，若采用自带电池的主动标签时，有效识别距离可达到 30m 以上。

（2）识别速度快。标签一进入磁场，识读器就可以及时读取其中的信息，而且能够同时处理多个标签，实现批量识别。

（3）数据容量大。数据容量最大的二维条码 PDF417，最多也只能存储 2725 个数字，若包含字母，存储量则会更少，RFID 标签则可以根据客户的需要扩充到 10KB。

（4）寿命长，应用广。因射频识别技术采用的是无线电通信方式，因此可以应用于粉尘、油污等高污染环境和放射性环境，同时封闭式包装这个特点使得它的寿命大大超过了印刷的条码。

（5）标签数据可动态更改。借用编程器可以修改电子标签里的数据，从而赋予 RFID 标签交互式便携数据文件的功能，而且数据的写入时间比打印条码更短。

（6）安全性更高。RFID 标签不仅可以嵌入或附着在不同的形状、类型的物品上，而且可以为标签数据的读写设置密码保护，从而具有更高的安全性。

（7）动态实时通信。标签以每秒 50～100 次的频率与识读器进行通信，所以只要 RFID 标签所附着的物体出现在识读器的有效识别范围，就可以对其位置进行动态的追踪和监控。

二、射频识别系统的构成

（一）射频识别系统的结构

射频识别系统是由射频标签、识读器、计算机网络和应用程序及数据库组成的自动识别和数据采集系统。射频识别系统在具体应用过程中，根据不同的应用目的和应用环境，系统的组成会有所不同，但从射频识别系统的工作原理来看，系统一般都由计算机系统射频识别标签、识读器、天线几部分组成（见图 7－10）。

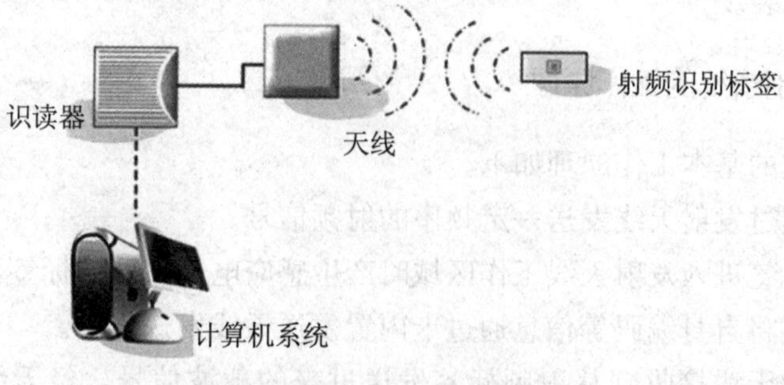

图 7－10 射频识别系统组成

(1) 射频识别标签。射频识别标签由射频识别芯片及射频识别天线两部分组成。每个标签都具有唯一的电子编码，电子编码在该标签出厂时就已经设置完成，并可以根据实际中的应用需要加以改写。射频识别标签附着在物体上作为识别的目标对象，供射频识读设备识别。常见的射频识别标签可以依照信息发送模式的不同而划分为主动标签（Active Tages）和被动标签（Passive Tags）两类。

主动标签自身带有电池，能够自动地按照设定的时间间隔向识读设备发送信号，读写距离较远，体积较大，与被动标签相比成本更高，也称有源标签。主动标签一般具有较远的识读距离，但体积较大、成本较高，且电池不能长久使用，能量耗尽后需更换电池，通常被应用在对贵重物品的远距离检测上。

被动标签本身并不携带有电源，在接收到识读器发出的微波信号后，将部分微波能量转化为直流电供自己工作，一般可做到免维护，成本很低并具有很长的使用寿命，比主动标签更小也更轻，但读写距离要求较近，也称无源标签。相比主动标签，被动标签在识读距离及适应物体运动速度方面略有限制，并且存储能量也受到能量来源的限制，但具有体积小且成本低的优点。

此外，按照标签所携带的信息是否能够被改写，也可以将标签分为只读式标签和可读写标签。只读式标签内的信息在集成电路生产时即将信息写入，以后不能修改，只能被专门设备读取；可读写标签将保存的信息写入其内部的存储区，需要改写时也可以采用专门的编程或写入设备擦写。

(2) 射频识别识读器。射频识别识读器的主要任务是控制无线载波向射频识别标签发送读取信号，从标签的反馈中接受应答，对标签返回的信息进行解码，并将对象标识信息和其他相关信息传输到主机以便进行处理。

射频识别识读器按照使用方式不同可以划分为手持式识读器和固定式识读器。通常来说，手持式识读器的体积较小，内置天线，并且工作距离效短；而固定式识读器的体积则较大，天线多采用外置形式，工作距离相对较远。此外，固定式识读器通常还可以对射频识别标签的内容进行擦除或改写，因此也称射频识别读写器。

(3) 天线。天线是标签与识读器之间传输数据的发射、接收装置。在实际应用中，系统功率、天线的形状和相对位置都会影响数据的发射和接收，因此需要专业人员对系统的天线进行设计、安装。

(二) 射频识别系统的工作原理

射频识别系统的基本工作原理如下。

(1) 识读器通过发射天线发送一定频率的射频信号。

(2) 当射频标签进入发射天线工作区域时产生感应电流，射频标签获得能量被激活。

(3) 射频标签将自身编码等信息通过卡内置发送天线发送出去。

(4) 系统接收天线接收到从射频标签发送过来的载波信号，经天线调节器传送到识读器。

(5) 识读器对接收的信号进行解调和解码，然后送到后台计算机系统进行相关处理。

三、射频识别技术与条码技术的区别

与条码技术相比较，射频识别技术的特点主要包括以下几点。

（1）快速扫描。条码一次只能扫描一个，而射频识别识读器能同时辨识读取若干个射频识别标签。

（2）体积小型化、形状多样化。射频识别系统在读取上并不受制于尺寸大小与形状，更不需要为了读取精确度而配合纸张的固定尺寸和印刷品质。另外，为了广泛适用于不同产品。RFID 标签可向小型化与多样形态的方向发展。

（3）抗污染能力和耐久性。纸张是传统条码的载体，因此容易受到污染，但是水、油和化学药品等物质对射频识别标签却无能为力。另外，因为条码是附于商品塑料袋或外包装纸箱上的，所以特别容易受到折损、污染；而 RFID 标签则将数据存在芯片中，因此可以免受污损。

（4）可重复使用。条码在制成后就无法更改，若想重新利用，则只能重新制作；而射频识别标签则可以重复地新增、修改和删除标签内储存的数据，更加方便更新信息。

（5）穿透性和无屏障识读。因射频识别技术是一项非接触的识别技术，因此在被覆盖的情况下，射频识别设备仍然能够穿透纸张、木材和塑料等非金属或非透明的材质，实现穿透性通信。而条码扫描机必须在近距离而且没有物体阻挡的情况下才可以辨读条码。

（6）数据的记忆容量大。一维条码的容量一般保持在 50B 左右，二维条码最大的容量也只能达到 3000 字符，而射频识别标签最大的容量则可以达到数兆字节，并且随着记忆载体的发展，数据容量也有不断扩大的趋势。

（7）安全件。由于射频识别储存的是电子式信息，因此数据内容可由密码进行保护，使其内容不易被伪造及变更。同时识读设备和标签之间的认证过程为安全传输数据又添加了一层重要保证。此外，射频识别标签本身巨大的信息携带量允许存在更多的信息冗余，因而可以进一步保证信息的成功正确提取。

四、射频识别系统的应用类型

根据射频系统完成的功能不同，可以粗略地把射频系统分成四种类型：EAS 系统、便携式数据采集系统、物流控制系统、定位系统。

（一）EAS 系统

EAS（Electronic Article Surveillance）是目前大型零售行业广泛采用的商品安全措施之一，是一种设置在需要控制物品出入的门口的 RFID 技术，当未被授权的人从这些地方非法取走物品时，EAS 系统就会发出警告。这种技术的典型应用场合是商店、图书馆、数据中心等地方。

在应用 EAS 系统时，首先在物品上贴上 EAS 标签，若物品是被人们正常购买或者合法移动时，在结算处可以通过一定的装置使 EAS 标签失活，物品就可以取走。物品经过装有 EAS 系统的门口时，EAS 装置能自动检测标签的活动性，发现活动性标签 EAS 系统会发出警告。EAS 技术的应用可以有效防止物品被盗，不管是大件的商品，还是很小的物品。

当使用了EAS技术后，物品就可以不用一直锁在玻璃橱柜里，而是可以让顾客自由地观看、检查、挑选商品，这在日益流行自选的今天有着非常重要的现实意义。典型的EAS系统一般由三部分组成。

（1）附在商品上的电子标签、电子传感器。

（2）电子标签激活装置，以便授权商品能正常出入。

（3）监视器，在出入口造成一定区域的监视空间。

EAS系统的工作原理是：在监视区，发射器以一定的频率向接收器发射信号。发射器与接受器一般安装在零售店、图书馆的出入口，形成一定的监视空间。当具有特殊特征的标签进入该区域时，会对发射器发出的信号产生干扰，这种干扰信号也会被接收器接收，再经过微处理器的分析判断，就会控制警报器的鸣响。根据发射器所发出的信号不同以及标签对信号干扰原理不同，EAS可以分成许多种类型。关于EAS技术最新的研究方向是标签的制作，人们正在讨论EAS标签能不能像条码一样，在产品的制作或包装过程中加进产品，成为产品的一部分。

（二）便携式数据采集系统

便携式数据采集系统是使用带有RFID识读器的手持式数据采集器采集RFID标签上的数据。这种系统具有比较大的灵活性，适用于不宜安装固定式RFID系统的应用环境。

手持式识读器（数据输入终端）可以在读取数据的同时，通过无线电波数据传输方式实时地向主计算机系统传输数据，也可以暂时将数据存储在识读器中，成批地向主计算机系统传输数据。

（三）物流控制系统

在物流控制系统中，射频识别识读器分散并固定布置在给定的区域，并且识读器直接与数据管理信息系统相连；而信号发射机是移动的，一般安装在移动的物体和人上面。当物体和人流经识读器时，识读器会自动扫描标签上的信息并把数据信息输入数据管理信息系统存储、分析和处理，达到控制物流的目的。

（四）定位系统

定位系统用于自动化加工系统中的定位以及对车辆和轮船等进行定位支持。识读器放置在移动的车辆和轮船上或自动化流水线中移动的物料、半成品和成品上，信号发射机嵌入到操作环境的地表下面。信号发射机上存储有位置识别信息，识读器一般通过无线或有线的方式连接到主信息管理系统。

五、射频识别技术在仓储管理中的应用

物流以及供应链管理的重要因素是信息的准确性和及时性，射频识别系统能够提供充分的保障。射频识别系统可以使管理人员对处于供应链上任何地方的商品展开有效追踪，有效实现管理的透明化，同时还能够消除供应链上各个环节可能出现的人工失误。安装在工厂、配送中心、仓库以及商场货架上的射频识读设备能够自动记录商品在整个供应链上

的流动状况，并将信息及时地反馈给管理人员，帮助其决策。

从应用的范围角度看，射频识别技术在仓储领域的应用主要包括以下几个方面。

1. 实时定位系统

在一些场合，我们只需了解一件库存商品所存放的具体位置就可以了。不过，在某些情况下，组织管理者需要知道一天中所有存货的位置，而不仅仅是在库物品的位置或是其他预先指定的位置。由此，实时定位系统应运而生。

通过将射频识别标签贴附于希望被监测到的物品上，并在监测的区域内合理地布置射频识别天线，就可以实现实时定位的功能。放置于固定位置的射频识别天线以有规律的时间间隔传送射频信号，识读设备接收信号并过滤出有用的部分，进一步辨认射频识别系统作用范围内的存货位置，并将该信息输入中心数据库。这样就可以使管理人员随时获取特定时间内监控范围中所有存货的具体位置，实时制订仓储作业的计划，减少存货的搬运时间和距离。

2. 智能托盘系统

以射频识别技术为核心的智能托盘系统，可以有效地解决企业中对生产原材料在仓库中的装卸、处理和跟踪等问题，以及其他各方与物资流通相关的信息管理问题。

智能托盘系统是将射频识别标签附着于托盘上，再将射频识读器安装在托盘进出仓库必经的通道口上，这样，当叉车叉载着托盘货物通过出入口时，相应的信息系统就可以通过射频识别阅读器了解到究竟哪些托盘以及货物通过了通道口。此外，当托盘装满货物时，自动称重系统会自动比较装载着货物的托盘总重量和存储在计算机中的原始单个托盘重量，并获取其差异，了解到货物的实时信息。

智能托盘系统利用射频识别技术得以有效提高效率，能够准确处理经常进出仓库的大量托盘货物，并可以保证获取信息的准确性和可靠性。

3. 通道控制系统

在汽车制造业的仓库中，存在着一种以射频识别技术为核心的“红绿信号”系统，这种系统可以有效地控制数千个进出仓库的包装箱的流转。在这些被控制的包装箱上，都固定着射频识别标签，而在包装箱可能途经的各个出入口都安装有射频识别阅读设备。阅读器的天线固定在通道上方，当包装箱通过天线所在位置的时候，标签所携带的标识信息会被及时读取并与主数据库中存放的信息进行比较，若信息一致，则绿灯亮，对包装箱可以放行通过：若信息不一致，则激活红灯，同时将时间等信息资料记录在数据库中，并且对包装箱不予放行。

这种通道控制系统消除了以往采用纸张单证管理系统常出现的人为错误，排除了意外不堪重负的运输超负荷状况，建立了高速有效和良好的信息输入途径，可以在物体高速运动的状况下有效地获取信息，大大地节省了时间。同时该系统采用射频识别标签还可以使企业快速获取到信息回馈，包括破损信息、可能取消的订货信息等众多方面，从而能够有效降低企业的经营风险。

4. 配送过程保护系统

这种保护系统通常应用于保税仓库中。保税仓库中存放着价值昂贵的货物，为了防止货物被盗，也为了防止装着这些货物的托盘因为放错位置而导致交货延迟，故在仓库内部常采用射频识别技术。建立这样一个配送过程保护系统，可以保证叉车按照正确设定的路线移动托盘，降低了在非监控道路上货物被盗的可能。

在这种保护系统中，仓库方需要建立一个悬浮在上方的射频识读系统，并为每个叉车装备射频标签。叉车沿途经过的详细资料都会通过射频连接从中央数据库下载到叉车，这些信息包括正确的装货位置，以及设定好的行走路线等众多方面。如果识读系统发现标签的位置错误，叉车就会被强行停止，并会由管理者重新设定运作路径。与此同时，自动称重系统也将实时提供监控信息。

近年来，射频识别技术因其所具备的远距离读取和高储存量等特性而备受瞩目。它不仅可以帮助一个企业大幅度提高货物与信息管理的效率，还可以让销售企业和制造企业互联，从而更加准确地接收反馈信息，控制需求信息，优化整个供应链。

第三节　电子数据交换技术

一、电子数据交换技术的概述

（一）电子数据交换的含义

电子数据交换（Electronic Data Interchange，EDI）是指采用标准化的格式，利用计算机网络进行业务数据的传输和处理。由于EDI大大减少了纸张票据的使用，因此，被称为“无纸贸易”或“无纸交易”。EDI是信息进行交换和处理的网络化、智能化和自动化的系统，是将远程通信、计算机及数据库三者有机地结合在一个系统中，实现数据交换、数据资源共享的一种信息管理系统。

20世纪70年代，EDI作为一种新颖的电子化贸易工具发展起来了，它是结合计算机、通信和现代化管理的产物。EDI的应用很广泛，在工业、商业、外贸、金融、医疗保险、运输、政府机关等领域都有应用。EDI在这些领域的应用一般是互为联系的、交叉的，理想的状况是各行各业均通过互通的EDI网络联系在一起。

目前，EDI在欧美等发达国家已经得到了普遍应用。据统计，在全球排名前1000家的大型跨国企业中，有95%的企业应用EDI与客户和供应商联系。

（二）电子数据交换的特点

EDI作为一种全球性的具有巨大商业价值的电子化贸易手段和工具，具有以下特点。

1. 使用对象固定化

EDI的使用对象是具有固定格式的业务信息和具有经常性业务联系的单位。

2. 单证格式化

EDI传输的是企业间格式化的数据，这些信息都具有固定的格式与行业通用性，如订单、报价单、发票等。那些非格式化的文件不属于EDI的处理范畴，比如信件、公函等。

3. 报文标准化

计算机能自动处理的前提条件是 EDI 传输的报文符合国际标准或行业标准。目前使用最为广泛的 EDI 标准是 UN/EDIFACT（联合国标准 EDI 规则适用于行政管理、商贸、交通运输）和 ASCXA. 12（美国标准化委员会第 12 工作组）。

4. 处理自动化

由传送双方的计算机系统直接传送、交换资料，尽量避免人工的介入操作。

5. 运作规范化

EDI 报文交换信息的方式有深刻的商贸背景。EDI 报文是目前商业化应用中最成熟、最有效、最规范的电子凭证之一，大家已经普遍接受一个事实，那就是 EDI 单证报文具有法律效力。任何一个成熟、成功的 EDI 系统均有相应的规范化环境基础。

6. 软件结构化

EDI 功能软件由 5 个模块组成，即用户界面模块、内部电子数据处理接口模块、报文生成与处理模块、标准报文格式转换模块与通信模块。这 5 个模块功能分明，结构清晰，形成了 EDI 较为成熟的商业化软件。

（三）电子数据交换的构成要素

1. 数据标准

EDI 标准是由各企业、各地区代表共同讨论、制定的电子数据交换共同标准，可以使各组织之间的不同文件格式，通过共同的标准，获得彼此之间文件交换的目的。

2. EDI 软件及硬件

实现 EDI，需要配备相应的 EDI 硬件和软件。EDI 所需的硬件设备大致有：计算机、调制解调器（Modem）及电话线。将用户数据库系统中的信息译成 EDI 的标准格式，以供传输交换，这是 EDI 软件系统的主要功能。EDI 标准具有足够的灵活性，可以适应不同行业的众多需求，但是，每个公司都有其自己规定的信息格式。所以，当需要发送 EDI 电文时，必须用某些方法从公司的专业数据库中提取信息，并把它翻译成 EDI 标准格式进行传输，这就需要 EDI 相关软件的帮助。

3. 通信网络

通信网络是实现 EDI 的手段。EDI 通信方式有多种，有一对一式、一对多式和多对多等具体形式。但随着贸易伙伴数目的增多，当多家企业直接通过电脑通信时，会出现由于计算机厂家不同、通信协议相异以及工作时间不易配合等问题，造成相当大的困难。为了克服这些问题，许多应用 EDI 的公司逐渐采用第三方网络与贸易伙伴进行通信，即增值网络（VAN）方式，它类似于邮局，为发送者与接收者维护邮箱，并提供存储转送、记忆保管、通信协议转换、格式转换、安全管制等功能，因此通过增值网络传送 EDI 文件，可以大幅度降低相互传送资料的复杂度和困难度，大大提高 EDI 的效率。

二、电子数据交换技术标准

EDI 是国际范围的计算机与计算机之间的通信，核心是被处理业务数据格式的国际统一标准。目前国际上存在的两大标准体系，一个是流行于欧洲、亚洲的，由联合国欧洲经济委员会制定的联合国行政管理、商务与运输用电子资料交换（Electronic Data Interchange for Administration Commerce and Transport，EDIFACT）标准；另一个是流行于北美的，由美国国家标准化委员会制定的 AN－SIX.12 标准。此外，现行的行业标准还有 CIDX（化工）、VICX（百货）、TDCC（运输业）等其他部门的标准。

1. EDI 标准三要素

标准报文、数据元素、数据段称为 EDI 标准三要素。

（1）标准报文。一份标准报文可分成部首部分、详细部分和摘要部分，报文以 UNH（报文标题）数据段开始，以 UNT（报文尾）数据段结束。一份公司格式的商业单据必须转换成一份 EDI 标准报文才能进行信息交换。其转换步骤为：

①将公司格式的商业单据转换成平面文件；

②将平面文件翻译成 EDI 标准报文。

（2）数据元素。数据元素可分为基本数据元素和复合数据元素。基本数据元素是基本信息单元，用于表示某种有特定含义的信息，相当于自然语言中的字。复合数据元素由一组基本数据元素组成，相当于自然语言中的词。

（3）数据段。数据段是标准报文中的一个信息行，由逻辑相关的数据元素构成。这些数据元素在数据段中有相应的固定格式、定义和顺序。

2. EDI 标准体系的基本构架

因为经 EDI 传输的数据一般都会涉及商业秘密、金额、货物数量等内容，因此，为了防止数据的更改、遗失和被窃取，必须通过一系列安全保密的规范提供保证。EDI 得以实现的必备条件是计算机网络通信。当前，面向 EDI 的增值网络服务（VAN）发展很快，以 EDI 方式发送或接收的数据顺利传输的基本保证则被认为是 EDI 通信标准。

从我国目前 EDI 应用的实际以及未来一段时期的发展情况来看，我国 EDI 标准的需求将大致体现在以下 7 个方面。

（1）EDI 综合标准体系。UN/EDIFACT 的基础标准体系和开放式 EDI 基础标准两部分组成了 EDI 综合标准体系，这两个部分是 EDI 的核心标准体系。

（2）EDI 管理和规则标准体系。EDI 管理和规则标准体系主要涉及 EDI 标准维护的有关评审指南和规则，它们主要来自 UN/EDIFACT，同时结合我国的实际应用情况，体系里还加入一部分我国的一些管理标准。

（3）EDI 单证标准体系。在贸易环节中，纸面作业的情况下，一笔交易从开始到终止，一般要涉及 30 多张单证，甚至更多。在推广 EDI 应用的过程中，肯定会出现纸张单证向 EDI 报文过渡的过程，因此纸张单证与 EDI 报文将会有一个并行的阶段，可能还会出现一些特殊情况，比如某些纸张单证因牵涉法律问题始终不会取消。

EDI 报文标准源于相关业务，而业务的过程以单证体现。如果没有标准的单证，那么其相应的 EDI 标准报文就无法与之对应，所以在 EDI 发展的初期，单证标准化仍是一项十分艰巨的工作。

（4）EDI 报文标准体系。EDI 报文标准体系是每一个具体应用的数据结构化的体现，在 EDI 运作环境中，所有的数据都将以报文的形式传输出去或接收进来。因此，EDI 报文标准是面向应用的实质内容。

（5）EDI 代码标准体系。在 EDI 传输的数据中，除了公司名称、地址、人名以及一些自由文本内容外，几乎大多数数据将以代码形式发出。为使交换各方便于理解收到信息的内容，最好以代码形式把传输数据固定下来。因此，EDI 编码标准也是 EDI 实现过程中不可缺少的一个组成部分。

（6）EDI 其他标准体系。其中包括 EDI 专用的通信等方面的标准。

（7）EDI 相关标准体系。

EDI 应用标准体系是 EDI 标准化工作的一个重要组成部分，主要是指在应用过程中用到的诸如字符集标准及其他相关标准。以上 7 个方面标准的每个方面又是由一些子方面组成的，由此构成一个完整的 EDI 标准体系构架。

三、电子数据交换技术的工作流程

EDI 可以实现典型贸易过程中的所有文件都由 EDI 通信网络传输的功能，并且确保买卖双方单证的处理全部（或大部分）由计算机自动完成。EDI 的工作流程可以划分为三大部分。

1. 文件的结构化和标准化处理

用户首先将原始的纸面标准文件经计算机自动处理后，形成符合 EDI 标准的、具有标准格式的 EDI 数据文件。如图 7－11 所示。

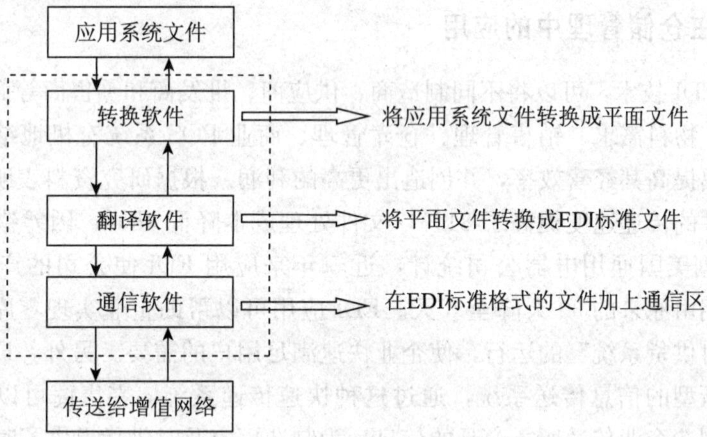

图 7－11 EDI 文件转换

2. 传输和交换

用户用自己的本地计算机系统将形成的标准数据文件，经过 EDI 数据通信和交换网，传送到登录的 EDI 服务中心，继而转发到对方用户的计算机系统。

3. 文件的接收和自动处理

接收对方用户计算机系统发来的报文之后，系统立即按照特定的程序进行自动处理。自动化程度越高的系统，人工干预就越少。如果有必要，则需要输出纸面文件供使用。

EDI 的工作流程如图 7－12 所示。

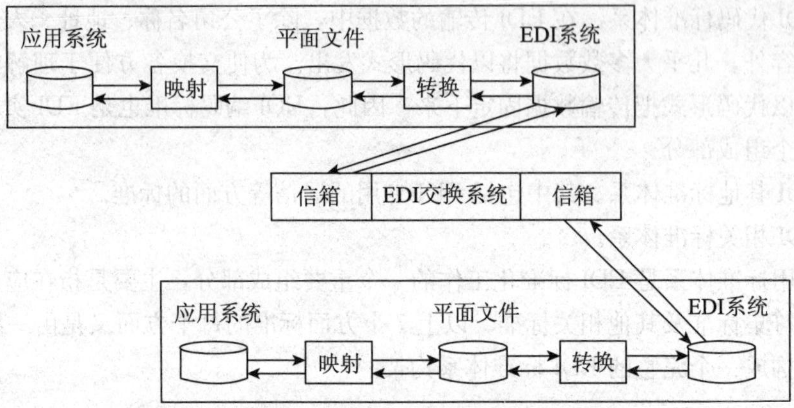

图 7－12 EDI 的工作流程

从以上内容可以归纳出 EDI 概念的四个要点：

（1）定义的主体是行政单位、商业部门、运输企业等的信息；

（2）文件特征是标准化的结构性文件；

（3）文件传输路径是计算机—通信网络—计算机；

（4）EDI 信息的最终用户是计算机应用软件系统。

四、EDI 在仓储管理中的应用

通过采用 EDI 技术，可以将不同制造商、供应商、批发商和零售商等商业贸易之间各自的生产管理、物料需求、销售管理、仓库管理、商业 POS 系统有机地结合起来，从而使这些企业大幅提高其经营效率，并创造出更高的利润。根据研究资料表明，EDI 的应用可以使交易文件的传递速度提高了 81%，文件处理成本降低 38%，因差错造成的贸易损失减少 40%。据美国通用电器公司统计，近 5 年来应用 EDI 使公司的产品销售额增加 60%，库存周期由原来的 30 天降至 6 天。EDI 应用可以帮助企业实现零库存，因为 EDI 可以改善“即时供货系统”的运行，使企业快速满足用户的需要。另外，EDI 和条码结合起来组成一个新型的信息传送系统，通过这种快速传递系统，零售商可以高速地调整库存，并迅速向制造企业传送所需商品的信息，为制造厂家及时供货提供了时间保证。

由于 EDI 是一个关联性很强的技术应用，我们以零售业电子补货系统来说明（见图 7－13）。

当今零售业控制成本、提高效率、改善服务的策略之一，就是由供应商来负责相关商品的库存和物流管理。供应商通过零售商提供的销售信息、库存信息，高效地排定自己的生产计划和送货计划。从而能最大限度地减少供应商在整个物流环节中可能发生的费用，以降低商品的售价，提高竞争力。而零售商的业务员则从繁重的重复采购活动中解脱出来，专注于顾客服务。通过创造满意的顾客来创造利润。因此，这对零售商和供应商来说是一个双赢的策略。

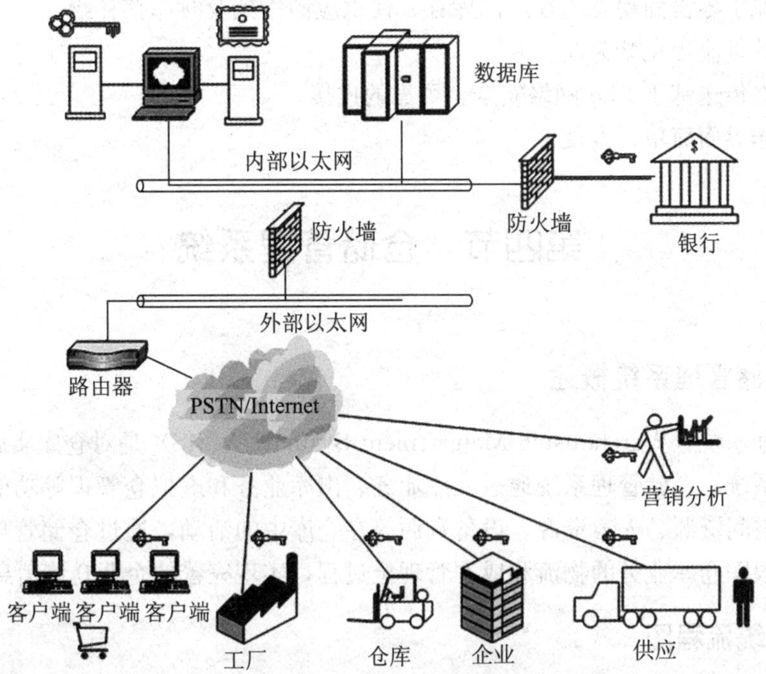

图 7－13　电子补货系统架构

1. 系统的应用

(1) 适用于超市、百货等零售商与其供应商之间的信息采集、处理传送。

(2) 适用于超市、百货等零售商总部与分部或总部与网点之间的信息传送。

该系统已成功应用于华联超市及其数百个供应商。

2. 系统信息内容和流向

(1) 日库存、出仓信息：每天获取库存信息和出仓信息，使供应商及时了解商品流通情况。

(2) 日库存信息流向：零售商→供应商。

(3) 日出仓信息流向：零售商→供应商。

(4) 限量值信息：通过产品上限的设置，使零售商有效地控制供应商的产品库存，避免供应商盲目送货。当库存低于警戒值（即产品下限）时，及时提醒供应商，补充其产品库存量。

(5) 限量值信息流向：零售商→供应商。

(6) 日网点信息：使供应商及时了解产品的详细流向，对不同区域产品销售情况进行统计、分析，有的放矢地进行产品推广及促销。

(7) 日网点信息流向：零售商→供应商。

(8) 送货单信息：供应商可在一定的范围内，有效地控制送货数量。

(9) 送货单信息流向：供应商→零售商。

3. 系统特点

(1) 解决了零售商与供应商间的信息交换。

（2）确保了零售商动态监控产品库存、使供应商做到及时库存补给。

（3）将补货流程化繁为简。

（4）数据传送基于 EDI 网络安全、可靠的连接。

（5）操作界面简单、方便。

第四节　仓储管理系统

一、仓储管理系统概述

仓储管理系统（Warehousing Management System，WMS）是对仓库实施全面管理的计算机信息系统。仓储管理系统通过入库业务、出库业务和虚拟仓管理等功能来管理仓库中的货物、空间资源、人力资源、设备资源等在仓库中的活动，通过仓储管理信息系统可有效控制并跟踪仓库业务的物流和成本管理全过程，实现完善的企业仓储信息管理。

二、系统流程图

系统流程图表达的是数据在系统各部件之间流动的情况，而不是对数据进行加工处理的控制过程，因此尽管系统流程图的某些符号和程序流程图的符号形式相同，但它是物理数据流图而不是程序流程图。总流程图如图 7－14 所示。

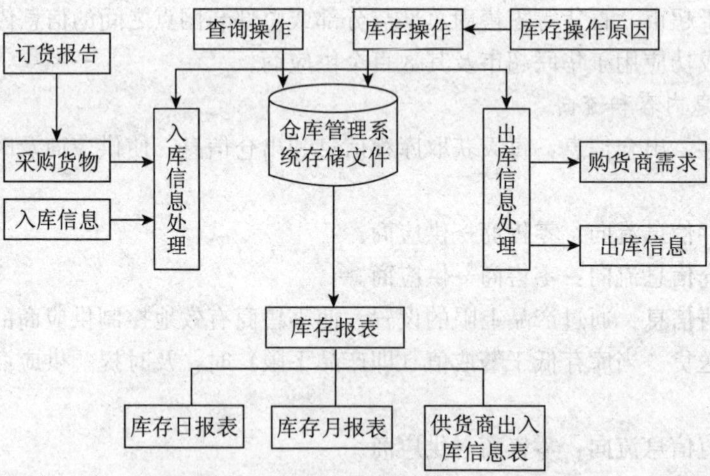

图 7－14　系统流程

三、系统功能模块设计

1. 功能模块图

产品库存管理系统需要实现的功能主要如下：基本信息管理、库存操作管理、统计查询管理、用户登录管理模块。其中，前三部分模块是整个系统的核心。系统功能模块如图7-15所示。

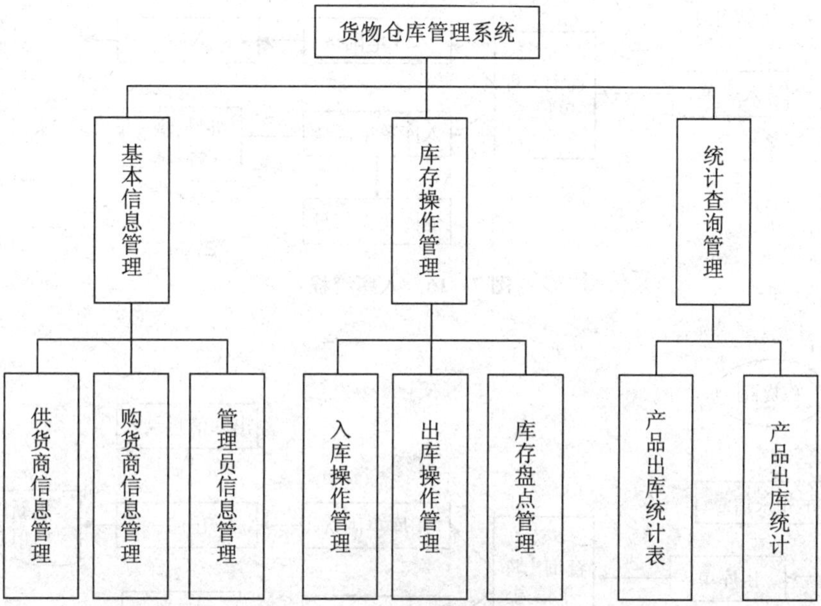

图7-15　系统功能模块

2. 功能的实现

(1) 基本信息管理功能。基本信息包括供货商信息、客户商信息和用户信息。在产品采购和入库时，需要提供供应商的信息；在出库时，需要客户商的信息；管理员是指对系统操作人员；供应商信息包括供应商编号、供应商名称、供应商电话、供应商地址、供应商邮编；管理员信息包括管理员编号、管理员名、管理员密码；购货商信息包括购货商编号、购货商名称、需求货物号、需求数量。

(2) 库存操作管理功能。库存操作管理模块可以实现以下功能。入库操作：入库操作主要是采购入库。采购入库指将从供应商处采购的产品。入库操作需要记录相关的货物号、入库时间、供货商信息、入库数量、经办人等信息。出库操作：主要是用料出库，用料出库指本企业部门由于需求从仓库提出货物到生产线，出库操作需要记录相关的货物号、购货商、出库时间、经办人、出库数量等信息。

库存盘点：是指对库存产品进行整理，纠正不准确的库存数据。由于人为操作等原因，系统中的库存数据与实际数据间会存在误差。所以每隔一段时间就需要对库存进行盘点，从而保证库存数据的准确性。

(3) 统计查询管理功能。统计查询管理模块可以对库存产品进行各类统计和查询，从而使用户能够全面地了解库存状况。统计查询管理模块可以实现产品入库和出库统计功能。

3. 系统业务流程图

系统业务流程图主要包括入库流程和出库流程（见图7-16、图7-17）。

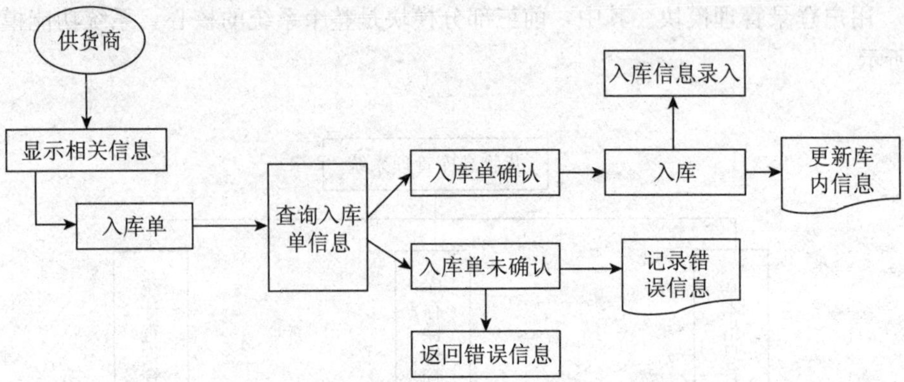

图 7－16　入库流程

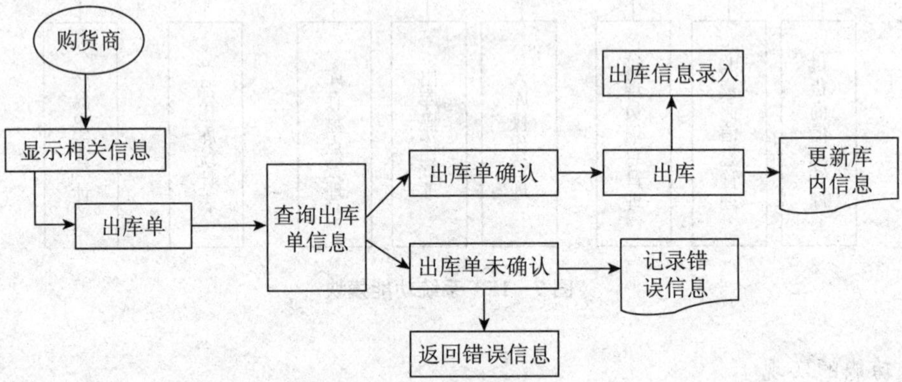

图 7－17　出库流程

4. 模块功能

从结构上说，WMIS 一般在横向上都包括若干个并行的模块，同时在纵向上也包括若干个层级，并且每个企业的 WMIS 都有所针对，因而会略有不同。下面简单介绍一种常见的仓储管理信息系统，并从模块的角度对 WMIS 的这一基本职能结构加以诠释。

通常 WMIS 的每个模块都代表着仓储业务中的一种独立职能。对于生产企业来说，一个基本的 WMIS 大体包括以下几个模块。

（1）系统功能设定模块。用于自定义整个系统的管理规则，包括定义管理员及其操作口令的功能。

（2）基础资料维护模块。负责对每批产品生成唯一的基本条码序列号标签，用户可以根据自己的需要定义序列号，每种型号的产品都有固定的编码规则，在数据库中可以对产品进行添加、删除和编辑等操作。

（3）采购管理模块。主要功能包括以下几个方面。

①采购订单。当需要采购的时候，可以填写采购订单，此时库存不变。

②采购收货。当采购订单被批准，采购货物到货的时候，首先给货物贴上条码序列号标签，然后在采购收货单上扫描此条码，保存之后，库存自动增加。

③其他入库。包括借出货物归还和退货等，只需要填写采购收货单。

(4) 仓库管理模块。主要功能包括以下几个方面。

①产品入库。采购入库或者其他入库，自动生成入库单号，可以使货物选择方便快捷，可以区分正常入库和退货入库等不同的入库方式。

②产品出库。即销售出库或者其他出库，可以自动生成出库单号，可以区分正常出库和赠品出库等不同的出库方式。

③库存管理。不需要手工管理，当入库和出库时，系统自动生成每类产品的库存数量，查询方便。

④特殊货物库。当客户需要区分产品时，可以建立虚拟的仓库，管理需要区分的产品，各功能和正常货物库一致。

⑤调拨管理。针对不同的库之间需要调拨，可以自动生成调拨单号，支持货品在不同的仓库中任意调拨。

⑥盘点管理。用户随时可以盘点仓库，白动生成盘点单据，使盘点工作方便快捷。

⑦库存报警。当库存数量不满足一个使用批量的时候，系统即会报警。

(5) 销售管理模块。当销售出库的时候，将销售出库产品序列号扫描至该出库单上，保存之后，库存报表自动减少该类产品。

(6) 报表生成模块。月末、季度末以及年末销售报表、采购报表以及盘点报表的自动生成功能，用户自定义需要统计的报表。

(7) 查询功能模块。包括采购单查询、销售单查询、单个产品查询和库存查询等。

第五节　计算机仿真技术在仓储优化中的应用

自从 20 世纪 50 年代以来，在系统科学和计算机科学的基础上，诞生了一种新的科学研究方法，即计算机仿真，也称计算机模拟。计算机仿真技术利用计算机对一个预建或现有的系统结构和行为进行动态模仿，并对模仿结果进行分析，以改进现有系统，从而设计出更优良的系统。

一、库存管理应用仿真技术的必要性

过去，由于企业相互之间缺乏必要的信息交流，往往依靠预测来安排生产，但是预测与实际经常存在着差距，这在货物需求上表现为库存不足或库存过剩；在仓库能力上表现为仓库空间紧缺，不能满足存货需求或仓库容量太大，储能大量浪费；在设备的使用上导致有的设备超负荷工作，而有的设备长年闲置等。这样就会造成大量设施和资本的浪费，增加企业的运作成本，占用大量流动资金，有时又使得企业不能满足客户需求，丧失盈利机会。

为了减少预测与实际需求的差距所造成的损失，最大限度地降低成本，必须制定合理的库存管理策略。通常，企业在制定出一项库存管理策略后，很难立即对其作出评价，只有实施后才能作出评价，然后再进行修改，如此反复，直到满意为止，这种方法不但浪费时间，而且花费成本也较高。

由于库存系统特别是随机型库存系统随时会受到不确定因素的影响，所以求解这类复杂的库存系统问题，数学解析方法往往变得无为能力。目前，已经出现了许多优化企业库存管理的方法和技术，以维护和改进客户服务水平，这其中尤其是计算机仿真技术的发展和应用，将企业的库存管理水平提升到了一个新的高度。仿真技术在库存管理中的应用极其广泛，使用仿真技术，我们可以确定企业何时需要再订货，订多少货；可以确定仓库的选址、布局和容量大小；可以确定各种运输、装卸设备的数量级分配规则；确定货物配送方案等。可以先建立企业库存系统的模型，在此基础上对各种库存管理策略进行仿真，再对仿真结果进行分析评价，从而确定出最优策略。可见使用仿真技术不仅可以动态地模拟入库、出库、库存以及各种设施、资源的使用状况，避免了资金、人力和时间的浪费，最重要的是它可以为库存管理提供有效的科学依据，使得企业能够根据需要正确地掌握入库、出库的时机和数量，合理规划和安排仓库及各类设施、资源，实现库存成本的最小化。

而且系统仿真方法可以在不同的层次上，分析不同约束条件和输入下系统的动态响应，并符合人们的思维习惯，有助于系统分析，有利于解决随机因素的影响，因此我们在进行库存系统分析时选择了系统仿真方法。

应用系统仿真技术，主要可以在以下几个方面对库存系统进行研究。

（1）库存系统的规划设计与可靠性分析：在系统规划设计后，通过对规划设计的系统模型进行仿真分析，对规划方案的优劣做出评价，及时进行调整和修改，减少系统实施的风险。

（2）物料库存的控制：通过仿真物流系统各个环节的库存系统状态，动态地模拟入库、出库及库存水平的实际状况，有利于合理控制库存系统，科学地掌握入库和出库的时机和数量。

（3）库存成本的评估：库存系统的流程是一个复杂的动态过程，系统仿真技术通过对整个库存过程的模拟，准确便捷地计算出库存系统的成本，同时也可以建立起库存成本控制与物流规划、库存管理与运输策略之间的联系。有人对国内著名企业进行了调研与分析，针对目前制造企业库存控制存在的主要问题制定了库存系统仿真的目标，设计了库存系统仿真软件的总体方案与模块结构，开发研制了库存系统仿真软件的基本模块，运用设计开发的仿真软件分别对库存结构优化和库存策略优化两个实际案例进行仿真，得到了比较满意的结果。

二、我国系统仿真的应用

从 20 世纪 60 年代开始，国外就已着手研制仿真语言，比较著名的仿真语言有 GPSS、GASP、SLAM 和 SIMAN 等。近 20 年来，由于建模方法、可视化编程和虚拟现实技术的长足进展，开发出了一些功能强大、建模直观方便的仿真软件。20 世纪 50 年代，我国的仿真研究和应用开始于近年来在供应链管理、企业生产作业控制、物流系统分析等方面的成功应用。比较分析现有的仿真软件，总结我国现有仿真软件基本功能如下：

（1）良好的人机界面，提供基本的程序管理功能和输入功能；

（2）系统模型的建立，单元属性参数和逻辑定义，并保存为模型文件；

（3）随机变量的输入存储、产生和调用；

（4）仿真算法核心，包括仿真钟推进和子事件处理；

（5）模型的图形显示，建模过程的建立；

（6）数据分析和统计；

（7）仿真结果输出。

近期，仿真软件（包括仿真语言）充分吸收了仿真方法学、计算机、系统工程、自动控制、人工智能等技术的新成果，从而得到很大的发展。在运行速度、存储容量、面向对象的设计（ODD）、可视化（Visualization）图形界面、开放数据结构（ODBC）以及对象连接与嵌入（OLE）等方面都取得了巨大进展，对系统仿真技术也产生了广泛与深刻的影响，面向对象的可视化仿真技术与系统便随之产生，旨在解决模块可重用性、计算机辅助建模、可视化仿真、图形界面以及与其他系统的集成性。

三、应用举例

下面以一个多周期提前订货有折扣的库存系统为例，具体介绍仿真在库存系统中的应用。

（1）根据对该系统历史数据的收集、整理，得到系统变量的分布与参数。需求量与订货提前期的概率分布及对应随机数如表 7－1 所示。

表 7－1　　需求量与订货提前期的概率分布及对应随机数

需求量（件）	概率（%）	累计概率（%）	随机数	订货提前期（天）	概率（%）	累计概率（%）	随机数
10	10	10	0～9	1	12.5	12.5	0～12
20	20	30	10～29	2	75	87.5	13～87
30	40	70	30～69	3	12.5	100	88～99
40	20	90	70～89	—	—	—	—
50	10	100	90～99	—	—	—	—

（2）折扣。每次订货量 $Q \geqslant 150$ 件可以获得 10%的折扣，T 为单位货物的价格，这里我们假设为 10 元，V 为实际价格。

$$V=\begin{cases} T, & Q<150 \\ 0.9T, & Q\geqslant 150 \end{cases}$$

缺货损失为 L。发生缺货是的损失可能出现 3 种情况：延期供货并付违约金、从外单位高价购货补充不足部分、损失供货机会并付违约金。以上 3 种情况的缺货损失 L 与缺货数量 Q'、价格 V 成正比，但分别有不同的系数，它们分别发生的概率函数为：

$$L=\begin{cases}0.1\times V\times Q' & \text{概率为 } 1/2\text{，随机数 } 0\sim49\\0.2\times V\times Q' & \text{概率为 } 1/4\text{，随机数 } 50\sim74\\0.2\times V\times Q' & \text{概率为 } 1/4\text{，随机数 } 75\sim99\end{cases}$$

（3）费用的计算。

订货费用 C_1。设每次订货手续费为 $F=100$ 元，每件货物运输费用为 $0.05T$，则 $C_1=F+Q\times0.05T+Q+V$。

存续费用 C_2。每日存续费用为货物数量的 0.1 倍，$C_2=0.1\times$平均库存量$=0.1\times$（初始库存+剩余库存）/2。

缺货费用 C_3。每次缺货损失为缺货数量对应金额的一定比例，是一个随机数，$C_3=L$。

每天发生的总费用为：$C=C_1+C_2+C_3$，仿真的目标就是寻求使一段时期累计总费用最小的库存策略。

（4）仿真过程。当存货量低于订购点时，订货数量为系统允许的最大存货减去目前的货物存储量，即订货量=最大存储量－目前存储量，每次订货发出尚未到货时不继续发出订货单，初始库存量为 80 件。对该系统的仿真以 10 天为例，考虑折扣点因素，对以下 3 种策略进行仿真。①最大存货量 $M=120$ 件，订购点 $N=60$；②最大存货量 $M=200$ 件，订购点 $N=60$；③最大存货量 $M=250$ 件，订购点 $N=60$。通过上述对模型的定义，编制出仿真程序，然后进行仿真运行。

（5）仿真过程分析。根据上述仿真结果，可以看出第三种订购策略总费用最少，与另外两个策略相比，第三种策略较优。需要指出的是，第二种策略总费用过高的原因在于其订货费用太高，和其他策略相比，同期内库存量太大，导致占用了较多的资金，另外一种策略存在缺货现象，对企业潜在的负面影响要更大。

同样我们可以继续修改订货策略变更订购点和订货量的输入值进行仿真，在实际操作中应适当延长仿真时间，直到找到一个较为满意的方案为止。

计算机仿真技术除了在库存领域的应用，在库场合理规模确定方面也有广泛应用。计算机仿真技术按照货物流程，将库存系统分成 3 个主要环节，即入库、储存和出库。货物进出库需要经过一系列作业，花费一定的时间，同时，单位时间内（如每天、每旬、每月等）货物运抵或运出仓库的数量和品种是不同的，且随机变化。

但从较长时间看，它们会出现某种统计规律。正是这种货物进出库场的随机性，导致了每天的在库货物数量也同样具有不确定性。因此，采用传统的数学分析方法难以分析这样一个系统，只能采用计算机仿真的方法。运用数理统计的方法，可以对过去的货物入库、储存和出库的数据进行统计分析，并进行标准分布的拟合。例如，借助一个实际库场一年或更长时期营运的数据，按每天入库、结存和出库 3 个环节进行统计，可以初步确定对应的分布形式，然后计算出分布参数，并对分布拟合精度采用拟合优度检验方法进行验证，从而确定各环节的分布模式，建立仿真模型，通过这样的分析可以寻找出库存变化的规律，决定库场的合理规模。

第六节　案例分析及实习实训指导

案例分析

长虹在四川绵阳拥有 40 多个原材料库房，50 多个成品库房，200 多个销售库房。过去的仓库管理主要由手工完成，各种原材料信息通过手工录入。虽然应用了 ERP 系统，但有关原材料的各种信息记录在纸面上，而存放地点完全依靠工人记忆。在货品入库之后，所有的数据都由手工录入到计算机中。对于制造企业来说，仓库的每种原材料都有库存底线，库存不能过多影响成本，而库存不够时需要及时订货，但是纸笔方式具有一定的滞后性，真正的库存与系统中的库存永远存在差距，无法达到实时。由于库存信息的滞后性，让总部无法做出及时和准确的决策。而且手工录入方式效率低，差错率高，在出库频率提高的情况下，问题更为严重。

为了解决上述问题，长虹应用了摩托罗拉企业移动（原 Symbol）条码技术以及无线解决方案。该解决方案以 Symbol MC3000 作为移动处理终端，配合无线网络部署，进行仓库数据的采集和管理。目前长虹主要利用 Symbol MC3000 对其电视机生产需要的原材料仓库以及 2000 多平方米的堆场进行管理，对入库、出库以及盘点环节的数据进行移动管理。

实现精确管理长虹应用的无线解决方案包括入库操作、出库操作和盘点操作 3 个部分。

(1) 入库操作。一个完整的入库操作包括收货、验收、上架等操作。长虹在全国有近 200 家供应商，根据供应商提供的条码对入库的原材料进行识别和分类。通过条码进行识别，确保系统可以记录每个单体的信息，进行单体跟踪。长虹的仓库收货员接到供应商的送货单之后，扫描即将入库的各种原材料的条码，并扫描送货单上的条码号，通过无线局域网络传送到仓库数据中心，在系统中检索出订单，实时查询该入库产品的订单状态，确认是否可以收获，并提交给长虹的 ERP 系统。

收货后，长虹的 ERP 系统会自动记录产品的验收状态，同时将订单信息发送到收货员的手持终端，并指导操作人员将该产品放置到系统指定的库位上。操作员将货物放在指定库位后扫描库位条码，系统自动记录该物品存放库位并修改系统库存，记录该配件的入库时间。

通过这些步骤，长虹的仓库管理人员可以在系统中追踪到每一个产品的库存状态，实现实时监控。

(2) 出库操作。一个完整的出库操作包括下架、封装、发货等操作。通过使用无线网络，长虹的仓库管理人员可以在下架时实时查询待出库产品的库存状态，实现先进先出操作，为操作人员制定需发货的产品库位，并通过系统下发动作指令，实现路径优化。封装时系统自动记录包装内的货物清单并自动打印装箱单。发货时，系统自动记录发货的产品数量，并自动修改系统库存。

通过这些步骤，长虹可以在系统中追踪到每个订单产品的发货情况，实现及时发货，提高服务效率和客户响应时间。仓库操作人员收到仓库数据中心的发货提示，会查阅无线终端上的任务列表，并扫描发货单号和客户编码，扫描无误后确认发送，中心收到后关闭发货任务。

(3) 盘点操作。长虹会定期对库存商品进行盘点。在未使用条码和无线技术之前，长虹的仓库操作人员清点完物品后，将盘点数量记录下来，将所有的盘点数据提交给数据录入员输入电脑。

由于数量清点和计算机录入工作都需要耗费大量的时间且又不能同时进项，因此往往会出现计算机录入员无事可做，然后忙到焦头烂额的情况；而仓库人员则是盘点时手忙脚乱，而后围在计算机录入员身边等待盘点结果。这样的场面几乎每个月都要发生一次。

部署了企业移动解决方案后，彻底杜绝了这种现象。仓库操作人员手持移动终端，直接在库位上扫描物品条码和库位，系统自动与数据库中的记录进行比较，通过移动终端的显示屏幕将盘点结果返回给仓库人员。通过无线解决方案可以准确反映货物库存，实现精确管理。

提升整体物流水平。条码结合无线技术的企业移动解决方案使长虹的库存管理取得非常明显的效果，不仅为长虹降低了库存成本，大大提高了供应链效率，更重要的是，准确及时的库存信息让长虹的管理层可以对市场变化及时作出调整，大大提高了长虹在家电市场的竞争力，主要表现在库存的准确性提高。无线手持移动终端或移动计算机与仓库数据中心实现了数据的实时双向传送后，保证了长虹原材料仓库和堆场中的货物从入库开始到产品出库结束的整个过程，各环节信息都处在数据中心的准确调度、使用、处理和监控之下，使得长虹库存信息的准确性达到100%，便于决策层做出准确的判断，大大提高了长虹的市场竞争力。

增加了有效库容，降低了企业成本。由于实现了实时数据交换，长虹仓库货物的流动速度提高，使得库位、货位的有效利用率随之提高。增加了长虹原材料仓库的有效库容，降低了产品的成本，提高了长虹的利润率。

实现了无纸化操作，减少了人工误差。由于整个仓库都通过无线技术传递数据，从订单、入库单、调拨单、装箱清单、送货单等实现了与仓库数据中心的双向交互、查询，大大减少了纸面单据，而采用手持移动终端进行条码扫描识别，让长虹在提高数据记录速度的同时减少了人员操作错误，提高了快速反应能力。现在长虹可以在第一时间掌握仓库的库存情况，这让长虹可以对复杂多变的家电市场迅速做出反应和调整，让长虹获得了很强的市场竞争力。

由于在仓库管理中应用了移动解决方案，因而可以进行现场数据的采集和分析，使产品信息、物料信息及配送信息全部集成到公司的ERP等信息系统上，长虹基本形成了一体化的物流信息系统，实现无线网络的仓储管理，极大地提高了长虹物流的整体水平。

案例思考题：

1. 请结合案例，说明应用条码技术在仓库管理中的优势。
2. 请阐述我国长虹集团的成功经验。

实习实训

一、实训名称：自动识别技术基础与基本技能训练

二、实训目的

了解条码的基本概念、清楚条码的基本术语、熟悉条码的基本结构。

(1) 认知和体会条码的符号结构。

(2) 熟悉常用条码（12 种）的码制、字符集、长度性、连续性、校验码及自校验特性、应用范围。

三、实训操作指导

实训以老师辅导，学生训练为主；实训用具：笔记本电脑，服务器、条码设计软件。

打开 Active Barcode 条码软件或 Justbar 条码软件，输入由辅导老师事先准备好的条码数字符，并选择不同的码制，使条码显示窗口显示出不同的条码图像，与教材上的条码相对照，取完全相同者，判断其码制。并选择 copy image 按钮，把相应的条码图像存入本实训操练表内。

(1) 认知和体会条码的符号结构。

(2) 熟悉常用条码（12 种）的码制、字符集、长度性、连续性、校验码及自校验特性、应用范围。常用条码有：UPC－A、UPC－E、EAN－13、EAN－8、EAN－128、交插 25 码、ITF－14、ITF－6、Code39、(标准 39 码)、库德巴码、Code128、Code93。

(3) 完成表格填空（见表 7－2）。

(4) 以本人借书证上的条码为例，判断其码制。

(5) 以某本学校图书上的条码为个案，判断其码制。

(6) 根据本人的学生学号，制作相应的条码（一维、码制可自选）。

(7) 最终完成实训作业（见表 7－3）打印提交（附在实训报告上）。

表 7－2　　条码填写

码制	字符集	长度	连续性	校验码	应用范围
UPC－A					
UPC－E					
EAN－13					
EAN－8					
EAN－128					
交插 25 码					
ITF－14					
ITF－6					
Code39					

续 表

码制	字符集	长度	连续性	校验码	应用范围
库德巴码					
Code128					
Code93					

根据实训作业项目范例（见表 7－3）填写表 7－4。

表 7－3　　实训作业项目范例

学号	姓名	借书证条码体验并制作如下，判断其码制并写在下方	以某本学校图书上的条码为个案，判断其码制	基于学号的条码设计（Code128 码）
0651051301	小莉	*A017682*	＊0100100471236P＊ *0100100471236P*	0651051301

表 7－4　　条码制作

学号	姓名	借书证条码体验并制作如下，判断其码制并写在下方	以某本学校图书上的条码为个案，判断其码制	基于学号的条码设计（Code128 码）

注：以上表格作业，建议用 Justbar 条码软件，免得出现试用版横条。

四、实训考评

实训考评表如表 7－5 所示。

表 7-5　　　　实训考评表

<table>
<tr><td>考评项目</td><td colspan="5"></td></tr>
<tr><td>被考评人</td><td colspan="5">班级：　　　　　　姓名：</td></tr>
<tr><td rowspan="6">考评标准</td><td>考评内容</td><td>分值（分）</td><td>自我评价</td><td>小组评价</td><td>老师评价</td></tr>
<tr><td>认知和体会条码的符号结构</td><td>20</td><td></td><td></td><td></td></tr>
<tr><td>查阅资料，完成表格填空</td><td>30</td><td></td><td></td><td></td></tr>
<tr><td>以本人借书证上的条码为例，判断其码制</td><td>20</td><td></td><td></td><td></td></tr>
<tr><td>根据本人的学生学号，制作相应的条码</td><td>20</td><td></td><td></td><td></td></tr>
<tr><td>按时提交实训报告</td><td>10</td><td></td><td></td><td></td></tr>
<tr><td colspan="3">合　计</td><td></td><td></td><td></td></tr>
<tr><td colspan="3">综合得分（自评 10%、组评 30%、师评 60%）</td><td colspan="3"></td></tr>
</table>

练习题

一、选择题

1. 数据是（　　）。

A. 对客观实物的认识　　B. 客观实物的记录

C. 文字　　D. 数字

2. 物流系统由物流作业系统和（　　）两部分组成。

A. 物流信息系统　　B. 运输信息管理系统

C. 库存信息管理系统　　D. 电子商务物流信息管理系统

3. 下面（　　）不是物流信息的特征。

A. 信息量大　　B. 更新快　　C. 来源多样化　　D. 单向流动

4. 通过自动读取设备在销售商品时直接读取商品销售信息，并通过通信网络和计算机系统传送至有关部门进行分析加工以提高经营效率的系统是（　　）。

A. EOS 系统　　B. POS 系统　　C. 专家系统　　D. EDI 系统

5. 计算机之间能够互通信息是因为（　　）。

A. 有电缆相连　　B. 计算机相同　　C. 软件系统一样　　D. 用网络连接

6. 条码就是（　　）。

A. 一种代码　　B. 代码的图形　　C. 数字串的图形　　D. 字母串的图形

7. 射频卡中加入电池的主要作用是（　　）。

A. 增强发射功率　　B. 延长使用寿命

C. 提高识别准确率　　D. 提高适应性

8. 物流信息系统属于（　　）类型的系统。

A. 物流领域的管理信息系统　　B. 办公自动化系统

C. MRP 系统　　　　　　　　　　　　　D. CIMS

9. 下列（　　）是属于物流信息系统的典型内容。

A. 运输信息系统　　　　　　　　　　　B. 客户关系管理系统

C. 公文管理系统　　　　　　　　　　　D. 财务管理系统

10. 建立发达的（　　），反映的是批发商物流系统的特点。

A. 销售物流　　　B. 物流系统　　　C. 供应物流　　　D. 生产物流

11. 库存与保管概念的差别在于前者是从物流管理的角度出发强调合理化和经济性，后者是从物流作业的角度出发强调（　　）。

A. 效率化　　　B. 安全化　　　C. 标准化　　　D. 功能化

12. 运输信息系统可以提供的信息（　　）。

A. 在途货物情况　　B. 库存数量　　C. 配送成本　　D. 货物质量

13. 配送中心的（　　）系统管理情况是整个物流系统运营好坏的标志。

A. 物流　　　B. 人力资源　　　C. 信息　　　D. 安全

14. 物流信息系统与环境是由物流系统的（　　）所划分，在它之内称为系统，在它之外称为环境。

A. 边界　　　B. 输入　　　C. 处理　　　D. 输出

15. 建立物流信息系统的组织基础是指组织内部所需的（　　）。

A. 技术性条件　　　　　　　　　　　B. 非技术性条件

C. 管理基础条件　　　　　　　　　　D. 人才基础条件

16. 用原型法开发信息系统，评价原型阶段的主要任务是（　　）。

A. 修改、完善系统原型　　　　　　　B. 征求用户对原型的评价和改进意见

C. 扩展系统功能　　　　　　　　　　D. 研制者分析、评价已建原型

17. 对一个企业供、销、存管理信息系统而言，以下各部门哪一个是外部实体（　　）?

A. 仓库　　　B. 计划科　　　C. 供应科　　　D. 销售科

18. 物流信息系统的维护按不同性质划分为以下 4 种类型：纠错性维护、（　　）、完善性维护、预防性维护。

A. 适应性维护　　　　　　　　　　　B. 代码维护

C. 系统性维护　　　　　　　　　　　D. 系统应用程序维护

二、判断题

1. 物流信息包含的内容从广义方面来考察是指企业与整个供应链活动有关的信息。（　　）

2. 物流信息服务于企业内部管理和决策，与企业所处的环境无关。（　　）

3. 物流信息的分类、研究和筛选等工作的难度比较大，这是由物流信息具有较高的时效性特点决定的。（　　）

4. 物流信息的动态性是指物流信息在前端小幅度的波动会在后面产生很大幅度的波动。（　　）

5. 物流信息系统的可得性可以这样理解，当企业希望获得物流活动的重要数据时，应该很容易从计算机系统中获取所需数据。（　　）

6. 物流信息系统的精确性可以解释为物流系统报告与实物技术或实际状况相吻合的程度。（　　）

7. 当实际数据与物流信息系统报告存在误差时，就要通过缓冲存货或安全存货的方式来适应这种不确定性。（　　）

8. 信息标准的多样化，已经成为制约我国物流发展和影响物流效率提高的关键瓶颈之一。（　　）

9. 物流信息标准化可以促进物流活动的社会化、现代化和合理化，在实践中做到“货畅其流”。（　　）

10. 按信息产生的领域和作用的领域来分类，物流信息分为物流活动所产生的物流信息和提供物流使用的其他信息源所产生的信息两类。（　　）

11. 计划信息指的是已经产生并实现的，且当作目标确认的一类信息。（　　）

12. 物流信息包含企业内部的物流信息，不包含企业外的物流信息和基础设施的信息。（　　）

13. EAN 码是国际通用的符号体系，所表达的信息为数字和字母，主要应用于零售业。（　　）

14. 1973 年，美国统一编码协会（简称 UCC）选用 UPC 代码建立条码系统，并制定了相应的标准。（　　）

15. 通用商品条码标准规定了通用商品条码的编码、结构、尺寸、颜色、技术要求及质量判定规则，适用于商品物流单元的条码标识。（　　）

16. 由于射频技术成本较低，有完善的标准体系，已在全球散播，所以已经被普遍接受，而条码技术只被局限在有限的市场份额之内。（　　）

17. RFID 标签更可往小型化与多样形态发展，以应用于不同产品。（　　）

18. 制约 RFID 发展的最大障碍是技术标准，协议标准的过多过滥导致术语不统一，限制了标准在实践中的完善。

19. EDI 是一套报文通信工具，它利用计算机的通信与数据处理功能，将交易双方彼此往来的各种文档按照标准协议转成标准格式，并通过通信网络传输给对方。（　　）

20. 如何确保交易的准确、安全和可靠，已成为开放性 EDI 系统的关键问题。（　　）

三、简答题

1. 什么是 EDI？EDI 的工作流程是什么？

2. 什么是条码技术，条码目前有哪些种类？

3. 射频识别技术与条码技术的异同点有哪些？

4. 如何应用射频系统？

5. 简述二维条码与一维条码的特点。

6. 简述 EDI 的特点。

7. 条码作为一种图形识别技术与其他识别技术相比有什么特点？

8. 试论述 EDI 系统面临的安全问题。

9. 物流信息的特点有哪些？

第八章　仓储安全管理

知识目标

1. 介绍治安方法。
2. 内容及特殊物品管理控制。
3. 消防器材布置及使用。

能力目标

1. 掌握仓储安全方法。
2. 科学布置消防器材及使用。
3. 特殊物品的管理。

第一节　仓库治安及消防

一、库场治安

（一）治安保卫管理的内容

治安保卫管理是仓库管理的重要组成部分，是仓库为了防范、制止恶性侵权行为的发生，意外事故对仓库及仓储财产造成的破坏和侵害，维护稳定安全的仓库环境，保证仓储生产经营的顺利开展所进行的管理工作。它不仅涉及财产安全、人身安全，执行国家的治安保卫管理法规和政策，同时也涉及仓库能否按照合同如约履行各项义务，降低和防止经营风险等。

仓库的治安保卫管理和治安保卫工作的具体内容包括执行国家治安保卫规章制度，防盗、防抢、防破坏、防骗以及防止财产侵害、防火，维持仓库内秩序，防止意外事故等仓库治安灾难事故，协调与外部的治安保卫关系，保证库内人员生命安全与物资安全等。仓库治安保卫管理的原则是：坚持预防为主、严格管理、确保重点、保障安全和主管负责制。

（二）治安保卫管理组织

治安保卫的管理机构由仓库的整个管理机构组成，高层领导对整个仓库的安全负全责；各部门、机构的领导是本部门的治安责任人，负责本部门的治安保卫管理工作，对本部门的治安保卫工作负责；治安保卫的职能机构协助领导的管理工作，指导各部门，领导其执行机构。仓库治安保卫执行机构采用由专职保卫机构和兼职安全员相结合的组织方式。

专职保卫机构既执行整个仓库的保卫工作，同时也负责治安管理。专职保卫机构根据仓库规模的大小、人员的多少、任务的繁重程度、仓库所在地的社会环境确定机构设置和人员配备。一般设置保卫部、保卫队、门卫队等。专职保卫机构在仓库高层领导的领导下，制定仓库治安保卫规章制度和工作计划；督促各部门领导的治安保卫工作，组织全员的治安保卫学习和宣传，做好仓库内的治安保卫工作；与当地公安部门保持密切联系，协助公安部门在仓库内的治安管理活动，管理治安保卫的器具，管理专职保卫员工。

治安保卫的兼职制度是实行治安保卫群众管理制度的体现，兼职保安员主要承担所在部门和组织的治安保卫工作，协助部门领导的管理工作，督促部门执行仓库治安保卫管理制度，组织治安保卫学习、组织各项检查工作。

（三）治安保卫工作的内容

仓库的治安保卫工作主要有防盗、防火、防抢、防破坏、防骗以及员工人身安全保护、保密等工作。治安保卫工作不仅有专职保安员承担的工作（如门卫管理、治安巡查、安全值班等），还有大量的治安工作可由在岗的员工负责（办公室防火防盗、财务防骗、商务保密、仓库员防火、锁门关窗等）。仓库主要的治安保卫工作及要求有以下几方面。

1. 大门守卫

大门守卫是维持仓库治安的第一道防线。大门守卫除了要负责开关大门，限制无关人员、接待入库办事人员，并及时审核身份与登记以外，还要检查入库人员是否携带火源、易燃易爆物品，检查入库车辆的防火条件，放行内容是否相符，收留放行条，查问和登记出库人员随身携带的物品，特殊情况下有权检查当事者物品、封闭大门。对于危险品仓、贵重品仓、特殊品仓等要害部位，需要安排专职守卫看守，限制无关人员接近，防止危害、破坏和失窃。

2. 治安检查

治安责任人应按规章准则经常检查治安保卫工作。治安检查实行定期检查与不定期检查相结合的制度。班组每日检查、部门每周检查、仓库每月检查，及时发现治安保卫漏洞和安全隐患，通过有效手段消除各种隐患。

3. 巡逻检查

巡逻检查一般由两名保安员共同进行，携带保安器械和强力手电筒不定时、不定线、经常地巡视整个仓库的安全保卫工作。保安员应查问可疑人员，检查各部门的防卫工作，关闭无人办公的办公室、关好仓库门窗、关闭电源，禁止挪用消防器材，检查仓库内有无异常现象，停留在仓库内过夜的车辆是否符合规定等。巡逻检查中发现不符合治安保卫制度要求的情况，应采取相应的措施处理或者告知主管部门处理。

4. 防盗设施、设备的使用

仓库的防盗设施大至围墙、大门、防盗门，小到门锁、窗。仓库应该根据法规规定和治安保管的需要设置和安装这些设施。仓库使用的防盗设备除了专职保安员的警械外，主要有视频监控设备、自动警报设备、人工报警设备，仓库应按照规定合理利用配置的设备，专人负责操作和管理，确保其有效运作。

5. 治安应急

治安应急是指仓库发生治安事件时，采取紧急措施，防止和减少事件造成损失的制度。治安应急需要通过制订应急方案，明确确定应急人员的职责，规定发生事件时的信息（信号）发布和传递方法。这些应急方案要在平时经常进行演习。

（四）治安保卫管理制度

仓库应通过规章制度明确工作规范、工作行为、划分岗位责任；通过制度建立管理系统，及时畅顺地交流信息，随时堵塞保卫漏洞，确保工作进行得及时有效。仓库治安规章制度有安全防火责任制度，安全设施设备保管使用制度，门卫值班制度，人员、车辆进出库管理制度，保卫人员值班巡查制度等。

为了使治安保卫规章制度得以有效执行，规章制度需要有相对的稳定性，使每一位员工都清楚，以便依照规章制度严格行事。随着形势的发展、技术的革新、环境的变化，规章制度也要适应新的需要进行相应修改。

仓库需要依据国家法律法规，结合仓库治安保卫的实际需要，以保证仓储生产高效率进行、确保仓储安全、防止治安事故的发生为目的，科学地制定治安保卫规章制度。仓库的规章制度不得违反法律规定，不能侵害公民人身权或者其他合法权益，避免或者最低限度地减少对社会秩序造成的妨碍。

二、库场消防

从仓库不安全的因素及危害程度来看，火灾造成的损失最大，它可以在很短的时间内使整个仓库变成一片废墟，对国家财产和人民生命安全造成极大的损失。对于火灾要防患于未然。仓库必须认真贯彻“预防为主，防消结合”的消防方针，坚决执行《消防法》和公安部制定的《仓库防火安全管理规则》。

（一）仓库防火的工作要点

（1）仓库的防火工作要依法办事，根据企业法人是第一责任人的规定，遵循“谁主管谁负责”的原则，成立防火灭火安全委员会（领导小组），全面负责仓库的消防安全工作。

（2）建立以岗位责任制为中心的三级防火责任制，把防火安全工作具体落实到各级组织和责任人。

（3）建立健全各工种的安全操作制度和安全操作规程，特别是各种用电设备的安全作业规程，经常进行安全教育，坚持做到职工考核合格持证上岗的制度。

（4）定期开展防火灭火的消防安全检查，消除各种火灾隐患，落实各项消防措施，及时处理各类事故，做到“三不放过”。

（二）防火工作的措施

1. 普及防火知识

坚持经常性的防火宣传教育，普及消防知识，不断提高全体仓库职工防火的警惕性，让每个职工都学会基本的防火灭火方法。

2. 遵守“建筑设计防火规范”

新建改建的仓库要严格遵照“建筑设计防火规范”的规定，不得擅自搭建违章建筑，也不得随意改变建筑的使用性质。仓库的防火间距内不得堆放可燃物品，不得破坏建筑物内已有的消防安全设施、消防通道、安全门、疏散楼梯、走道，要经常保持畅通。

3. 易燃、易爆的危险品仓库必须符合防火防爆要求

凡是储存易燃、易爆物品的危险品仓库，进出的车辆和人员必须严禁烟火；储存危险品应专库专储，性能相抵触的商品必须严格分开储存和运输，专库须由专人管理，防止剧烈震动和撞击。易燃、易爆危险品仓库内，应选用不会产生电火花的电器开关。

4. 电气设备应始终符合规范的要求

仓库中的电气设备不仅安装时要符合规定要求，而且要经常检查，一旦发现绝缘损坏要及时更换，不应超负荷，不应使用不合规格的保险装置。电气设备附近不能堆放可燃物品，工作结束应及时切断电源。

5. 明火作业须经消防部门批准，方可动火

若需电焊、气割、烘烤取暖、炉灶、安装锅炉等必须有关的消防部门批准，才能动火工作。

6. 配备适量的消防设备和火灾报警装置要有防火安全措施

根据仓库的规模、性质、特点，配备一定数量的防火灭火设备及火灾报警器，按防火灭火的要求，分别布置在明显和便于使用的地点，并定期进行维护和保养，使之始终保持完好状态。

7. 遇火警或爆炸应立即报警

如遇仓库发生火情或爆炸事故，必须立即向当地的公安消防部门报警。事故过后，应根据“三不放过”的原则，认真追查原因，严肃处理事故责任者，并以此教育广大职工。

（三）常用的灭火器材、设备及使用范围

灭火器材主要有灭火器、水和砂等，还有消防栓、消防泵、消防车等。

1. 常用的灭火器

常用灭火器有干粉灭火器、二氧化碳灭火器、卤代烷灭火器、泡沫灭火器和1211灭火器。干粉灭火器不导电、不腐蚀、毒性低，可用于扑救易燃液体、有机溶剂、可燃气体和电气设备的初起火灾；二氧化碳灭火器不导电、不含水分、不污损仪器和设备，可用于扑灭贵重仪器、电气设备及其他忌水物资的初起火灾，但不能用于含碳商品的灭火，如木材、棉、毛、纸张。卤代烷灭火器不导电、不腐蚀、不污损仪器和设备；1211灭火器主要用于扑救可燃气体、可燃液体、带电设备及一般物资的初起火灾；泡沫灭火器可导电，

不能用于电气设备灭火，可用于扑救汽油、煤油等油类，香蕉水、松香水等易燃液体，木材及一般货物的初起火灾。

2. 水是仓库消防的主要灭火剂

仓库中应有足以保证消防用水的给水、蓄水、泵水的设备以及水塔、消防供水管道、消防车等。当库场中无自来水设备、距自然水源又远时，则必须修建水池，以储备消防用水。有自来水设备的仓库，按面积大小，合理设置消火栓，应保证在每一个可能着火点上有不少于两个水龙头可进行灭火。但不能用水对反应剧烈的化学危险品，如电石、金属钾、保险粉等进行灭火，也不能用于比水轻、不溶于水的易燃液体，如汽油、苯类物品的灭火。

3. 砂土

砂土可用以扑救电气设备及液体燃料的初起火灾，也可用于扑灭酸碱性物质的火灾和过氧化剂及遇水燃烧的液体和化学危险品的火灾。因此，仓库中应备有砂箱。但须注意的是，爆炸性物品（如硫酸铵等）不可用砂土灭火，而应用冷却法灭火，可用水浸湿的旧棉絮、旧麻袋，覆盖在燃烧物上。

4. 自动消防设备

常见的自动消防设备有离子烟感火灾探测报警器、光电烟感报警器、温感报警器、紫外火焰光感报警器、红外火焰光感报警器和自动喷洒灭火装置等。

如遇仓库发生火情或爆炸事故，必须立即向当地的公安消防部门报警。事故过后应根据“三不放过”的原则，认真追查原因，严肃处理事故责任者，并以此教育广大职工。

第二节　仓储生产安全及风险防范

仓库安全生产是指保护库内物资和劳动者的人身安全及安全生产，这是党和国家的重要方针，是一项政策性很强的工作。物资仓库的安全生产首先要保证劳动者在人身安全的条件下实现仓储物资的安全生产管理，既有一系列的组织管理工作，又有一系列的技术组织工作。

一、安全作业基本要求

1. 机械安全作业

仓库中大量的作业是用机械来完成的，在作业过程中安全作业可以保证货物和人身的安全。仓库机械作业一般运用在货物的装卸、搬运和堆垛上，因而是安全管理的中心。这个过程中要做好对员工的教育工作。第一，在思想上要高度重视。第二，普及作业技术知识、货物的特点、机械的性能等，防止因装卸、搬运、堆码不当发生危险。例如，就地堆码采用机械、堆垛方式安全与否，会不会倒塌。第三，要严格遵守操作规程，做好准备——物品性能、包装情况、堆码地点、操作中的注意事项，如轻放等，可能出现情况的挽救办法，做到胸中有数，防患于未然，在此基础上合理安排人员、设备、工具和维护用品。检查设备及维护用品运转是否灵活，有无故障。有放射性的货物作业需要穿戴防护面具，操作中严格按包装要求进行。第四，机械作业的司机或操作员必须经过培训并经考试合格方可独立驾驶，驾驶人员需了解机械构造，熟悉运用及保养规则，掌握机械的最大速度和负荷量等。运行机械下方不能有人，听从调度或指挥的指令或信号。

危险货物的装卸搬运需要预先做好充分的准备，确认设备是否牢固，如果被有机物、酸、碱污染，必须清洗，方可使用。

2. 人力作业安全

（1）人力作业仅限制在轻负荷的作业。男工人力搬举货物每件不超过 80kg，距离不大于 60m；集体搬运时每个人负荷不超过 40kg；女工不超过 25kg。

（2）尽可能采用人力机械作业。人力机械承重也应在限定的范围，如人力绞车、滑车、拖车、手推车等不超过 500kg。

（3）作业人员按要求穿戴相应的安全防护用具，使用合适的作业工具进行作业。采用安全的作业方法，不采用自然滑动和滚动、推倒垛、挖角、挖井、超高等不安全作业，人员在滚动货物的侧面作业。注意人员与操作机械的配合。在机械移动作业时人员需避开。

（4）只在适合作业的安全环境进行作业。作业前应使作业员工清楚作业要求，让员工了解作业环境，指明危险因素和危险位置。

（5）必须有专人在现场指挥和安全指导，严格按照安全规范进行作业指挥。人员避开不稳定货垛正面塌陷、散落的位置，运行设备的下方等不安全位置作业；在作业设备调位时暂停作业；发现安全隐患时及时停止作业，消除安全隐患后方可恢复工作。

（6）合适安排工间休息。每作业 2 小时至少有 10 分钟休息时间，每 4 小时有 1 小时休息时间，并合理安排生理需要时间。

二、安全作业管理内容

仓储作业安全管理是经济效益管理的重要组成部分，作业安全涉及货物的安全、作业人员人身安全、作业设备和仓库设施的安全。仓库的作业安全管理工作应包括以下内容。

1. 安全操作管理制度化

安全作业管理是仓库日常管理的重要项目，通过制度化的管理保证管理的效果，制定科学合理的各种作业安全制度、操作规程和安全责任制度，并通过严格的监督，确保管理制度得以有效和充分地执行。

2. 加强劳动安全保护

劳动安全保护包括直接和间接施行于员工人身的保护措施。仓库要遵守《劳动法》的劳动时间和休息规定，每日 8 小时、每周不超过 44 小时的工时制，依法安排加班，保证员工有足够的休息时间，包括合适的工间休息。提供合适和足够的劳动防护用品，如高强度工作鞋、安全帽、手套、工作服等，并督促作业人员使用和穿戴。

采用具有较高安全系数的作业设备、作业机械，作业工具应适合作业要求，作业场地必须具有合适的通风、照明、防滑、保暖等适合作业的条件。不进行冒险作业和不安全环境的作业，在大风、雨雪影响作业时暂缓作业，避免人员带伤病作业。

3. 重视作业人员资质管理和业务培训、安全教育

需对仓库员工进行仓库安全作业教育，对所从事的作业进行安全作业和操作培训，确

保熟练掌握岗位安全作业技能和规范。从事特种作业的员工必须经过专门培训并取得特种作业资格方可进行作业，且仅能从事其资格证书限定的作业项目操作，不能混岗作业。安全作业宣传和教育是仓库的长期性工作，作业安全检查是仓库安全作业管理的日常性工作，通过不断的宣传、严格的检查，严厉地对违章和忽视安全的行为进行惩罚，强化作业人员的安全责任心。

第三节　特殊物品的管理与控制

特殊物品是指对储存场所和储存条件有特殊要求的产品。与一般物品不同，特殊物品对仓库结构、库区布局和储存条件等方面的要求较高。例如，对易燃、易爆和有毒货物的储存，对鲜活易腐烂物品的冷藏，对易挥发渗透油类品的保管，对释放热量和二氧化碳的粮食的储存等。

一、危险品

（一）危险品的概念及分类

《危险货物分类和品名编号》（GB 6944—2012）规定，危险货物指具有爆炸、易燃、毒害、感染、腐蚀、放射等危险特性，在运输、储存、生产、经营、使用和处置中，容易造成人身伤亡、财产损毁或环境污染而需要特别防护的物质和物品。

根据危险货物具有的危险性或最主要的危险性分为 9 个类别，如表 8－1 所示。

表 8－1　　危险品分类

第 1 类　爆炸品（explosives）
1.1 项　有整体爆炸危险的物质和物品
1.2 项　有抛射危险，但无整体爆炸危险的物质和物品
1.3 项　有燃烧危险并有局部爆炸危险或局部抛射危险或这两者风险都有，但无整体爆炸危险的物质和物品
1.4 项　不呈现重大危险的物质和物品
1.5 项　有整体爆炸危险的非常不敏感物质
1.6 项　无整体爆炸危险的极不敏感物品
第 2 类　气体（gases）
2.1 项　易燃气体
2.2 项　非易燃无毒气体

续　表

2.3项	毒性气体
第3类	易燃液体（flammableliquids）
第4类	易燃固体、易于自燃的物质、遇水放出易燃气体的物质 （flammable solids，substances liable to spontaneous combustion and substances emitting flammable gases contact with water）
4.1项	易燃固体、自反应物质和固态退敏爆炸品
4.2项	易于自燃的物质
4.3项	遇水放出易燃气体的物质
第5类	氧化剂和有机过氧化物（oxidizing substances and organic peroxides）
5.1项	氧化性物质
5.2项	有机过氧化物
第6类	有毒和感染性物质（poisons and infectious substances）
6.1项	毒性物质
6.2项	感染性物质
第7类	放射性物质（radioactive substances）
第8类	腐蚀性物质（corrosives）
第9类	杂类危险品和物品（miscellaneous dangerous substances）

（二）危险品的包装

包装在物流活动中主要用于保护商品、便于运输。危险品的包装是保证其安全的重要手段，主要保护危险品不受损害和避免外界的直接影响，保持危险品的使用价值，防止危险品对外界造成损害，避免发生重大危害事故。

包装的材质、种类、密封方式应与所装危险货物的性质相适应；要具有一定的强度；能经受一定范围内的温、湿度变化。包装的标志必须简明清晰、易于辨认，涂刷、粘贴部位要适当。例如，对于易碎、需防湿、防颠倒等商品，应在包装上用醒目图形或文字标明“小心轻放”“防潮湿”“此端向上”等。

（三）危险品仓库布局

危险品仓库是存储和养护危险品，如酒精、石油、炸药、氢气等类似危险货物的场所。这类仓库一般设置在郊区较为空旷的地方，远离居民区、供水源、主要交通干线、农业保护区、河流、湖泊等，且处于当地常年主导风向的下风处，并且设有专门的隔热、降温设施，对货物的最高温度和最大相对湿度实时调节，从而保证货物的安全。

1. 危险品仓库的类型

（1）按其隶属和使用性质分为甲、乙两类。甲类是商业仓储业、交通运输业、物资管理部门的危险品库；乙类为企业自用的危险品库。甲类危险品库储量大、品种多，因此，危险性也较大。

（2）根据规模又可分为三类：面积大于 9000m^2 的为大型危险品库；面积在 550～9000m^2 的为中型危险品库；550m^2 以下的为小型危险品库。

（3）根据危险品库的结构形式分为地上危险品库、地下危险品库和半地下危险品库。

2. 危险品仓库的布局结构

危险品仓库布局应严格按照公安部颁布的《建筑设计防火规范》（GB 50016—2014）设置防火安全距离。大、中型的危险品仓库与临近居民点和公共设施应保持间距大于 150m，与企业、铁路干线间距应大于 100m，与公路间距应大于 50m。在库区内，库房间防火间距应根据货物特性取 20～40m，小型仓库的防火间距在 12～40m。易燃商品最好储存在地势较低的部位。

储存化学危险品的建筑物不得有地下室或其他地下建筑，其耐火等级、层数、占地面积、安全疏散和防火间距应符合国家有关规定，并应在危险品仓库明显处张贴《危险化学品安全管理条例》。《常用化学危险品储存通则》（GB 15603—1995）对危险品仓库的布局结构做出了明确规定。

（1）储存地点设置及建筑结构设计。储存地点设置及建筑结构设计除了应符合国家的有关规定外还应考虑对周围环境和居民的影响。

（2）储存场所的电气安装。

①化学危险品储存建筑物、场所消防用电设备应能充分满足消防用电的需要。

②化学危险品储存区域或建筑物内输、配电线路，灯具，火灾事故照明和疏散指示标志，都应符合安全要求。

③储存易燃、易爆化学危险品的建筑，必须安装避雷设备。

（3）储存场所通风或温度调节。

①储存化学危险品的建筑必须安装通风设备，并注意设备的防护措施。

②储存化学危险品的建筑通排风系统应设有导除静电的接地装置。

③通风管应采用非燃烧材料制作。

④通风管道不宜穿过防火墙等防火分隔物，如必须穿过时应用非燃烧材料分割。

⑤储存化学危险品建筑采暖的热媒温度不应过高，热水采暖不应超过 80℃，不得使用蒸汽采暖和机械采暖。

⑥采暖管道和设备的保温材料，必须采用非燃烧材料。

3. 库场使用

危险化学品必须储存在专用仓库、专用场地或者专用储藏室内。对危险品专用仓库的要求，不仅包括专区专用，不能存放普通货物，还包括不同种类的危险品应分类存放在不同的专用仓库，各仓库存放确定种类的危险品。危险品仓库改变用途或改存放其他危险品，必须报由相应的管理部门审批。

（四）危险品仓库管理

1. 货物入库管理

仓库管理人员对货物按照危险品运输规则的要求进行抽查，做好相应记录，并在货物入库两天内验收完毕。货物存放应按其性质分区、分类、分库储存。对不符合要求的货物应与货主联系拒收。

货物入库验收，以感官验收为主，仪器和理化验收为辅。严格按照验收程序，进行货物入库验收。

（1）检查货物的在途情况。例如是否发生过混装。

（2）检查货物的外包装上是否沾有异物。

（3）检查货物的包装、封口和垫衬物。看包装标志与运单是否一致；容器封口是否严密；衬垫是否符合该危险品运输、储存的要求。

（4）货物质量检查。看是否有挥发、变色、变质的情况。对出现的问题，以书面形式告知并提出改进意见及时解决，待问题解决后方可入库。

2. 货物养护

危险品货物根据其属性可能会发生相互间的化学反应，所以必须分区隔离储存，即使同类商品，虽其性质互不抵触，但也应视其危险性的大小和程度进行分区储存。对危险品实行分类分堆存放，堆垛不宜过高，货垛之间，货垛与墙之间应有一定的距离。堆码要整齐、稳固，垛头应悬挂危险品的标志、编号、品名、性质等相关信息。

危险品的装卸、搬运，必须轻装轻卸，使用不发生火花的工具（用铜制或包铜的器具），禁止摔、碰、重压、震动、摩擦和倾斜。对怕热、怕潮的危险品，在装运时应采取必要措施。装卸场地和道路必须平坦、畅通。若夜间装卸，必须有足够亮度的安全照明设备。在装卸、搬运操作中，应根据商品性质和操作要求，穿戴相应合适的防护服具。

危险品仓库应实行定期检查制度，检查间隔不宜超过 5 天。检查中发现的问题要及时上报并处理。保持仓库内整洁，对残余化学物品随时清扫。

危险品仓库实行专人管理，剧毒化学药品实行双人保管制度，仓库存放剧毒化学品须向当地公安机关备案，一旦发生丢失、被盗等事故应立即向当地公安机关报案。

3. 货物出库发运

对于一次性提货量超过 0.5t 时，要发出场证，交运货员配送出场。仓库管理人员应按“先进先出”的原则组织货物出库，并认真做好清点工作。车辆运送时，应严格按照危险品分类要求分别装运。

4. 消防安全管理

根据危险品的特性和仓库条件，必须配置相应的消防设施、设备和灭火药剂。并配备经过安全培训的专职和兼职的消防人员。危险品仓库还要根据条件安装自动监测和火灾报警系统。

二、油类品

油类品是指原油、成品油（汽油、柴油、煤油等）和液化石油气等。油品类的货物具有易燃、易爆炸、易蒸发、易带电、易膨胀、易流动、易渗透、易漂浮等特点。油品的这些特性决定了其物理性质很不稳定，需要采用特殊的仓储方式。

（一）油类品仓库的类型

1. 根据管理和业务关系区分

根据管理和业务关系的不同可以分为公共油库和企业附属油库两种。

公共油库是为社会和军事服务的，独立于油品生产和使用部门的企业或单位。它包括民用油库和军用油库两类。

企业附属油库指企业为了满足自身生产需要而设置的储存设施。它可分为油田原油库、炼油厂油库、交通企业自备油库以及一些大型企业的附属油库等。

2. 根据建筑形式的不同区分

根据建筑形式的不同可以分为地下油库、地面油库和半地下油库三种。

地下油库指其油罐内最高液面低于附近地面最低标高 0.2m 的油库。这种油库始于军事需要，以其较好的隐蔽性可以防止敌人的攻击。

地面油库是指油罐底面等于或高于附近地面最低标高，且油箱的埋入深度小于其高度的一半的油库。目前多数油库属于此类。

半地下油库是指油罐底部埋入地下且深度不小于罐高一半，罐内液面不高于附近地面最低标高 2m 的油库。

3. 根据油库总容量区分

根据油库总容量可以分为 5 个等级。

①Ⅰ级油库的库容量大于 100000m^3。

②Ⅱ级油库的库容量为 50000～100000m^3。

③Ⅲ级油库的库容量为 30000～50000m^3。

④Ⅳ级油库的库容量为 10000～30000m^3。

⑤Ⅴ级油库的库容量小于 10000m^3。

（二）油品仓库的库区布置

为了便于油库管理，保障油库安全，油品仓库的结构应该根据防火和工艺要求进行分区布局。按其作业要求可分为：收发区、储油区、油罐车作业区、辅助作业区几个部分。生活区要求设在库区以外，以利于油库的安全管理。

1. 收发区

收发区有铁路收发区和水路收发区。铁路收发区主要进行铁路油罐车的油品装卸作业。区内设施有铁路专用线、油品拆卸栈桥、装卸油罐管、相应的输油管道以及装卸油泵房等。铁路收发栈桥应布局在油库的边缘地带，不可与库内道路交叉，并与其他建筑物保持一定的距离。水路收发区是向油船进行油品装卸作业的区域，主要设施有码头、运输船、装卸油臂等。对于油桶的装卸，还需配备专用的机械设备。

2. 储油区

储油区为油品安全储存的区域。主要设施为油罐，此外还有防火、防静电和安全监视装备以及降低油品损耗的设备。区内油罐的排列应与装卸房较近处安排重质油罐，较远处则布置轻质油罐，各种油罐之间须留有足够的安全距离。

3. 油罐车作业区

油罐车作业区是给用户直接供油的场所。一般设有油罐车灌油间、灌桶间、桶装站台、桶装油库和油品调配间等。

4. 辅助作业区

辅助作业区内安置有油库生产配套的辅助设施，如锅炉房、油品仓库的管理。

油库是储存油品的仓库，属于危险品仓库，保证油品在收、发、储、运中的安全，是油库运行管理的重要任务。因此，必须贯彻“安全第一，预防为主”的方针，采取有效措施，提高生产的安全保障能力，使油库的生产作业、设备维修、技术改造等，都能在保证安全的前提下进行。

（三）油品仓储和安全管理

1. 油品仓储管理

油品的仓储管理包括油品的入库验收、在库储存保养、出库发送全过程。

油品入库时，要对油品进行计量、化验，以证明其质量合格和数量相符。油品接卸时，要派专人巡视管线，谨防混、溢、跑、漏油情况的出现，严禁从车上摔下，若需沿滑板滑下时，应避免前后两桶相撞。在油品从油桶向油罐倒装时，应注意防止桶罐间的撞击。

在油品储存期间，对油品装卸、转运时，应按其性质不同分组进行。实行按组专泵、专管作业。在输油完毕后，应及时用真空泵进行管道清扫。油品储藏时，根据牌号和规格分开存放。对储油罐应尽可能地保持较高的装满率，并且少倒罐，以防止氧化，减少蒸发，在夏季还需采取降温措施。对不同规格、品种、包装的油品，要实行分类堆码，建立货堆卡片，定期盘点数量，检验质量。油罐改储其他品种油品时，要按规定进行清洗。

油品出库，必须根据发货凭证，检查核对发货的质量和数量。车船到达后，要检查车船体状况、包装容器的完好程度，符合要求再进行装运。发出的桶装油品，要标记清晰，桶盖紧密无渗漏。对于出库的油品要严格执行“四不发”原则，即油品变质不发，无合格证不发，对经过调配加工过的油品无技术证明和使用说明的不发，车罐、船舱或其他容器内不清洁不发。装货完成后，要按规定进行计量，办理出库手续。

2. 油品安全管理

（1）控制可燃物。杜绝储油容器溢油；严禁将油污、油泥、废油等倒入下水道排放；清除油罐、库房及作业车间等建筑物附近的一切可燃物。

（2）清除着火源。不准携带火种进入油库和油品作业区，动用明火作业时，一定要事先报告有关部门批准，并采取安全防范措施。

（3）防静电。油品的储存、输送设施设备，都必须有良好的接地装置，及时把静电导入地下；油品装卸时，输油管必须插入接近容器底部的位置；在高温、干燥季节，灌油速度要适当放慢；船舶装卸油品时，要使出油口与进油口保持金属接触状态；油库内工作人员不得穿着化纤服装。

(4) 防止电火花引起燃烧和爆炸。油库内使用的一切电器设备，必须是防爆型的，安装要合乎要求；油库上空，严禁高压电线跨越；储油区与电线的距离，必须大于线杆长度的 1.5 倍；通入油库的铁轨，必须在入库口前安装绝缘隔板，防止金属摩擦产生火花。

(5) 防止油蒸汽积聚引起燃烧和爆炸。未经洗刷的储油容器，严禁修焊；储油区内严防油品渗漏，保持良好通风，避免油气积聚。

三、冷藏品

冷藏品是指需要在保持低温的条件下储存的物品。新鲜肉类、水果等生鲜食品在常温或温度较高的情况下会发生变质，因此，对于生鲜食品的储存和运输大多在低温环境下进行，由于在低温环境中，细菌等微生物繁殖速度降低，生物体的新陈代谢变缓，从而能够延长有机体的保鲜时间。对于在低温时能凝固成固态的液体物品，采取冷藏的方式有利于运输、作业和销售。此外，在低温环境中一些混合物的化学反应速度降低，也采用冷藏方式储藏。

(一) 冷藏储存的原理

冷藏储存根据控制温度的不同，分为冷藏和冷冻两种方式。冷藏是将温度控制在 0～7℃的温度下进行保存，在该温度下水分不致冻结，不破坏食品的组织，具有保鲜的作用，但是微生物仍然还有一定的繁殖能力，因而保存时间较短；冷冻则是将温度控制在 0℃以下，使水分冻结，微生物停止繁殖，新陈代谢基本停止，从而实现防腐。

(二) 冷藏仓库的类型

1. 按冷藏仓库的用途分类

(1) 生产性冷库。它是为生产企业提供加工后产品的冷库。生产冷库是生产企业在产品生产过程中的一个环节，冷库设在企业内部，以储存半成品或成品。如肉类生产企业、制药企业内设置的冷库。这类冷库只对产品或半成品作短期储存，就进入下一工序或出厂，储存的对象一般是零进整出。仓库的规模要结合生产能力和运输能力来确定。生产性冷库应建在货源地。

(2) 流通储存性冷库。在商品流通过程中，为了保持市场供应的连续性或降低成本，要将商品冷却或冷冻保存一段时间。为此要建立能使商品保持一定温湿度的冷库。这类仓库一般建在大中型城市、交通枢纽、人口众多和商品集中的地区。仓库的储量比较大，当商品从生产企业出来后，运达仓库进行储存，然后以批发的形式进入市场。

(3) 综合性冷库。它是配套于城市的综合供应体系。

2. 按冷库的设计温度分类

(1) 冷藏库。冷藏库指库温维持在产品冻结温度以上的低温仓库。一般而言，生鲜品的冻结点在 2℃以上，库温与产品的温度按各类产品性质的不同而有所差异，但大多保持在 4℃以下。

(2) 冷冻库。冷冻库指库温维持在产品冻结温度以下的低温仓库。而产品的温度约在－18℃以下。

(3) 特殊冷藏库。该类仓库储藏需同时控制库内温度与湿度的产品。如新鲜蔬果、粮米等。另外，苹果等需要同时控制温湿度及空气中各项气体含量的产品亦由该类仓库储存。

3. 按储量和规模分类

(1) 大型冷库：储量在 1000t、库存在 $1000m^3$ 以上。

(2) 中则冷库：储量在 500～1000t、库容在 500～$1000m^3$。

(3) 小型冷库：储量在 500t 以下。

(三) 冷藏仓库的仓储和安全管理

1. 冷藏仓库的仓储管理

(1) 冷库的使用。冷库可分为冷冻库、冷藏库，使用时应按库房的设计用途合理选择，两者不能混用。当库房改变用途时，必须按照所改变的用途进行制冷能力、保温材料、设施设备等改造，确保完全满足新的用途。

为保证冷库能力的充分发挥，确保货物安全和库房维护，应设立专门的库房管理小组，责任到人。冷库要防水、防潮、防热、防漏以及经常保持清洁。为此，库内不得出现积水，严禁库内带水作业，对库内的冰、霜、水应及时清除，对于未行冻结处理的热货不准直接进入冷库。

冷库投入使用后，要经常进行维修，必须保持制冷状态，即使没有存货，冷冻库也要保持在零度以下。而对保温较高的冷藏库应在露点温度以下，以防受潮滴水。

(2) 货物入出库。货物在入库时，除了通常的检验、清点外，还要测量温度，检验货物内部状态，并记录在案，已霉变的货物不得接收入库。货物入库必须进行预冷处理，未经预冷的货物不得直接进入冷库。

货物出库时要认真核对标志、编号、数量、质量、批次等项目，防止错发。对出库时需升温处理的货物，应按照作业程序加热处理，不得采用自然升温。为了减少冷耗，货物的入出库作业应选择在气温较低的时间段，如早晨、傍晚、夜间进行。

入出库作业应集中力量进行，尽可能缩短作业时间。装运车辆要停靠在距离库门最近的位置，以缩短搬运距离。若货物入出库时库温升高，应停止作业，封库降温。入出库搬运应采用推车、叉车、输送机等机械作业的方式，以加快作业速度。

(3) 货物的储存。冷库中储存的货品一般是处于产成品阶段的货品。提高冷库的运作效率是冷库管理所追求的目标。

(4) 严格控制库房温度、湿度，满足货品储存特性要求。冷库的温度恒定是保证货品储存质量的重要条件之一。对含水货物应减少干耗，对食用品应加强卫生检疫。

冷库应设专职的卫生检疫人员，对出入库货物进行检查，在库内应做到无污染、无霉菌、无异味、无鼠害、无冰霜。

(5) 合理堆放。冷库中的货品堆放要尽量紧密，以提高库房利用率，不同类别的货品放置不同的地方，没有包装的货品不要和有包装的货品放在一起，味道差异比较大的货品不要放在一起。

货品堆放要尽量避开风机、蒸发器等设备的下方，以免水滴在货品上。

(6) 定期经常检查。冷库中的货品要经常检查，检查货品是否按照出入库要求先进先出，是否存放时间过长而发生质量变化，是否货品表面结冰、结霜等。

(7) 减少货品搬动次数。冷库中由于作业环境的关系，应尽量减少货品搬动的次数。搬运次数的增加会使货品破损率和人工作业成本增加。通常可以采用整板出货、整层出货的方法减少人工搬运货品的机会。

2. 冷藏仓库的安全管理

冷库的作业环境与其他作业环境有相当大的差别，所以，应加强冷库作业人员管理，提高作业人员的安全意识。

(1) 加强防护，避免冻伤。冷库作业人员必须穿符合要求的保温工作服、保温鞋，戴手套。要在规定时间内作业，限制库内连续作业时间，一般冷库连续作业不能超过30分钟。作业人员身体的裸露部位不得接触冷冻库内的物品，包括货物、排管、货架、作业工具等。

(2) 防止人员缺氧窒息。冷藏库内的植物和微生物的呼吸作用使二氧化碳浓度增加，会使得库房内氧气不足，造成人员窒息。人员在进入库房前，尤其是长期封闭的库房，需进行通风，排除氧气不足的可能。

(3) 避免人员被封闭库内。冷库门在关闭之前一定要确认库内没有人员滞留。冷库应有逃逸门、逃逸指示，并且要保持正常使用状态。

(4) 加强培训，安全作业。要加强冷库作业人员的培训，使每一个作业人员都了解冷库的操作特点和要求。在冷库中，作业人员不能跑动，不能攀爬货架，注意身边其他操作人员等作业注意事项，要让员工了解并遵照执行。

(5) 妥善使用设备。冷库中所使用的设备和仪器必须有低温运行性能。灯也要用专用灯，一般的塑料托盘不能在冷库使用。

四、粮食商品

粮食作为大宗货物，需要较大规模的仓储设施和集中管理。粮食主要以散装形式运输和仓储，目的是降低粮食的储存成本和运输成本，并提高作业效率，进入消费市场流通时才进行装袋包装。作为大规模集中储存的粮食，需要根据粮食的特点，采用合理的仓储管理办法。

(一) 粮食的特点

1. 呼吸性和自热性

作为有生植物，粮食仍然处于新陈代谢的状态，能够吸收氧气、释放二氧化碳。粮食本身和微生物通过呼吸作用产生热量。大量堆积的粮食，所产生的热量不能散发，致使粮堆内部温度升高。产生的热量大量积聚后，还会发生自燃。粮食堆积时，释放的二氧化碳会使空气中的氧气含量减少，造成人体的窒息；粮食的呼吸性和自热性与含水量有关，含水量越高，自热能力越强。

2. 吸附性

粮食具有呼吸和吸收水分的性能，能将外界环境中的气味、有害气体、液体等吸附在内部，不能去除。粮食一旦受异味污染，就会因无法去除而损毁。

3. 吸湿性和散湿性

粮食本身含有一定的水分，空气干燥时，水分会向外散发；当空气湿度较大时，粮食又会吸收水分；在水分充足时还会发芽，导致粮食变质发霉。

4. 散落流动性

散装粮食因为颗粒小，颗粒之间不会粘连，具有自动松散流动、散落的特性，当倾斜角度足够大时会形成流动性。

5. 易受虫害

粮食本身就是昆虫幼虫及老鼠的食物，会因为吸引虫鼠造成危害，也可能因为未经杀虫的粮食中，含有大量的昆虫和虫卵、细菌，在温度、湿度合适时会大量繁殖，形成虫害。

6. 扬尘、爆炸性

干燥粮食的麸壳、粉碎的粮食粉末等在流动和作业时会扬尘，伤害人的呼吸系统。粮食及粮食粉尘局部易在热传导、热辐射的作用下或本身发热，使粉尘粒子表面受热，温度上升，粒子表面的分子产生热分解，形成高于环境空气温度的混合产物，这种产物与周围的可燃物继续进行化学反应，放出热量，温度很快增高，使反应气体发生强烈的放热反应，即发生爆炸。

（二）粮食仓库安全管理

1. 保持粮仓干净整洁

粮仓必须保持清洁干净，粮仓为了达到仓储粮食的清洁卫生条件，要尽可能用专用的立筒仓；采用通用仓库时，仓库应该能够封闭，仓内地面、墙面要进行硬化处理，不起灰、不扬尘、不脱落剥离，必要时使用木板、防火合成板固定铺垫；金属筒仓应进行除锈处理，如进行电镀、喷漆、内层衬垫等；作业通道要进行防尘铺垫，在确保无污染物、无异味时才能够使用。

粮食入库前，粮仓必须进行彻底清洁，清除异物、异味，待仓库内干燥、无异味时，粮食才能入库，对入库粮食按照不同品种、性质、生产年份、等级、安全水分等进行分类存放。

2. 保持干燥，控制水分

保持干燥是粮食仓储的基本要求。粮仓内不能安装日用水源，消防水源应妥善关闭，洗仓水源应离仓库有一定的距离，并在排水沟的下方。仓库旁的排水沟应保持畅通，确保无堵塞。

应随时监控粮仓内湿度，将其严格控制在合适的范围之内。仓内湿度升高时，要检查粮食的含水量，当含水量超过要求时，须及时采取除湿措施。粮仓通风时，要采取措施避免将空气中的水分带入仓内。

3. 控制粮仓温度

粮食本身具有自热现象，温度、湿度较高时，自热能力也较强。在气温较高时，采取每日监测粮食温度，特别是内层温度，及时发现自热升温。当发现粮食自热升温时，要及时降温，可采用机械通风、内层放干冰等措施，必要时进行翻仓、倒垛散热。

粮食具有易燃特性，应加强吸尘措施，排除扬尘。对粮仓的防火要求较高，粮食出入库、翻仓作业时，更应避免一切火源出现，特别要注意对作业设备的静电，粮食与仓壁、输送带的摩擦静电的消除。

4. 防霉变

粮食除了因为细菌、酵母菌、霉菌等微生物的污染分解而霉变外，还会因为自身的呼吸作用而霉烂。要严把入口关，防止已霉变的粮食入库；避开潮湿货位，如通风口、仓库排水口；远离会淋湿的外墙，地面妥善衬垫隔离；加强仓库温、湿度的控制和管理，保持低温和干燥；经常清洁仓库，特别是潮湿的地角；清洁仓库外环境，消除霉菌源；经常检查粮食和粮仓，发现霉变时，要立即清出霉变的粮食，并有针对性地在仓库内采取防止霉变扩大的措施。

5. 防虫鼠害

危害粮仓的昆虫种类很多，如蜘蛛、甲虫、米虫、白蚁等，它们的繁殖力很强，危害严重，能在很短时间内造成大量的损害。粮仓的虫害主要表现在直接对粮食的耗损、虫鼠排泄物和尸体对粮食的污染、携带外界污染源入仓、破坏粮仓设备、降低保管条件、破坏包装物造成泄漏、昆虫活动对粮食的损害等。因此，必须做好粮仓的防虫鼠害工作。

(1) 保持良好的仓库状态。门窗密闭严实并及时封堵建筑物出现的裂痕、孔洞。

(2) 药物和物理灭杀。药物灭杀是使用高效低毒的药物，不直接释放在粮食中进行驱避或者使用无毒药物直接喷洒，熏蒸除杀。物理灭杀是使用诱杀灯、高压电灭杀，合理利用高温、低温、缺氧等手段灭杀。

第四节　案例分析及实习实训指导

案例分析

中储粮、中储棉仓储安全管理

一、企业档案

(一) 中储粮

中储粮，即中国储备粮管理总公司（简称中储粮总公司），是经国务院批准组建的涉及国家粮食安全和国民经济命脉的国有大型重要骨干企业。中储粮总公司受国务院委托，具体负责中央储备粮的经营管理，对中央储备粮的总量、质量和储存安全负总责，同时接受国家委托执行粮油购销调存等调控任务。总公司在国家宏观调控和监督管理下，实行自主经营、自负盈亏。总公司主业范围是：粮油仓储、加工、贸易及物流，仓储技术研究、服务。中储粮总公司实行两级法人、三级管理制度。总部位于北京，在全国设立 24 个分公司，人员、机构和业务覆盖全国31个省、区、直辖市，另有全资或控股的二级子公司4家。

（二）中储棉

中储棉，即中国储备棉管理总公司（简称中储棉公司）是经营管理国家储备棉的政策性中央企业。承担国家储备棉收发储工作的中国储备棉管理总公司始终扮演着极其重要的角色。2003年3月28日，中储棉总公司在国家对棉花市场逐步调控的改革中应运而生，并受国务院委托，具体负责国家储备棉的经营管理。作为一家成长型的中央级政策性公司，中储棉总公司实现资产增长60倍至1540亿元，利润总额增长7倍、超3.6亿元的大型棉花企业。

中储粮和中储棉都是在国家宏观调控和监督管理下，实行自主经营、自负盈亏的中央企业，可以说“两储”既是国家储备的“蓄水池”，又是“稳定器”。

“手里有粮，心里不慌”。粮食安全的重要性怎么强调都不为过，中储粮为维护国家粮食安全提供了坚实的物质基础，例如，成功应对了1998年长江流域洪灾、2008年南方雨雪冰冻灾害、汶川地震、2010年南方干旱等重大自然灾害。

而作为“亲生兄弟”的中储棉，具体负责国家储备棉的经营管理，同时，执行国家棉花政策，不断提高企业经营管理水平和经济效益。据公开数据显示，国家棉花储备体系初步建成，储备棉吞吐总量超过1100万吨。

二、中储粮直属库火灾事故

2013年5月31日下午，黑龙江中储粮林甸直属库由于配电箱短路打火引发火灾。当日下午13时15分，粮库更夫发现12号库南侧玉米堆上方冒烟并报告。粮库当即出动自备的一台消防车和60余人展开扑救，火情无法控制，同时向消防部门报告火情。当地气象部门提供的数据显示，火灾发生时室外温度34℃，风力7～8级，高温和大风使火情顺势蔓延，造成连营火灾。

中储粮黑龙江林甸直属库共有78个储粮囤表面过火，储量4.7万吨。其中玉米囤60个，储量3.4万吨；水稻囤18个，储量1.3万吨。中储粮黑龙江林甸直属库副主任罗洪权表示，火灾直接损失大约8000万元。总计有570名民兵和预备役、600余名乡镇干部群众、近200名消防官兵和武警战士、邻近县区增援人员等总计约1600人参与了灭火救援活动。同时，紧急调集了100台大型运输车辆和200名装卸人员，将过火粮食转运到了邻近的大庆市、齐齐哈尔市和肇东市三地的11个粮库。

5月31日16时30分左右，明火基本被扑灭，火势得到有效控制。2013年6月1日早晨，大量人力对过火的粮囤进行清理，把表面烧焦和碳化的部分挑拣分离出来，同时清理过火点，防止死灰复燃。

三、中储棉储库火灾事故

2013年7月1日18时，山西省棉麻公司侯马采购供应站露天堆放的棉花垛因雷击引发火灾。山西中储棉仓库发生的火灾导致2.46万吨棉花全部烧毁，过火面积约1.05万平方米。接到火情报告后，侯马市、临汾市负责人第一时间赶到现场，启动应急预案，迅速疏散并妥善安置周边群众，切断附近供电、天然气源等。此外，临汾市公安消防支队调动全市消防力量及时赶赴现场，山西省公安消防总队调动太原、晋城、吕梁、运城消防力量增援，周边县市社会力量也积极参与救援。

经过24小时的全力扑救，截至2013年7月2日18时，火情得到有效控制，露天散垛区明火基本扑灭，清理工作仍在进行，6座棉库危情得到排除。

四、火灾事故分析

距中储粮失火仅一个多月，中储棉委托的收储仓库再次发生火灾。“从表面上看，中储粮和中储棉的储库火灾是一个偶然现象，实则透过这些偶然的现象可以看出一些必然的规律。”

面对事故暴露出该代储库安全管理责任不到位、防雷设施有效性不足、应急处置不得力等问题，同时存在代储库点多、面广，设施及管理参差不齐，北方特别是新疆地区露天存放的数量仍较大等问题。

目前，中储棉已要求各承储单位必须按《关于深刻吸取“山西省棉麻公司侯马采购供应站7·1火灾事故”教训 坚决防范各类储备棉安全事故的紧急通知》要求，加强整改和巡查。坚决防范各类储备棉安全事故。

中储粮和中储棉要深刻吸取事故教训，切实保护广大职工生命财产安全，进一步加强储备棉安全生产工作。应从强化目标管理、细化目标分解、明细岗位职责和加大岗位监督四个方面完善内控机制。

建设与实施内部管控体系，既是国家的强制性要求，也是企业高效配置资源、有效管控风险、提升竞争能力的内生性需求。同时，要全面推进动态化、流程式监控体系。要变结果监控为动态化流程式监控，要从纪委对人的监控，监察对事的监控，审计对财的监控，三位一体同步推进，改变各自“单军作战”的现象为实现做强做优中央企业、培育世界一流企业的目标，提供持续的动力。

此外，中央企业还要以国资委推行的管理提升活动为契机，进一步总结推广好的内部管控经验，并对照基本规范和配套指引查找不足和缺失，推动原有管理体制与内部控制机制有机融合、取长补短，全面提升管理水平和运行效率。

（资料来源：新华网 http://news.xinhuanet.com/2013-07/09/c_124978201.htm）

案例思考题：

1. 对案例中两家企业中储粮、中储棉所采用的安全保障措施进行评价。
2. 参照本案例，说明在粮食仓储管理中，要重点做好哪些防护措施？

实习实训

一、实训名称：仓库防火安全培训

二、实训目的

仓库防火安全是仓库安全管理中不可或缺的部分，尤其要吸取2015年天津港仓库危险品仓库的教训，作为仓库安全管理重要的组成部分，我们要求学生具备安全管理意识，通过具体的知识培训和实际演练，使学生掌握基本的消防常识，解决学生对消防设施不会使用的问题。由于客观条件的限制，本实训根据每个学校的具体情况，有条件的实训地点可以选择在仓库，没有条件的可以在学校选择实训地点，最终目的还是对消防意识和消防知识的掌握。

三、实训操作指导

（一）演习步骤

第 1 步：前期准备阶段。

演习要求：①参与人员必须遵守纪律，听从安排，一切行动听指挥；②逃生组人员自带毛巾一条；③规定学生无故不参加者按旷课处理。

演习前期准备：准备学习资料，购置消防器材，准备训练场地，对预演、演习的时间进行讨论并确定，公布演习的程序和方法。

演习道具准备：大油桶（半截）2 个、木柴 1.5 方左右，柴油 30L 左右，打火机 2 个，废布头，废电器 1 个，消防栓，灭火器 20 瓶，空教室 3 间，路障，隔离带，每间教室准备 2 桶水。

第 2 步：专业培训阶段。

学习消防常识、安全常识、消防器材性能与构造等相关内容。开展器材使用训练，包括灭火器的操作、消防水带的使用方法等相关动作。

第 3 步：综合演习阶段。

（1）分组。每组 6～10 人，设 1 名组长。包括总指挥组、教练组、灭火组、演练逃生组、秩序维护组和道具组。其中，总指挥组和教练组由教师和消防教官担任。

（2）演练自救逃生方法。

①手拿湿毛巾捂口鼻，低头弯腰往安全出口位置。

②当浓烟弥漫，呼吸困难，地面 1～20cm 高的空间内，浓烟较少，可匍匐扶墙逃生（当房屋倒塌、其他构建物倒塌，靠墙较安全，起支撑作用；还可起稳定、引导作用）。

③当被困无法逃生时，积极呼救，可采取在窗口挥手呼救、用彩色布条挥动呼救、夜间可用电筒晃动照射呼救等。

（二）注意事项

①火灾发生后守门员打开并守着前后门，引导学生按讲解的方法快速有序地逃离教室。

②楼梯口安排人员引导学生逃生，下楼时扶墙或扶栏杆紧张有序地逃生，勿推挤，以防发生踩踏事件。

③在空旷的广场或空地集合，勿乱跑，待小组长查询有无人员被困。

④发生火灾时，不要走电梯逃生。

⑤三楼（含）以上不要考虑跳楼逃生。

⑥火灾发生后，非专业人员不得轻易进入火场。

⑦现实中火灾发生的时间、地点、条件具有不可预料性，逃生时应机智灵活，不可呆板。

（三）逃生演习

（1）各组报告人员就位，准备就绪，总指挥通知道具组点火，浓烟四起。

（2）约 1 分钟，总指挥发令，道具组按响警铃。

（3）楼上值班老师按如下方法操作：①两位老师打开教室前后门，守住门口，指引学生往安全出口逃生，防止学生惊慌失措，拥挤在门口逃不出去；②两位老师在楼梯口和拐角处指引学生安全逃生。学生手捂湿毛巾低头弯腰在值班老师指引下逃生；告诫学生不推挤，扶墙、扶栏杆、靠扶手下楼梯。

(4) 学生在指定地点集合，组长清点人数，查明有无被困人员，并向总指挥报告。

(5) 逃生演习结束，总结讲评。

(四) 实操灭火

先后点燃 4 个具有代表性质的火堆，第 1 个火堆为固体物质火灾（代表可燃物：木柴）；第 2 个火堆为易燃可燃液体类火灾（代表可燃物：柴油）；第 3 个火堆为可燃气体类火灾（代表可燃物：煤气）；第 4 个火堆为电器类火灾（代表可燃物：起火烧过的电器）。

按照先讲解后示范，再实操灭火，参演人员穿插演练的方式。使用不同的灭火器材对其进行扑灭，并说明正确的灭火方法和注意事项。

(五) 演习结束，演习人员退场，道具组负责清理现场

四、实训考评

表 8-2 实训考评表

考评项目					
被考评人	班级：	姓名：			
考评标准	考评内容	分值（分）	自我评价	小组评价	老师评价
	遵守演习纪律	20			
	能够准确地掌握消防基本知识	30			
	能够基本掌握消防器材的使用	20			
	有针对突发事件的解决方法	20			
	按时提交实训报告	10			
合计					
综合得分（自评 10%、组评 30%、师评 60%）					

练习题

一、选择题

1. 油品安全管理的内容包括（　　）。

A. 防静电　　B. 清除火源　　C. 防止油蒸气积聚

2. 冷藏货物的库内温度在（　　），冷冻货物的库内温度在（　　）。

A. 0℃　　B. 0～7℃　　C. 0℃以下

3. 粮食品具有哪些特点（　　）。

A. 呼吸性　　B. 吸湿性　　C. 挥发性

4. 仓储企业所有为已完成的仓储活动或达到的结果提供客观证据的文件称为（　　）。

A. 质量手册　　B. 仓储管理规范　　C. 质量记录　　D. 岗位作业规范

5. 与空气接触后，会因发生剧烈氧化而产生热量，当热量达到本身的燃点时就自行燃烧的危险品称为（　　）。

A. 自燃物品　　B. 遇水燃烧物品　　C. 易燃液体　　D. 氧化剂

6. 属于毒害品的物品是（　　）。

A. 一氧化碳　　B. 金属钾　　C. 硫黄　　D. 氰化钾

7. 宜采用货棚储存的危险品是（　　）。

A. 易燃液体　　B. 腐蚀物品　　C. 易燃固体　　D. 自燃物品

8. 在营业仓库领域，冷藏仓库的温度应保持在（　　）。

A. 0℃以下　　B. 10℃以下　　C. 15℃以下　　D. 20℃以下

9. 桶装油品进行倒垛的时间是其存放期限超过（　　）。

A. 3 个月　　B. 6 个月　　C. 9 个月　　D. 12 个月

10. 露天存放的桶装汽、煤油，气温高于多少度时要采取降温措施（　　）。

A. 22℃　　B. 24℃　　C. 26℃　　D. 28℃

11. 在常温下，粮食比较安全的含水量是（　　）。

A. 12%　　B. 13%　　C. 15%　　D. 17%

12. 粮食自热的根源是粮食的（　　）。

A. 呼吸作用　　B. 吸附性　　C. 吸湿性　　D. 导热性

13. 适用于收购、储存、运输、加工、销售的优质商品稻谷的质量标准是（　　）。

A. GB/T 17891—1999　　B. GB/T 1350—1999

C. GB/T 1351—1999　　D. GB/T 1353—1999

14. 粮食仓库中库房与库房之间宜保持的间距为（　　）。

A. 10m　　B. 10～14m　　C. 14m　　D. 10～20m

15. 适宜采用地下库储存的危险品有（　　）。

A. 易燃液体　　B. 压缩气体　　C. 放射性物品

D. 液化气体　　E. 毒害品

16. 油品的防火和防爆的方法有（　　）。

A. 控制可燃物　　B. 断绝火源　　C. 防止电火花

D. 防止金属摩擦　　E. 防止油蒸汽积聚

17. 粮库应根据使用性质的不同而划分为（　　）。

A. 储量区　　B. 烘干区　　C. 加工区

D. 器材区　　E. 化学药品储存区

二、判断题

1. 自然风险是指由于自然界的运动和变化给生命和财产造成伤亡和损失的现象，例如暴风雪、暴乱、洪水等。（　　）

2. 风险管理的目标是选择最经济和最有效的措施使风险发生的概率最小。（　　）

3. 可燃金属燃烧的火灾属于 C 类火灾，如钾、钠、镁等的燃烧。（　　）

4. 用泡沫作为灭火剂，其作用主要是隔离，同时也有一定的冷却作用。（　　）

5. 根据《建筑灭火器配置设计规范》规定，手提式灭火器宜设置在挂钩、托架或灭火器箱内，其顶部离地面高度应小于 1.5m，底部离地面高度不宜小于 0.15m。（　）

6. 火灾保险的标的主要是各种不动产，如房屋、各类建筑物等。（　）

7. 团体火灾保险的保险费率一般以每千元保额为计算依据，费率的表达形式为千分率（‰）。（　）

8. 当流动资产保险金额由被保险人自行确定时，被保险人可以按最近 12 个月任意月份的账面余额确定保额，也可以按最近账面余额确定保额。（　）

9. 仓储险费率适用于所有储存大宗物资或商品的场所，不论存放处所为库房、露天货场、货棚，还是油槽、储气柜、地窖。（　）

10. 财产保险综合险与财产保险基本险一样，也是团体火灾保险业务的主要险种，它在保险金额、保险价值和赔偿处理等内容上，与财产保险基本险相同，只是在保险责任和责任免除方面存在着区别。（　）

三、简答题

1. 简述对危险品保管的要求。

2. 简述冷藏储存的原理。

3. 简述仓库防火措施。

4. 简述仓储生产安全的要求。

5. 简述不同类型火灾的对应办法。

6. 1993 年 8 月 5 日 13 时 15 分，深圳市安贸危险品储运公司清水河仓库 4 仓，因违规将过硫酸铵、硫化钠等化学危险品混储，引起化学反应而发生火灾爆炸事故。火灾蔓延导致连续爆炸，爆炸又使火灾蔓延。前后共发生了 2 次大爆炸、7 次小爆炸，共有 18 处起火燃烧。这起火灾爆炸事故，死亡 15 人，受伤 873 人，其中重伤 136 人，烧毁、炸毁建筑物面积 39000m^2 和大量化学物品等，直接经济损失约 2.5 亿元。

请分析并回答：

（1）你认为危险品仓库应该怎样分区分类储存？

（2）危险品堆码有哪些要求？

第九章　仓储管理经济分析

知识目标

1. 掌握仓储成本和收入的构成。
2. 掌握仓储绩效评价的意义和主要指标内容。
3. 掌握仓储绩效评价指标的计算方法。
4. 了解提高仓储经营管理效益的途径。

能力目标

1. 具备制订和优化仓库成本方案的能力。
2. 具备仓储成本控制的能力。
3. 具备仓储绩效指标的制定和管理的能力。
4. 具备对仓储评价指标进行分析的能力。
5. 具备找出仓储绩效管理突破口的能力。

导入案例

美的的库存成本控制

一、供应商管理库存（VMI），提高库存周转率，降低库存成本

美的是一家大型的家电生产商，较为稳定的供应商共有300多家，供应零部件共有3万多件。在物流信息平台的支撑下，将原有分布在全国各地的100多个仓库减为8个区域仓库，依靠快递配送8小时内可以运达目的地，仅此一项节约成本15%～20%。供应商一般在美的租赁仓库，将零部件存入区域仓库，所有仓库成本都由供应商承担。同时美的在ERP（企业资源管理）的基础上与供应商建立了直接交货平台，利用互联网按照美的的订单内容进行交货和结算。

实施VMI后，供应商不需要疲于应付美的的订单，而只需保持适当库存即可，一般能满足3天的需求。这样大幅度提高了美的零部件库存周转率，库存周转次数提高到70～80次/年。零部件库存天数由原来的5～7天，降低为3天左右，资金占用降低，资金利用率提高，资金风险下降，库存成本大幅度降低。

二、下游实施VMI，降低物流费用，增加销量，降低库存

美的作为经销商的供应商，为经销商管理库存，经销商不需存货，只要发出订单，美的立刻就会送货上门，这样一来很多优秀的经销商和供应商加入以美的为核心的节点企业的供应链。美的成品空调年库存周转次数由不到10次/年提高到11.5～12次/年。直接为美的空调节省了2000多万元人民币的物流费用。美的家电的销售量较以前增加了50％～60％，而成品库存降低了9万台。

通过上述案例请分析：

1. 为什么实施VMI能够降低成本？
2. 如何控制和管理成本？
3. 你从美的的案例得到什么启发？

第一节　仓储成本与收入

成本控制是任何一个企业管理者的重要工作目标，仓储费用是物流企业运营的主要成本。仓储作业作为物流活动的一个重要环节，起着连接生产与消费的重要作用。在社会生产与生活中，由于生产与消费节奏的不统一，商品在流通过程中的储存就成为必要的物流活动，仓储的任务就是要对所储存的物品进行收存、保护、管理、交付，保证物品的完好及提高物品流通效率与效益。从事这一系列活动所发生的费用即构成仓储成本。

仓储成本是物流成本的重要组成部分，对物流成本的高低有直接影响。仓储成本管理的任务是对物流运作进行经济分析，了解物流过程中的经济现象，以期以最低的物流成本创造最大的物流效益。

一、仓储成本

（一）仓储成本的基本概念

仓储成本是仓储活动中所消耗的物化劳动和活劳动的货币表现。其中，一部分用于仓储设施设备的投资以及货物本身的自然损耗；另一部分用于仓储管理作业中所消耗的物化劳动和活劳动，主要包括工资和能源消耗等；还有一部分是货物存量增加所消耗的资金成本和风险成本。这些在物品存储过程中的劳动消耗是商品生产在流通领域中的继续，是实现商品价值的重要组成部分。

（二）仓储成本的构成

根据货物在仓储过程中的支出，可以将仓储费用分成以下几类。

1. 订货费

向供应商发出订单并办理与采购业务有关的费用构成。主要包括购入费和事务费、通信费、运输费等。

2. 保管费

对储存的货物进行养护、管理等支出费用，包括：用于货物储存的货架、货柜等设备的费用分摊，仓库场地的房地产税等；盘点、货损费及商品老化、腐败、破损等费用。

3. 利息

由于库存占用资金而发生的费用，对该资金出资者要支付利息等。

4. 装卸搬运费

进发货时的车辆装卸、搬运及因库存量发生变化而产生的库内搬运费用。

5. 工资和福利费

工资主要包括各类人员的固定工资、奖金和各种生活补贴。福利费主要包括住房基金、医疗基金（保险）、退休基金等。

6. 折旧费

折旧费主要指库房、堆场等基础设施的折旧和机械设备的折旧等，是对仓库等固定资产折旧期分年提取，不同的设施（设备）的年折旧率是不同的，基础设施的折旧率较低，一般可以 30 年为期，而设备的折旧率较高，折旧年限根据设备的技术性能可取 5～20 年。在进入市场经济后，为使仓库技术水平具有竞争力，往往采用加速折旧的方法以尽快回收投资，用于设施（设备）的更新与改造。

7. 修理费

对仓库设施、设备和运输工具可按一定的修理费率每年提取，主要用于设施、设备和运输工具的定期大修理。每年的大修理基金可以按设施、设备和运输工具投资额的 3%～5%的比率提取。

8. 电力和燃料、润料费

作为动力用的电力和燃料开支按装卸、搬运货物的吨数（有时也可按件数）分摊。照明用电则根据照明面积和规定的仓库照明亮度确定。用于设备润滑的材料可按设备不同的要求计算。

9. 铁路专用线、码头租用费

如果仓储企业所使用的铁路专用线和码头不属于自己，则应按协议规定来支付这些设施的租用费用。

10. 货物仓储保险费

为应付仓储企业在其责任期限内因发生货物灭损所造成的经济损失，对存储的货物按其价值和存储期限进行投保是必要的。这笔开支已成为仓储成本的重要组成部分。

11. 其他业务开支

除上述开支外，仓储成本中还应包括管理费和营销费。管理费主要用于日常办公、处理业务、发放管理人员工资及进行人员培训等；营销费主要用于企业宣传、广告、库存调研以及其他促销手段所需的支出，水、煤、通信等开支。

12. 机会损失费

机会损失费也称缺货费，是由于缺货不能为顾客提供服务所发生的费用，或由于紧急订货而支付的特别费用，或失去对顾客的销售而没有得到预定的利益，或由于一些难以掌握的因素而造成信誉丢失所波及的不良后果等。

小知识

什么是折旧？什么是加速折旧

折旧是指一项固定资产在使用过程中因磨损老化或技术陈旧而逐渐损失其价值的现象，也指估计这种损失的行为。

首先，折旧是指资产价值的下降，指在固定资产使用寿命内，按照确定的方法对应计折旧额进行系统分摊。折旧会导致资产价值的下降，所以无论在企业核算还是在国民经济核算中，折旧都指在所考察的时期中，资本所消耗掉的价值的货币估计值。

其次，折旧是固定资产在使用过程中因损耗而逐渐转移到新产品中去的那部分价值的一种补偿方式。固定资产的物质形态在报废之前是在生产中长期被使用的，它的价值却是按照其在生产中的损耗程度一部分一部分逐渐地转移到产品中去的。为了保证再生产的正常进行，必须在产品销售以后，把那部分已经转移到新产品中去的固定资产的价值，以货币形式提取并积累起来，以便若干年后即在固定资产价值全部转移完毕时用于更新固定资产。所以，这种按固定资产的损耗程度进行补偿的方法也称为折旧。

加速折旧法也称递减折旧法，是使用前期提取较多折旧，后期提取较少折旧，使固定资产成本在使用年限内较早得到价值补偿的折旧方法。加速折旧法的依据是效用递减，即固定资产的效用随着其使用寿命的缩短而逐渐降低，因此，当固定资产处于较新状态时，效用高，产出也高，而维修费用较低，所取得的现金流量较大；当固定资产处于较旧状态时，效用低，产出也小，而维修费用较高，所取得的现金流量较小，这样，按照配比原则的要求，折旧费用应当呈递减的趋势。

（资料来源：http：//baike. haosou. com/doc/5366251－5601958. html）

二、仓储收入

仓储企业属于服务业，其收入主要来自为客户提供仓储服务时收取的各种费用。要确定仓储企业的收入，首先应明确收入的组成部分，即仓储收入的构成，然后据此计算出各种收费费率。

（一）仓储收入的构成

仓储收入可以分为货物进出库的装卸收入、货物存储于库场的存储收入以及对货物进行挑选、整理、包装等流通加工的收入和代办收入、库场租赁的租金等。

1. 货物进出库的装卸费

货物进出库的装卸费应根据装卸货物的数量（吨数或件数）、所使用的装卸机械设备使用费以及考虑货物的装卸难易程度确定。

2. 货物存储费

货物存储费一般根据货物存储的数量、体积、时间、货物的价值及保值的要求等因素确定。

3. 货物流通加工费与代办费

对货物进行挑选、整理、包装、贴标签等加工费应根据不同的规定要求确定其收费标准。仓储企业一般可从事的加工业务有：货物的分拣、整理、修补、包装、成组、熏蒸、代验、计量、刷标、更换商品包装、货物的简单装配等；对客户代办业务包括代收发货、代办保险、代办运输等。

4. 集装箱辅助作业费

集装箱辅助作业费包括：拆装箱费、存箱费、洗箱费以及集装箱修理费等，还包括仓储企业自有集装箱租给用户时收取的租金。

5. 租金

仓储企业将富余的或暂时闲置的仓库设施、设备、技术条件租赁给用户并收取一定的租金。

6. 其他收入

其他收入是指以上收入以外的收入。例如拥有铁路专用线或码头的仓储企业还可以收取用户这些设施的使用费。

（二）货物仓储费率

货物仓储费率是指每件产品登记存储费用的费率，它有货物的存储费率、进出库装卸搬运费率和其他劳务费率构成。

1. 存储费率

存储费率可根据货物保管的难易程度、货物价值、进出库场的作业方式等制订。库房、货场的货物储存费率以吨/天计算，其计算基础是货物的吨/天保管成本。对于存储中使用苫垫材料的，需按使用的苫垫材料数量另加苫垫费。仓库性质的不同，成本构成不同，其存储费率的计算方法也不同，对用于长期存储的仓库，每天存储费率一般不变；而对于中转性质的仓库，则往往采取按时间费率递增的计算方法，其目的是为了加快有限的库场的周转。

2. 进出库场的装卸搬运费率

货物进出库场的装卸搬运费率包括设备使用费率和劳动力费率。计费项目有：进出货物的装卸、上下楼、过磅、点数、堆码、拆垛、拼垛、设备使用的动力燃料和电力、设备折旧、修理等。

3. 其他劳务费率

主要指因货物保管以及货主的要求，仓库需要对仓储的货物进行各类加工，其费率可以根据加工项目、数量以及加工等难易程度确定费率，有些特殊的加工，其费率还可采取协议方式确定。

仓库费用的及时结算并收取各种费用是一项加速资金周转、提高资金使用效果的重要工作。

存储费的计收从货物进仓之日起至货物出库的前一天为止。仓库业务部门每天根据存货单位当天的货物出入库凭证，分别计算出各存货单位的货物进仓数量、出仓数量和结余数量，填写货物进出日结单。在每月结算出各存货单位的结存累计数量和进出库累计数量，交仓库财务部门计算应收的各项费用，然后向存货单位及时收取存货款。

第二节　仓储成本管理

一、仓储成本管理的含义和意义

（一）仓储成本管理的含义

仓储成本管理就是用最经济的办法实现货物的储存功能。

物流活动中普遍存在着一个基本规律即“效益背反”，指的是物流的若干功能要素之间存在着损益的矛盾，即某一功能要素的优化和利益发生的同时，必然会存在另一个或几个功能要素的利益损失，反之也如此。这是一种此长彼消、此盈彼亏的现象，往往导致整个物流系统效率的降低，最终会损害物流系统的功能要素的利益。仓储活动也不例外，仓储企业经营的目的是在满足市场需求的情况下，实现利润最大化，如果过分强调储存功能的实现，而投入过多的仓储力量和其他仓储劳动并不合理。

不合理储存主要表现在储存技术不合理、储存管理组织不合理两方面。

1. 仓储时间过长

仓储时间从两个方面影响仓储管理的效果，一方面经过一定的时间，被储存货物可以获得“时间效用”，这是储存的主要物流功能；另一方面是随着储存时间的增加，有形及无形的消耗相应增加。也就是说，从“时间效用”的角度来考察，储存一定时间，效用可能增大，储存时间继续增加，就会出现效用降低的现象。因而仓储的总效用是确定最优仓储时间的依据。

当然，仓储时间与仓储总效用之间有着错综复杂的关系，不能一概而论。

2. 仓储数量不合理

仓储数量也主要从两个方面影响仓储这一功能的发挥，这两个方面利弊的消长，也使仓储数量有一个最佳的经济批量。仓储数量过高或过低都是不合理的。仓储一定数量的存货，可以使企业具有保证供应、生产、消费的能力。然而一般而言，保证能力的提高不是与数量成正比，而是遵循“边际效用递减”的原理，每增加一个单位的仓储数量，总保证能力虽会增加，但是边际效用却会逐渐降低。仓储的损失是随着仓储数量的增加而成正比例增加的。仓储数量增加，仓储的持有成本就相应增加；而且如果仓储管理能力不能按比例增加的话，仓储损失的数量也会增加。

3. 仓储条件不足或者过剩

仓储条件不足，主要指仓储条件不能满足仓储物资所要求的良好的仓储环境和必要的管理措施，因而往往造成储存物品的损失，如仓储设施简陋、仓储设施不足、维护保养手段及措施不力等。仓储条件过剩，主要是指仓储条件大大超过需求，从而使仓储物资过多地负担仓储成本，造成不合理的费用。

4. 仓储结构失衡

仓储结构失衡主要表现在仓储物资的品种、规格等失调；仓储物品的各个品种之间仓储期限、仓储数量失调；仓储地点选择不合理等。

货物在储存期间可能发生的质量变化主要是由于储存时间、环境、操作等因素引起的。质量变化的形式主要有物理和机械变化（物理存在状态、渗漏、串味、破损、变形等），化学变化（分解、水解、水化、腐蚀、老化、化合、聚合等）、生化变化、各种生物侵入（鼠类、害虫、蚁类）等。各种货物在储存期间也可能发生价值损失，比如呆滞损失、时间价值损失、过高的储存成本等。

这些仓储不合理储存和被储物在储存期间所发生的质量变化和价值损失，必然造成仓储成本的升高，通过仓储成本管理，把库存控制到最佳数量，尽量少用人力、物力、财力把库存管理好，获取最大的供给保障。仓储成本的高低直接影响着企业的经济效益，对物流企业来说意义重大。

（二）仓储成本管理的意义

1. 使库存成本降到最低

企业通过降低库存成本以降低运营成本，增加盈利，提升竞争能力。

2. 保证供给程度

强调库存对其他经营、生产活动的保证，使企业有更多的销售机会，带来一定的经济效益。

3. 限定资金，加速资金周转

限定库存资金的前提下实现供应，使库存最小化，占用资金最小化，进而加速资金周转，使其创造价值最大化。

4. 快速反应，高效运营

库存系统是物流系统的一个重要组成部分，不能只以自身的经济性为主要目标，往往是以最快的速度实现进出货的目标。提高库存周转率，大力开展越库配送时推行零库存技术，以快速反应实现高效运营，以高效运营降低单位商品的运营成本。

5. 为企业制订仓储经营管理计划提供依据

仓储经营管理计划是仓储企业为适应经营环境变化，通过决策程序和方案选择，对仓储经营活动的内容、方法和步骤明确化、具体化的设想和安排。在制订经营管理计划时，必须考虑自身的经营能力，仓储成本正是仓储经营能力的重要指标，因此通过仓储成本的分析，能帮助企业对不同经营方案进行比较，选择成本最低、收益最大的方案制订经营计划，开展经营。

6. 为仓储产品定价提供依据

仓储企业的根本目的是追求利润最大化。仓储企业在为社会提供仓储产品（服务）时，需要有明确的产品价格，仓储费用制定的前提就是要明确仓储所要支出的成本以及企业在同行中的竞争力。

7. 加速仓储企业的现代化建设

仓储成本分析有利于推动仓储技术革新，充分挖掘仓库的潜力，为仓储设施设备改造及现代化建设提供依据。

二、仓储成本管理的原则

（一）维护国家利益、企业利益和消费者利益

降低仓储成本从根本上说对国家、企业、消费者都是有利的，但是如果在仓储成本管理过程中，采用不适当的手段损害国家或消费者的利益就是错误的，应予避免。

（二）处理好仓储成本与服务质量的关系

仓储管理的目的是降低仓储成本，增加收益，提高竞争力。仓储服务是实现收益的一种有效手段，但仓储服务随着服务水平的提高，其发生的费用也会相应增加，降低服务成本就会影响服务水平。因此，不能为片面追求降低仓储成本而忽视对储存货物的保管要求和保管质量，应做到降低仓储成本与提高仓储质量相结合。

（三）确定一定的存货量，保证生产的连续性

不能为盲目追求仓储成本最小化而忽视库存，必须以保证生产的连续性为前提。在现代社会中，企业的生产、进出货都在很短的时间内完成，需要随时提供原材料以保证生产需要。同时，由于生产与需求、供给与消费在时间、空间和数量上的不一致，常常出现供大于求而造成积压的现象。另外，库存不足发生缺货，妨碍正常生产和销售，也会带来经济损失。因此，客观上需要企业设置合理化的库存，使其在数量上既是足够的，又是最低的，不会因缺货带来不必要的损失，也不会因库存过多带来资金短缺。

（四）重视全面管理

仓储成本涉及企业管理的方方面面，是企业全体员工的职责和任务，需要全员参与。因此，开展仓储成本的管理活动，应做到全员、全过程、全方位的控制。

（五）追求经济性

经济性原则主要强调推行仓储成本控制而发生的成本费用支出，不应超过因缺少控制而失去的收益。同销售、生产、财务活动一样，任何仓储管理工作都要追求经济效益。

三、降低仓储成本的途径

仓储成本管理是仓储企业管理的基础，对于提高物流企业的整体管理水平，提高经济效益有重大意义，但是由于仓储成本与物流成本的其他构成要素，如运输成本、配送成本以及服务质量和水平之间存在效益背反的现象，因此，降低仓储成本要在保证物流总成本最低或不降低企业的总体服务质量以及目标水平的前提下进行。降低仓储成本可以从以下几个方面进行。

（一）发挥仓储资源的整合作用，追求规模经济

适度集中储存是合理化的重要内容。适度集中库存是利用储存规模优势，以适度集中储存代替分散的小规模储存来实现合理化。

集中储存要面对两个制约因素，一是储存费；二是运输费。过度分散，每一处的储存保证供应的对象有限，互相难以调度调剂，则需分别按其用户要求确定库存量。而集中储存易于调度调剂，集中储存的总量可大大低于分散储存的总量。过分集中储存，虽降低了储存总量，但储存点与用户之间距离拉长，运输距离拉长，运费支出加大，在途时间延长，又迫使周转储备增加。所以，适度集中的含义是主要在这两方面取得最优的集中程度。

适度集中库存除在总储存费及运输费之间取得最优之外，还有其他优点：

（1）对单个用户的保证能力提高；

（2）有利于采用机械化、自动化方式；

（3）有利于形成一定批量的干线运输；

（4）有利于成为支线运输的始发站。

（二）加速周转，提高单位产出

通过采用集装箱、托盘等单元化储存、建立快速分拣系统实现快进快出，加快仓储物的周转速度，从而使资金周转加快，资本效益提高，货损减少，仓库吞吐能力增加，成本下降等。此外，在管理过程中，核定先进、合理的物资储备定额和资金储备定额，加强进货管理，做好货物进货验收和清仓清库，积极处理超储积压货物，加速货物流转，也是降低仓储成本的有效方法。

（三）采用“先进先出”方式，减少仓储物的保管风险

“先进先出”是一种有效的方式，也是储存管理的重要原则之一。它能保证每个被储物的储存期不至过长，减少仓储物的保管风险。有效的“先进先出”的方式主要有以下几种。

1. 贯通式货架系统

利用货架的每层形成贯通的通道，从一端存入物品，另一端取出物品，物品在通道中自行按先后顺序排队，不会出现越位等现象。贯通式货架系统能非常有效地保证先进先出。

2. “双仓法”储存

给每种被储物都准备两个仓位或货位，轮换进行存取，一个货位出清后才可以补充货物，保证实现“先进先出”。

3. 计算机存取系统

采用计算机管理系统，在存货时向计算机输入时间记录，编入一个简单的按时间顺序输出的程序，取货时计算机就能按时间给予指示，以保证“先进先出”。这种计算机存取系统还能将“先进先出”保证不做超长时间的储存和快进快出结合起来，即在保证一定先

进先出的前提下，将周转快的物资随机存放在便于存储之处，以加快周转，减少劳动消耗。

（四）充分利用仓库空间，提高仓容利用率

充分利用仓库空间，提高单位存储面积的利用率，以降低成本、减少土地占用。具体可以采用的方式有三种。

1. 利用高垛的方法

采用高层货架、集装箱、托盘等，增加储存的高度，比一般堆存方法大大增加储存空间。

2. 适度缩小库内通道宽度以增加储存有效面积

合理设置库房内的道路，如通过采用窄巷道式通道，配以轨道式装卸车辆，以减少车辆运行宽度要求，采用侧叉车、推拉式叉车，以减少叉车转弯所需的宽度，增加仓库的有效使用面积。

3. 减少库内通道数量以增加有效储存面积

采用密集型货架、各种贯通式货架，不依靠通道可进车的可卸式货架，以及不依靠通道的桥式起重机装卸技术等，增加有效储存面积。

（五）采用有效的储存定位系统，提高仓储作业效率

储存定位的含义是储存物位置的确定。如果定位系统有效，能大大节约寻找、存放、取出的时间，节约不少物化劳动及活劳动，而且能防止差错，便于清点及实行订货点等的管理方式。储存定位系统可采取先进的计算机管理，也可采取一般人工管理。

1. “四号定位”方式

“四号定位”是用一组 4 位数字来确定存取位置的固定货位方法，是我国手工管理中采用的科学方法。这 4 个号码是：库号、架号、层号、位号。这就使每一个货位都有一个组号，在物资入库时，按规划要求，将物资编号记录在账卡上，提货时按 4 位数字的指示，很容易将货物拣选出来。这种定位方式可对仓库存货区事先做出规划，并能很快地存取货物，有利于提高速度，减少差错。

2. 电子计算机定位系统

电子计算机定位系统是利用电子计算机存储容量大、检索迅速的优势，在入库时，将存放货位输入计算机。出库时向计算机发出指令，并按计算机的指示人工或自动寻址，找到存放货，拣选取货的方式。一般采取自由货位方式，计算机指示入库货物存放在就近易于存取之处，或根据入库货物的存放时间和特点，指示合适的货位，取货时也可就近就便。这种方式可以充分利用每一个货位，而不需要专位待货，有利于提高仓库的储存能力，当吞吐量相同时，可比一般仓库减少建筑面积。

3. 推广应用条码、RFID 标签等现代化技术

推广应用条码、RFID 标签等现代化技术，使仓储管理尽快进入智能化、无人化、省力化时代，以此提高仓储作业效率，降低仓储作业成本。

（六）采取有效的监测清点方式，提高仓储作业的准确度

对储存物资数量和质量的监测有利于掌握仓储的基本情况，也有利于科学库存控制。在实际工作中稍有差错，就会使账物不符，所以必须及时且准确地掌握实际储存情况，经常与账卡核对，确保仓储物资的完好无损，这是人工管理或计算机管理必不可少的。此外，经常的监测也是掌握被存物资数量的重要工作。监测清点的有效方式主要有以下三种。

1. “五五化”堆码

“五五化”堆码是我国手工管理中采用的一种科学方法。储存物堆垛时，以“五”为基本计数单位，堆成总量为“五”的倍数的垛形，如“梅花五”“重叠五”等。堆码后，有经验者可过目成数，大大加快了人工点数的速度，而且很少出现差错。

2. 光电识别系统

在货位上设置光电识别装置，通过该装置对被存物的条码或其他识别装置扫描，并将准确数目自动显示出来。这种方式不需要人工清点就能准确掌握库存的实有数量。

3. 电子计算机监控系统

用电子计算机指示存取，可以避免人工存取容易出现差错的弊端，如果在储存物上采用条码技术，使识别计数和计算机连接，每存取一件物品时，识别装置自动将条码识别并将其输入计算机，计算机会自动做出存取记录。这样只需向计算机查询，就可了解所存物品的准确情况，因而无须再建立一套对仓储物实有数的监测系统，减少查货、清点工作。

（七）加强日常管理，进一步降低仓储成本

加强仓储物的日常管理，建立规范的物资出入库制度，能快速存取货物；加强劳动管理，避免人浮于事、窝工浪费或者效率低下等现象；降低经营管理成本，减少不必要的开支，从而达到降低仓储成本的目的。利用 ABC 分类法解决各类物品的结构关系，储存量、重点管理、技术措施等合理化问题。

第三节 仓储经营绩效评价指标

一、仓储经营绩效评价的意义

（一）绩效评价的含义

随着我国市场经济体制及现代企业制度的组合，完善与规范企业绩效评价，按照市场经济的要求，建立企业激励和约束机制，开展绩效评价能够正确判断企业的实际经营水平，提高经营能力，改善企业管理，从而增加企业的整体效益。

企业绩效评价是运用数量统计和运筹学方法，采用特定的指标体系，对照统一的评价标准，按照一定的程序，通过定量、定性分析，对企业在一定的经营期间内的经营效益和

经营者的业绩，做出客观、公正和准确的综合评判。企业绩效评价是在会计和财务管理的基础上，运用计量经济学原理和现代化分析技术建立起来的剖析经营过程，真实反映企业现状，是预测未来发展前景的一门科学。

企业绩效指在一定的经营期间内企业经营效益和经营者的业绩。企业经营效益主要表现在盈利能力、资产运营水平、偿还债务能力和后续发展能力等方面。经营者业绩主要通过经营者在经营管理企业的过程中企业的经营、发展所取得的成果和所做出的贡献。评价内容重点在盈利能力、资产运营水平、偿还债务能力和后续发展能力等方面。准确反映上述内容的各项定量及定性指标作为评价的主要依据，将这些指标同全国甚至世界同行业、同规模的平均水平比较，得到一个公正、客观的评价结论。

（二）绩效评价对企业的影响

（1）绩效评价是市场经济条件下，政府间接管理企业的有效方法。政府主要履行宏观调控职能，不干预企业的具体经营活动，彻底改变那种层层上报，逐级审批，该管的没管住，该放的抓住不放的管理方式。政府通过对企业实施绩效评价，建立起新型的政企关系。及时发现企业财务和资产管理中的薄弱环节，促进企业尽快实现经营管理现代化、决策现代化。

（2）通过对企业获利能力、基础管理、资本运营、债务状况、经营风险、长期发展能力等方面的评价分析，可以较系统地剖析企业经营发展中的问题，全面分析判断企业的经营状况，促使企业克服短期行为，将近期利益与营运发展结合起来。

（3）随着市场经济的逐步完善，企业在市场竞争中求生存、求发展，企业形象就显得越来越重要，企业实施绩效评价促使企业注重改善自己的形象，提高竞争实力。

（4）企业绩效评价促进企业向优秀企业学习，通过横向比较，使企业不仅看到自身的实际水平及在同行业中的位置，并引导企业按照市场需求预测、确定自己的发展战略。

（5）企业绩效评价把国有企业财务状况综合分析、国有资本金价值、增值状况和企业经营业绩融为一体，有利于各政府部门协调、配合及衔接，共同做好企业监管工作。

（三）仓储经营绩效评价的意义

仓储管理是物流管理的一个重要过程，仓储活动担负着生产经营所需各种货物的收发、储存、保管保养、控制、监督和保证生产需要等多项业务职能，而这些活动都与生产经营及其经济效益密切联系。仓储活动的各项考核指标，是仓储管理成果的集中反映，是衡量仓储管理水平高低的尺度，也是考核评估仓库各方面工作和各作业环节工作成绩的重要手段。因而利用指标考核管理手段，对加强仓储管理工作、提高管理的业务和技术水平是十分必要的。

1. 有利于提高仓储企业经营管理水平和经济效益

经济核算中的每个指标均反映了现代仓储管理中的一个侧面，而一个有效的、完整的指标体系能反映管理水平的全貌，通过对比分析就能找出工作中存在的问题，提高管理水平。随着物流业的大发展，仓储行业的竞争也日益激烈，要使所经营的现代仓储企业能始终立于不败之地，就必须优化管理，增强自身的竞争力，加强经济核算。

2. 有利于加强仓储企业的现代化建设

绩效评价会促进现代仓储企业优化劳动组织，改变人浮于事、机构臃肿的状况，从而提高劳动效率，降低活劳动的成本。绩效评价又能促进仓储企业改进技术装备和作业方法，找出仓储作业中的薄弱环节，对消耗高、效率低、质量差的设备，进行革新、改造，并有计划、有步骤地采用先进技术，提高仓储机械化、自动化水平，逐步实现现代化。

3. 有利于落实仓储管理的经济责任制

仓储的各项指标是实行经济核算的根据，也是衡量各岗位工作好坏的依据，要推行仓储管理的经济责任制，实行按劳取酬，就必须建立完善的绩效评价体系。

二、仓储经营绩效评价指标的主要内容

仓储企业的绩效指标考核是对仓储经营活动的物化劳动消耗与经营成果进行考核。通过经济核算和对比分析，力求以较少的经营开支，取得较大的经济效益。仓储企业经营绩效评价包括以下内容。

（一）仓储经营成果的指标评价

仓库的基本职能是管理货物，在同等条件下，如果管理的货物越多，管理质量越好，劳动消耗与财产耗费越少，则经营成果就越大。

（二）仓储劳动消耗的指标评价

仓储劳动消耗包括活劳动消耗和物化劳动消耗。活劳动消耗是核算工资、奖金等支出的依据，活劳动消耗的考核目标是提高劳动生产率。物化劳动消耗是核算仓储经营中物资资料的消耗，包括固定资产折旧，货物在保管、养护、包装和进出库装卸等过程中所使用的材料、能源，以及家具、管理费用等的消耗。仓储企业的劳动消耗是以仓储成本来核算的，因此，仓储成本核算是仓储企业指标评价的一项重要的内容。仓储成本在核算时，一般以吨保管成本为核算单位，为此，必须按照财务制度的规定正确处理生产费用的分摊和折旧的计算，以及成本的划分范围。

（三）资金的指标评价

为了使仓储业务正常运转，企业需要备有一定的流动资金，用于支付日常的易耗材料的添置，例如仓储企业需要保有一定数量的货物苫垫、养护、包装、劳保等材料。除此之外，设施和设备使用的折旧期较长，在折旧费全部返回之前，投入的资金也被占用。因此，企业在经营过程中，始终存在被占用的资金。资金核算就是要在完成同样的业务量，并保证仓储质量的情况下，使企业被占用的资金最少。

进行仓储企业资金核算，应先确定当前固定资产的价值和与生产经营相适应的流动资金的需要量。为了提高固定资产投资资金利用率，对于基建投资应按规定及时组织验收并尽快投入使用。对于设备，应根据需要进行购置，购进的设备应尽快调试，并投入运行。在国外，为了提高固定资产投资资金的利用率，往往采用加速折旧的方法。对于企业流动资金的核定，应根据仓储业务量最低需要的日常流动资金额确定。当然，最低需要的数额

与仓储企业的管理水平有密切的关系。随着管理水平的提高，企业能逐步找到最佳的日常使用材料的储备数量，这一数量同时也保证资金占用较低。

（四）盈利的指标评价

在社会主义市场经济条件下，企业的生存是靠盈利，因此，企业经营所追求的目标是获取最大利润。仓储企业通过盈利来进行扩大再生产，并提高企业职工的待遇，国家也将从企业盈利中实施税收。在非垄断的市场经济中，企业获利并不能靠提高仓储价格来实现，因为这样会失去自己的市场。而应主要靠改进自己的仓储服务，提高仓储质量，并通过可以信赖的宣传，使用户了解企业。当然，根据市场的需求情况，制订出合理的仓储价格也是非常重要的。为了了解仓储企业的盈利情况，必须对一些盈利指标进行考核，例如考核企业的成本盈利率、资金盈利率和仓储收入盈利率等。

三、仓储经营绩效评价主要指标

仓储运营绩效评价指标体系包括仓库资源利用程度方面的指标、服务水平方面的指标、数量指标、质量指标、效率指标、安全指标以及服务水平等。一般国内仓储企业所使用的考核指标有以下几项。

（一）仓库资源利用程度方面的指标

1. 仓库利用率

仓库利用率是衡量仓库利用程度的重要指标，是反映仓库管理工作水平的主要经济指标之一，可用以分析仓库的实际利用效率高低。包括仓库面积利用率和仓库容积利用率两个指标。

$$\text{仓库面积利用率（\%）}=\frac{\text{计算期商品实际堆放面积（m}^2\text{）}}{\text{计算期仓库总面积（m}^2\text{）}}\times100\%$$

其中：计算期商品实际堆放面积，是指计算期仓库中商品储存堆放所实际占据的有效面积之和。计算期仓库的总面积，是指从仓库的围墙线算起，整个围墙所占有的面积。

仓库面积利用率越大，表明仓库面积的有效使用情况越好。

$$\text{仓容利用率}=\frac{\text{报告期平均每日实际使用的容积（m}^3\text{）}}{\text{报告期仓库的有效容积（m}^3\text{）}}\times100\%$$

$$\text{报告期平均每日使用的容积（m}^3\text{/日）}=\frac{\text{报告期储存商品体积之和（m}^3\text{）}}{\text{报告期日历天数}}$$

其中，报告期储存商品体积之和等于报告期仓库中每天储存的商品的体积之和。

仓容利用率是衡量和考核仓库利用程度的另一项指标。仓容利用率越大，表明仓库的利用效率越高。

仓容面积利用率和仓容利用率是反映仓库管理工作水平的主要经济指标。考核这两个指标，可以反映货物储存面积与仓库实际面积的对比关系以及仓库面积的利用是否合理，也可以挖掘潜力多储存，为提高仓库面积的有效利用率提供依据。

2. 建筑容积率和建筑密度

建筑容积率是衡量建筑用地使用强度的一项重要指标。公式为：

$$建筑容积率=总建筑面积/建筑用地面积\times 100\%$$

建筑面积密度是反映建筑用地使用强度的主要指标。计算公式为：

$$建筑面积密度=建筑基底总面积/建筑用地面积$$

3. 每平方米储存量

每平方米储存量是指仓库每平方米使用面积每日储存商品的数量，这是一个综合评价仓库利用程度和经营管理水平的重要指标。计量单位是 t/m^2。

$$每平方米储存量（t/m^2）=\frac{日平均储存量}{仓库使用面积}$$

$$日平均储存量（吨/日）=\frac{报告期商品储存总量}{报告期日历天数}$$

其中，报告期商品储存总量等于报告期每天的库存商品数量之和。仓库使用面积之和等于仓库中货场、货棚、库房的使用面积之和。

库房的使用面积为库房建筑面积减去外墙、内柱、间隔墙及固定设施等所占的面积。

货场使用面积是指货场中可以用来储存商品所实有的面积之和，即货场地坪的总面积扣除排水明沟、灯塔、水塔等剩余的面积之和。计量单位为平方米。

4. 设备利用率

设备利用率反映仓库设备的利用程度，包括设备能力利用率和设备时间利用率两个指标。对于仓库来说，设备利用率主要考核装卸和搬运设备的利用率。设备利用率越大，说明设备的利用程度越高。

$$设备利用率=\frac{全部设备实际工作时数}{设备工作总能力时数}\times 100\%$$

$$设备能力利用率=\frac{计算期设备实际载荷量}{计算期设备额定载荷量}\times 100\%$$

$$设备时间利用率=\frac{计算期设备实际作业工时数}{计算期设备额定作业工时数}\times 100\%$$

$$设备完好率=\frac{期内设备完好台数}{同期设备总数}\times 100\%$$

其中，计算期设备额定载荷量和额定作业工时数可以由设备的性能情况和计算期时间长短计算得出。

5. 劳动生产率

仓库的劳动生产率可以用平均每人每天完成的出入库货物量来表示。

$$全员劳动生产率（吨/工日）=\frac{全年货物出入库总量（吨）}{仓库全员年工日总数（工日数）}\times 100\%$$

此外，考核仓库劳动生产率也可以用仓库员工平均每日收发货的笔数、员工平均保管货物吨数等指标来评价。

（二）服务水平方面的指标

1. 客户满意度

客户满意度是衡量企业竞争力的重要指标，客户满意度与否不仅影响企业经营业绩，而且影响企业的形象。考核这项指标不仅反映企业服务水平的高低，同时衡量企业竞争力的大小。

$$客户满意度=\frac{满足客户要求数量}{客户要求数量}\times 100\%$$

2. 缺货率

缺货率是衡量仓储商品可得性的度量指标。将全部商品所发生的缺货次数汇总起来与客户订货次数进行比较，就可以反映一个企业实现其服务承诺的状态。

$$缺货率=\frac{缺货次数}{客户订货次数}\times 100\%$$

3. 准时交货率

准时交货率是满足客户需求的考核指标。

$$准时交货率=\frac{准时交货次数}{总交货次数}\times 100\%$$

4. 货损货差赔偿费率

货损货差赔偿费率是反映仓库在整个收发保管作业过程中作业质量的综合指标。

$$货损货差赔偿费率=\frac{货损货差赔偿总额}{同期业务收入总额}\times 100\%$$

(三) 反映仓库作业与管理能力的指标

1. 货物吞吐量

吞吐量是计算期内进出库货物的总量，一般以吨（t）表示。它不仅反映仓储的工作量和周转量，还反映仓库的规模和劳动强度。吞吐量越大，仓库的规模越大、周转量越大、工作量越大、劳动强度越高。吞吐量要靠仓库的装卸能力、仓储面积来支持。

$$货物吞吐量=货物入库总量+货物出库总量$$

2. 仓库吞吐能力实现率

$$仓库吞吐能力实现率=\frac{期内实际吞吐量}{仓库设计吞吐量}\times 100\%$$

3. 单位面积储存量

单位面积储存量是仓库每平方米使用面积平均每日储存商品的数量，单位是吨/平方米（t/m^2）。这一指标可以综合评价仓库利用程度和经营管理水平。

$$单位面积储存量（t/m^2）=\frac{仓库每日平均储存量（t）}{仓库使用面积（m^2）}$$

$$仓库每日平均储存量=\frac{计算期商品储存总量}{计算期日历天数}$$

计算期商品储存总量等于计算期每天的库存商品数量之和。

4. 仓储吨成本

$$仓储吨成本=\frac{仓储费用}{库存量}\times 100\%$$

5. 进发货准确率

$$进发货准确率=\frac{期内吞吐量-出现差错总量}{期内吞吐量}\times 100\%$$

这是仓储管理的质量指标，用于衡量收发货的准确性，保证仓储的服务质量。仓库进、发货准确率一般应控制在0.5‰以下。

6. 商品缺损率

商品缺损量是指计算期内，平均每吨储存商品的保管损失金额。它是衡量和考核仓库保管人员工作质量的重要标志。

$$商品缺损率=\frac{期内商品缺损量}{期内商品总数}\times 100\%$$

其中，期内商品缺损量是指因养护不当而造成商品的霉变、残损，丢失短缺，超定额损耗及不按规定验收、错收错付而发生的损失等。保管期的商品，经仓库预先催办，但存货部门未能及时发货出库而导致的损失，不能算作仓库的保管损失。商品保管损失是仓库一项直接的损失，应尽量避免和减少。

7. 商品自然损耗率

商品自然损耗率是指在一定条件下，某商品在储存期中，其自然损耗量与入库商品数量的比率，以百分数或千分数表示。

$$商品自然损耗率=\frac{货物损耗量}{商品库存总量}\times 100\%$$

商品自然损耗率指标主要用于那些易于干燥、风化、挥发、失重或破碎商品保管工作的考核。为了核定商品在保管过程中的损耗是否合理，一般对不同的商品规定相应的损耗率标准，又称为标准损耗率。若仓库的实际商品损耗率低于该标准损耗率为合理损耗；反之，为不合理损耗。商品自然损耗率指标是一个逆指标，指标值越小说明商品储存保管仓库工作做得越好。应力争使商品的损耗率降到最低点。商品损耗率不仅是考核仓库保管工作质量的指标，也是划清仓库与存货单位商品损失责任界限的重要指标。

（四）库存周转效率方面的指标

库存效率方面的指标主要是以库存周转率来反映，库存周转率对于企业的库存管理具有非常重要的意义。

1. 基本概念

库存周转率是评价物流企业购入存货、入库保管、销售发货等环节的管理状况的综合性指标，它是在一定时期内销售成本与平均库存的比率。如果用时间表示库存周转率就是库存周转天数。

$$库存周转率（次）=\frac{销售成本}{平均库存}$$

在货物总需求量一定的情况下，如果能够降低仓库的货物储备量，其周转的速度就会加快。从降低流动资金占用和提高仓储利用率的要求出发，就应当减少仓库的货物储备量。但一味地减少库存，就有可能影响货物的供应。因此，仓库的货物储量应建立在一个合理的基础上，做到在保证供应需求的前提下尽量低降低库存量，从而加快货物的周转速度，提高资金和仓储效率。

用周转天数表述库存周转率，其公式为：

$$库存周转天数=\frac{360}{库存周转率}=\frac{平均库存\times 360}{销售成本}$$

其中，销售成本是指企业销售产品、商品或提供服务等经营业务的实际成本。平均库存是指库存年初数与年末库存数的平均值。即：

$$平均库存=（库存年初数+库存年末数）/2$$

从上式中可以看出，货物周转次数越少，则周转天数越多，表明货物的周转越慢，周转的效率就越低，反之则效率就越高。

2. 商品周转率

商品周转率是表示商品周转的状况，用于评价商品销售情况，使之能提供适宜而正确的库存控制所需的基本资料。由于使用商品周转率的目的不同，计算方法也不同，主要计算方法参照表 9－1。

表 9－1　　商品周转率的计算公式

使用目的	计算公式
求售价方法	$商品周转率=\frac{销售额}{平均库存额（按成本）}\times 100\%$
求成本方法	$商品周转率=\frac{销售成本（销售费用）}{平均库存额（按成本）}\times 100\%$
求数量方法	$商品周转率=\frac{销售数量}{平均库存数量}\times 100\%$
求销售金额方法	$商品周转率=\frac{销售金额}{平均库存金额}\times 100\%$
求包括利益与成本的方法	$商品周转率=\frac{总销售额}{现有平均库存额（按成本）}\times 100\%$

（五）商品储存效益指标

1. 仓储收入

仓储收入水平的高低直接影响仓储企业的经济效益，它是计算期内仓储各项收入的总和，单位为元。

$$仓储收入（元）=商品进出库装卸收入（元）+商品储存保管收入（元）+商品流通加工等收入（元）$$

2. 平均仓储收入

平均仓储收入是指计算期内仓储保管一吨商品的平均收入，该指标常以月度为时间计算单位。平均仓储收入的计算单位是元/吨。

$$平均仓储收入（元/吨）=\frac{仓储收入总额（元）}{平均储存量（吨）}$$

其中，平均储存量是指月平均的商品储存量，它是一个时点数计算的序时平均数。若已知某月每天的商品储存量，可用简单算术平均数的方法求出月平均储存量；若已知某月初及某月末的商品储存量，则可用（月初储存量＋月末储存量）/2 的方法计算。

3. 平均仓储成本

平均仓储成本指计算期内平均仓储一吨商品所需支出的成本额，常以月度或年度为计算时期，单位是元/吨。

$$平均仓储成本（元/吨）=\frac{仓储成本总额（元）}{平均储存量（吨）}$$

4. 利润总额

利润总额是指仓储企业在一定时期内已实现的全部利润，单位是元。它等于仓库实现的营业收入扣除储存成本、税金，加上其他业务利润，加上营业外收支净额后的总额。所以，利润总额又称为实现利润。

$$利润总额=仓库总收入-仓库总支出$$

$$利润总额=仓库营业收入+营业外收入-仓储营业支出-营业外支出-税金+投资净损益$$

其中，投资净损益则是仓库用各种资源在企业外投资，取得的收益（＋）损失（－）。营业外收入是指与仓储企业生产无直接联系的收入，如逾期包装物的押金没收收入、罚款的净收入、其他收入等。营业外支出是指与仓储企业生产无直接关系的一些支出，如企业搬迁费、编外人员的生活费、停工损失、呆账损失、生活困难补助等。

5. 每吨保管商品利润

每吨保管商品利润，是指在计算期内储存每吨商品平均所能获得的利润，单位为元/吨。

$$每吨商品保管利润（元/吨）=\frac{计算期利润总额（元）}{计算期商品储存总量（吨）}$$

其中，计算期商品储存总量一般是指计算期间出库的商品总量而非入库的商品总量。

6. 资金利润率

资金利润率是指仓储企业在一定时期实现的利润总额占全部资金的比率，常用来反映仓储企业的资金利用效果。

$$资金利润率（\%）=\frac{利润总额（元）}{固定资金平均占用额（元）+流动资金平均占用额（元）}\times 100\%$$

从上式可以看出，资金利润率与全部资金平均占用额成反比关系，与利润总额成正比。因而要提高仓储企业的资金利润率的途径有两条：一是在资金占用额一定的条件下，仓储企业要努力增加利润总额；二是在利润总额一定的前提下，要妥善管理，挖掘潜力，节约材料，尽可能减少资金的占用额。

7. 收入利润率

收入利润率，是指仓储企业在一定时期内实现的利润总额占营业收入的比率。

$$收入利润率（\%）=\frac{利润总额（元）}{仓储营业收入（元）}\times 100\%$$

该指标可以分析仓储企业营业收入和利润之间的关系，它受储存商品的费率、储存商品结构、储存单位成本等因素的影响。

8. 人均实现利润

人均实现利润指计算期仓储企业平均每人实现的利润，是利润总额与仓库中全员人数之比。该指标通常以年为计算时期。计量单位是元/人。

$$人均实现利润（元/人）=\frac{计算期利润总额（元）}{计算期全员平均人数（人）}$$

（六）仓储经营管理安全指标

仓库的安全指标，是用来反映仓库作业安全程度的指标，主要可以用发生的各种事故的大小和次数来表示，如人身伤亡事故、仓库失火事故、机械损坏事故等。这类指标一般不需计算，只是根据损失的大小来划分不同等级，以便于考核。

以上六大类指标构成了仓储管理的比较完整的评价方法，从多个方面反映了仓储部门经营管理、工作质量以及经济效益水平。

四、绩效评价体系的设计

一个设计得很好的仓储企业绩效评价体系可以使高层管理者判断现有经营活动的获利性，及时发现尚未控制的领域，有效地配置企业资源，评价管理者的业绩。

（一）绩效评价的原则

1. 客观公正的原则

坚持定量与定性相结合，建立科学、适用、规范的评价指标体系及标准，避免主观臆断。以客观的立场评价优劣，公平的态度评价得失，合理的方法评价业绩，严密的计算评价效益。

2. 多层次、多渠道、全方位评价的原则

多方收集信息，实行多层次、多渠道、全方位评价。在实际工作中，综合运用上级考核、同级评价、下级评价等多种形式。

3. 责、权、利相结合的原则

评价的目的主要是改革绩效，不能为评价而评价，为奖惩而评价，为晋升而评价。但是，企业绩效评价产生出结果后，应分析责任的归属，在确定责任时，要明确是否在当事人责权范围内，并且是否为当事人可控事项，只有这样奖惩才能公平合理。

4. 经常化、制度化的评价原则

企业必须制定科学合理的绩效评价制度，并且明确评价的原则、程序、方法、内容及标准，将正式评价与非正式评价相结合，形成评价经常化、制度化。

5. 目标与激励原则

企业存在的目的就是要实现自己的目标，有效经营的仓储企业是最有希望实现预定目标及战略目标的。目标的实现是重要的激励机制。以报酬作为激励也是现代化企业不可缺少的有效管理机制。绩效评价体系的设计目标和激励是必不可少的。

6. 时效和比较的原则

为了及时了解企业运营的效益和业绩，应该及时进行评价。评价绩效，数据是最佳的衡量工具，但是如果没有比较的基准数据，再及时的评价也是徒劳的。因此，企业的盈余与亏损须同过去的记录、预算目标、同行业水准、国际水平等进行比较，才能鉴别其优劣。一定的基准数据同评价企业的经营结果进行比较及分析，绩效评价才具有实际意义。

（二）绩效评价体系的基本要素

企业绩效评价体系属于企业管理控制系统的一部分。它与行为控制系统、人事控制系统共同构成企业控制系统。有效的绩效评价体系主要由以下几个基本要素构成。

1. 评价对象

绩效评价体系的评价对象，一是企业；二是企业管理者。对企业的评价关系到企业是扩张、维持、重组、收缩、转向或退出。对管理者的评价关系其奖惩、升降等问题。评价对象的确定是非常重要的。

2. 评价目标

企业绩效评价体系的目标是整个企业运行的指南和目的，服从和服务于企业目标。

3. 评价指标

评价指标指现代企业业绩评价对象与企业目标的相关方面，即所谓的关键成功因素。这些因素具体表现在指标上。关键成功因素有财务方面的，如投资报酬率、销售利润率；也有非财务方面的，如售后服务水平、产品质量、创新速度和能力等。

4. 评价标准

企业的绩效评价取决于它的评价目的。在一般公司的绩效评价体系中常用的三种标准分别为年度预算标准、资本预算标准及竞争对手标准。评价标准是判断评价对象绩效优劣的基准。

5. 评价方法

评价方法是现代企业绩效评价的具体手段。有了评价指标和评价标准，还需要采用一定的方法对评价指标和评价标准进行实际运用，以取得公正的评价结果。没有科学、合理的评价方法，其他要素就失去了本身存在的意义。

6. 分析报告

现代企业得出的结论性文件即分析报告，通过将评价对象的评价指数的数值状况与预先确定的评价标准进行比较，通过差异分析，找出产生差异的原因、责任及影响，得出评价绩效优劣的结论，形成结论评价报告。

以上 6 个基本要素共同组成了一个完整的企业绩效评价体系，它们之间相互联系、相互影响。不同的目标决定了不同的对象、指标、标准和方法的选择，其报告的形式也不相同，可以说目标是绩效评价的中枢，没有明确的目标，整个绩效评价体系将处于混乱状态。

五、绩效评价体系的实施步骤

1. 评价组织机构

评价组织机构直接组织实施评价，评价组织机构负责成立评价工作组，并根据选聘有关专家组成专家咨询组。如果委托社会中介机构实施评价，先同选定的中介机构签订委托书，然后由中介机构成立评价工作组及专家咨询组。无论谁来组织实施评价对工作组及专家组的任务和要求应给予明确。

2. 参加评价工作的成员应具备的基本条件

(1) 具有较丰富的仓储管理、财务会计、资产管理及法律等专业知识。专家咨询组的专家还应具有一定的工程技术方面的知识。

(2) 熟悉仓储企业绩效评价业务，有较强的综合分析判断能力。

(3) 专家咨询组的专家应有较长的经济管理工作经历，并能坚持原则，秉公办事。

3. 制订评价工作方案

(1) 工作组根据有关规定制订评价工作方案，经评价组织机构批准后开始实施，并送专家咨询组的每位专家。

(2) 收集并整理基础资料和数据。根据评价工作方案的要求及评分的需要收集、核实及整理基础资料和数据。主要收集同行业同等规模的企业的评价方法及评价标准值；收集连续三年的会计决算报表、有关统计数据及定性评价的基础材料，并确保资料的真实性、准确性和全面性。

(3) 评价计分。运用计算机软件计算评价指标的实际分数。

(4) 评价结论。将绩效基本评价得分与同行业规模的最高分数进行分析比较，将四部分内容的分析系数与相同行业的比较系数进行对比，对企业绩效进行分析判断，形成综合评价结论，并听取企业有关方面负责人的意见，进行适当的修正和调整。

(5) 撰写评价报告。评价报告主要内容包括：评价结果、评价分析、评价结论及相关附件等，送专家咨询组征求意见。评价项目主持人签字，报送评价组织机构审核认定，如果是委托中介机构进行评价需要加盖单位公章。

(6) 评价工作总结。将评价工作背景、时间地点、基本情况、评价结果、工作中的问题及措施、工作建议等形成书面材料，建立评价工作档案。同时报企业备案。

第四节　提高仓储经营管理经济及社会效益的途径

一、仓储企业经营管理指标分析的方法

现代仓储企业的各项考核指标是从不同角度反映某一方面的情况。如果仅凭某一项指标则难反映事物的总体情况，也不容易发现问题，更难找到产生问题的原因。因此，要全面、准确地认识仓储企业的现状和规律，把握其发展的趋势，必须对各个指标进行系统而周密的分析。通过各项指标的分析，全面了解仓储企业各项工作的完成情况和取得的绩效，发现存在的问题及薄弱环节，全面了解仓储企业设施设备的利用程度和潜力，掌握客户对仓储企业的满意程度及服务水平，认识仓储企业的运营能力和运营质量以及运营效率。并能够透过现象认识内在的规律，采取相应的措施使仓库各项工作水平得到提高，从而提高企业的经济效益。

（一）对比分析法

对比分析法是将两个或两个以上有内在联系的、可比的指标（或数量）进行对比，从对比中找矛盾、寻差距、查原因，从而认识仓储工作的现状及其规律性。对比分析法是指标分析法中使用最普遍、最简单和最有效的方法。

1. 计划完成情况的对比分析

计划完成情况的对比分析，是将同类指标的实际完成数（或预计完成数）与计划数进行对比分析，从而反映计划完成的绝对数和程度，分析计划完成或未完成的具体原因，肯定成绩、总结经验、找出差距、提出措施。

2. 纵向动态对比分析

纵向动态对比分析是将仓储的同类有关指标在不同时间作对比，如本期与基期（或上期）对比、与历史平均水平对比、与历史最高水平对比等。这种对比，反映事物发展的方向和速度，说明增长或降低的原因，并提出建议。

3. 横向类比分析

横向类比分析是将仓储的有关指标在同一时期相同类型的不同空间条件下的对比分析。类比单位的选择一般是同类企业中的先进企业，可以是国内的企业，也可以是国外的企业。横向类比分析，往往能起到“清醒剂”的作用，更能够找出差距，采取措施，赶超先进。

4. 仓储绩效考核指标的分析

（1）库存周转率的评价方法。

①和同行业比较评价法。在与同行业相互比较时有必要将计算公式的内容统一起来，调整到同一基础进行计算才有真正的比较价值。

②参考以往绩效的评价方法。参考自己公司以往的绩效，不是随便取之，而是用周转率大的绩效进行比较分析。另外，周转率和周转时间的标准值因商品的分类不同而各不相同，所以除过去的绩效外，最好不要参照其他因素来决定。

③期间比较评价法。根据统计资料计算的周转率，仅能用来当作一个概略的标准，应将重点放在本公司内各期间的比较来评价良莠，这才是较为正确的方法。另外，计算周转率时，最好按月随着库存的动态变化而换算为月间周转率，作为相对期间来比较更为客观。

（2）库存周转率的分析。不能一概而论库存周转率高，库存绩效就一定好；库存周转率低，库存绩效就一定差。库存周转率表面上看越高，经济效益应该就越好，但是其中还隐藏有下述内情。

①库存周转率高，经济效益也好。

a. 销售增加并且远远超过存货资产，使企业获得较好的利润。

b. 因决策合理缩短周转期间。

②库存周转率虽高，企业经济效益却不佳。

a. 销售额超过标准库存拥有量，缺货率远远超过了允许范围，使企业失去销售机会，带来经济损失。

b. 库存调整过分彻底，超过预测的销售额降低值而发生缺货，减少企业收益。

③库存周转率虽低，经济效益较好。

a. 对不久的将来，准确预测能够大幅度涨价的商品，库存充足。

b. 对于有缺货危险的商品，有计划地拥有适当的库存量。

c. 正确预测未来销售额的增加，在周密计划之下，持有适量的存货。

d. 啤酒、空调之类季节性较强的产品，有计划地储存以备旺季的需求。

④库存周转率低，经济效益较差。

a. 销售额减少，却不做库存调整。

b. 库存中的伪劣品、滞销品、积压品、过时商品等不良商品不但不减少，反而增加，或长期储存在仓库不做处理，占压资金。

通过库存周转率分析库存绩效时，应先参照上述原则，再进行分析判断。

（二）因素比较法

因素比较法也称要素比较法，是将评价对象分为若干要素或项目，每一个要素的评分又分为若干等级，一般分为3个等级或5个等级，3个等级为好、中、差；5个等级为优秀、良好、一般、较差、最差。使用因素比较法时，评委们根据自己对被评价者的了解，在每一个等级中，选择一个最符合评价对象实际情况的答案，并在该等级中做标记，一般来说，人们在3个等级的评价中容易产生聚中趋势，也就是说易将等级评为中等。相对而言，5个等级更为科学一些，对评价对象的绩效和评价更确切一些。但评价要素等级划分得过细，评价时划分等级会有影响，如打分过宽，难以将评价结果区分其差距。

（三）价值分析法

要提高仓储的经济效益，无非是采用开源节流的方法，降低成本便是为了节流。在降低成本支出的分析方法中，价值分析法是一种较有效的方法。

价值分析又称价值工程，就是通过集体智慧和有组织的活动对产品或服务进行功能分析，使目标以最低的总成本（寿命周期成本），可靠地实现产品或服务的必要功能，从而提高产品或服务的价值。价值分析法就是通过综合分析系统的功能与成本的相互关系，寻求系统整体最优化途径的一项技术分析方法。在这里，“价值”不同于政治经济学中的商品价值，是作为一种“尺度”提出来的，即“评价事物有益程度的尺度”。相对而言，价值高，说明有益程度高、效益大、好处多；价值低，说明有益程度低、好处不大。

1. 价值分析法的特点

（1）以提高产品价值为目的。用最低的寿命成本实现必要的功能，使客户和企业都得到最大的经济利益。因此，价值分析法不是单纯降低费用，而是以满足客户要求为前提，在保证产品必要功能和质量的条件下，以最低的寿命周期费用使产品具有这种功能。

（2）以功能分析为核心。价值分析法不是通过一般性措施来降低成本，而是通过对功能的系统分析，找出存在的问题，提出更好的方法来实现功能，从而达到降低成本的目的。

（3）一种依靠集体智慧所进行的有组织、有领导的系统活动。利用价值分析法研究提高产品的价值，要涉及整个生产过程和各个部门、各单位的工作，因此必须依靠全体职工，有计划、有组织地进行。

2. 进行价值分析的基本原则

采用价值分析法对仓储管理进行绩效分析，一般遵循以下基本原则：

（1）消除浪费，排除无用的环节和工作；

（2）尽可能采用标准化和规范化方法；

（3）经常分析有无更好的方法可以替代现在使用的方法。

3. 价值分析的基本步骤

（1）确定要进行分析的环节。仓储管理由许多环节组成，现代化改良的过程中，如果要对所有环节都进行价值分析，既不必要，也不经济。因此，找出部分环节作为价值分析法的重点改进对象进行分析。

（2）收集经济情报。确定要进行分析的环节后，就可以围绕这些环节来收集经济情报。情报的内容包括完成这些环节所需的单位工时、单位成本、采用的方法和设备等。

（3）功能分析。当价值分析法对象确定后，便着手对围绕它收集到的有关情报资料进行功能分析。价值分析大体按下列顺序进行：

①使用此物品是否必要；

②研究所使用的这些物品，其价值与效用是否相当；

③为满足这种用途，是否还有其他方法或者替代品；

④物品所有的性能是否都是必要的；

⑤质量要求是否过高；

⑥形状、尺寸是否浪费；

⑦重量是否浪费；

⑧能否使用标准件和通用件；

⑨物品的成本相对于用途是否必要或是否适宜；

⑩能否采用更适宜、更经济的方法进行生产。

4. 价值分析在库存管理中的应用

库存管理的内容包括：库存管理方针、库存品种的确定、库存品的分类、库存数量计算、库存量的控制及库存时间、库存方法、库存设备、库存费用、库存运营等。这些都是价值分析所要研究的对象，因为每一项都与价值有直接关系。如库存品种的确定是仓储经营的一项重要决策，如果所选物品在仓储经营中效用很低，甚至在仓库中存在对企业的运营毫无影响的物品，说明库存的价值不能得到体现。又如，库存量的控制，通常库存量过多不行，过少也不行，所追求的是合理的库存量。但有的物品允许缺货，而有的物品绝对不允许有缺货。因而如果不能够明确地将两者加以区别，往往在价值方面要遭受损失。

采用不同的管理方法，可以获得不同的价值。如果保管不当，物品的价值必然减少，在考虑库存方法时，如果不把保证物品的良好质量作为重点之一，就会出现质量下降、效率减低等现象，这将导致价值降低。相反，如果保管方法好，物品的质量不下降，就等同于价值相对增加。

（四）排列法

排列法也叫排队法，在企业绩效评价中，采用评价对象之间相互比较，进行最优到最差的排列。例如，对 5 个规模大致相同、类型相似的仓储企业进行绩效评价，先从这 5 个仓储企业中评价出一个绩效最好的和一个绩效最差的，接下来再评出第二个好的和第二个差的。这种方法是以评价对象的综合绩效为基础，按其总体效益和业绩进行排列比较，评出最好、次好、中等、较差和最差。这种方法简便，常被采用。但其缺点是：①不按评价对象的工作绩效与每项评价标准进行对照比较打分，而是根据总体的综合绩效进行比较，缺乏可信度和精确度；②无法鉴别处在中间状态的评价对象之间的差别；③在同一仓储企业中的不同单位或部门之间无法进行排列比较。

二、仓储企业进行经营管理指标分析的注意事项

（一）应注意所对比指标的可比性

应用对比分析法进行对比分析时，应注意所对比的指标或现象之间的可比性。在进行纵向动态对比时，主要考虑指标所包括的范围、内容、计算方法、计量单位、所属时间等相互适应，彼此协调；在进行横向类比对比时，要考虑对比的单位之间必须是经济职能或经济活动性质、经营规模基本相同，否则就缺乏可比性。

（二）要综合运用对比指标

要结合对比指标只能从一个侧面来反映情况，只做单项指标的对比，会出现片面分析问题的情况，有时甚至会得出误导性的分析结果。把有联系的对比指标综合运用，有利于全面、深入地研究分析问题。

（三）需要正确选择对比的基数

对比基数的选择，应根据不同的分析和目的进行，一般应选择具有代表性的作为基数。如在进行指标的纵向动态对比分析时，应选择企业发展比较稳定的年份作为基数，这样的对比分析才更具有现实意义；否则，与过高或过低的年份所做的比较，就达不到预期的目的和效果。

三、提升仓储绩效管理的方法

仓储管理的目标是提高企业的仓储服务水平，降低仓储成本，实现仓储效益和效率的最优化。要达到这一目标，仓储管理就必须采取相应的方法来提升部门的业务绩效水平，并对仓储活动的成本和费用支出进行严格的管理，改善工作效率，实现优质的物流服务，降低物流成本，从而达到经营目标。

有效地提升仓储管理绩效大致可以从两个方面入手，“硬件”上要进行大规模投资，全面引进先进的仓储设备等工作设施及开发和导入完善的仓储管理信息系统；“软件”上要提高现场管理与作业方式的能力，通过物流员工自身的努力来达到提升绩效的目的。

(一)引入信息技术,提升作业水平

现代信息技术和网络技术以及高科技仓储设备的应用是现代物流业不断发展进步的基础。为提升仓储企业的作业水平和作业效率、增加企业竞争力、进行综合信息改造、建立仓储管理信息系统很有必要。

1. 信息技术应用于客户服务

由于客户对服务、价值等方面的期望越来越高,仓储管理和作业必须以客户为导向,重新定义和设计客户服务的内容。企业需要通过改善仓储管理,提高服务质量,降低价格,吸引新的客户,提高企业竞争力和市场营销效果。收集客户信息,建立客户档案,将客户概况(包括客户名称、通信地址、法人代表姓名、注册资本金、注册地、企业性质、所属行业、上级主管单位、投资人、企业组织框架图等)、客户基本生产状况、客户产品资料、客户产品市场营销状况、客户仓储运用情况、客户运输情况、客户仓储成本支出及运输、保险等情况的基础数据,输入系统数据库进行集成管理,并适时更新。引入客户关系管理,开展客户服务。对企业现有客户及潜在客户有针对性地进行管理,以维系现有能力对相关数据进行分析,最大限度地帮助客户改进产品生产销售和物流现状,实现与客户的双赢。进行客户满意度的调查。系统设计各种不同形式的报表,对客户服务进行跟踪管理并制作档案,进行客户服务调查,计算客户满意度。

2. 信息技术应用于库内码放定位设计

经过系统分析,根据仓库具体条件,规划货物的存放区域,并设计库内码放定位系统,绘制出库区货物码放图,使每种货物都有明确的码放定位,账、卡、物形成了一一对应关系,并明确标出要求保持的“五距”(顶距、灯距、墙距、柱距、堆距)及主通道和消防通道等。

3. 信息技术用于仓库作业

信息技术应用于仓库作业的全过程中,从入库作业、储存保管作业、库内包装和分拣作业及出库作业实行程序操作,在向系统输入客户资料和货物资料后,对不同客户及其货物进行管理,并可对所有客户货物进行分仓库、分时间、分货品、分货位或分客户实行库存管理。

(1)入库作业。根据系统提示确认接待人员身份(如身份证号、内部人员工号等)、核对随货同行单据。从计算机中直接调出数据,进行货物数量确认、品种确认、及时性确认,并对条码进行检查。及时发现货物入库过程中出现的异常并及时处理,直接修改和确认数据库文件。

(2)上架管理。输入货物信息,系统自动提示货物需要摆放的空间及货架特征。根据设备指示完成货物的定位摆放。这样既可提高上架速度,又可提高库位的利用效率以及仓库管理的整体效率。

(3)分拣管理。系统接到提货信息后,指导发货人员依照顺序取货,并按照货物单元或者客户单元直接操作打包、条码扫描并打印输出包装标签,一次性完成所有作业,提高了效率,减少了由于多环节协作带来的混乱和等待。

(4)储存管理。对库内环境和货物进行各种监测、抽检,安装自动测温测湿系统,系

统自动记录、统计、计算并分析各种数据；对环境情况和货物情况给出指导性建议，并进行有效控制；对货物进行盘点，对多个商品或单个商品准确复核，及时检查、生成各种报表，实现实时库存管理。

(5) 出库作业。出库作业是入库作业的反过程。首先要根据提示确认提货人的身份(如身份证号码、货单号、门店代码、内部人员的工号等)，并核对提货单据和计算机所收到提货信息是否一致。录入信息，修改和确认（后台）数据库文件。按系统提示备货装货，打印货物清单，并要求提货人确认。对于误差直接输入计算机并输出误差数据。输入记录关联的仓储信息，比如运输单位到达时间、作业人员和设备特征（如车牌号码等）。

4. 信息技术应用于统计管理

实现实时库存管理仓库每接收或发出一件货物，所有相关方面的库存就会自动变化，相关部门和客户可及时告知货物在库“进、出、存”的实时情况，在第一时间内准确掌握货物的在库状况。

实现统计自动化，自动生成日报表、月报表及各种有关统计报表，计算货物吞吐量、库房占用率等各种数据，汇总、统计各种经济指标并且对其销售趋势、销售地域、销售差异以及利润进行分析。

（二）以客户为中心，提高服务质量

提高仓储部门服务水平的关键是实现以最小的支出获得最大的经济效益。这对仓储部门提出了新的更高的要求。如果仓储管理工作仍停留在简单的收、发、管上，势必同当前物资供应工作的高要求形成明显落差。因此，仓储部门要提高效率和效益，就必须转换思想，以客户为中心，在提升服务水平上下苦功。

1. 将服务质量监督作为首要工作

建立健全服务质量监督体系和仓库内部服务质量保障体系，深入客户调查研究，掌握客户对服务质量的要求及评价，按照服务质量绩效评价指标，认真实施，以优质的服务取信于客户。

2. 制订同服务质量相适应的服务价格是重要工作之一

仓储企业制订服务价格是重要工作之一，价格过高，同服务质量不相适应，就会失去客户，直接影响企业的效益和发展；价格过低，提高的服务质量过低，虽然会得到客户和市场，但是，价格和质量长期不匹配会造成仓储业的亏损，储存越多，亏损越多。所以，作为仓储企业必须在进行大量市场调研的基础上，根据自身能够给客户提供什么样的服务，制订出科学的、合理的服务价格。适宜客户需求的服务和价格就能够赢得客户，有了客户才有生存的空间，才能有效益。

3. 利用仓储优势，大力开展代储代销业务

同客户签订代储代销协议，建立稳定的供需关系，使其长期为企业客户服务，这种物资供应方式具有以下优势：

(1) 可以减少资金占用，节省银行贷款利息支出；

(2) 缓解资金紧张，避免库存积压浪费；

(3) 采取后付款方式，为客户带来诸多效益；

（4）节省运费和差旅费。

第五节　案例分析及实习实训指导

案例分析

上海通用打倒存货“魔鬼”降低物流成本

上海通用作为最大的中美合资汽车企业，非常重视物流的发展。怎么控制物流成本，上海通用采取“建一个在‘精益生产’指导方式下的全新理念的工厂”。“精益生产”的思想主要体现在及时供货和缩短交货期。

利用“牛奶取货”方式，降低库存成本。上海通用目前有四种车型。不包括其中的一种刚刚上市的车型在内，另外三种车型零部件总量有5400多种。上海通用在国内外还拥有180家供应商，还有北美和巴西两大进口零部件基地。上海通用是怎么减少新产品的导入和上市时间并降低库存成本的呢?

为了把库存这个“魔鬼”赶出自己的供应链，通用的部分零件，例如有些是本地供应商所生产的，会根据生产的要求，在指定的时间直接送到生产线上去生产。这样，因为不进入原材料库，所以保持了很低或接近“零”的库存，省去大量的资金占用。

传统的汽车厂，以前的做法是要么有自己的运输队，要么找运输公司把零件送到公司，这种方式并不是根据需要来供给，有几个方面的缺点：有的零件根据体积或数量的不同，并不一定正好能装满一卡车。但为了节省物流成本，有的公司经常装满一卡车，这样就造成了库存高，占地面积大。而且不同供应商的送货缺乏统一的标准化管理，在信息交流、运输安全等方面，都会带来各种各样的问题，如果要想管好它，必须花费很多的时间和很大的人力资源。

所以上海通用就改变了这种做法，聘请一家第三方物流供应商，由他们设计配送路线，然后到不同的供应商处取货，再直接送到上海通用。利用“牛奶取货”或者叫“循环取货”的方式解决了这些难题。每天早晨，上海通用的汽车从厂家出发，到第一个供应商那里装上准备的原材料，然后到第二家、第三家，以此类推，直到装上所有的材料，然后再返回。这样做的好处是省去了所有供应商空车返回的浪费。

通过循环取货，通用的零部件运输成本下降了30%以上。这种做法的优点是非常显而易见的，同时这也体现了上海通用的一贯思想：把低附加价值的东西外包出去，集中精力做好制造、销售汽车的主营业务，即精干主业。

案例思考题：

1. 上海通用是如何看待库存的?
2. 上海通用是如何降低库存成本的?

实习实训

一、实训目标

（1）了解仓储企业成本的构成。

（2）熟悉仓储经济核算的指标。

（3）能够利用仓储经济各项指标，分析仓储管理工作中存在的问题并找出其产生的原因。

二、实训任务

（1）选择3～4家仓储企业进行走访调研，主要了解他们仓储成本的构成、仓储业务的主要收入来源、核算指标等。

（2）根据走访情况，撰写有关仓储成本的调研报告。

（3）利用仓储经济核算的各项指标，分析仓储管理中存在的问题。

（4）结合分析结果，试找出降低仓储成本、提高仓储经济效益的途径。

三、实训实施过程

（1）围绕仓储管理过程中仓储成本的构成、仓储业务的收入来源、仓储经济核算的指标等，确定调研内容。

（2）围绕调查目标，制订调查计划，确定调查主题、地点、时间、方式，并明确要收集的相关资料。

（3）成立调查小组，调查以小组为单位进行。

（4）调查之前，进行相关资料的收集并做好知识准备。

四、实训结果评价

对学生实训项目实施结果予以评价，有利于激发学生的积极性，也可以通过评价找出项目实施过程中的不足和改进办法，有利于知识的掌握和总结。仓储企业成本调研实施情况评价表（见表9－2），可以考虑以下几个因素。

表9－2　　　　仓储企业成本调研实施情况评价表

考评时间	
被考评小组	
考评组实训地点	
考评人	
考评内容及分值	实训内容的真实性、准确性、全面性（20分）
	实训过程中是否遵守纪律，行为规范是否符合要求（15分）
	实训报告是否是真实的实训过程的结果（20分）
	实训报告能否正确地分析出实训的内容及其存在的问题（25分）
	是否能够提出合理化建议（20分）
考评结果	

练习题

一、判断题

1. 仓储活动的各项经济核算指标，是仓储成果的集中反映，是衡量仓储管理水平高低的尺度，也是考核评估仓库各方面工作和各作业环节工作绩效的重要手段。(　　)

2. 单位面积储存量即按仓库实际面积平均计算每平方米储存商品的数量，它反映仓库利用的程度。(　　)

3. 账货相符率指标反映出仓库的管理水平，是避免企业财产损失的重要手段。(　　)

4. 指标体系一旦确定之后，应在一定时间内保持相对稳定，不宜经常变动，频繁修改指的是仓储管理绩效评估的可行性原则。(　　)

5. 在绩效评估指标的管理中应该充分发挥各职能管理机构的作用，将各项指标按职能管理机构归类。(　　)

6. 信息技术应用于仓库作业的全过程中可以提升仓储管理。(　　)

二、单选题

1. (　　) 反映仓储工作强度量。

A. 库存量　　B. 吞吐量　　C. 货物使用量　　D. 设备使用量

2. (　　) 是衡量和考核仓库储存面积利用程度的指标。

A. 仓容利用率　　B. 货架使用率　　C. 搬运效率　　D. 存取效率

3. (　　) 直接表示了仓储的成本。

A. 仓储管理费　　B. 订货费　　C. 保管费　　D. 缺货损失费

4. 每储存物资单位时间所需花费的费用指的是 (　　)。

A. 仓储管理费　　B. 订货费　　C. 缺货损失费　　D. 保管费

5. (　　) 是对业绩和效率的一种事后的评估和度量以及事前的控制与指导。

A. 效益评估　　B. 绩效评估　　C. 功能评估　　D. 系统评估

6. 价值分析过程的最后一步是 (　　)。

A. 功能运行　　B. 系统运行　　C. 功能分析　　D. 系统分析

三、多选题

1. 仓储活动经济核算指标应该包括 (　　) 方面的指标等。

A. 价值　　B. 质量　　C. 费用

D. 效益　　E. 数量

2. 仓储的保管费用应包括 (　　)。

A. 生产性费用　　B. 消费性费用　　C. 管理性费用

D. 一些代理业务的必要开支　　E. 其他额外费用

3. 对于仓库而言，设备利用率主要是考核 (　　) 和 (　　) 的利用效率。

A. 起重设备　　B. 清点设备　　C. 核查设备

D. 搬运设备　　E. 装运设备

4. 利用指标考核仓储工作有利于（　　）。

A. 降低货物货损率　　B. 仓储现代化管理水平的提高

C. 落实仓储管理的经济责任制　　D. 推动仓储设施装备的现代化改造

E. 提高仓储的经济效益

5. 价值工程的特点有（　　）。

A. 以提高产品价值为目的　　B. 以降低产品的生产成本为目的

C. 以系统分析为核心　　D. 以功能分析为核心

四、简答题

1. 简述对仓储活动的各项经济指标进行核算的意义。

2. 简述仓储成本管理的意义。

3. 如何提升仓储管理绩效？

4. 分析怎样控制仓储成本。

第十章　仓储保税制度

知识目标

1. 了解我国保税制度的形式。
2. 掌握保税仓库的含义、类型、保税仓库的构成及特点。
3. 掌握保税仓库的出入库管理、保税仓库货物的存放、保税仓库的监管等。

能力目标

1. 能够制订保税仓库的管理储存计划及加强存货管理。
2. 具备保税仓储业务的基本知识。
3. 能够利用保税物流开展e贸易。

第一节　概述

为了适应对外经济贸易的发展，便利进出境货物的通关和简化纳税手续，海关对于特定进境货物或进入特定区域的、将复运出境的进境货物，经批准允许缓办纳税手续。这类经批准允许缓办纳税手续的进境货物被称为保税货物。进境的保税货物在我国境内存储一定期限，甚至在我国境内进行加工装配后再复运出境，因此，保税货物将接受我国海关的监管。关于保税货物的种类以及对保税货物的监管规定便构成了海关保税制度的主要内容，它是一种国际通行的海关制度。

一、保税制度的概念和形成历史

保税制度是指经海关批准的境内企业所进口的货物在海关的监管下，在境内指定的场所储存、加工、装配并暂缓缴纳各种进口税费的一种海关监管业务制度。其实，保税制度是一种关税制度，它是国家关税政策从保护转向促进经济发展过程中的一项重要内容，通过减轻企业关税负担和简化通关手续来鼓励国际贸易的开展。

保税制度最早出现在英国，中世纪以来，英国以及一些欧洲的沿海地区和港口已从特别关税便利中获取很大的好处。1547年，意大利在西北部的热那亚湾建立了被认为是世界上第一个具有保税性质的自由港——雷格亨自由港，1719年，在意大利奥皇查理六世时的里雅斯特已建立起免税仓库。德国汉堡港于1881年建立了自由港的模式。在19世纪以前，这些保税区域一般集中在欧洲的地中海地区，如意大利的热那亚、那不勒斯、威尼斯，法国的敦刻尔克，丹麦的哥本哈根，葡萄牙的波尔多等。进入19世纪以后，随着航海技术的进步和国际贸易的发展，保税制度逐步扩展到印度洋、东南亚等地区，如直布罗陀、亚丁、新加坡、中国香港和中国澳门等地区。20世纪以后，自由贸易区又在美洲大陆兴起，1936年，在美国纽约市的布鲁克林建立了美国第一个具有保税性质的外贸区。无论这些免税区的名称是自由港、自由贸易区、保税区或是保税仓库，主要都是为了促进国际贸易而在一国的土地上提供一块保税的空间。

二、我国仓储保税制度的发展

在我国，保税制度是随着19世纪资本主义国家对我国的殖民扩张和经济侵略而发展起来的。鸦片战争以后，我国沦为半殖民地半封建社会，我国海关大权落入外国列强手中，他们为了便于向我国倾销商品、资本以及掠夺我国的资源，在我国口岸建立了保税仓库。新中国成立以后，保税仓库作为帝国主义侵略的产物而予以废止，从此以后的30年，保税仓库在我国便销声匿迹。

自改革开放以来，为适应我国对外经济贸易的发展和改善投资环境的需要，保税制度逐步恢复，并不断扩大业务。

1981年，我国海关总署制定了《中华人民共和国海关对保税仓库及所存货物的管理办法》(以下简称《办法》)。但由于受当时改革开放之初种种条件限制，许多规定还较保守，如《办法》中规定，只有具备外贸进出口权的专业公司才能申请保税仓库的业务，并只能存放公司自己经营的进出口商品。在此后的发展中，一些限制逐步放宽，如经海关批准建立一些存放寄售、维修设备零件的保税仓库，供应国际航行船舶燃料的保税仓库等。到1988年，为了更好地适应我国沿海地区外向型经济的发展，重新修订了《中华人民共和国海关对保税仓库及所存货物的管理办法》，扩大了保税仓库的业务范围，规定凡属加工贸易复出口的进口货物、国际转运货物以及经海关批准可以缓税的货物，均可存入保税仓库。我国的保税仓库制度还在发展之中，一些规定与国外的保税制度相比尚有差距，有待在实践中进一步完善。

随着改革开放的发展，在我国沿海口岸相继建立了一批保税区。1990年，我国第一个保税区——上海外高桥保税区批准建立，1991年又批准建立了天津保税区、深圳福田保税区、沙头角保税区。之后，为扩大开放，我国在沿海地区又相继设立了14个保税区(全国共计15个)。

为加强对保税区的监管，1990年9月，海关总署颁布了第一个保税区海关管理办法——《中华人民共和国海关对进出上海外高桥保税区货物、运输工具和个人随身物品的管理办法》。1994年6月，全国保税区工作座谈会在天津召开，明确提出保税区的三大功能，即出口加工、国际贸易和保税仓储。保税区的特殊政策和独特功能，加上与国际接轨的高效行政管理效益和综合服务水平，使保税区自设立后很快成为我国开放度和自由度较大的经济型区域，成为我国外资高度集聚区和具有辐射带动作用的重要功能区，它的设立大大改善了我国的投资和建设软环境，成为开放型经济新的增长点，在提升地区产业水平、扩大就业、深化改革和扩大开放方面起到了积极的示范和带动作用，推动了区域经济的快速成长，为设立和发展其他海关特殊监管区域与保税监管场所提供了宝贵的实践经验。

出口加工区是我国规范加工贸易管理的重要措施和推动加工贸易转型升级的重要载体。20 世纪 90 年代，全国加工贸易基础扩展、发展迅猛，形成了“漫山放羊”的格局。一方面，一些敏感商品利用加工贸易渠道走私对我国国内相关产业造成冲击，导致国家税收流失。另一方面，加工贸易产业结构不断升级，形成了劳动密集型产业与资本技术密集型产业并重的格局，加工贸易企业之间的配套程度不断提高，一些行业形成了较完整的生产链。加工贸易的快速发展迫切需要海关转变监管理念，规范加工贸易管理，优化对加工贸易的服务体系，改“散养”为“圈养”，以适应保税加工迅猛发展的新特点，不断提高保税加工的发展水平，扩大对外贸易。2000 年国务院批准设立了大连出口加工区、天津出口加工区、北京天竺出口加工区等 15 个全国第一批出口加工区。2000 年 4 月，国务院批准颁布了《中华人民共和国海关对出口加工区监管的暂行办法》。到 2012 年 10 月，国务院共批准设立 47 个出口加工区，形成了以长三角地区为主，以珠三角和环渤海地区为辅，兼顾东北区和中西部地区中心城市的格局。

入世后随着国际分工的发展，全球制造业进一步向我国转移，制造业的发展带动了产业链的集聚和供应链的迅速发展，尤其是随着我国加工贸易的快速发展，对保税物流业产生了巨大需求，保税区面临越来越大的挑战：一是“入世”后外贸经营权逐步放开、关税逐步下调、服务贸易迅速发展等，使得保税区的政策和功能优势受到弱化，保税区现行政策配套难以适应以第三方物流为主的现代物流发展的需要，使保税区难以成为全球采购、跨国配送企业的运作载体，影响了保税区的功能转型和产业升级；二是由于体制上的原因，保税区虽然邻近港口，处于港口城市，但与港口相分离，各自发展，两者之间的货物通关需要办理转关手续，手续烦琐，未能充分利用和发挥其区位优势，相反，由于手续多、物流慢、通关长，使得保税区难以增强物流、资金流和信息流的聚集和扩散能力。为推进保税区进一步发展，满足现实的保税物流需要，经国务院批准，2003 年 12 月设立我国第一家保税物流园区——上海外侨保税区，标志着我国保税区和港区联动试点工作的启动。保税物流园区通过在保税区和邻近港区之间开辟直通道，整合了保税区和港区的优势，它的设立较好地改变了保税区和港区分离的现状，使保税区和港区的集散功能有机地融合在一起，实现了保税区和港区的联动发展，优化了国际物流运作模式。

在国际贸易发展进程中，港口已成为一个国家或地区参与国际分工和竞争的重要战略资源，一些国家和地区设立“自由港”吸引货源，以提高港口竞争力。2005 年 6 月，经国务院批准，设立洋山保税港区。它是目前政策级别最高、开放形式最宽，并且形式上基本与自由贸易港接轨，但只有经过国家认定具备国际航运中转资质的沿海城市才可以申请。至 2012 年 10 月，国务院共批准设立天津东疆保税港区、大连大窑湾保税港区等 14 个保税港区。保税港区打破保税区、出口加工区和港区长期以来的分离机制和瓶颈制约，实现区港一体，既以保税物流产业和临港增值加工业增强港口的物流集聚效应，又使加工制造业与物流业在港区内同步协调发展，为促进我国物流产业发展、推动加工贸易转型升级开拓了新的天地。

为使内陆地区也能享受到与保税港区一样的优惠政策，国家批准在内陆地区设立具有保税港区功能的综合保税区。2006 年 12 月，国务院批准在加工贸易发达的苏州工业园区设立与保税港区功能政策相同的特殊监管区域，即我国第一个综合保税区——苏州工业园综合保税区。至 2012 年 10 月，国务院共批准设立了 30 个综合保税区。综合保税区正在成为国家在内陆地区开放金融、贸易、投资、服务、运输等领域的试验区和先行区。

此外，为充分发挥“一国两制”优势，加强内地与澳门的合作和互动发展，实现珠澳两地优势互补、资源共享和共同发展，国务院批准设立了珠澳跨境工业区。为加强我国与其他国家的边境合作，设立国际边境合作中心。

这些区域都是由海关进行统一监管的，到目前为止，我国海关已经发展成了四个层次、七种模式的现代海关监管体系，即“以保税港和区港联动的保税物流园区为龙头，以保税区、保税物流中心和出口加工区为枢纽，以优化的保税仓库和出口监管仓库为网点”的结构化体系。

三、实行保税制度的几种形式

目前，在世界上建立的具有保税和贸易功能的经济区域，其政策和目的有所不同，在形式和规模上各有差异，名称也并不统一。如自由港、自由贸易区、免税贸易区、对外贸易区、自由区、出口加工区、保税区、保税仓库、保税工厂等。然而，就其基本功能来说却大致相同，都是在划定的特殊区域内实行一定的优惠政策，以吸引国际投资，发展国际贸易，促进仓储和运输。

我国保税制度有以下几种主要形式。

（一）保税区

根据《物流术语》（GB/T 18354—2006），保税区是在境内的港口或邻近港口、国际机场等地区建立的在区内进行加工、贸易、仓储和展览由海关监管的特殊区域。海关对进出保税区的货物、运输工具、个人携带物品实施监管。到目前为止，国务院已经审批了 15 个保税区。

保税区是我国最早出现的海关特殊监管区域类型，也是我国对外开放程度最高、自由度最大、运作机制最便捷、政策最优惠的经济区域之一。其功能定位为“保税仓储、出口加工、转口贸易、商品展示”四大功能，并“免征、免税、保税”，实行“境内关外”运作方式。根据现行有关政策，海关对保税区实行封闭管理，境外货物进入保税区，实行保税管理；境内其他地区货物进入保税区，视同出境；同时，外经贸、外汇管理等部门对保税区也实行较区外相对优惠的政策。但它设置在港区之外，且没有出口退税功能，货物只有在实际离境之后才能进行出口退税。

（二）保税仓库

根据《物流术语》（GB/T 18354—2006），保税仓库是指经海关批准设立的专门存放保税货物及其他未办结海关手续货物的仓库。在储存期间，进口货物暂不缴纳关税，如再出口，可免纳关税。设立保税仓库主要为了发展转口贸易，同时给予贸易商以经营上的便利，便于其货物待机出售。我国保税仓库适用于存放供来料加工、进料加工复出口的料、件；经经贸部门批准寄售维修零部件；外商寄存、暂存货物、转口货物、供应国际航行船舶的燃料、零部件、免税品，以及在指定地区储存国际天然橡胶组织的天然橡胶。进口保税仓库内作业使用的物品，如货架、办公用品、管理用具、运输车辆、搬动、运及、起重和包装设备以及改装用的机器等都应照章缴纳关税和增值税。

（三）出口监管仓库

根据《物流术语》（GB/T 18354—2006），出口监管仓库是指经海关批准设立，对已办结海关出口手续的货物进行存储、保税物流配送、提供流通性增值服务的海关专用监管仓库。

出口监管仓库具有转口配送、流通加工和增值服务的功能。境外采购商在买断我国出口货物后可暂存出口监管仓库，出口监管仓库通过提供货物仓储、包装、分拨、配送、拼柜、物流信息处理等物流服务降低物流成本，通过对仓库货物分级、挑选、刷帖标志、改换包装等流通加工，使国内出口货物得到进一步增值。

（四）出口加工区

根据《物流术语》（GB/T 18354—2006），出口加工区是指经国务院批准设立从事产品外销加工贸易并由海关封闭式监管的特殊区域。虽然保税区引入了国外自由贸易的概念，但是由于我国进出口的管制较国外复杂，保税区的优势并没有完全发挥出来，同时还出现了利用国家政策骗取退税等行为。因此，2000 年国务院基于原来的保税区的政策，成立出口加工区。使加工贸易能够从保税区脱离出来，并且能够更好地利用保税区的出口加工政策，提高海关监管。

出口加工区和保税物流园区都享受出口退税政策，货物自境内区外进入区内即可办理退税。但出口加工区的主要功能仅限于保税加工，区内除了可以进行出口加工和专为出口加工企业生产提供服务的仓储和货物进出的运输服务，不得经营商业零售、一般贸易、转口贸易及其他与加工区无关的业务。

出口加工区设置在港口之外，因此也没有口岸功能。

（五）保税工厂

根据《物流术语》（GB/T 18354—2006），保税工厂是指经海关批准专门生产出口产品的保税加工装配企业。这是在来料加工、进料加工和外商投资企业履行产品出口合同的基础上，发展形成的一种保税加工的监管形式。凡经国家批准有进口经营权的生产企业（包括外商投资企业），均可向企业所在地主管海关申请建立保税工厂。

（六）保税物流园区

保税物流园区是指经国务院批准，在保税区规划面积或者毗邻保税区的特定区域设立的、专门发展现代国际物流的海关特殊监管区域。

由于保税区的地理限制，导致了进出口货物的二次报关问题，即货物由两个海关进行监管，需两次报关、两次查验、两次放行，和港口无联动，降低了通关的效率，增加了企业的物流成本。2003 年“区港联动”的政策被提出，即利用保税区的政策优势和港口的区位优势，在两者之间建立起一个通道，保税物流园区就此出现。它依托邻近的保税区和港口，强化了保税区的功能，体现了保税区的政策优势和港区的区位优势。2003 年国家审批了第一家保税物流园区——上海外高桥保税物流园区。目前，除上海外，还有天津、厦门、深圳、广州 4 个保税物流园区。保税物流园区具有八大功能：存储进出口货物及其他未办结海关手续货物；对所存货物开展流通加工和增值服务，包括分级分类、分拆分拣、分装、组合包装、打膜、加刷唛码、刷帖标志、改换包装、拼装等具有商业增值的辅助性作业；国际转口贸易；国际采购、分销和配送；国际中转；检测、维修；商品展示；经海关批准的其他国际物流业务。

开展“区港联动”的目的是将保税区的政策优势、功能优势与港口的区位优势进行整合，海关通过区域化、网络化、电子化通关管理，优化海关监管模式，打破保税区与港区长期以来的分离机制和瓶颈制约。一方面拓展港口的配套服务功能，形成保税区与港口的良性互动，着力吸引国际中转、国际配送和临港增值服务等高附加值业务向我国转移；另一方面赋予保税物流园区齐全的物流功能，满足跨国公司普遍采用零库存、JIT、VMI、无缝链接等现代新型生产方式、管理方式、营销方式的需求，使加工制造业与物流业同步协调发展，为促进加工贸易转型升级提供配套的保税物流服务。

（七）保税物流中心

保税物流中心是指经海关批准，由中国境内一家企业法人经营，多家企业进入并从事保税仓储物流业务的海关集中监管场所。也就是说，保税物流中心是指由多家保税物流企业在空间上集中布局的公共型场所，是具有一定规模和综合服务功能的连接国内、国外两个市场的物流集结区。它按照专业化、规模化的原则组织物流活动，将众多物流企业集中在一起，共享相关的基础设施和配套服务设施，发挥整体优势和互补优势，实现物流运作的专业化、集约化和规范化。

保税物流园区的组成依托邻近的保税区和港口，但这样的地理条件要求较高，为了满足其他没有这种特殊资源的地区的发展需要，2004 年保税物流中心孕育而生，它消除了两仓的功能单一、相互隔离等缺点，并对两仓进行了整合、优化和提升。保税物流中心的功能有：保税仓储、国际物流配送、流通加工和增值服务、进出口贸易和转口贸易、物流信息处理。

保税物流中心分为 A 型和 B 型，B 型较 A 型功能更为完善。目前，全国保税物流中心多为 B 型，A 型只有一个。

1. 保税物流中心（A 型）

依据《中华人民共和国海关对保税物流中心（A 型）的暂行管理办法》，保税物流中心（A 型）是指经海关批准，由中国境内企业法人经营、专门从事保税仓储物流业务的海关监管场所。按照服务范围分为公用型物流中心和自用型物流中心。

（1）公用型物流中心

公用型物流中心是指由专门从事仓储物流业务的中国境内企业法人经营，向社会提供保税仓储物流综合服务的海关监管场所。

(2) 自用型物流中心

自用型物流中心是指中国境内企业法人经营，仅向本企业或者本企业集团内部成员提供保税仓储物流服务的海关监管场所。

2. 保税物流中心（B型）

保税物流中心（B型）是指经海关批准，由中国境内一家企业法人经营，多家企业进入并从事保税仓储物流业务的海关集中监管场所。

（八）保税港区

保税港区是指经国务院批准，设立在国家对外开放的口岸港区和与之相连的特定区域内，具有口岸、物流、加工等功能的海关特殊监管区域，拥有保税区、出口加工区、保税物流园区“三区合一”的政策优势，发展为港区合一。

由定义可以看出保税港区的四大基本要素：一是保税港区是海关特殊监管区域；二是保税港区的设立必须经过国务院的批准；三是保税港区应设立在国家对外开放的口岸港区；四是保税港区具有口岸、物流、加工等功能。

保税港区是按照我国国情实际需要，借鉴发达国家海关先进管理经验，与国际通行做法相衔接，适应跨国公司运作和现代物流发展需要的新兴监管区域，是我国目前港口与陆地区域相融合的保税物流层次最高、政策最优惠、功能最齐全、区位优势最明显的监管区域。是真正意义上的“境内关外”，在形式上是最接近自由贸易港的政策模式。

（九）自由港

自由港是在一国土地上划定的一块置于海关监管下的特别区域。该区域凭借优越的位置、优良的港口条件和先进的技术，以豁免货物进出口关税和其他优惠政策，来吸引外国商船、扩大转口贸易、开展货物储存及所允许的加工，以达到促进当地经济发展的目的。

（十）综合保税区

综合保税区是设立在内陆地区具有保税港区功能的海关特殊监管区域，实行封闭管理，是目前我国开放层次最高、政策最优惠、功能最齐全的海关特殊监管区域，是国家开放金融、贸易、投资、服务、运输等领域的试验区和先行区。其功能和税收、外汇政策按照《国务院关于设立洋山保税港区的批复》的有关规定执行，即国外货物入区保税，货物出区进入国内销售按货物进口的有关规定办理报关手续，并按货物实际状态征税；国内货物入区视同出口，实行退税；保税区内企业之间的货物交易不征增值税和消费税。该区以国际中转、国际采购、国际配送、国际转口贸易和保税加工等功能为主，以商品服务交易、投资金融保险等功能为辅，以法律政务、进出口展示等服务功能为配套，具备生产要素聚散、重要物资中转等功能。

第二节　保税区和保税仓库

一、保税区

国家设立保税区的目的是利用保税区邻近或邻接港口、陆路口岸的区位优势，通过赋予其一定的贸易、税收优惠政策，促进对外贸易往来，扩大出口，吸引外资，引进国外先进技术和管理经验。与现有的经济特区、经济技术开放区、高新技术产业开发园区相比较，保税区实行更为灵活、更为开放、更为优惠的特殊政策。

（一）保税区的特点

保税区作为一类海关特殊监管区域，在海关监管上具有自身的特点。

1. 封闭式管理

海关依照有关规定对进出保税区的货物、运输工具、个人携带物品实施监管。保税区与非保税区之间，设置符合海关监管要求的隔离设施。

2. 境内外进出，简化手续

保税区作为关境内一类特殊的地区，在海关监管上采用特殊的办法。保税区与境外进出货物采取简化的通关手续，并免征进出口税费或可享受保税待遇。

3. 区内外进出，视同进出口

保税区与境外之间进出货物采取简化手续的做法，对保税区与非保税区之间视同进出口，即按照一般的有关进出口的管理规定来办理相关手续。

（二）保税区的功能

我国保税区的功能主要包括保税仓储和展示、国际贸易、保税加工三大功能。不同区域自身的条件决定了其所建保税区在功能定位上的不同。

1. 保税仓储和展示功能

利用保税区进行货物存储和展示或拆装、分装等流通加工。保税区利用港口、工业和贸易优势，在区内设仓储区，开辟专用码头和相关设施，建成大型仓库和服务设施，利用出口加工区形成的原材料和成品出口的优势，牵动内地各种物资向区内汇集，吸引我国货物进区储存中转，成为国际仓储中心。保税仓储功能是保税区最为基础的功能，对区域优势条件没有特殊要求，主要是基础设施建设完备即可。

商品展示功能是保税区的一个附加功能，即利用保税区的政策，可以在区内“保税”或“免税”展示国内外产品。保税区的国际商品展示功能是扩大保税区贸易进口和加工贸易业务的一个重要的辅助功能。商品展示功能对区域优势条件的要求不高，保税区可以根据自身实际情况举办各种展示活动，如加工展示、贸易展示和仓储展示。

2. 国际贸易功能

利用保税区的优惠政策和毗邻港口、陆路口岸的区位优势开展国际贸易。国际贸易功能所需的区域优势条件有：优良的港口设施，经济腹地对外贸易繁荣，但对保税区的规划面积没有特殊要求。

3. 保税加工功能

利用外资发展外向型经济，充分利用特殊区域的管理政策开展加工贸易，从而实现扩大出口，同时通过保税区的加工贸易带动相关的国内产品出口，培育和发展整个加工产业链。出口加工功能要求有以生产、加工业为主的经济腹地，但对保税区的规划面积没有要求，对港口的要求也不是很高。

（三）保税区的分类

我国的保税区可分为沿海港口型保税区、边境口岸型保税区、内河港区型保税区三类。

1. 沿海港口型保税区

在港内划出一个隔离区，以出口贸易和转口贸易为目标，发展保税仓储、出口加工、包装、转运业务，并带动信息业、金融业、航运业的发展。上海、天津、广州、海口、大连、宁波、福州、厦门保税区属于这种类型。

2. 边境口岸型保税区

通过优越的投资环境与优惠的经营条件，集中引入外资，建立高科技产品研究、开发、加工和展销基地，发展金融、信息、房地产、零售等第三产业，深圳福田、沙头角保税区属于这种类型。

3. 内河港区型保税区

张家港是唯一这种类型的保税区。

二、保税仓库

保税仓库是保税制度中应用最广泛的一种形式。保税仓储业务中需要仓库等设施，也需要仓储组织和管理。经营保税仓库业务与普通仓储服务业务不同，必须按照海关监管保税仓库的规定严格管理。经营保税仓库企业与存放保税货物的货主之间存在的是保税仓储合同，而不是货运代理合同，因此，经营保税仓库企业是“独立经营人”，承担着保税仓储合同当事人的责任，同时，海关起着保税货物监管员的责任和义务。

（一）保税仓库的功能和作用

1. 保税仓库的功能

保税仓库具有保税仓储、商品展示、转口贸易、缓税、流通加工和增值服务、物流配送等功能。

我国海关监管的保税仓库主要具备两方面的功能：一是在货物供境内使用通关出库前，无缴纳进口税费的义务，如重新出口，则免除进口税费；二是为存放货物者提供更多的时间，便于其在国内外市场洽谈销售，或以另一种海关制度加工、制造。

应用保税仓库的功能，货主可以把保税货物存放在保税仓库做国际贸易短线实物期货，发挥其做国际贸易短线实物期货市场的功能。如某国际贸易公司将一批动物饲料进口在我国的某口岸保税仓库暂存，然后在我国养殖业务市场和周边国家寻找买家。如果买家购买的数量较小，就根据买家要求，在仓库内分装成小包装袋，批量出售。如市场行情看涨，货主有权将货物囤积在保税仓库暂时不卖，等待行情合适时再销售。这里，货主充分地利用了保税仓库的优势，使存放在保税仓库的货物做成了短线实物期货，货主可以随时与买方签订销售合同，缩短了交易和运输时间，及时抢占了市场，达到商品利润最大化。

2. 保税仓库的作用

保税仓库管理制度作为国际海关通行的一种监管制度，保税仓库功能在国际贸易中发挥着不可替代的作用。在国际贸易实践中，除国家禁止进境货物外，保税仓库货物一般不受仓库所在地国家的税费和进口许可证件管理制度的约束。所以，许多企业常常通过保税仓库来合理规避国际市场价格风险和有关税费、贸易管制的约束，有力地促进国际贸易的健康发展。

随着现代产业链的不断延伸和第三方物流的崛起，保税仓库在供应链中的地位不断提高，作用日益明显。保税仓库较为齐全的功能不仅能为我国加工贸易的转型升级和可持续发展提供配套的保税物流服务，同样可以为一般贸易货物提供物流服务，服务贸易和国际转口贸易也从中受益。

（二）保税仓库的类型

1. 按照使用对象分类

按照使用对象的不同，保税仓库可分为公用型保税仓库、自用型保税仓库。

（1）公用型保税仓库。公用型保税仓库由主管仓储业务的中国境内独立企业法人经营，专门向社会提供保税仓储服务。申办经营公用型保税仓库的主体必须具备工商行政管理部门核准的仓储经营权；其经营主体可以是外贸企业、物流企业或生产型企业等。

如果公用型保税仓库的面积过小则不能满足向社会提供公用服务，所以海关要求经营公用型保税仓库的面积不得低于 $2000m^2$。公共保税仓库的经营者可以根据所存货物拥有人的委托，对所存货物开展包装、印刷唛码、分拆、分级、分类、拼装等流通加工和增值服务。

（2）自用型保税仓库。自用型保税仓库由特定的中国境内独立企业法人经营，仅存储本企业自用的保税货物。自用型保税仓库经营者只能是该贸易加工企业本身，为企业提供生产配套服务，无须到工商行政管理部门办理仓储经营权，同时，海关只要求设立自用型保税仓库必须符合海关监管条件，对自用型保税仓库的面积设立没有最低门槛。

（3）公用型和自用型保税仓库的区别。所存货物的供给对象不同。公用型保税仓库是面向全社会提供公共保税仓储物流服务，自用型保税仓库存储的货物仅供本企业自用。

①功能不同。公用型保税仓库可以对所存货物开展包装、打膜、印刷唛码、分拆、分级、分类、拼装等流通加工和增值服务，自用型保税仓库主要是为特定加工贸易企业供应生产自用的生产性资料、零部件等。

②面积标准不同。公用型保税仓库最低设立面积为 $2000m^2$，自用型保税仓库对面积不设最低门槛。

③经营范围的要求不同。公用型保税仓库必须具有工商行政管理部门核准的仓储经营

权，自用型的经营主体无须具有仓储经营权。

④经营主体的性质不同。公用型保税仓库对经营主体的性质不作特别要求，可以是外贸企业、物流企业或生产型企业等，自用型保税仓库的经营主体只能是加工贸易企业。

2. 按照存储货物的类型或特定用途分类

保税仓库中专门用来存储具有特定用途或特殊种类商品的称为专用型保税仓库，包括液体危险品保税仓库、备料保税仓库、寄售维修保税仓库和其他专用型保税仓库。

(1) 液体危险品保税仓库，是指符合国家关于危险化学品仓储规定的，专门提供石油、成品油或者其他散装液体危险化学品保税仓储服务的保税仓库。液体危险品保税仓库容积最低为 $5000m^3$。

(2) 备料保税仓库，是指加工贸易企业存储为加工复出口产品所进口的原料、设备及其零部件的保税仓库，所存保税货物仅限于供应本企业。

(3) 寄售维修保税仓库，主要为引进设备提供售后服务，是专门存储为维修外国产品所进口寄售零配件，国外厂商可以在寄售维修保税仓库开展设备的免费维修和更换零件等售后服务。寄售维修保税仓库面积最低为 $2000m^2$。

(4) 其他专用型保税仓库，是指出液体危险品保税仓库、备料保税仓库、寄售维修保税仓库以外的专门存储具有特定用处或特定种类商品的保税仓库。专用型保税仓库是按所存货物的特殊性质来划分类别的，可以办成社会公用型的保税仓库，也可以办成企业自用型的保税仓库。

(三) 保税仓库的申请和设立流程

企业向所在地主管海关提交申请单证→主管海关审查企业申请单证→主管海关实地核查仓库的各项设施是否符合海关对设立保税仓库的要求→主管海关将核查材料报送直属海关审批→直属海关审批签发证书。

1. 企业向所在地主管海关提交申请

申请经营保税仓库的企业应具备的资质和条件如下：

(1) 应经工商行政管理部门注册登记，具有企业法人资格；

(2) 注册资本最低限额为 300 万元人民币；

(3) 应具备向海关缴纳税款的能力；

(4) 具有专门存储保税货物的营业场所；

(5) 申请经营特殊许可商品存储的，应持有规定的特殊许可证件；

(6) 申请经营备料保税仓库的加工贸易企业，年出口额最低为 1000 万美元；

(7) 法律、行政法规、海关规章规定的其他条件，申请企业应照章办理和提供相关资料。

2. 企业也可向所在地主管海关提交电子申请

欲申请成立保税仓库的企业先通过仓储物流监管平台浏览、了解申请保税仓库所需资料及流程，待根据要求备齐相关资料后在网上填报设立保税仓库申请表。随后，企业携带所需资料在规定时间内至海关办理仓储登记手续，资料审核通过后海关将派人对仓库进行实地勘察。审批通过后海关向企业发放仓储登记证、仓储企业身份登记卡与开通企业联系电子邮箱，并将企业数据录入仓储管理数据中心备案。

3. 设立保税仓库应具备的条件

（1）申请设立的保税仓库符合海关对保税仓库布局的要求。

（2）具备符合海关监管要求的安全隔离设施、监管设施和办理业务必需的其他设施。

室内保税仓库，仓库应保持密闭隔离，仓库内有明显的区位划分，仓库进出口大门可施封加锁。

露天保税堆场，堆场四周隔离围墙应建造为全封闭不间断的永久性隔离设施，可以用金属网、金属栏栅、实体墙等材料来建造，墙体高度不低于 2.5m。海关为了确保对保税货物的监控，根据监管保税企业安全运营多年积累的经验，对建造隔离围墙有基本的要求。

保税储罐，要求罐体密封，罐体、管道具有明显的区分标志，具备实施施封的条件，保税储罐须加装液位仪以及其他计量设施。罐体、管道、流量计等设备必须经过质检部门检验合格并出具鉴定证书，方可安装使用。

（3）具备符合海关监管要求的保税仓库计算机管理系统并与海关联网。

计算机的硬件配置要符合要求，并安装保税区海关仓储物理电子监管软件。

（4）具备海关监管要求的保税仓库管理制度、符合会计法要求的会计制度。

（5）符合国家土地管理、规划、交通、消防、安全、质检、环保等方面法律、行政法规及有关规定。

（6）申请设立公用型保税仓库和寄售维修型保税仓库的，面积不低于 $2000m^2$。

（7）申请设立液体危险品保税仓库的，容积不低于 $5000m^3$。

（8）法律、行政法规、海关规章规定的其他条件，申请企业应照章办理和提供相关资料。

4. 申请设立保税仓库需要提供的材料

具备经营保税仓库的资质和设立保税仓库的条件，申请设立保税仓库的企业，应当向仓库所在地主管海关提交书面申请，并备齐下列相关证明材料：

（1）保税仓库申请书；

（2）保税仓库申请事项表；

（3）可行性报告；

（4）经营企业法人工商营业执照复印件；

（5）税务登记证复印件（国税和地税）；

（6）股权结构证明书复印件；

（7）开户银行证明复印件；

（8）会计师事务所出具的企业上一年度审计报告或验资报告；

（9）拟开展保税仓储的营业场所用地土地所有权或使用权证明复印件，以及拟开展保税仓储的营业场所产权证明，属于租赁房屋的还应提交房屋租赁合同；

（10）申请设立的保税仓库位置图（注明仓库所在区域的具体位置）及平面图（应标明仓库的面积和仓储容积）；

（11）仓库管理制度；

（12）经营企业财务制度和会计制度；

（13）消防验收材料；

（14）对申请设立寄售维修型保税仓库的企业，还应提交经营企业与外商签订的维修协议；

（15）其他需要的相关材料。

企业申请设立保税仓库时，如仓库已经建成或租赁仓库经营，应一次性提交以上所有证明和文件。如保税仓库还在建设中，会计师事务所出具的企业上一年度审计报告或验资报告和消防验收材料，可以等仓库建好再交。

上述资料凡需提供复印件的，应当同时提供原件供海关核对。

5. 海关受理与批准

根据《中华人民共和国行政许可法》和《海关实施〈中华人民共和国行政许可法〉办法》（海关总署令第117号）的有关规定，企业申请材料齐全有效的，主管海关予以受理。申请材料不齐全或者不符合法定形式的，主管海关应当在5个工作日内一次告知申请人需要补正的全部内容。保税仓库主管海关受理企业保税仓库的设立申请后，于受理申请之日起20个工作日内审查完毕，并将审查意见和相关材料报直属海关。直属海关应自收到仓库主管海关报送的审查意见之日起20个工作日内做出决定，对符合条件的，出具批准文件，批准文件的有效期为1年；对不符合条件的，海关将书面告知申请人理由。

申请设立保税仓库的企业应当自海关出具保税仓库批准文件1年内向海关申请保税仓库的验收，由直属海关按照经营保税仓库的企业应当具备的条件和设立保税仓库应当具备的条件进行审核，逐项验收。

企业申请验收的内容和提交的文件包括：经营企业和保税仓库的基本情况，保税仓库的建设情况，保税仓库的计算机管理系统，仓库的隔离、安全设施和其他的管理配套设施等，房产证或房屋租赁合同（申请时已递交的除外）。另外，易燃易爆危险品仓库申请验收时还应交消防合格证书复印件（申请时已递交的除外）。

申请企业无正当理由逾期未申请验收或者保税仓库验收不合格的，该保税仓库的批准文件自动失效。

保税仓库验收合格后，经海关注册登记并由直属海关核发“中华人民共和国海关保税仓库注册登记书”，同时建立保税仓库电子账册后，即可投入运营。

第三节 储运货物保税制度的实施

海关对保税货物的管理是保证保税制度发挥应有作用的关键。改革开放以来，我国海关在建立保税制度的多年实践中，已经形成了一套前期备案、现场查验、中期核查、后期核销的监管模式，并和有关部门配合形成了海关主管、企业自管、社会共管的多层次的监管体系，确保了国家进出口管理政策实施和国家财政利益，也保证了保税制度的健康发展。

海关对保税仓库货物管理集中在货物存入保税仓库时、在保税仓库中存放期间和货物从保税仓库中提出时三个环节。

一、海关对保税仓库存储货物入仓的管理

（一）可以办理入仓手续的货物

根据《中华人民共和国海关对保税仓库及所存货物的管理规定》，经海关批准，下列货物可以存入保税仓库。

1. 加工贸易进口货物

加工贸易保税货物是指专为加工、装配出口产品而从国外进口并得到海关准予保税的原材料、零部件、元器件、包装配件、辅助材料以及用这些材料生产的半成品、成品。

2. 转口货物

境外厂商的货物实际进入我国关境，在我国关境内暂时储存后，再运往消费国的货物。

3. 供应国际航行船舶和航空器的油料、物料和维修用零部件

按照国际惯例，供应给国际航行船舶和航空器的油料、物料和维修用零部件是可以免税的，从国外进口后，经海关批准存放在保税仓库内。在国际运输工具离境前，在海关的监管下装运上国际运输工具，并带入国际运输航线，可以视同复运出境，也是储存后复运出境的保税货物。

4. 供维修外国产品所进口寄售的零配件

外国产品所进口寄售的零配件在进口时，经海关批准进入保税仓库，缓办纳税手续，等维修使用时根据具体情况办理免税或征税手续。进口寄售用于维修外国商品在保修期间的零配件，可以免税；如果用于保修期外维修则需征税。

5. 外商暂存货物

外商暂存货物指外商暂时放在保税仓库，等待装运、周转等的货物。

6. 未办结海关手续的一般贸易货物

该类货物指暂时存放在保税仓库，待出入关时再办理海关手续的一般贸易货物。

7. 经海关批准的其他未办结海关手续的货物，经海关批准均可以存入保税仓库

经海关批准准予存入保税仓库的未办结海关手续的一般贸易货物和其他未办结海关手续的货物，主要指境内厂商购买进口，但还没有确定最终用途，只有在进口后的一定时期内确定实施用途，确定是否应当完税和如何完税，才能最终办结海关手续的进口货物。

（二）禁止存入保税仓库的货物

有下列情况的货物不得存入保税仓库：

（1）国家禁止进境的货物；

（2）按规定须提供许可证件而企业不能提供的货物，如易制毒化学品、军民化学品、废物等；

（3）申报进仓货物超出保税仓库申报的经营范围的；

（4）申报进仓货物超过保税仓库实际仓储能力的；

(5) 企业申报进入备料仓库的保税货物超过企业年加工生产能力的。

(三) 货物存入保税仓库的程序

1. 填写保税报关单

申请货物保税者应填写保税报关单，该报关单上应写明申报者有关履行法律法规规定的义务和承诺。报关单上除应包括一般报关单所有的内容外，还应有从保税仓库提取货物时计税需要的一些详细的情况。除公共保税仓库外，存入保税仓库的申报均应提供担保。对于存入自由公共保税仓库的申报，担保可由保税仓库经营人提供。

2. 报关单签字

存入保税仓库货物的报关人应是货主本人或经授权的代理人，报关人应在报关单上签字。

3. 检验

在报关手续完成后，应对货物履行检验手续。必要时，还应采取某些保证海关监管权利的措施，如取样、加封等，以保证在脱离海关监管后仍能对其辨认。

4. 海关登记

存入保税仓库的货物应由主管海关进行登记，并按加工业务的不同进行分类。货物的登记将在货物存放保税仓库期间继续记录有关情况。

(四) 保税货物入库的具体操作方法

保税货物入库的操作方法，根据货物进库与报关的先后分为两类。

1. 直接报关入库货物的操作流程

(1) 保税货物进库前，货物所有权人应尽可能提前将预备进保税仓库的货物发票和装箱单复印件或传真件交仓储部，以便仓储部经理安排仓位和相关资源。

(2) 货物进库时，有纸质报关的，送货人将经卡口海关工作人员确认的备案清单复印件交仓储管理员；无纸质报关的，送货人须将经卡口海关工作人员确认的“放行通知书海关验放联”“货主留存联”及此货物的发票和装箱单交仓储管理员。

(3) 货物抵库后，仓储管理员向送货人索要上述单证，并验收货物，主要核对货物的数量、唛头、包装等是否吻合。

(4) 货物验收完毕后，仓储管理员应将货物堆放整齐，及时填写入库理货记录，做好“三级台账”。将“入库理货记录”签字后连同单据移交给单证管理员，并将桩脚卡挂好。

(5) 单证管理员接到单据后，根据仓储管理员的“入库理货记录”，将数据录入海关仓储管理系统，做进库处理，将单据归档。无纸质报关的，还须将“放行通知书海关验放联”交清关部或由客户向海关科交单。

2. 先进库再报关出口货物（视同出口或结转）的操作流程

(1) 货物进库前，货物所有权人应尽可能提前将预备进保税仓库的货物发票和装箱单复印件或传真件交仓储部，以便仓储部经理安排仓位和相关资源。

(2) 货物进库时，送货人在海关卡口需填写“非保税货物进区登记单”，详细填写入库货物的品名、数量、重量、金额及核销单号等，经卡口海关工作人员核对签字、盖章带回。

(3) 货物抵达仓库后，仓储管理员凭送货人带回的已经卡口海关工作人员核对签字盖章的“非保税货物进区登记单”收货，核对无误后，填写“入库理货记录单”，连同进区登记单交单证管理员。

(4) 单证管理员接到“入库理货记录”和“非保税货物进区登记单”后，将“非保税货物进区登记单”和相关报关资料交指定的报关公司报关。

(5) 报关完毕后，单证管理员在收到海关电子数据后，根据“入库理货记录”比对海关电子数据，数据一致的，在海关保税仓储系统中作入库处理；数据不一致的，须在查明原因后再处理，否则不作入库处理。入库后单证管理员须打印“进库清单”，传真“进库清单”给客户后与正本进境备案清单一并归档。

(6) 仓储管理员将桩脚卡挂好，填写入库台账。

保税货物入库流程如图 10－1 所示。

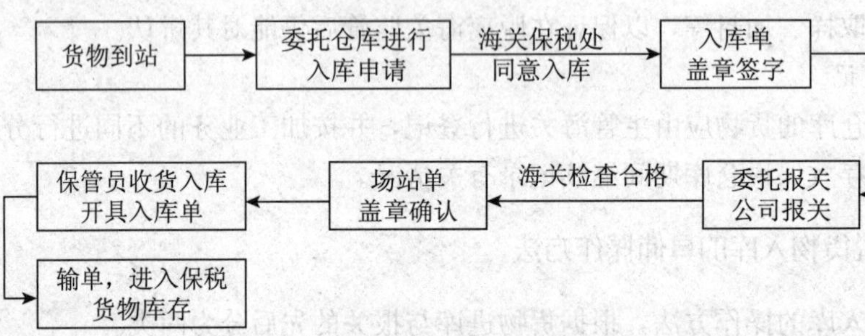

图 10－1 保税货物入库流程

(五) 海关对保税仓库入仓货物的监管

保税仓库入仓货物在仓库主管海关报关进口时，企业需办结进口报关手续后再提取货物。

保税仓库入仓货物在口岸报关进口时，分别按以下方式监管。

(1) 口岸海关不在同一直属海关关区内的，按“直接转关”的转关运输方式办理通关手续。

(2) 口岸海关与仓库主管海关在同一直属海关关区，但不在同一隶属海关（办事处）内的，原则上按“直接转关”的转关运输方式办理通关手续；经主管海关批准，可不按转关运输方式办理，直接在口岸海关办理通关手续。

保税仓库入仓货物在仓库主管海关申报，在口岸海关验放的，经海关批准，可采取“属地申报，口岸验放”模式，企业需办结进口报关手续后再提取货物。

保税仓库凭进口报关单等海关放行货物的凭证办理货物入仓手续。

二、保税仓库货物仓储管理

（一）保税仓储货物的流通加工

保税仓库申请对保税仓储货物进行改变包装、分级分类、加刷唛码，须事先向主管海关进行书面申请，待海关批准后方可进行。

（二）保税仓储货物的延期和放弃管理

我国《海关法》规定：保税仓储货物存储期限为1年。确有正当理由的，经海关同意可以延期，除特殊情况外，延期不得超过1年。

保税仓库申请保税仓储货物延期的，企业应当向海关提交下列单证：

（1）申请延期报告；

（2）申请延期货物清单，清单应包括原入库日期、品名、数量、金额、存放库位等；

（3）其他必要单证。

欧盟规定：存放在保税仓库的货物，其仓储期限为5年，但个别成员国有权改变这一期限。一般对于公共保税仓库的货物仓储期限为3年，而自由公共保税仓库的货物仓储期限为2年，专用保税仓库仓储期限为1年。如在存储期限内，货物需要转移到不同类的保税仓库时，其总期限不得超过其中最长的一类的规定时间。

保税仓库货物超出规定的存储期限未申请延期或海关不批准延期申请的，仓库主管海关应要求企业办理超期货物的退运、补税、放弃、销毁等手续。企业逾期3个月未办理上述手续的，海关根据《海关法》的有关规定予以处理。

保税仓库货物申请放弃处理的，仓库主管海关按放弃货物的有关规定办理。

三、海关对保税仓库存储货物出仓的管理

（一）可以办理货物出仓手续的货物

（1）出仓后运往境外的。

（2）出仓后运往保税区、出口加工区或调拨到其他保税仓库继续实施保税监管的。

（3）出仓后转为加工贸易进口的。

（4）出仓后转入国内市场销售的。

（5）海关规定的其他情形。

（二）保税货物出库流程

（1）根据客户传来的数据，录入海关仓储管理系统，生成“出库提货单”，交客户或报关员报关。

（2）报关完毕后，将提货单及报关单原件等交回仓储部，单证管理员将报关单号输入海关保税仓储系统后，发送电子数据给海关，并接收海关电子放行通知。

（3）接客户货物出库指令后，仓储部经理按此指令制定“出库通知”，将出库通知交

仓储管理员，由仓储管理员按“出库通知”要求，组织叉车驾驶员和仓库出货人员，将待发货物挑选出来并摆放在待发区或装上指定承运工具。

(4) 货物装上指定承运工具，收货人对货物数量及包装情况签署意见，仓储管理员将收货人证件复印件、客户货物出库指令、仓储部经理“出库通知”和收货人收货意见表一起交单证管理员，单证管理员根据上述资料，将出库数据录入海关保税仓储系统，并生成“已核对通过出库提货单”，交收货人。

(5) 提货人到仓库提货必须提供以下所需资料，否则仓库不予发货。

①海关盖放行章的提货单（仓库核销联）等海关放行单证。

②客户正本出库指令或与仓储合同所示委托方传真号一致的传真件正本的出口指令。

③与出库指令一致的收货人身份证明原件。

(6) 仓储管理员在收货人提货后，登记桩脚卡，填写出库台账。

保税货物出库流程如图 10-2 所示。

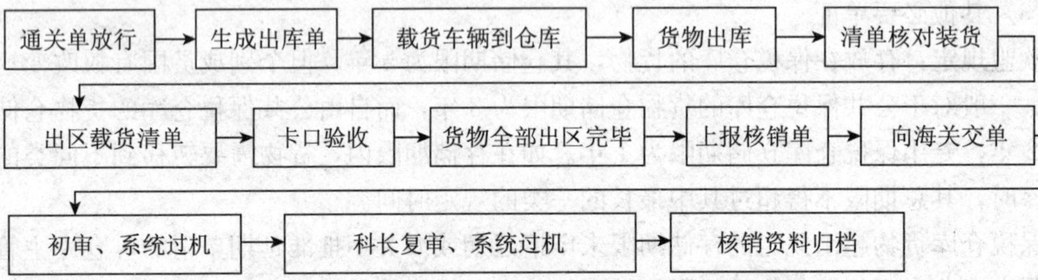

图 10-2　保税货物出库流程

(三) 保税货物出库的操作方法

进口货物存入保税仓库后，其出库的流向较为复杂，一般可分为储存后原物复出口、加工贸易提取加工成品出口、向国内销售或使用三种情况，下面就这三种流向介绍有关海关手续。

1. 原物复出口

存入保税仓库的货物在规定期限内复运出境时，货物所有人或其代理人应向保税仓库所在地主管海关申报，填写出口货物报关单，并提交货物进口时的经海关签章确认的进口报关单，经主管海关核实后予以验放有关货物或按转关运输惯例办法，将有关货物监管运至出境地海关验放出境。复出境手续办理后，海关在一份出口报关单上加盖印章退还货物所有人或其代理人，作为保税仓库货物核销的依据。

2. 加工贸易提取加工成品出口

从保税仓库提取货物用于进料加工、来料加工项目，加工生产成品复出口时，经营加工贸易单位首先按进料加工或来料加工的程序，办理合同备案等手续后，由主管海关核发《加工装配和中小型补偿贸易进出口货物登记手册》(以下简称《登记手册》)。

经营加工贸易单位持海关核发的《登记手册》，向保税仓库所在地主管海关办理保税仓库提货手续，填写进料加工或来料加工专用的“进口货物报关单”（因保税仓库进货时所填写进口货物报关单并未确定是何类贸易性质。因此，在以加工贸易提取使用时，其贸易性质已确定为“进料加工”或“来料加工”，需补填“进口货物报关单”和“保税仓库领料核准单”），经海关核实后，在“保税仓库领料核实单”上加盖放行章，其中一份由经营加工贸易单位凭此向保税仓库提取货物，另一份由保税仓库留存，作为保税仓库货物的核销依据。

3. 向国内销售或使用

存入保税仓库的货物需转为进入国内市场销售时，货物所有人或其代理人应事先报主管海关核准并办理正式进口手续，填写“进口货物报关单”（其贸易性质由“保税仓库货物”转为“一般贸易”方式），对货物属于国家规定实行进口配额、进口许可证、机电产品进口管理、特定登记进口商品以及其他管理商品的，需向海关提交有关进口许可证或其他有关批件，并缴纳该货物的进口关税和进口环节增值税、消费税。上述进口手续办理后，海关在进口货物报关单上加盖放行章。其中一份用以向保税仓库提取货物，另一份由保税仓库留存，作为保税仓库货物的核销依据。

（四）保税仓库货物的出库管理

1. 保税货物运往境内

保税仓储货物出库运往境内其他地方的，发货人或其代理人应填写进出口报关单，并随附出库单据等相关单证向海关申报，保税仓库向海关办理出库手续并凭海关签印放行的报关单发运货物。从异地提取保税仓储货物出库的，可以在保税仓库主管海关报关，也可以按照海关规定办理转关手续。出库保税仓储货物批量少、批次频繁的，经海关批准可以办理集中报关手续。

2. 保税货物运往境外

保税仓储货物出库复运往境外的，发货人或其代理人应填写出口报关单，并随附出库单据等相关单证向海关申报，保税仓库向海关办理出库手续并凭海关签印放行的报关单发运货物。出境货物出境口岸不在保税仓库主管海关的，经海关批准，可以在口岸海关办理相关手续，也可以按照海关规定办理转关手续。

3. 到期未出库货物的处理办法

无论是哪一类的保税仓库，货物应当在存储期限之前从保税仓库中提取，并申报按另一项海关监督制度的要求办理，否则将按保税仓库的有关规定处理。

（1）按另一项海关制度办理的方法。除特殊情况外，货物从保税仓库提出可看成从国外直接进口，看成从保税仓库中提出货物后复出口或正式进口将涉及的一些特殊情况。

在欧洲，向第三国复出口和向欧盟国家复出口是有所区别的。对于前者，保税仓库制度中一切关税及国内税负义务将解除；对于后者，复出口只免除保税仓库制度中的国内税负部分。

对于从保税仓库提出，并投入国内市场的货物应按出库日的货物名称和重量征税，其税率按货物正式进口报关单登记之日实施的税率征税。对于存储与保税出库的货物，经过加工，并加入部分国内采购材料的情况下，如申报转为内销时，其完税价格和完税重量应为货物从保税仓库提出时的货物价格和重量。

(2) 货物不从保税仓库提出的情况。当存货人已将存入保税仓库的货物在规定的期限内提出，并按新的海关监管制度办理后，便可办理核销手续。但是对于公共保税仓库，如果货物未能按期以允许的用途办理，则应由保税仓库的经营人负责履行这项义务。否则，从存仓期限到期之日起，按日支付未出库货物价值1%的逾期费。过期超过1个月时，可公开拍卖所存货物，并在所得款中扣除应交税款，剩余部分存入专门的保管机构。

(五) 海关对保税仓库出仓货物的监管

保税货物出仓复出境的，分别按以下方式监管。

(1) 口岸海关不在同一直属海关关区内的，按"直接转关"的转关运输方式办理通关手续。

(2) 口岸海关与仓库主管海关在同一直属海关关区，但不在同一隶属海关（办事处）内的，原则上按"直接转关"的转关运输方式办理通关手续；经主管海关批准，可不按转关运输方式办理的，直接在口岸海关办理通关手续。

(3) 口岸海关与仓库主管海关在同一隶属海关（办事处）内的，由企业自行提取货物出仓办理报关手续。

(4) 经海关批准，企业可采取"属地申报，口岸验放"模式办理出仓报关手续。

(5) 保税仓库货物出仓复出境的，向海关办理出仓复出口办结通关手续。

(6) 保税仓库货物出仓转为正式进口的，应在主管海关办结通关手续。

(7) 保税仓库货物出仓转为正式进口的，由货物收货人或其代理人按实际进口监管方式填制进口报关单；由保税仓库经营企业填制形式出口报关单，其中监管方式填写"1200"，"关联报关单"栏填写本次对应的18位进口报关单号码。出仓货物的形式出口报关单与进口报关单的货名、数量、商品编码、计量单位、规格型号、价格等必须一致。

(8) 保税仓库货物出仓转为正式进口通关时，实际进口报关单与形式出口报关单必须同时申报。海关先放行进口报关单，再放行出口报关单。

第四节　我国进出口货物保税政策

一、保税区的管理和税收优惠政策

(一) 对保税区和保税区内企业的规定

保税区是海关监管的特定区域，保税区与其他地区（非保税区）之间，应当设置符合海关监管要求的隔离设施。

保税区内仅设置保税区行政管理机构和企业。除安全保卫人员外，其他人员不得在保税区内居住。在保税区内设立的企业，应当向海关办理注册手续。保税区内企业应当依照国家有关法律、行政法规的规定设置账簿、编制报表、凭借合法有效的凭证进行记账和核算，记录有关进出保税区货物和物品的库存、转让、转移、销售、加工、使用和损耗等情况。

保税区实行海关稽查制度，区内企业应当与海关实行电子计算机联网，进行电子数据交换。

海关对进出保税区的货物、物品、运输工具、人员及区内有关场所，有权依照海关法的规定进行检查、查验。

国家禁止进出口的货物、物品，不得进出保税区。

（二）对保税区内货物的监管规定

1. 对保税区与境外之间进出货物的监管

保税区与境外之间进出的货物，由货物的收货人、发货人或其代理人向海关备案。对保税区与境外之间进出的货物，除实行出口被动配额管理之外，不实行进出口配额、许可证管理。从境外进入保税区的货物，其进口关税和进口环节税收，除法律、行政法规另有规定外，按照下列规定办理：

（1）区内生产性的基础设施建设项目所需的机器、设备和其他基建物资，予以免税；

（2）区内企业自用的生产、管理设备和自用合理数量的办公用品及其所需的维修零配件，生产用燃料，建设生产厂房、仓储设施所需的物资、设备，予以免税；

（3）保税区行政管理机构自用合理数据的管理设备和办公用品及其所需的维修零配件，予以免税；

（4）区内企业为加工出口产品所需的原材料、零部件、元器件、包装物件，予以保税。

以上规定范围内外的货物或者物品从境外进入保税区，应当依法纳税。转口货物和在保税区内储存的货物按照保税货物管理。

2. 对保税区与非保税区之间进出货物的监管

（1）从保税区进入非保税区的货物，按照进口货物办理手续。

（2）从非保税区进入保税区的货物，按照出口货物办理手续，出口退税按照国家有关规定办理。海关对保税区与非保税区之间进出的货物，按照国家有关进出口管理的规定实施监管。

（3）从非保税区进入保税区供区内使用的机器、设备、基建物资和物品，使用单位应当向海关提供上述货物或者物品的清单，经海关查验后放行。

（4）钱款、货物或者物品，已经缴纳进口关税和进口环节税收的，已纳税款不予退还。

（5）保税区的货物需从非保税区口岸进出口或者保税区内的货物运往另一保税区的，应当事先向海关提出书面申请，经海关批准后，按照海关转关运输及有关规定办理。

3. 对保税区内货物的监管

（1）保税区的货物可以在区内企业之间转让、转移；双方当事人应当就转让、转移事项向海关备案。

（2）保税区内的转口货物可以在区内仓库或者区内其他场所进行分级、挑选、刷贴标志、改换包装形式等简单加工。

(3) 区内企业在保税区内举办境外商品和非保税区商品的展示活动，展示的商品应当接受海关监管。

4. 对保税区加工贸易货物的管理

(1) 区内加工企业应当向海关办理所需料、件进出保税区备案手续。

(2) 区内加工企业生产属于被动配额管理的出口产品，应当事先经国务院有关部门批准。

(3) 区内加工企业加工的制成品及其在加工过程中产生的边角余料运往境外时，应当按照国家有关规定向海关办理手续；在法律、行政法规另有规定外，免征出口关税。区内加工企业将区内加工的制成品、副次品或者在加工过程中产生的边角余料运往非保税区时，应当按照国家有关规定向海关办理进口报关手续，并依法纳税。

(4) 区内加工企业全部用境外运入料、件加工的制成品销往非保税区时，海关按照进口制成品征税；用含有境外运入料、件加工的制成品销往非保税区时，海关对其制成品按照所含境外运入料、件征税；对所含境外运入料、件的品名、数量、价值申报不实的，海关按照进口制成品征税。

区内加工企业委托非保税区企业或者接受非保税区企业委托进行加工业务，应当事先经海关批准，并符合下列条件：

①在区内拥有生产场所，并已经正式开展加工业务。

②委托非保税区企业的加工业务，主要工序应当在区内进行。

③委托非保税区企业加工业务的期限为6个月；有特殊情况需要延长期限的，应当向海关申请展期，展期期限为6个月。在非保税区加工完毕的产品应当运回保税区；需要从非保税区直接出口的，应当向海关办理核销手续。

④接受非保税区企业委托加工的，由区内加工企业向海关办理委托加工料、件的备案手续，委托加工的料、件及产品应当与区内企业的料、件及产品分别建立账册并分别使用。加工完毕的产品应当运回非保税区企业，并由区内加工企业向海关销案。

(5) 海关对区内加工企业进料加工、来料加工业务，不实行加工贸易银行保证金台账制度。委托非保税区企业进行加工业务的，由非保税区企业向当地海关办理合同登记备案手续，并实行加工贸易银行保证金台账制度。

5. 对进出保税区运输工具和个人携带物品的监管

(1) 运输工具和人员进出保税区，应当经由海关指定的专用通道，并接受海关检查。

(2) 进出保税区的运输工具的负责人，应当持保税区主管机关批准的证件连同运输工具的名称、数量、牌照号码及驾驶员姓名等清单，向海关办理登记备案手续。

(3) 未经海关批准，从保税区到非保税区的运输工具和人员不得运输、携带保税区内的免税货物、物品，保税货物，以及用保税料、件生产的产品。

(三) 保税区的政策优惠

(1) 保税区允许区内生产性企业从事本企业生产用的原材料、零配件、设备的进口和产品的出口；允许这些企业直接对外承接与生产相关的加工业务。

（2）在保税区内，允许中外企业开设外汇账户，实行外汇管理。企业经营所得的外汇扣除应纳的税金，剩余部分在企业成立5年内全部归企业所有。

（3）在保税区内进行与国外之间的货物进出口，可免除进出口许可证。

（4）区内企业可从事国际间的转口贸易和代理国际贸易业务。

（5）区内各保税仓库和工厂间的货物可以买卖，也可通过保税生产资料市场与区外企业进行交易。

（四）保税区的税收优惠

（1）保税区进口生产性的基础设施建设项目所需的机器、设备和其他基础物资，予以免税。

（2）保税区内企业进口自用的生产、管理设备和自用的合理数量的办公用品及其所需的维修零配件、生产用燃料、建设生产厂房、仓储设施所需的物资或设备，予以免税。

（3）保税区行政管理机构进口自用合理数量的管理设备和办公用品及其所需的维修零配件，予以免税。

（4）海关对保税区内企业进口的专为加工生产出口产品所需的原材料、元器件、零部件、包装物和有关设备等货物，转口货物及其他经海关批准的货物，予以保税。

（5）允许区内仓储经营仓储业务，在区内仓储期间予以保税。区内企业收存的保税货物，可以在仓库内进行分类分级、刷贴标志、改换包装等流通加工；仓储货物应自进口之日起1年内复运出境；超过1年未复运出境的，应向海关申请办理延期手续，延长期不超过1年。

（6）对企业从境内非保税区运入保税区的货物，视同出口（享受出口货物应有的优惠），但必须实际离境后才能予以退税；对保税区经批准销往境内非保税区的货物，视同进口，办理进口手续并缴纳进口关税和增值税。

（7）对保税区与境外之间进出的货物，除实行出口被动配额管理之外，不实行进出口配额、许可证管理。

（8）海关对保税区内加工企业进料加工、来料加工业务，不实行加工贸易银行保证金台账制度。

（9）保税区内加工企业加工的制成品及其在加工过程中产生的边角余料运往境外的，除法规另有规定外，免征出口关税。

二、保税仓库的管理政策

随着我国对外经济贸易的发展，为参与国际经济大循环的生产、仓储、运输企业的经营提供便利，促进我国现代化建设的发展，我国海关总署颁布了《中华人民共和国海关对保税仓库及所存货物的管理规定》，对保税仓库以及所存货物进行监管。

（一）海关对保税仓库的管理

（1）保税仓库不得转租、转借给他人经营，不得下设分库。

（2）海关对保税仓库实施计算机联网管理，并可以随时派员进入保税仓库检查货物的收、付、存情况及有关账册。海关认为必要时，可以会同保税仓库经营企业双方共同对保税仓库加锁或者直接派员驻库监管，保税仓库经营企业应当为海关提供办公场所和必要的办公条件。

(3) 海关对保税仓库实行分类管理及年审制度，具体办法由海关总署另行制定。

(4) 保税仓库经营企业负责人和保税仓库管理人员应当熟悉海关有关法律法规，遵守海关监管规定，接受海关培训。

(5) 保税仓库经营企业应当如实填写有关单证、仓库账册，真实记录并全面反映其业务活动和财务状况，编制仓库月度收、付、存情况表和年度财务会计报告，并定期以计算机电子数据和书面形式报送主管海关。

(6) 保税仓库经营企业需变更企业名称、注册资本、组织形式、法定代表人等事项的，应当在变更前向直属海关提交书面报告，说明变更事项、事由和变更时间；变更后，海关按照本规定对其进行重新审核。

(7) 保税仓库需变更名称、地址、仓储面积（容积）、所存货物范围和商品种类等事项的，应当经直属海关批准。

(8) 直属海关应当将保税仓库经营企业及保税仓库的变更情况报海关总署备案。

(9) 保税仓库无正当理由连续 6 个月未经营保税仓储业务的，保税仓库经营企业应当向海关申请终止保税仓储业务。经营企业未申请的，海关注销其注册登记，并收回《保税仓库注册登记证书》。

(10) 保税仓库不参加年审或者年审不合格的，海关注销其注册登记，并收回《保税仓库注册登记证书》。

(11) 保税仓库因其他事由终止保税仓储业务的，由保税仓库经营企业提出书面申请，经海关审核后，交回《保税仓库注册登记证书》，并办理注销手续。

（二）保税仓库所存货物的管理

(1) 保税仓储货物入库时，收发货人或其代理人持有关单证向海关办理货物报关入库手续，海关根据核定的保税仓库存放货物范围和商品种类对报关入库货物的品种、数量、金额进行审核，并对入库货物进行核注登记。

入库货物的进境口岸不在保税仓库主管海关的，经海关批准，按照海关转关的规定或者在口岸海关办理相关手续。

(2) 保税仓储货物可以进行包装、分级分类、加刷唛码、分拆、拼装等简单加工，不得进行实质性加工。

保税仓储货物，未经海关批准，不得擅自出售、转让、抵押、质押、留置、移作他用或者进行其他处置。

(3) 下列保税仓储货物出库时依法免征关税和进口环节代征税。

①用于在保修期限内免费维修有关外国产品并符合无代价抵偿货物有关规定的零部件。

②用于国际航行船舶和航空器的油料、物料。

③国家规定免税的其他货物。

(4) 保税仓储货物存储期限为1年。确有正当理由的，经海关同意可予以延期；除特殊情况外，延期不得超过1年。

(5) 下列情形的保税仓储货物，经海关批准可以办理出库手续，海关按照相应的规定进行管理和验放。

①运往境外的。

②运往境内保税区、出口加工区或者调拨到其他保税仓库继续实施保税监管的。

③转为加工贸易进口的。

④转入国内市场销售的。

⑤海关规定的其他情形。

(6) 保税仓储货物出库运往境内其他地方的，收发货人或其代理人应当填写进口报关单，并随附出库单据等相关单证向海关申报，保税仓库向海关办理出库手续并凭海关签印放行的报关单发运货物。

从异地提取保税仓储货物出库的，可以在保税仓库主管海关报关，也可以按照海关规定办理转关手续。

出库保税仓储货物批量少、批次频繁的，经海关批准可以办理集中报关手续。

(7) 保税仓储货物出库复运往境外的，发货人或其代理人应当填写出口报关单，并随附出库单据等相关单证向海关申报，保税仓库向海关办理出库手续并凭海关签印放行的报关单发运货物。

出境货物出境口岸不在保税仓库主管海关的，经海关批准，可以在口岸海关办理相关手续，也可以按照海关规定办理转关手续。

三、对外商投资企业进口物资保税管理

为改善外商投资企业的物资供应，加强海关管理，1991年我国海关颁布了《中华人民共和国海关对外商投资企业物资公司进口物资保税管理办法》(以下简称《办法》)，加强对外商投资企业进口物资的保税管理。

《办法》规定，物资公司须持凭国家主管部门的批准文件、工商管理部门核发的营业执照向所在地海关办理登记备案手续。物资公司应将主管部门批准的年度进口计划连同分配给物资公司的进口额度及主要商品开列清单，分别送有关进口地海关并抄送海关总署备案。

物资公司为供应外商投资企业所需进口的国内紧缺的原材料、散件、零部件、元器件、配套件、辅料和燃料属于保税货物，由海关实行监管。这些保税货物进口时，应持进口合同和《进口货物报关单》等有关单证向海关申报，缓办纳税手续，存放于经海关批准的公共保税仓库或者物资公司自办的保税仓库内。海关根据《中华人民共和国海关法》和《中华人民共和国海关对保税仓库及所存货物的管理办法》进行监管。

供应外商投资企业的国内物资，不准存入保税仓库。

外商投资企业向物资公司购买存入保税仓库的进口货物，应按从境外进口货物的规定办理报关手续。属于实行进口许可证管理的商品，应向海关交验进口许可证。物资公司已按规定向海关交验进口许可证的，外商投资企业在购买上述保税货物时，可免交进口许可

证。这些货物中属于为履行产品出口合同所需的料、件，有关企业应向海关交验出口合同、企业与物资公司签订的订货合同以及由海关核发的《登记手册》和物资公司填制签章的《外商投资企业物资公司供料核准单》（一式三份），《核准单》经海关签章后，一份交物资公司凭以办理货物交付、核销手续；一份交外商投资企业留存；一份留海关汇总、核销。

外商投资企业从境外进口货物可以享受减免税优惠的，从物资公司购买同类货物也可以享受减免税优惠。不能享受减免税优惠的，应按规定向海关交纳进口关税和进口环节的工商统一税。

物资公司进口存放在保税仓库的货物的保税期限为1年。如遇特殊情况可向海关申请延期，但延期最长不得超过1年。

对超过保税期限或供应外商投资企业后的剩余物资，应退运出境。逾期未退运出境的保税货物，海关根据《中华人民共和国海关法》的规定处理。

物资公司进口的保税货物，未经海关和经贸主管部门批准，不得出售、转让给国内企业，也不得与国内货物串换使用。

第五节　案例分析及实习实训指导

案例分析

福保赛格保税仓

福保赛格实业有限公司是以仓库库位出租为核心业务的物流公司，基本收费项目是仓租费，它在深圳市福田保税区拥有28000m²的保税仓。保税仓的固定资产超过8000万元，而每年的利润却不到500万元，资产回报率太低。如何提高保税仓库区工作人员士气，增大物流增值服务的比例，大幅提高仓租费以外的收入来源，争取到更多的优质客户，是必须要思考的问题。

1. 公司现状分析

福保赛格的主要客户包括日本理光国际通运有限公司、华立船务有限公司、柏灵顿国际物流有限公司、华润物流等近百家外资、港资物流企业和分布于珠三角地区的制造企业。福保赛格面向这些企业提供保税仓的长租和短租服务，并附带从事流通加工等物流增值服务。

福保赛格的在职员工约40名。包括5名管理人员，十几名的叉车工人和搬运工人，另外还有报关员、报检员、客户服务人员、仓库管理员、勤杂人员（含门卫和设备检修人员）等20多人。

福田保税区的特点在于有通向香港落马洲的进出境通道（一号通道）和通向深圳市区

的进出关通道（二号通道）。货物进出境只需向海关备案，而进出关则需要报关。客户可以利用保税区境内关外的政策优势，实现整批进境，分批入关的延迟纳税优惠，或反之提前退税的好处。

2. 问题总结与整理

福保赛格的仓库主要是平房仓，有部分库区采用立体货架。以托盘为基本搬运单元，用叉车进行进出库搬运和库内搬运。一楼是越库区，有5辆燃气动力的叉车。二楼到十楼为储存区，每层都有1～2台电动叉车（用蓄电池驱动）。有两个大型货运电梯上下。车辆停靠的站台有十多个车位，可以停靠货柜车、厢式车等多种型号的运输车辆。

福保赛格目前仍然是以订单为驱动、以业务为中心进行运作的仓储服务企业，还没有转型到以客户服务为中心。在该公司管理层的推动下，公司上下全体员工已经树立了全面质量管理的理念，并以ISO 9000质量管理体系的要求建立了规范化的质量文档体系。但该公司尚未正式申请或通过ISO 9000质量体系认证。

案例思考题：

1. 福保赛格在保税仓管理环节遇到了哪些问题？

2. 如何提高其保税仓的资产回报率？

练习题

一、判断题

1. 海关对保税仓库货物管理集中在三个环节，即货物存入保税仓库时、在保税仓库中存放期间和货物从保税仓库提出时。（　　）

2. 海关对所属的保税仓库进行检查时必须先征得对方同意。（　　）

3. 保税仓库一般不进行加工制造和其他贸易服务。（　　）

4. 自由港开放自由度比自由贸易区相对低些。（　　）

5. 保税货场的报税期一般最长为一年。（　　）

6. 保税工厂是将整个工厂或部分专用车间置于海关的监管之下，专门从事来料加工、进件装配复出等业务。（　　）

二、单选题

1. （　　）就是经海关批准，在海关监督下，专供存放未办理关税手续而入境或过境货物的场所。

A. 自由港　　B. 自由贸易区　　C. 保税仓库　　D. 出口加工区

2. 经海关批准未办理纳税手续入境，在国内储存、加工、装配后复出境的货物称为（　　）。

A. 出口货物　　B. 一般货物　　C. 即将保税货物　　D. 保税货物

3. （　　）是一种最普遍的保税仓储方式。

A. 自有公共保税仓库　　B. 公共保税仓库

C. 专用保税仓库　　D. 保税工厂

4. 保税货物在保税仓库所在地口岸入境时，货物所有人应当填写（　　）。

A. 出口报关单　　B. 出口报料单
C. 进口报关单　　D. 进口报料单

5. 物资公司进口存放在保税仓库的货物的保税期限为（　　）。
A. 一年　　B. 二年　　C. 三年　　D. 四年

6. 由那些从事国际贸易的企业，经海关批准后，自己建立的自管自用性质的保税仓库指的是（　　）。
A. 专用保税仓库　　B. 自有公共保税仓库
C. 公共保税仓库　　D. 保税工厂

三、多选题

1. 实行保税制度的主要形式有（　　）。
A. 自由港　　B. 保税工厂　　C. 自由贸易区
D. 出口加工区　　E. 保税仓库

2. 保税仓库的类型主要有（　　）。
A. 公共保税仓库　　B. 自有公共保税仓库
C. 专用保税仓库　　D. 保税工厂
E. 海关监管仓库

3. 海关对保税仓库货物管理集中在三个环节（　　）。
A. 货物再加工时　　B. 货物运输时
C. 货物存入保税仓库时　　D. 在保税仓库中存放期间
E. 货物从保税仓库中提出时

4. 当前保税业务中普遍存在的走私违法活动有（　　）。
A. 再加工　　B. "三假"
C. 倒卖、出售、串换保税货物　　D. 诈骗
E. 深加工

四、简答题

1. 保税仓库允许存放的货物范围包括哪些？
2. 简述保税仓库的类型。
3. 简述保税仓库的作用。
4. 我国的保税区具有什么特点？
5. 在我国，海关如何对保税仓库实行监管？
6. 简述我国保税区内实行的优惠政策。
7. 你对我国的保税仓储发展有何建议？

参考文献

[1] 茹菲．自动化立体仓库系统在物流系统中的应用［D］．太原：太原理工大学，2011.

[2] 刘晓娟．电商物流自动化立体仓库成效模型及分析［D］．上海：上海交通大学，2013.

[3] 贺得飞．现代化的包装机械和机械产品包装［J］．中国包装工业，2015（6）．

[4] 2014 中国仓储业发展报告［EB/OL］．［2014-09-16］．http：//news. xinhuanet. com/chanye/2014-09-16/c_1112497854. htm.

[5] 刘焱．物联网技术在现代仓储业格式化管理中的应用［J］．物流技术，2015（3）．

[6] 郑民德，巩存良．从档案资料看清代京通仓储的社会保障功能［J］．黄河科技大学学报，2013（11）．

[7] 刘济楚．基于 SLP 的仓库功能区布置研究［D］．长春：吉林大学，2013.

[8] 李育蔚．仓储物流精细化管理全案［M］．北京：人民邮电出版社，2015.

[9] 刘阳威．物流仓储与配送管理实务［M］．北京：清华大学出版社，2013.

[10] 徐健．丰田精益管理：物料与仓储管理［M］．北京：人民邮电出版社，2015.

[11] 唐连生，李滢棠．库存控制与仓储管理［M］．北京：中国财富出版社，2011.

[12] 欧阳振安，严石林．仓储管理［M］．北京：对外经济贸易大学出版社，2010.

[13] 江美亮，吴日荣．工厂仓储物料精益管理实务［M］．北京：中国时代经济出版社，2012.

[14] 孙明贺，李洪奎．仓储管理［M］．北京：机械工业出版社，2013.

[15] 张晓川．现代仓储物流技术与装备［M］．2 版．北京：化学工业出版社，2013.

[16] 吴金旺，童天水．金融仓储理论与实务［M］．北京：中国金融出版社，2014.

[17] 谢翠梅．仓储与配送管理实务［M］．北京：北京交通大学出版社，2013.

[18] 张含春，邱娟．运输、保管、仓储类合同［M］．北京：北京大学出版社，2013.

[19] 周兴建，张北平．现代仓储管理与实务［M］．北京：北京大学出版社，2012.

[20] 蒋长兵，白丽君，吴承健．仓储管理战略规划与运营［M］．北京：中国财富出版社，2010.

[21] 何庆斌．仓储与配送管理［M］．2 版．上海：复旦大学出版社，2015.

[22] 真虹．物流企业仓储管理与实务［M］．3 版．北京：中国财富出版社，2015.

[23] 赵小柠．仓储管理［M］．北京：北京大学出版社，2015.

[24] 孙秋高．仓储管理实务［M］．3版．北京：电子工业出版社，2015.

[25] 杨叶勇，姚建凤．仓储与配送管理实训教程［M］．2版．北京：北京大学出版社，2015.

[26] 翟光明．制造企业物料控制与仓储管理［M］．2版．北京：中国劳动社会保障出版社，2015.

[27] 傅莉萍．仓储管理［M］．北京：清华大学出版社，2015.

[28] 王海军，张建军．仓储管理［M］．武汉：华中科技大学出版社，2015.

[29] 海关总署加工贸易及保税监管司．海关特殊监管区域及保税监管场所服务指南［M］．北京：中国海关出版社，2013.

[30] 李英．仓储管理实务［M］．南京：东南大学出版社，2013.

[31] 孙宏岭，戚世钧．现代物流活动绩效分析［M］．北京：中国物资出版社，2001.

[32] 夏荣辉．保税物流仓储实务［M］．北京：中国商务出版社，2012.

[33] 蒋长兵，白丽君，吴承健．仓储管理：战略、规划与运营［M］．北京：中国物资出版社，2012.

[34] 梅艺华，吴辉，李海波．仓储管理实务［M］．北京：北京理工大学出版社，2015.

[35] 马骏，刘亮．仓储实务［M］．2版．北京：中国财富出版社，2015.

[36] 杨莉．仓储作业实务［M］．北京：中国财富出版社，2015.

[37] 王华林．仓储与配送实务［M］．北京：中国财富出版社，2015.

[38] 王冬．仓储管理技术［M］．北京：北京大学出版社，2010.

[39] 黄中鼎，林慧丹．仓储管理实务［M］．武汉：华中科技大学出版社，2009.

[40] 李作聚，陈伊菲，宋晓黎．仓储系统规划与管理［M］．北京：中国建材工业出版社，2015.

[41] 李永生，郑文岭．仓储与配送管理［M］．3版．北京：机械工业出版社，2011.

[42] 李莹．仓储管理实务［M］．南京：东南大学出版社，2013.

[43] 王皓．仓储管理［M］．北京：电子工业出版社，2013.

[44] 郑文岭，赵阳．仓储管理［M］．北京：机械工业出版社，2008.

[45] 唐秀丽．物流仓储管理［M］．上海：上海交通大学出版社，2010.